人民日报 传媒书系 SERIES OF THE BEST MEDIA BOOKS

全民记者时代的新闻素养读本
立足当前媒介生态，通讯员写作实用工具书

Tongxunyuan
Xinwen Caixie Yibentong

# 通讯员新闻采写一本通

（第二版）

主　编　王卫明　倪洪江
副主编　邵香云　张　蕊　郦　叶

人民日报出版社

图书在版编目（CIP）数据

通讯员新闻采写一本通 / 王卫明，倪洪江主编．—
2 版．—北京：人民日报出版社，2018.3
ISBN 978-7-5115-5337-9

Ⅰ．①通…　Ⅱ．①王…　②倪…　Ⅲ．①新闻采访　②新
闻写作　Ⅳ．① G212

中国版本图书馆 CIP 数据核字（2018）第 039037 号

书　　名：通讯员新闻采写一本通
主　　编：王卫明　倪洪江
副 主 编：邵香云　张　蕊　郦　叶

出 版 人：刘华新
责任编辑：林　薇　梁雪云
封面设计：春天书装工作室

出版发行：人民日报出版社
社　　址：北京金台西路 2 号
邮政编码：100733
发行热线：(010) 65369527　65369846　65369509　65369510
邮购热线：(010) 65369530　65363527
编辑热线：(010) 65369526
网　　址：www.peopledailypress.com
经　　销：新华书店
印　　刷：大厂回族自治县彩虹印刷有限公司

开　　本：710mm×1000mm　1/16
字　　数：367 千字
印　　张：25
版　　次：2018 年 4 月第 2 版　　2024 年11月第12次印刷

书　　号：ISBN 978-7-5115-5337-9
定　　价：46.00 元

# 撩拨公众的新闻神经（代序）

张春林

每个人心中都埋藏着一颗自我表达的种子，都希望这颗种子能够生根、发芽、开花、结果，都渴望能够在公共话语空间分享自己的思维成果，并得到广泛的社会认可。但是，并不是每个人都那么幸运，只有深谙表达技巧的少数人，才能在自我表达的同时，享受公众认可的快感。

如果说在报纸、广播、电视等传统媒体一统天下的“他媒体”话语时代，只有专业技术人员和为数不多的通讯员等精英人士，才拥有公共空间自我表达权利，那么，今天这个博客、微博、微信兴旺的“自媒体”话语时代，则赋予了草根阶层进入公共话语空间的更多机会。

传统媒体与新媒体之间的媒介融合是传媒业发展的必然选择，“他媒体”与“自媒体”之间的话语沟通也是题中要义。而这种变化并不会自然而然地把草根阶层的自我表达送入公共话语空间，无论是草根阶层还是知识精英，想要更多地在公共话语空间露脸，都应该接受表达技巧方面的专业训练。我相信，南昌大学新闻与传播学院副教授王卫明博士领衔主编的《通讯员新闻采写一本通》一书，一定会撩拨起公众的新闻神经，满足更多自我表达者进入公共话语空间的期待。

在推荐这本书之前，我想先讲一个故事。老李头是小镇远近有名的“妻管严”，退休工资存折由老婆掌管，可他不仅不向老婆要一分零用钱，而且还隔三岔五请镇上的一帮朋友吃吃喝喝。镇上的人最初都纳闷：老李头请客的钱从哪里来？后来人们发现，老李头经常往邮局跑，去领报社寄来的稿费。原来，老李头从一起吃喝的朋友那里获取线索，然后采集整理成稿件投往报社，稿件见报后他收到样报的同时，也有报社的稿费汇款单。在都市报快速扩版、用稿量增大的背景下，老李头给好几家报纸投稿，一个月下来，稿费也是一笔可观的收入。老李头的文章经常在报纸发表，他的名气大了，给他提供线索的人也多了，除了经常请客吃喝，他还偶尔给提供有价值线索的朋友买些小礼品。倘若非要给老李头冠一个专业头衔的话，"通讯员"这个词就非常合适，而那些给他提供线索的朋友就是地地道道的"新闻线人"。

如果说在传统媒体风头正劲的时代，如何做好通讯员，老李头还算是一个鲜活的典型案例，那么在新媒体引领传媒业发展的今天，再靠老李头这套显然行不通了。而作为"全民记者时代的新闻实战手册"的《通讯员新闻采写一本通》，立足于当前媒介生态，会成为普通公众实现通讯员梦想的实用宝典。

王卫明博士不仅有丰富的媒体实践经验，而且长期从事新闻实务教学研究，无论是之前出版的《校园新闻实战手册》，还是编著的其他新闻书籍，都熔理论性与实践性于一炉，既对新闻实务研究领域有较高的参考价值，又对新闻实务操作有较强的指导意义。

通读《通讯员新闻采写一本通》全书，我们不难发现该书的三大优点：一是内容全面，有系统性。全书一共八章，涉及选题来源、采访技巧、写作技巧、常见新闻体裁采写、新闻评论采写技巧、优秀通讯员报道经历与心得体会、投稿指南等多个方面，可以说是为通讯员成长提供一条龙服务。二是深入浅出，实用性强。从采写基础理论入手，各个章节均有相关论述，且这些论述充分结合案例，加之各种技巧归纳，很好地解决了通讯员做什么、怎么做的问题。三是博采众长，包容性强。学术专著强调观点独创，而实用图书侧重博采众长，该书参考了国内外数十本经典的新闻实务著作，使读者能够读一书而知多家精华。

总之，无论你是新闻爱好者、新闻专业初学者，还是成长中或者成熟的通讯员，都能在《通讯员新闻采写一本通》里找到你所需要的。

于重庆歌乐山

（作者系四川外国语大学新闻传播学院教授、博士、硕士生导师，重庆市有突出贡献的中青年专家）

# CONTENTS 目录

# 第一章
# 通讯员采写基础理论

许多单位的新闻通讯员，并非新闻学或相关专业出身，对新闻学、传播学理论不够熟悉，这里挑出一些基本概念和核心概念介绍给大家。另外，通讯员采写工作的职责、意义、成长路径，也是广大通讯员开展采写工作的基础，本章对此一并论述。

## 第一节　必须掌握的基本概念

“新闻”，就是新近发生的事情，或是正在发生、将要发生的事情。

“新闻报道”，就是报道新闻的作品，或是报道新闻的行为，主要包括消息、通讯两大类体裁。

通讯员必须知道，新闻报道与作文、日记、日志、小说、工作总结有着明显的区别。

“作文”，是学生的写作作业，体裁包括记叙文、说明文、应用文、议论文，其传播对象一般是老帅或考卷批阅人。与新闻报道相比，作文可以是老调重弹，可以是虚构想象，也可以是陈年旧事，而新闻报道却必须真实、新鲜。新闻报道和作文，格式规范明显不同。新闻报道必须写明事实发生的时间。下面的小学生作文[①]，看不出是哪年哪月哪天踏青，虽然文字优美，但不符合新闻报道的要求。

## 清明记渔舟

古人云："清明时节雨纷纷，路上行人欲断魂。"我趁雨后时，来到了渔舟湾踏青。

在路上，美丽的映山红像害羞的姑娘一样迎风摇摆。迷雾将远处的卧龙山罩上了一层层纱布，使卧龙山在远处若隐若现，显得十分迷蒙。进入渔舟湾，让你感到什么才是真正的雨纷纷。来到湿地上，偶尔看到有人拿着鱼竿静静地钓鱼。若你向前远眺，你就会觉得自己完全进入一幅美丽山水画，真让人感到人在画中，画在自然中。陈淼笔下的桂林山水虽美，但也比不过渔舟湾的秀丽景色。若我是作者，我会让它更美；若我不是画的作者，我会把它有所描绘。

来到渔舟湾的月季园，你好像会觉得它是一幅完美无缺的画卷。走进月季中，甚至可能连月季上的荆棘刺你的肉痛感都会有所消失，你完全沉浸在花香中，连自己是谁都忘记了。

这个秀丽的渔舟湾，它真是一幅绚丽多彩的画卷啊！

"日记"，是一种私人化写作，来源于个人对生活的观察，可以记事、写人、状物、写景、记述活动，凡是自己在一天中做过的、看到的、听到的、想到的，都可以是日记的内容。日记的随意性比较强，可以短至一个字，可以长话连篇，因为事关个人隐私，一般不对外传播。

"日志"，则是公开的个人日记或工作记录。

与日记、日志相比，新闻报道是一种有着严格规范的公共写作，要求文字准确、句子通顺、逻辑严密，不能局限在个人的圈圈里，必须站在社会、受众的立场设定角度、选择事实、加工稿件。

新闻报道和小说的区别在于：后者是虚构的，前者必须真实；前者求

① 作者系南昌大学附属小学红谷滩分校学生王熙远。

新，侧重报道新近发生、新近知晓的事实（可以穿插一些旧事），后者则可以通篇传播旧事旧闻。

不过，小说的笔法、句式、结构，新闻报道可以借鉴。例如，古龙的武侠小说，段落很短，有时就是一句话，甚至只有一两个字，这种“短段”就可以用之于新闻报道，显得节奏感强、有韵味。再如，许多小说都善于制造悬念，文稿的第一段就可以制造悬念，这种写法可以用之于调查性报道、新闻特写等通讯体裁。

新闻报道的内容，不求“全面”，讲究“突出重点”，有着不同于工作总结的特殊形式；工作总结的内容，则可以“面面俱到”，可以毫无新意，可以泛泛而谈，可以“重点不够突出”。如果以工作总结为基础写一篇新闻报道，绝不能全文照抄，只能摘抄部分文字，挑出其中的“新闻点”，通过改写或补充采访，方能达到发表的要求。

一般而言，新闻采访必须了解清楚的问题，是新闻的六要素“5W+1H”，即：是谁？在哪里？什么时候？做了什么？经过是怎样的（细节）？为什么做（原因）？

通讯和消息，都是新闻报道，都不允许任何虚构，要真实，要有一定的时效性和新闻价值。

消息，是一种简要报道新闻事实的新闻体裁，分为事实性消息、非事实性消息（例如，人物消息），分为预告性消息、预测性消息、评价性消息，还有服务性消息。

根据篇幅的长短，消息可分为：长消息、短消息、简讯、一句话新闻、标题新闻，等等。

按写作特点，消息可分为：动态消息、综合消息、经验消息、评述消息。

篇幅不长的图片新闻，其实也是消息。

通讯，是一种详细而深入地报道新闻事实的新闻体裁。西方传媒的“新闻专稿”（又称特稿，英文是 Feature），即“比消息更详尽的新闻”，近似于我国的通讯。

很多人（特别是新闻采写初学者）分不清消息和通讯的区别，以致混淆二者的写作手法。

通讯与消息的区别，主要体现在以下 6 个方面：

第一，通讯报道的事实，比消息更详细、完整、富于情节，可以满足读者欲知详情的需要。

第二，通讯报道的事实，往往比消息更形象、更生动，不排斥形容词、副词的大量使用。

第三，通讯的文体，比消息更加自由、多样一些，可以采纳各种笔法、各种结构、各种风格。

第四，通讯的篇幅，一般在 500 字以上，多则上万字，而消息的篇幅一般在 1000 字以内，100 字以内亦可。

第五，通讯的时效性要求，没有消息那样严格。

第六，在客观性方面，通讯比消息更加主观一些，允许插入小量的评论和抒情。

按报道内容分，通讯可分为：人物通讯、事件通讯、工作通讯、风貌通讯、社会观察通讯等。

◎人物通讯：是以人物为中心报道对象，通过一个人物或一组人物新近的行动来反映时代特点和社会面貌的一种通讯形式。

◎事件通讯：反映现实生活中发生的，有较大影响且能引起普遍关注的新闻事件的通讯体裁。事件通讯的内容主要可分为突发性事件、可预测性事件以及反映社会精神风貌的小故事等。

◎工作通讯：是以报道工作成就或工作中的成功经验，揭示和讨论工作中存在问题的通讯类型。

◎风貌通讯：是反映国内外各地的发展状况、社会生活、风土人情等方面新变化的通讯体裁。也常被称为概貌通讯、旅游通讯。

◎社会观察通讯：是以社会现象为报道对象，报道社会现象、剖析社会问题的通讯。别名："新闻观察""纪实报道""问题通讯""调查报道""社会大特写"等。

按报道形式分，通讯可分为：访问记、专访、特写、大特写、新闻小故事、集纳、侧记、巡礼、记者来信、速写等。

◎访问记：由记者出面登场，以采访活动的过程为主要线索来结构和组织材料。写作时有问有答，现场感较强，而且可以穿插各种背景材料，使通讯有一定深度。

◎专访：作为访问方式，是就特定的问题、特定的对象进行的专门访问，内容集中。作为新闻体裁，是访问记的一种，是对新闻人物或单位、部门进行专题访问的报道。专访以人物、现场和记者为三要素，突出“专”“访”二字。专访涉及面一般不宽，不贪大求全。

◎特写：将生活中某个特定的画面予以放大，集中突出地描绘事件和人物的某些片段、细节和部分，给人以深刻的印象和强烈的感染。①

◎大特写：是抓住社会热点中的事件、人物或现象，对新闻事实做全方位、多侧面的报道，用优美的文笔、新颖的题饰、突出的照片吸引读者的一种报道形式。它其实是一种深度报道的样式。②

◎新闻小故事：或称新闻故事、小故事。其要求一是“小”，二是有“故事”，三是以小寓大。通常反映一人一事，表现一个片段，内容单一，篇幅短小、线索简单，不求写繁多人物，不必横生庞杂枝节，但求精悍、生动。

◎集纳：把表现一个主题的而又相对独立的小故事或片段事实组合起来，“集纳”而成为一篇。集纳中的事实，可以是发生在同一时间的，也可是不同时间的；可以是发生在同一单位、一条战线，也可以不是。

◎侧记：从一个侧面反映新闻事件或新闻人物的通讯。取材自由，不求反映事件全貌、全过程，但求抓住特点，扣紧受众的兴趣点、回答受众普遍关心的问题。写作时往往夹叙夹议，兼谈感受。

◎巡礼：边走边看，巡游浏览，很自由地把所见所闻写出来告诉受众；讲求动态感、现场感、亲切感；常用移步换形的方法，有较多议论和抒情。

另外，深度报道、调查性报道，既可以是消息，又可以是通讯。篇幅较短的深度报道、调查性报道，是消息。篇幅较长的深度报道、调查性报

---

① 《江西日报》2014年9月25日A1版刊登了刘勇采写、梁振堂摄影的《“让群众满意，给孩子们希望”——强卫走访新建县第三小学二部速写》，详见 http://t.cn/Rhj55gE。

② 2014年5月8日《江西日报》C1版刊登了杜金存、杨帆采写的大特写《一个山区贫困县的撤点并校观察：山高路远孩子上学更难》，详见 http://t.cn/8sgOpNX。

道，是通讯。

◎深度报道：运用解释、分析预测的方法，深入表象背后的本质和意义，从历史渊源、因果关系、矛盾演变、影响作用、发展趋势等方面进行深入报道的新闻体裁。

◎调查性报道：是以记者调查为主要方式的报道形式，主要以揭露社会弊病为目的，侧重报道与公共利益有关的、被蓄意掩盖的丑恶行为，但也适用于报道中性、正面题材，比如对一些现象、新生事物的分析，发人深思。

## 第二节　新闻采写的核心概念

宣传价值、新闻价值、新闻点，是新闻采写的三个核心概念。掌握了这三个术语的含义，新闻采写就不会缺乏理论指导，通讯员就不会成为无目标的旁观者。

### 一、新闻选择的三把标尺

人世间，每天都发生很多事情，其中部分发生在通讯员身边，并非每件事都值得报道。那么，如何确定某件事是否值得报道呢？

这就涉及新闻学所讲的“新闻选择”了。新闻选择，就是在众多新闻素材（事实）中，挑选出适合报道的素材（事实）展开采写，或者在众多新闻中挑选出重点报道的新闻进行采编。简而言之，新闻选择就是对新闻或新闻素材的选择。

实际工作中，对新闻的选择或挑选，往往是根据一定的标准或原则进行的。

究竟有哪些标准呢？一般而言，每一次新闻选择，都要拿三把标尺测量有关事实的价值。

#### 1. 用“真实性”这把标尺测量

真实是新闻的生命。列宁说过：“我们的力量在于说真话！”周恩来说过：“只有忠实于事实，才能忠实于真理。”1948 年 10 月 2 日，刘少奇曾对华北记者团说:“要采取忠实的态度，把人民的要求、困难、呼声、趋势、动态，真实地、全面地、精彩地反映出来……不要添油加醋，不要戴有色眼镜。”

通讯员写稿，一定要注意真实性问题，不能因为要宣传本单位的亮点而夸大其词或无中生有。在审视来自下级单位的新闻素材时，通讯员首先要看其是否真实，有关说法是否有足够的事实证据。

**2. 用“宣传价值”这把标尺测量**

宣传价值，主要是对传播者实现其目标有用的价值。有些事情，如果通过媒体进行报道，可以提升有关人士和机构的社会形象和美誉度，就有宣传价值了。

当然，有些事情（例如慈善活动）和观点（例如慈善理念），如果通过媒体进行报道，可以推动社会进步，也有其宣传价值。

**3. 用“新闻价值”这把标尺测量**

这是最重要的衡量。所谓新闻价值，就是新闻或新闻素材值得报道的价值。简而言之，新闻价值就是报道价值。

有些事实，有宣传价值，但无新闻价值:对有关人士和机构而言，值得报道和宣传;但对受众和传媒而言，毫无报道的必要。

有些事实，既有宣传价值，又有新闻价值:对被报道者而言，是一种正面宣传;对大众和媒体而言，也有报道的必要。这种事实，就值得记者关注和采写。

当然，有些事实有很大的新闻价值，却无明显的宣传价值，也是记者应该采写报道的。

如果我们对新闻价值的内涵有准确的把握，就可以发现新闻、大新闻，就容易写出新闻、好新闻。

一般而言，新闻价值的五要素是指:时新性、重要性、接近性、趣味性、显著性。

新闻价值是抽象的，但可以具化为新鲜性、重要性、接近性、趣味性、显著性、反常性（奇异性）、冲突性、热门性、冲击性、人情味、实用性、必读性等特质。

（1）新鲜

事实越是新鲜，越有时效性，越有新闻价值。已经报道过的事实，已经众所周知的事实，就没有新闻价值了。事实新鲜，就有了时新性。

所以，一旦身边发生新闻，通讯员就应立即展开采写，尽快完稿，尽快投稿，以便及时发稿，使稿件的新鲜度、时新性不会损失太多。

（2）重要

人物、事件本身越是重要，与受众关系越是重大，影响越是广大，越有新闻价值。

田野中、车间里、大楼内，有时会出现重要人物、名人，这时他们的言行很可能就是新闻。

（3）接近

与受众的心理距离越近，与受众的利益距离越近，越有新闻价值。

这里所说的“接近”，包括地理上的接近，也包括心理上的接近。发生在读者身边的新闻，读者会更加关注；发生在读者亲友（或校友、同学、同胞）身上，或者是与自己相关的利益群体的新闻，读者会更加关注。

在采写新闻时，要尽可能突出表现新闻事实中的接近性因素。例如，发生在外国的一起灾难性事件，如果遇难者中有本校校友、本省同乡、本国同胞，就应该在标题、导语中突出叙述这种关系。

（4）趣味

几乎每个人都喜欢趣味性的事实、故事，喜欢趣味性的文字、现场图片、视频、音频。只要有趣味性，哪怕被报道者没有名气，事情对社会的影响不大，也是很值得报道的。

对于那些并不重要的事件，寻找、报道其趣味性，是使之成为新闻的一个很好的选择。

这里有一个趣事变成报道的例子：2014 年 7 月 5 日，在清华大学研究生毕业典礼暨学位授予仪式上，校长陈吉宁说，“我特别要介绍这样一家人。”这个家里的丈夫是该校热能系硕士毕业生仲晓波，被评为北京市优秀毕业生，而妻子陈程则获得清华大学优秀博士论文和优秀毕业生称号。在一片赞叹和喝彩声中，他们双双站起来，仲晓波怀中还抱着今年 4 月出生的女儿京京，接受了全场毕业生的掌声。第二天的《新京报》，A09 版整版刊登了关于这对夫妻的报道[①]，头版还特别做了导读。原因就在于：这不但是喜事，而且是难得一见的趣事（博士女嫁给硕士男）。

（5）显著

显著，与“显眼”“著名”有关。“显著性”主要与知名度（著名程度）有关：新闻事件中的人物、机构、物品的知名度越大，越有新闻价值。凡人凡事难以成为新闻，名人凡事则常常是新闻。

“显著性”也与显眼程度有关：事实、事件、人物越是显眼，越有新闻价值。例如，个人、机构的成绩、成就、成果越是卓尔不群、出类拔萃、杰出，越是有新闻价值。

（6）反常

一个事实，如果发生的可能性很小，令人惊讶的程度很高，就有很大的报道价值。

有人说：“狗咬人不是新闻，人咬狗才是新闻。”这是因为，“狗咬人”是常见的事情，不稀奇，而“人咬狗”是比较罕见的事。

还有人说：“凡是能让女人喊一声‘啊呀，我的天哪’的东西，就是新闻。”这是因为，能让人说出“啊呀，我的天哪”的事情，就是令人非常惊讶的事情。

所以，有人总结出如下新闻公式：

平常的人 + 不平常的事 = 新闻

不平常的人 + 平常的事 = 新闻

不平常的人 + 不平常的事 = 新闻

上述公式中的核心元素，就是“不平常”，即事实的反常性。

（7）冲突

打架、斗殴、对骂、激辩、战争、灾难、污染、绝交、分歧、对抗、破坏、

---

① 详见 http://t.cn/RvrFACl（许路阳采写，吴江摄影）。

矛盾等，都是冲突的表现形式。

不难发现，个人、组织、国家之间或人类和环境之间的冲突，往往有一定的戏剧性，有时甚至是很强的戏剧性，可读性就很强，就值得报道。

当然，冲突的发生、僵持和解决，有时还会影响到大众的利益、社会的正常运行，因此颇受大众关注，当然就值得报道了。

（8）冲击

记者采集到的画面、声音、事实，如果极具冲击性，有视觉冲击力或听觉冲击力，对人们的感观、思想可以造成较大的影响，往往就值得报道。

（9）热门

只要大众（很多人）关心或有兴趣关注，哪怕不重要、不反常、没有名气，也是值得报道的。

（10）人情味

有些事实，既不重要，也非有趣，但令人感动或同情或气愤，能激发受众的感情，同样值得报道。

（11）实用

一个事实，如果报道出来，对受众有用，或者对社会有用，就值得报道。

（12）必读

一个事实，如果受众有必要知道，就值得报道。

例如，气象信息、预警性信息、民生政策就是这样的事实。

一个事实，如果写成稿件，采写时“有猛料”，审稿时“有货色”，发行时“有卖点”，阅读时“有看头”，说起时“有说头”，听人谈起时“有意思”，就是好新闻。

有人说，“世界不是缺少美，而是缺少发现美的眼睛”。新闻也是如此。在资深的优秀记者眼中，处处都有新闻。一件看似普通的事情，放在不同的历史坐标上，就极有可能显示出不同的意义。

例如，杭州某开发区一幼儿园开园。这本是一件小得不能再小的事，记者去了，同出席开园仪式的开发区社会发展局负责人聊到，考虑到开发区自住人口大量增长，未来三年，将在开发区布局八家幼儿园。于是，记者以此幼儿园开园为由头，深入采访开发区的学前教育问题，这条新闻就有料了。

注意，千万不要妄言或轻信“那里没有新闻”这类断语！

## 二、新闻点的抓取

新闻价值是抽象的，具体到稿件中、材料中，就是新闻点。所谓新闻点，正是：在记者通过采访收集到的众多新闻事实中，具有较大新闻价值的新闻事实、信息点。

新闻点，或是受众最感兴趣之处，或是材料中最有报道价值之处，或是新闻事件中最特别之处，或是记者采访所得材料中最重要之处的事实。

在新闻采写实习中，南昌大学新闻系2008级学生彭淑明发现：

——抓新闻点，太重要了。这点把握好了，似乎在新闻采写的过程中，写好稿子并不是一件很难的事情。

——新闻点是新闻价值的体现。

——抓新闻点，可以更好地引导采访，更关键的是在写稿上，写出的稿子不会累赘，废话太多，甚至与主题无关。

新闻点，是新闻的亮点、卖点。

例如，下列材料中的主要新闻点，就是以往媒体较少关注的“就业扶助”，次要新闻点则是“出资50万帮扶100名大学生”和“天下孩子都是好孩子”。

2010年4月27日下午，“华民慈善基金会—南昌大学就业扶助项目签约仪式”在办公楼第三会议室举行。华民慈善基金会项目部主任崔毅诚，校党委副书记徐求真出席本次签约仪式，学工处、学工办、招就处、就业中心、学生资助中心等相关部门的负责人和学生代表参加仪式。

华民慈善基金会项目部主任崔毅诚在致辞中说道，在学校以及相关部门的配合下，去年的项目进展十分顺利。崔毅诚代表华民慈善基金会向南昌大学表示感谢，并希望继续合作推动第三年项目的实施。他说，天下孩子都是好孩子，要在力所能及的范围内给予他们帮助，让他们找准定位，树立信心。

华民慈善基金会是经国务院批准在民政部登记并有民政部主管的全国

性非募捐慈善基金会，是目前我国原始出资最大的非募捐慈善基金会。根据协议，华民慈善基金会计划将在2010年出资50万帮扶我校100名家庭困难的大学生就业。

广西《南国早报》记者陆海华认为，新闻点即新闻角度。每一个事件牵涉的范围都很广，如何在众多的角度中突出新闻价值是新闻工作者关心的问题。

广西《南国晚报》记者韦新娜认为，新闻点是新闻是否具有价值是否吸引读者的重要依据，不同的新闻点会给新闻带来不同的影响效果。

广东《番禺日报》记者崔智颖认为，可以采用以下方法捕抓新闻点：

第一个方法，找不同。

第二个方法，抓领导讲话。当领导反复强调同一句话、同一件事，那就可以拿出来做新闻点。

第三个方法，抓活动主题进行发散性采访。

崔智颖认为，用到以上三个方法，有一个前提，就是要换位思考。记者要将自己抽离出这个活动或会议，不要将自己作为参与者，而是将自己想象为旁观者；记者要想“如果我是读者，我希望了解这个活动的哪些方面”，而不是“我参与了哪些活动，我对哪个活动感觉深刻”。

## 三、新闻点的表现形式

在新闻事件本身，或者新闻人物身上，是否有以下12种事实或信息之一种、两种或多种：

感人之处（甚至让人流泪）；

奇特（不同寻常）之处；

有趣之处；

令人气愤（深感不平）之处；

影响极大之处；

特别之处；

新颖（前所未有）之处；

可以给人以启发（甚至值得推广普及）之处；

显要（重要）之处；

受众应知而未知之处；

对受众有用之处；

受众可能会很感兴趣（欲知）之处。

### 四、确定新闻点的基本要领

第一，站在受众、媒体、政府（或公共利益）的立场、角度，判断新闻点。

第二，在采访所得材料中，寻找以上 12 种“新闻点”。

第三，突出新闻点，将其置于稿件显要位置（如标题、导语）。

第四，对主要新闻点和次要新闻点，分别详写、略写，同时可抛弃可有可无的材料。

### 五、抓准新闻点的前提基础

第一，对新闻事件能进行正确的解读。

第二，有较好的专业眼光、知识基础（非新闻学领域的其他专业）。

第三，养成几乎天天阅读新闻的习惯，有较好的新闻资讯基础，及时掌握新闻事件的来龙去脉。

第四，记者了解受众的信息需要、阅听习惯，以及政府的宣传热点、媒体的稿件需求。

需要格外注意的是：若以上四点存在不足，则很难抓准新闻点。

新闻点的挖掘，能做到多深，取决于记者的积累（资讯积累、知识积累、经验积累）有多厚实。

## 第三节　通讯员采写工作的意义

通讯员，可分为两大类：所属单位内部媒体的通讯员，大众传播媒体的通讯员。大众传播媒体的编辑记者，当上级大众传播媒体需要其供稿时，就成为上级媒体的通讯员。

通讯员的采写工作，是很有意义的：既可以为新闻媒体提供新闻线索、新闻素材和新闻稿件，而且可以为国家发展、社会进步提供信息支持。

在中国共产党、中国人民解放军的许多领导人，都曾是通讯员。“《红星》报[①]拥有一支五百多人的通讯员队伍。这些通讯员中，既有党政机关和红军部队中的各级领导干部，也有在连队基层工作的干部战士。这些通讯员中，罗荣桓、袁国平、彭加仑、罗瑞卿、萧华、张爱萍、向仲华、张际春、舒同[②]等人，写得最多。毛泽东[③]、朱德、博古、贺昌等人，也为《红星》报写过不少社论和文章。”[④]

“《红星》报的通讯员队伍是广大的，有党和军队的各级领导同志，也有基层连队的战士。他们为《红星》报写专稿，绘报头，书标题，配插图，画漫画。报头‘红星’二字和那几颗光芒四射的五角星，是钱壮飞烈士设计并绘画的。文章中的插图和漫画，多数是出自黄镇（众称长征画家）同志手。部分社论是党中央和中央军委领导同志撰写。周恩来、王稼祥、贺昌同志写得最多，其次是博古、洛甫。还有陈云、朱德、彭德怀、聂荣臻、罗迈、李富春、罗荣桓等同志。那些未署名的社论，是邓小平同志亲自撰写。《红星》报……专职通讯员 500 多人，是办报的骨干力量。他们既是前线的战士，又是战地记者；既握紧枪杆子冲锋杀敌，又挥动笔杆子写文章。怎样打就怎样写，所写的是自己和自己的战友，因此写出来的新闻、通讯既真实又生动。《红星》报编辑部非常注意培养和提高通讯员。设立‘通讯员’专栏，定期发表指导通讯员工作的文章，提高其业务水平；教育通讯员写稿件遵守‘真实性’原则，反对虚假报道。《红星》报创办过程中，

---

① 《红星》报是中华苏维埃共和国中央革命军事委员会机关报，由中国工农红军总政治部编辑出版，1931 年 12 月 11 日在江西省瑞金叶坪乡洋溪村创办。

② 舒同是著名书法家、“舒体”创造者。《红星》报 1934 年 5 月 30 日第 45 期第四版，刊登了舒同撰写的通讯《脱险归来的谢永生同志》。

③ 毛泽东（笔名：子任）：《吉安的占领》，刊于 1933 年 8 月 13 日《红星报》。

④ 黄少群：《邓小平在中央苏区（下）》，《百年潮》2004 年第 7 期。

自始至终坚持了全军办报（首长负责，依靠广大指战员来办报）的方针；在争取党委加强领导报纸工作方面，也树立了榜样。”[①]

1931 年 12 月 25 日第 3 期，《红星》报第二版在“通知”栏目刊登了《通讯员要做些什么？——关于通讯员工作的一个指示》（落款为“中央革命军事委员会总政治部　红色战斗员通讯处”）一文，其中写道：

《红星》报所以要建立通信员[②]，就是想使《红星》报和各级指挥员战斗员发生密切关系，使《红星》报能够成为真正红军自己的报纸，纠正过去《红军》报的缺点。这样说来《红星》报的通讯员是负担很重要的工作，他可以说是《红星》报与红军指挥员战斗员中间的连环，经过这连环《红星》报便可以深入群众。通讯员为完成这重要的工作必须与该部队的指挥员战斗员发生最密切的关系，考察他们的生活，征求他们的意见，对《红星》报必须经常的通讯，并在各部队注意红星报的影响和作用随时报告本部。

很多媒体，都欢迎通讯员提供新闻稿件（包括消息稿件、通讯稿件）。例如，2007 年 9 月、10 月，《人民法院报》曾面向社会公开征集通讯作品，征集启事写道：

为了迎接党的十七大，二版开辟《审判岗位上的共产党员》专栏。此栏目报道人民法官中的共产党员，在审判岗位上坚持党性原则，牢记党的宗旨，公正司法、一心为民的动人事迹。

要求：以通讯体裁写一个人物，一个故事，一千字。欢迎踊跃赐稿。

稿件传真 010-67176738　新闻热线 010-85250723　电子信箱 xwb@rmfyb.cn

---

① 金耀云：《〈红星〉报伴随红军长征到延安》，《新闻与写作》2005 年第 10 期。

② 原文如此，疑为“通讯员”。

此后不久，《人民法院报》2007年10月12日第2版，就刊登了慈延年、杨梅花、刘娅琳采写的《用心调解化纠纷——记徐州中院法官蔡裕华》，这篇通讯的正文如下：

十六法庭是江苏省徐州市中级人民法院的一个审判庭，蔡裕华是这个法庭的主审法官。自2004年以来，蔡裕华在十六法庭审案1052件，调解撤诉894件，调撤率达到80%以上。十六法庭也成了徐州中院的一个调解能手。

在蔡裕华接手调解的诸多案子中，有不少双方当事人是大吵大闹进十六法庭的，王强和李芳也是如此。他们是一起同居期间财产纠纷案件的双方当事人。

9月27日下午，这两人分别和家人来到十六法庭，双方一见面就炸开了锅。王强和李芳都刚满20岁，未到法定婚龄，却举行了结婚仪式，在百姓眼中他们就是有名有分的夫妻了。两人在一起甜蜜生活了半年多后，开始经常为小事吵嘴、打架，最后竟到了水火不相容的地步。一次争吵中，王强把李芳的手指弄伤了，经法医鉴定构成轻伤，李芳为此花掉了一大笔医疗费。李芳于是提出分手，王强同意了，双方父母也来帮着分割财产。

由于双方对财产的归属各执己见，僵持不下，李芳遂起诉要求解除同居关系，并归还陪嫁物品。另外一纸诉状将王强告上法院，要求追究其轻伤害的刑事责任并赔偿经济损失。一审法院对同居期间财产纠纷案件做出判决。李芳不服提出上诉。

在十六法庭，王强和李芳赌着气开出了一份让人看起来有些啼笑皆非的账单：脸盆、睡衣、鸡毛掸子，甚至一块带熊猫图案的桌布也都争着要。双方的父母也为东西的归属和彩礼的返还问题争得面红耳赤。

蔡裕华一直静静地听着，寻找案件的突破口。他先将王强拉到一边，问他："知道李芳还告你对她的伤害吗？那可是刑事案件。"王强没有吱声。"现在财产、彩礼的问题都比不上你今后的前途。你才20岁，万一因为这件事耽误了自己的前程，不是得不偿失吗？"蔡裕华用心地帮助王强剖析利害关系，终于使他改变了态度。

王强的防线渐渐松懈下来，他试探性地询问：“是不是真的能让她撤诉啊？”

看着王强期待和恳切的眼神，蔡裕华感觉有戏了。他随后去做李芳和她家人的工作，“虽然李芳和王强不是合法夫妻，但毕竟在一个屋檐下生活了大半年。王强还很年轻，只要他能够认识错误，还是应该原谅的。”

在蔡裕华的耐心劝导下，李芳的母亲说：“我们不是一定要把他送进监狱，只要他能够认错并合理赔偿，我家是可以原谅他的。”听到李芳母亲这样的话，蔡裕华心里有了底。

经过反复做工作，最后双方达成了调解意见，财产仍按一审法院判决进行分割，王强支付给李芳 2 万元人身损害赔偿款，李芳撤诉并不再追究王强的刑事责任和民事赔偿责任。

第二天，李芳打来电话说，王强已经把 2 万元给了她，她也撤诉了，几个案子一起都了结了。

十六法庭是徐州市法院民事调解工作的一个缩影。蔡裕华用温情、包容和宽容的心胸上演了一幕幕受人赞誉的人间喜剧。

通讯员的采写工作，还可以为所在单位提升形象，为民众发声代言，甚至为自己的前途增加新的亮点，让自己的人生之路与众不同。

优秀的通讯员，可以用自己的笔为民众发声代言。

江西省九江市都昌县，就有这样一名新闻通讯员，他就是张铭[①]。张铭是一名新闻爱好者，聋哑人。1987 年盛夏，张铭看到当地不少农民顶着烈日，肩挑车推去粮站卖粮，再将卖粮的钱拿到供销社买化肥。而粮站压价、供销社晚开门早关门等现象引起了百姓的不满，看到百姓的苦楚，张铭决意要为百姓说话，他通过多方走访笔谈调查，写了一篇名为《农民卖粮有五盼》的文稿，并寄到了省电台。随后不久，这篇报道在省电台播出了，并且引起了时任江西省省长吴官正的重视，随即批示省有关部门前往都昌

---

① 关于张铭的文字资料，均引自游雄、曹娜娜、王平的《都昌县聋哑人张铭通过笔访弘扬社会正能量 27 年》(刊于 2014 年 4 月 2 日《江南都市报》)。

开展调查，对粮食及供销部门的工作作风进行整顿。张铭没想到，首篇稿件就引发了社会影响，并得到省领导的关注，从此，张铭便坚定了采写新闻报道的信心。张铭是一个富有正义感的人，只要遇到社会上不公平的事情，他便会进行呼吁报道，为老百姓伸张正义。

作为一名聋哑通讯员，张铭只能通过笔谈的方式和别人交流，每次采访要花比别人更多的时间。为了寻找新闻线索，张铭利用闲暇时间走村串户，深入老百姓生活中，挖掘一些新闻题材。原先，每次采访完，张铭都是先用信纸写好再寄出去。如今有了网络，张铭先用笔写好，再自费到打印店打出来，然后将打出来的电子稿用优盘拷贝下来，回去通过电子邮箱发出去。

山东鱼台县也有一位为民呐喊的通讯员，他是赵化吉。早在 1987 年，《中国记者》就刊文介绍过他的事迹[①]：

1983 年 11 月以来，大众日报、人民日报几次刊登过反映山东鱼台县某些工作问题的批评性新闻照片，对实际工作有推动作用。拍这些照片的不是记者，也不是基层专职新闻工作者，而是一位农民通讯员，名叫赵化吉。

赵化吉今年 29 岁，家住鱼台县武台乡常柳行村，现在乡文化站做临时性工作，是县广播站多年的模范通讯员。他 1982 年底开始学习摄影，照片表现艺术还很不成熟，但因他的照片能够切中时弊，反映的问题带有普遍性，具有针对性，所以见报快，效果好。赵化吉生活在农村，对农民群众有着深厚的感情。他认为，一个基层通讯员应该把反映群众的呼声和要求当作自己应尽的责任。因此，两年多来他所见报的 18 幅新闻照片，有三分之一是反映群众呼声和基层工作问题的批评性照片。1983 年 11 月 13 日大众日报发表的《寒窗苦》，是赵化吉见报的第一幅批评性照片。谈到拍摄这幅照片的经过时，赵化吉说，他没想到这幅照片能在省委机关报上

---

① 引自卞金章、刘勇的《无私无畏　为民呐喊——记新闻摄影通讯员赵化吉》（刊于《中国记者》1987 年第 1 期）。

刊用。他当时是出于一种焦虑的心情拍片的。照片所反映的破烂不堪的武台中学，有着几十年的校史。许多老干部曾就读于这所学校。几十年过去了，照片所展现在人们面前的依然是残窗破院。赵化吉拍这幅照片的目的就是让上级领导看看，了解了解下面的情况，救救这所学校。当然，照片见报后的效果他是不曾预料到的——市、县有关领导到了武台观看现场。市教育局拨款五万元，乡里投资三万元。随之，40 间崭新的瓦房拔地而起。有人风趣地说："一幅照片，换来人民币八万！"后来，这幅照片被大众日报评为 1983 年好新闻。

赵化吉无论是出差还是开会，总把照相机带在身边。哪里有不良现象，哪里有置党纪国法于不顾的事情，他就把镜头瞄向哪里。他拍摄的《杀树风该刹》——批评鱼台县清河镇某村乱砍滥伐不成材树木的事，《行路难》——批评鱼台县某镇市场秩序维持不好，造成大量机动车堵塞交通，均引起有关部门重视，并及时做了处理。

1984 年 2 月下旬的一天，赵化吉跟车去聊城探亲，在东阿县过夜。司机交住宿费时，旅馆人员收费一元五角，而开的单据却是五元。再看停车场内，大小机动车排得满满的。原来，这个停车场生意兴隆的奥秘在发票里面。当时，赵化吉非常气愤，很想把这一场景拍摄下来。可惜的是相机没带在身边。探亲回来的第二天，他不顾旅途的劳累，把摄影机一背，又坐车返回东阿。8 月 12 日，大众日报便在第二版显著位置以《这处经济漏洞该堵》为题，刊登了赵化吉的照片，对东阿县停车场为增加收入而不择手段损害国家利益的丑行做了揭露和批评。

在社会风气尚未根本好转的今天，批评难，批评身边的人和事更难。批评的后果轻则冷嘲热讽，重则打击报复。对这些，赵化吉不是没有考虑。但他以党的新闻宣传为重，早把个人荣誉、切身利益置之度外。他常说："我拍表扬性照片，不想得到任何人的好处；拍批评的，也不怕谁的打击报复。只要我说的是实话，办的是实事，党会支持我的。"几年来，赵化吉只有一个信念：实事求是地向党报反映情况。这两年，农村年年集资办教育，群众出钱不少，学校面貌却变化不大。很多农村中小学校依然黑屋子、土台子。赵化吉所在的武台乡常柳行小学，连凳子都没有。学生上学要从家里带，群众很有意见。造成这种状况的原因之一就是办教育的钱没有用到教育上。赵化吉联想到这种现象不仅存在于武台乡，有向党报反映情况的必要。于是，他便在本村小学抓拍了一个学生手拿板凳进教室的场景，以反映鱼台县集资办教育为名，资金挪作他用为实的问题。1985 年 9 月 28 日，人民日报在第五版刊登了这幅照片后，省、市有关领导专程去鱼台调查处理学校问题。很快，乡里把挪用的 14000 元钱重新收回，为这个学校，购置了 118 套木制课桌凳，建起了 12 间标准教室。县里也以此为动力，掀起农村“两改”热潮。不到一个月，全县共集资 600 万元，新建、改建高标准校舍 2881 间，购置、修理课桌凳 18700 多套。1986 年 1 月 13 日，大众日报二版以《鱼台县委闻过则改认真抓教育，全县齐行动校舍大改观》为题，报道了人民日报发表赵化吉的批评照片后鱼台县的反应情况。

通讯员的采写工作，可以锻炼、增强通讯员的分析能力，对通讯员分析事物、观察事物、决策事务都有帮助。这项工作能体现通讯员的能力，展现通讯员的才华，实现通讯员的人生价值，是通讯员成长、成才、成功的优质平台。

通讯员可以为个人前途积累资本。几乎任何单位，都需要笔杆子，都需要新闻通讯员。发稿多的通讯员，有时会因为其出色的采写工作而被重用、提拔、评优。

生于 1958 年的阎连科，被文学界普遍认为是莫言之后最有希望获诺贝尔文学奖的中国作家之一，他曾是一名通讯员。阎连科 1978 年应征入伍。阎连科因写作才华而受到重视，被调去团部作通讯报道员，兼任图书保管员，主要任务就是消灭团里的空白连，帮助各个连队完成“发表文章”的任务。“那时还有规定，如果省级报刊上名字出现三次，可以给这个战士记功，《解放军报》《人民日报》上只要出现一次就可以记一次三等功。”结果，阎连科当兵三年，记了三次三等功，并且还入了党。[①]

---

① 解宏乾：《阎连科：人生如作品一样充满荒诞》，《国家人文历史》2014 年第 2 期，详见 http://t.cn/8sYwZ6U。

前面我们谈到的张铭，新闻报道在都昌县产生了不小的影响力，也得到了领导的关注。都昌县委宣传部副部长汪国山是这样形容张铭的：全县近三分之一的新闻报道出自他之手。都昌县委书记也多次对张铭的事迹给予高度表扬。20世纪90年代，张铭在《人民日报》《经济日报》《法制日报》《中国纪检监察报》以及中央人民广播电台上稿实现了零的突破。在2003年之前，张铭在市级以上主流媒体发表文稿50篇左右。2003年之后，在市级以上主流媒体发表文稿100篇以上。通过20多年的努力，他获得的荣誉证书达100多本，连续20年被都昌县人大、县纪委、县委宣传部评为优秀通讯员，被九江日报社5次评为优秀通讯员，先后被评为“感动都昌十大人物”“九江全市十佳通讯员”。

通讯员可以为所在单位树立良好形象。

新闻外宣工作是展示对外形象、扩大对外影响力的一项重要工作，因此许多机构（包括机关企事业单位和其他机构）都非常重视新闻外宣。很多单位的年终总结里，经常会有这么一段话：“我单位今年的某项工作，因为追求创新、成绩出色，得到了某某报、某某电视台、某某网站的关注报道。”得到媒体的正面报道，已经成为很多人认为工作得到肯定的一项标志。通讯员从事的采写工作，就是新闻外宣工作。为加大宣传力度，推动新闻外宣工作上台阶，许多机构对本单位职工发表新闻报道稿件有实实在在的奖励，对下属部门或单位有硬性的发稿任务。

## 第四节 如何成为新闻采写高手

如前所述，通讯员的新闻采写，是一种很有意义的工作。问题是，广大的通讯员怎么成为新闻采写的高手呢？

新闻采写是一种特长，这项特长的形成，需要惊人的付出、超凡的积累和坚持不懈的努力，其中就包括大量的采写实践。对刚刚步入新闻采写门槛的人来说，要想成为新闻采写的高手，需要从以下几个方面着手。

## 一、博览群书，扩展视野

这里所说的“博览”，不等于“精读”，有些书需要精读，有些则不必精读，快速翻阅即可。

新闻学的书，无疑是需要看的。新闻学专业的教材，优秀新闻作品集、优秀评论作品集，都值得一看。这类书籍中的知识点，要烂熟于心，并且不时温习一下。

教育学、传播学、法学、管理学、文学、心理学、社会学、政治学、经济学、体育学、军事学、历史学、逻辑学等学科的书，也是需要看的。

例如，社会学方面的书，可以看以下几种：

◎《博弈：断裂社会的利益冲突与和谐》，孙立平著，社会科学文献出版社 2006 年版。

◎《转型与断裂：改革以来中国社会结构的变迁》，孙立平著，清华大学出版社 2004 年版。

◎《中国社会分层》，李培林、李强、孙立平等著，社会科学文献出版社 2004 年版。

◎《断裂：20 世纪 90 年代以来的中国社会》，孙立平著，社会科学文献出版社 2003 年版。

◎《中国社会流动》，陆学艺主编，中国社会科学文献出版社 2004 年版。

再如，逻辑学方面的书，可以看以下几种：

◎《简单的逻辑学》[①]，（美）麦克伦尼，中国人民大学出版社 2008 年版。

◎《法律逻辑学》，雍琦著，法律出版社 2004 年版。

◎《福尔摩斯探案集》，（英）柯南道尔著，光明日报出版社 2009 年版。

◎其他的推理小说和案件侦查类书籍。

记者、通讯员的工作性质决定了他们需要与形形色色、多种多样的人士打交道，他们的采访写作可能涉及很多专业的领域，因此，不得不成为

---

① 此书仅 8.3 万字，134 页，是哈佛大学推荐的“学生 40 本应读书”之一。

知识较为渊博的“博学之士”“杂家”，这样才能在自己所报道的领域有所建树，至少不会在与采访对象交谈中显得“业余”，进而影响采写的质量。

如果采访对象的是 IT 领域的企业家、专家，采访写作的主题往往会涉及 IT 技术特定专业领域，这往往需要提前阅读有关的专业书籍，否则会显得过于外行，无法展开深层次的对话或写作。

当然，其他的杂书，如人物传记、武侠小说等，对新闻采访写作也是有益处的。

## 二、经常阅读报纸和杂志

古人云：“熟读唐诗三百首，不会作诗也会吟。”若能坚持天天看报纸，就可以达到“水滴石穿”的学习效果。

如果一个通讯员对各类或某类题材新闻作品烂熟于心，他（她）在采写类似题材稿件时就能做到“胸有成竹”，下笔如有神，甚至可以做到“立等可取”“倚马可待”。

一个经常看报纸杂志的人，他（她）对新闻价值的理解，对新闻选题的把握，会比很少看报纸的人更加得心应手一些。

“经常看报纸和杂志”，看似十分简单，很多人（包括新闻专业的学生）却做不到。

在这一点上，“做到了”与“没做到”，对其采写新闻，会造成很大的影响。这个通讯员与那个通讯员的高下之分，有时就取决于这一点。

有些新闻专业的学生，采写新闻时，表现并不比非新闻专业的某些学生强，原因也在这里。

当然，我们这里说的“报纸杂志”，主要是指新闻类的报纸和杂志。

对通讯员来说，特别值得多多阅读的报纸是通讯员来稿较多的：如《中国青年报》《光明日报》《中国教育报》《南方周末》《人民日报》，自己单位领域的行业报，以及当本地的日报、晚报、都市报。

这些报纸，可以阅读其电子版，但最好阅读纸质版——读时更有感觉，更有利于领悟。从许多人的经验来看，“天天看报纸”，与“偶尔看报纸”，对“采写新闻”而言，其效果是有很大差别的。在阅读报纸时，可以尝试分析所看报道的选题来源[①]、采访技巧、写作手法，还可分析“是否有继续报道的可能”和“继续报道的角度和切入点”。有些报纸，需要一段时间的阅读，才能把握编辑部的策划意图、编辑的用稿风格。

杂志方面，可以多阅读《南方人物周刊》《中国新闻周刊》《南风窗》《财经》等新闻杂志，以及《南方传媒研究》(书籍形式)、《青年记者》《新闻与写作》《中国记者》《新闻记者》《新闻战线》等学术杂志。

《江西日报》编辑熊亚光把通讯员称为“准记者”。他认为，“准记者”要做到“手低眼高”：手要低，抓住基层鲜活的素材，对本地本单位的信息尽可能多地了解和掌握；眼要高，稿件的创意、思维和主题要向记者看齐，分析材料的眼光要高，写稿的境界要高，要以一个记者的眼光、要以所供稿媒体的眼光去筛选和取舍材料。

熊亚光特别希望通讯员多研究报纸。他认为：“研究报纸是要了解几方面信息，一是新观念、新思路、新提法。时代在发展，社会在进步，新的事物、新的知识在不断地涌现，我们只有努力学习，更新知识，才能跟上时代的步伐。二是关注稿件的导向性。读者不太爱看有的党报，主要原因之一就是新闻比较硬，这说明有的党报上官话、会议、领导的内容太多。但近些年《江西日报》多次改版，加大了三贴近、关注民生等的新闻分量，这说明党报也在变，大家要研究报纸用稿的导向。三是稿件的文本形式、表现手法。创新的表现形式有助于提高稿件的感染力说服力。四是新设置的专栏。一般一段时间，报纸会有一些新设置的专栏，以适应新的宣传报道主题。专栏设置出现的变化，就是下一阶段报社用稿的风向标。”

## 三、经常浏览一些网站、微博、微信、客户端

以下几类网站或网页，值得新闻通讯员经常浏览：

中国内刊网，网址 http://www.neikanwang.com。

《新闻采写》教学博客，网址 http://blog.sina.com.cn/xwxzjxbk，这里可

---

① 所谓选题来源，就是“记者为何写这个题目，这个选题从哪里来的，根据什么确定这个选题的”。

以看到新闻采写方面的教学资料和资源。

江西日报“通讯员之家”网站，网址 http://jbqgb.jxnews.com.cn。

新浪网、搜狐网、新华网、人民网等网站的新闻中心首页，这些网站的评论频道（观点频道）、教育频道，值得格外的关注。

自己本单位所在行业、领域里的权威网站的新闻内容，可以多学习参考。凤凰新闻、腾讯新闻、网易新闻、今日头条等手机客户端，手机阅读比较方便。

新华网、人民网的传媒频道，中国记协网[①]，这里可以看到很多新闻论文或新闻佳作。

中国知网（www.cnki.net）、维普资讯网（www.cqvip.com）、万方数据知识服务平台（www.wanfangdata.com.cn）等，百度（www.baidu.com）、谷歌（www.google.com）等搜索引擎，前一类网站可以搜索到很多学术论文（对了解有关学者的学术成果很有帮助），后一类网站则可搜索到各类资料（包括视频、图片、音频）。

此外，许多专门关注传媒和新闻采写的微博，如 @ 新闻教师—王卫明、@ 新闻实习生群、@ 中国网络传播学会、@ 传媒新视野、@ 报纸观察、@ 南方版式等，也是值得经常关注的。有些专业的微信公众号（如“新闻与写作”“新闻记者”），也是值得关注的。

## 四、观看记者题材的影视剧

记者究竟是如何工作的？通讯员应该遵循什么样的职业道德？通过观看记者题材的影片或电视剧，我们对这两个问题的答案会有一种非常直观的了解。

这里，给大家推荐一些记者题材的影片和电视剧：

描述 9 岁女孩 Kit 不断追求“成为一名记者”的理想、给报纸写稿纠正人们对流浪汉偏见的影片《一个美国女孩的秘史》（*Kit Kittredge:An American Girl*）。

---

① 网址 http://www.xinhuanet.com/zgjx/zgxwj/ljzp.htm。

介绍《华盛顿邮报》记者通过揭丑性报道掀翻美国总统的影片《水门事件》，该片展现了大报记者的多种采访方式和技巧。

描绘偷拍记者为真情弃卖独家照片的影片《罗马假日》，其中反映的新闻伦理（名人隐私让位于爱情友情）值得关注。

介绍美国大记者默罗事迹的影片《晚安，好运》。

介绍中国顶尖记者真实事迹的影片《记者甘远志》。

描述记者巧计迫使尼克松为“水门事件”认错的影片《对话尼克松》。

日本电视连续剧《新闻女郎》，由《东京爱情故事》女主角主演。

美国电视连续剧《新闻编辑室》，讲述的是有线电视新闻网 ACN 编辑室发生的故事。

此外，还有一些非记者题材的影片、电视剧，对我们从事新闻采写也是有启发作用的。

例如：

影片《永不妥协》（*Erin Brockovich*）；

电视剧《别对我撒谎》（*Don't Lie to Me*）；

电视剧《案发现场》

电视剧《读心术》；

影片《火线追踪》系列；

电视剧《少年包青天》；

电视剧《洗冤录》；

电视剧《狄仁杰》；

动画片《聪明的一休》；

动画片《名侦探柯南》。

上述影片或电视剧，可以通过网上的百度视频搜索、迅雷搜索、UUSEE 网络电视，下载观看或在线观看，部分也可在新华书店、当当网买到 DVD 或 VCD 影碟。

通过观看记者题材影视剧，通讯员可以加深对新闻敏感的认识，可以学到很多实用的采写技巧，受到职业精神和职业道德的感染和熏陶，增强从事新闻报道工作的信心和兴趣。

有些人在观看电影《一个美国女孩的秘史》后，发出如下感叹：

“影片以小主人公的小故事充分折射出新闻人的素质之重要，小故事给了我们深刻的教育，体现出大智慧。这部电影很让人触动。”

“看完这部电影很感慨。kit 给人的感动和启示太多了。”

“我从这部影片中不只看到了曲折的故事情节，和鼓励人们振奋的精神，重要的是，我从中学到了不少有关采访与写作的知识。”

“从这部影片中我还学到了很多有关于采访写作的技巧，比如如何调查事件，怎样采取策略让主编通过稿子等等，我相信这些对我以后的新闻事业一定会有很大的帮助的！”

“我们相信：一个敢于追求美好梦想的人，一定会是位优秀的人；一个拥有新闻敏感度的新闻人，一定会是位成功的新闻人。只要他敢于坚持并追求。”

“小女孩对新闻的热爱很令我佩服。她对新闻独特的看法，近乎执拗的追求，还有她那神圣般的信仰和组织，让我感觉到新闻的魅力。”

在《对话尼克松》中，大卫正是通过提出一系列具体问题让尼克松认错的，例如“你为什么没有烧掉带子”“你何时知道你将要下台”。有观众因此表示：“从福斯特对尼克松的采访中，我学到了很多的采访与做新闻的技巧。”

在《记者甘远志》中，记者甘远志因突发心脏病倒在自己的工作岗位上，用生命抒写新闻。在他为《海南日报》工作的 1095 天里，见报 1051 篇稿子，几乎每天都有报道刊登，而且大多数都是由甘远志自己主动跑出来的。甘远志的敬业精神，可以给通讯员以震撼性的启示。

在电影《罗马假日》中，我们可以看到喜剧性的爱情故事，可以学习到偷拍、暗访的技巧。同时，男主角（记者）为了保护新闻当事人（女主角，某国公主）放弃发表售价昂贵的独家照片的情节，也可以让新闻学子体会到“保护采访对象、真诚待人、珍惜真情的必要”，自觉恪守“有所不为，不唯利是图”的新闻职业道德。

在影片《永不妥协》中，主人公艾琳在调查太平洋瓦斯电力公司的案件中，曾遇到过采访对象拒绝采访、取证困难、律师的放弃甚至是 Pacific

Gas & Electric 公司的威胁等挫折，但是她都没有放弃，凭着强烈的社会责任感和永不言弃的精神，最终为受害者赢得了上亿美元的赔偿金。

有观众观看此片后说："在女主角艾琳寻找真相的过程中，我们可以看到一种锲而不舍的精神，这是一个新闻工作者应该有的态度。""女主角在调查 PG&E 公司铬污染案件时表现出来的那种精神与毅力，值得我们学习。"

在《永不妥协》中，正是由于主人公艾琳开始对 Pacific Gas & Electric 公司资料中附带医疗记录这一细节产生怀疑，才换来了"发现重大案情，使受害者获得巨额赔偿"的圆满结局。这个情节可以给通讯员启发：不要忽视细节和小的线索。

## 五、抄写大量的新闻佳作

我们都知道，学习美术的学生，都要经过临摹的训练。其实，学习新闻写作，也需要通过抄写新闻佳作来观摩前辈的笔法，领悟其采访技巧。

"好记性不如烂笔头。"就"形成良好的笔头感觉"而言，抄写范文比熟读报刊的效果还要好些。

南昌大学新闻系教师曾在本系学生中大力提倡抄写新闻作品，有些学生付诸实施后感觉确实有效。有一位学生在实习后深有感触地写道："我们还是要去多看看、多抄抄一些优秀作品，这样的话自己才不会盲目，拿到一个类似的新闻题材才知道从哪里下手，在自己写的过程中才可以套用一些句子、文字什么的。"

《道德经》云："大巧若拙。"最笨拙的方法，有时是最有效的方法。抄写大量范文，是一件看似无用、比较辛苦的工作，却是许多初学写作者达致"熟能生巧"境界的必由之路。可惜的是，很多人忽视这一点，不屑于大量抄写，结果总是写不出合格的稿子。

需要提醒大家的是，刚开始抄写新闻作品，应该完整抄写。也就是说，如果是抄写消息稿，则标题、电头、署名、导语等，都必须抄写。有些人不抄写电头，结果写稿时就不会写电头。

## 六、不断采写，不断投稿

前面所说的博览、阅读、浏览、抄写，都是学习新闻采写的基础性工作。

要想成长为优秀的新闻通讯员，还必须不断采写新闻，并且不断向新闻媒体投稿，不要满足于在本单位媒体发稿。这里的两个“不断”，很多人做不到，很多通讯员往往会半途而废。

江西理工大学“十佳学生记者”沈林就做到了“不断”：他每天不断地写稿、投稿，稿子被退了，他就再写、再投。到大学毕业前，高考作文不及格、无机非金属材料工程专业的沈林，在新华社、《中国青年报》《中国教育报》《中国有色金属报》等媒体发表400余篇新闻稿，被誉为“江西理工大学第一支笔”。本科还没有毕业的他，就成为江西环境工程学院党委宣传部的一名教师。①

对通讯员来说，最好是每周至少采写两则新闻，数量多多益善，同时要肆无忌惮地对外“扩张”——向媒体投稿、在媒体不断发表稿件。

刚开始采写时，可以模仿范文的采写技法。万事开头难，一旦开始发表新闻作品，再往后就比较容易了。

当然，处女作往往是“难”产的，最难之处在于“不知如何下手”。这个难题的破解，关键就在“对相关作品烂熟于心，对相关套路胸有成竹”。

这里，有必要提醒大家：不要满足于在本单位的内部网站、杂志上发表稿件，因为难度很小，而且要求与大众媒体往往存在很大不同；优秀的单位通讯员，并不一定就是优秀的媒体通讯员。至于如何向校外大众媒体投稿，后文有详细介绍。

许多通讯员，都经历过这样的痛苦：不断采写，不断投稿，稿件却总是石沉大海，迟迟得不到发表的机会。其实，这种情况是很正常的，也是许多撰稿人经历过的。

温州晚报《雪君工作室》主持人郑雪君，原来是温州第二棉织厂主持

---

① 详见附录二。

工作的党委副书记，基于对文字工作的热爱，跳槽至温州晚报社做记者，从开始的“新闻门外汉”变成后来全国优秀新闻工作者。后来，郑雪君在接受采访时回忆了自己的蝶变过程：“一开始，我在要闻部跑社会新闻，骑着10元钱买来的一辆旧自行车，半个月跑遍了温州市区的17个街道。每天写七八篇稿件，几乎都被老总枪毙掉。当时的要闻部主任发出了最后通牒：如果你的文章总见不了报，就算你每天早上最早来报社扫地泡茶也没用，只能解聘。那个时候，我好几天做梦都在写稿，梦中稿子又被拿掉，我都急醒了。因为着急，有一回我三天三夜没有回家，在办公室写稿子。我还试着看老总、编辑改稿，他们改到夜里一点我就看到一点，改到两点我就看到两点。结果看着看着就看出门道来了。三个月试用期的最后一个星期，奇迹发生了，每天的报纸上，都能看见‘郑雪君’署名的稿件了。而且一发不可收，平均每天2篇，有一天发了6篇，全部在头版。”①

当然，稿件数量的多少不是反映宣传工作好坏的标准，不能为宣传而宣传，更不能为完成任务而完成任务，要多挖掘本单位的特色和亮点，通过边写、边改、边学、边看、边交流来提高稿件质量。

## 七、修身养德，见贤思齐

“学问做到一定程度，就是人格的较量。”中国传媒大学王武录教授曾这样告诫自己的学生。

还有人说：“三分做事，七分做人。”

做事，说到底就是做人。在很多情况下，要把事做好，就得先学会做人。

学会做人，分为两种，一是学会与别人交往；二是学会修身养德。前者很好理解，后者则意味着“通过学习使自己的品德、作风不断上行或提升”。

初为通讯员，有人向贤者看齐，对自己严格要求，有人则向品行低劣、

---

① 摘自《实现人生价值的最好岗位——访郑雪君》，作者张晓燕，刊于《中国报业》2014年3月号（上），详见 http://zgbx.people.com.cn/n/2014/0418/c347566-24914501.html。

行为不端者靠拢，对自己放松要求。

关于“成功的记者”，原《东方早报》记者曾福斌有如下观点——

◎要想作为一个成功的记者，首先就应当是喜欢记者的工作。喜欢与人沟通，喜欢交谈，喜欢调查，喜欢研究，喜欢思考，善于分析，能够深入人的内心，拉近与采访对象的距离，胆大心细，善于捕捉细节，内心充满好奇，喜欢探索，探个究竟，并富于新闻敏感。

◎具有高度的社会责任感，去从事一份记者的职业是幸福的。他们也就不会担心害怕所谓的采访了，为了采访报道，记者们会努力做到最好，他们将为塑造一个公平公正的世界而努力，并且乐在其中。

◎要成为一个成功的记者应当具备的心理素质是：

第一，应当正确对待记者这份职业，不比别人高级也不比别人低一等，而是以平等的身份处事。

第二，记者应当从心理上认同这份职业，并喜欢这份职业，融入这份职业，忘记这份职业。

第三，时刻保持平和沉稳冷静的心态，不为功名利禄收买，不为社会的芜杂所混淆视听，时刻不忘自己的使命与社会责任。适应这个复杂的社会，同时保持内心的高风亮节。

第四，敢于报道社会的黑暗面、负面新闻，要有同阻碍社会发展势力做斗争的勇气和信心。只有揭露这些阴暗面，让它们见光死，社会才能更加阳光明媚。

若想成为采写高手，就不能学坏样，就要多向高手、贤者、杰出记者、优秀通讯员学习、求教。

浙江华达集团《华达报》编委会主任郎玉莲和《华达报》顾问姚太谟，曾撰文谈“怎样当一名企业报优秀通讯员？”[①] 详见下面的文字——

---

① 郎玉莲、姚太谟:《怎样当一名企业报优秀通讯员？》，内刊网，网址http://www.neikanwang.com/View.asp?id=1420。

要当一名企业报优秀通讯员，必须做到“一个加强、二个多、三个勤”。

“一个加强”：就是平时要加强政治理论学习和业务知识学习。

一旦企业领导选定你为企业报通讯员以后，你就必须加强自我学习，包括加强政治理论学习，加强新闻业务知识学习和文化科技知识学习。学习是多方面的，包括平时多看书、多看报、多看电视、多听广播等。只有多学习才能掌握党的方针政策，才能熟悉新闻业务，才能使自己掌握更多的科技知识。换句时髦话说，就是与时俱进。

有的同志认为，我每天要上班，没时间学习。这也错了。著名作家叶永烈至今已出版了200多本书。有人问他：“你有那么多时间写作吗？”叶永烈回答说：“时间好比海绵里的水，一挤就出来了。”一个求上进的人，一个对事业充满信心的人，他从来不会去打老K、搓麻将消磨时间，而一有空就抓紧学习。大报、小报的许多记者们，他们每天白天采访，路途中打腹稿，晚上写稿，天天如此，所以他们每天有文章见报。

再说，我们每一个人，即使读书读到大学本科毕业的人，如果参加工作后懒得动笔，又不抓紧学习，那他在学校学的知识也会慢慢“还”给老师。再说，时间长了，知识也要“老化”。所以，要当一名优秀的企业报通讯员，加强自身学习是至关重要的。

“两个多”：就是多观察、多思考。

“多观察”，就是平时在生产、生活中，要做个有心人。只有仔细观察，你才能发现别人发现不了的新闻。笔者5年前经历的一件事，至今还记忆犹新。有一天晚上，笔者和市农业局一位同志去鹿山街道陆家村办事，回家时已深夜12时了，但见田畈稻田里的一盏灯还亮着。同行的农业局同志说：“这是测螟灯，是用来引诱虫子的。农技人员从被诱杀的虫子中，预测害虫发生时期，再向全市农村发出病虫预报。”他还说，这盏杀螟灯已点了20多年了。笔者恍然大悟，第二天就去采访写了一篇《富阳有盏长明灯》。后来，这篇文章不仅在《富阳日报》《杭州日报》《浙江日报》登了，《人民日报》也刊登了。当年年底，浙江省记协评比新闻好稿，这篇文章还得了个全省好新闻一等奖。

“多思考”，就是遇到什么事，都要问几个为什么，多动脑筋、多思考，从平凡的生产、生活中找出新闻。

如华达电缆公司的孙献军，在铜业公司办公室门口看到一块小黑板，经常在上面写上与职工生产、生活相关的通知。这对另外人来说可说是不屑一顾，可孙献军却把这件事进行了思考。他认为，铜业公司领导利用这块黑板报，作为关爱职工和与职工沟通的桥梁。后来，孙献军写了一篇《小黑板情意深》，发表在2005年8月28日《华达报》上。这篇文章虽短，但宣传效果很好，也说明孙献军有新闻头脑。

“三个勤”：就是要做到脚勤、口勤、笔勤。

企业报通讯员多数有本职工作，不可能白天脱产写稿。那么，就要靠通讯员平时做到脚勤、手勤、笔勤。

“脚勤”，就是要挤时间多到现场采访。新闻必须用事实说话，不能道听途说，必须到现场调查、核实事实，不然就会造成失实报道，影响企业报声誉。

企业报通讯员即使以报道本厂新闻为主，但脚不勤还是采访不到新闻的。又如孙献军，在上期《华达报》上，刊登了他写的一篇《办公大楼顺利结顶》，如果他不到现场采访，如果他不去采访建筑工人，他肯定是写不出这篇稿件的。

“口勤”，就是要多问。许多新闻，如果你不多问几句，不仅会闹出笑话，有时还会出大问题。如前不久，省计量部门有几位领导到某厂调研。有位企业报通讯员写了篇稿件，错了3个地方：一是把姓“楼”的领导写成了姓“刘”的；二是省里来了3个人他写作5个人，把本地2位有关同志也算进去了；三是这位领导下午又去该企业查台账，而通讯员稿子上说这位领导上午就回杭州了。真是哭笑不得。后来幸亏编辑及时发现，改正了差错。

所以，企业报通讯员在采写新闻稿件时，还必须多问几句，免得出差错。

“笔勤”，就是写稿要勤。新闻报道，顾名思义就是对新近发生事件的报道。所以，通讯员要养成当天采访的新闻当天（或者尽快）写好稿的习惯，不要拖时间。否则，新闻会变成旧闻，或者被别的同志先报了。

笔者认为，只要企业报通讯员有高度的事业心和责任感，自加压力，负重奋进，做一名优秀的通讯员是不难的。

作为范长江新闻奖获得者，《重庆日报》首席记者罗成友向通讯员建议：第一，本职工作要比别人做得好，既要搞好自己的本职工作，而且还要做得更好；第二，遵守工作纪律要比别人做得好，以免别人误会，没把心思放在工作上；第三，夹起尾巴做人，为人要谦逊；第四，争取宽松的创作环境。他说："首先要热爱这个工作，其次要有较好的新闻业务水平，需要自己不断地努力学习，关键在平时，多采访多挖掘。"

罗成友认为，通讯员要真正干出点业绩，就要积极投身于这项工作，需要做到"五不怕"：一是不怕稿子被枪毙，坚持写稿不泄气；二是不在乎别人的闲言碎语，要正确对待自己选择的专业；三是不怕牺牲自己的业余时间，要吃得苦。四是不惧怕来自其他方面的阻力，要坚持真理，顶住压力；五是不怕稿子出偏差，从哪跌倒从哪站起来。

"思想走在行动之前，就像闪电走在雷鸣之前一样。"①罗成友主张，通讯员必须打好理论和业务基础：第一，必须有自己的思想，有自己的分析事物、观察事物的能力，就能挖掘出新闻，平时要多看评论员文章和社论；第二，对本职工作、相关工作要熟悉，要了解相关行业，熟悉就能挖掘出新闻线索和新闻亮点；第三，掌握新闻写作的基本知识和技能，言论、消息、通讯的各种样式都要熟悉、掌握和运用；第四，要学会跳出本行业本企业的眼光去看待新闻事实的本质。

---

① 这是德国诗人海涅的名言。

第二章

# 通讯员常用选题方法

与采写相比，找选题甚至更难一些。在新闻报道领域，选题是指：

——值得报道的新闻（记者采写开始之前）；

——计划采写的新闻（记者向部门主任报选题时）；

——正在采写的新闻（部门主任在编前会报选题时）。

我们可以总结出这样的公式：

寻找选题 = 找新闻

筛选选题 = 选出特别值得做的新闻，放弃暂不值得做的新闻

需要提醒的是，在没有到达新闻现场前，不要贸然断定“那里没新闻”或者“那里绝对有新闻”，因为新闻的出现与消失，存在偶然性，有时就是出乎意料的。也许，即便现场没人、没事，本身就是新闻。

很多通讯员都不擅长找选题，但找选题是通讯员必须掌握的本领之一。通讯员要重点从三个方向找到新闻选题：在身边新鲜事中抓新闻，在别人谈话中抓新闻，从领导讲话和各类总结材料中发现新闻。

具体来说，找选题的方法至少有以下几种。

# 第一节 自己找选题

## 一、用眼睛发现选题与用耳朵发现选题

为了找到合适的新闻选题，通讯员应该经常逛社区、入校园、走基层、进机关，走进学生寝室、办公室、教室、实验室、会议室、报告厅、音乐厅、体育场馆、图书馆、食堂、广场、写字楼、车间等各种场所，驻足观看布告栏，在网上浏览中央政府网和本地的网站，到被很多人遗忘或忽视的角落，多与人聊，多问人，多想问题，在闲谈中捕捉选题。

耳朵有时比眼睛更能发现新闻。2005 年 11 月 13 日中午，《今日早报》记者劳国强与通讯员聊天，获知浙江林学院一学生背母上学一事。当日 13 时，记者驱车赶往临安通过诚挚的交谈很快与刘霆交上朋友，当晚 21 时出稿。后来此稿（即《大一男生，背起母亲上大学》）获得中国新闻奖二等奖。

第十九届中国新闻奖通讯类二等奖《一个灾区农村中学校长的避险意识》，也是记者与四川省桑枣中学教师闲聊时偶然发现的。极具新闻敏感的记者立即抓住这个线索，展开调查采访，连夜写出稿件并于次日（2008 年 5 月 24 日）播发。此前，桑枣中学已接待多名记者，但因其未有一人伤亡而没有引起其他媒体的关注。

## 二、从自己经历的事中找选题

通讯员在日常工作时的身份并不是一名新闻工作者，通讯员和普通受众一样，也会遇上趣事、难事，平时遇上的有新闻价值的事也能做成新闻，加以报道。但是，这种通讯员亲身经历的事，在写作时不能写成作文，而应站在旁观者的角度，用第三人称进行写作。

南昌大学新闻网在 2007 年 4 月 23 日刊登了一篇题为《贴近自然，感受生命——记生物博物馆开放日讲解及动物保护宣传活动》的新闻。这篇稿件就是通讯员亲身经历的事，4 月 21 日是南昌大学生物博物馆开放日，

记者闻讯赶到生物博物馆参观，见识了馆内丰富多样的生物标本等，随后将自己的所见所闻以“记者见闻”的形式写成几段，还采访了参观的师生，借别人的话表达了自己的观点。

## 三、从身边的事中找选题

新闻是新近发生的事实的报道，这个“近”不仅能理解为时间上的近期，还能理解为距离上的“近”，新闻线索的取得同样能从身边的同学同事、亲朋好友中获得，毕竟通讯员写的新闻的主角往往就是在本单位工作的人们。在和同事的聊天过程中，有些同事不经意说出的一些话往往能够做成一则不错的新闻。

## 四、培养大量线人，让其提供选题

本单位一般人员往往都有自己的工作，并不会特别关注身边某事件是否会成为新闻，通讯员作为本系统主要新闻报道的采写者，就要常在本系统培养线人。一方面应该广泛接触系统里各类朋友；另一方面也要争取领导支持，通过表扬、奖励等方式，以“诱之以利、动之以情”的方法发展相当数量的信息员，请他们提供新闻线索。

2010 年 1 月 25 日《赣东都市报》在 A2 版上刊登的一篇题为《在省第四届中小学生艺术节上〈飞翔！飞翔！〉获一等奖》，这则新闻讲的是鹰潭某学校的小学生在舞蹈培训机构老师的训练下，最后以一曲《飞翔！飞翔！》夺得江西省第四届中小学生艺术节小学乙组的一等奖和优秀创作奖。

采写这一消息的记者是从哪里获得这一信息的？是一所舞蹈学校的老师告诉记者的，记者平时经常和这位舞蹈老师接触，彼此间有着密切的联系，所以，当发生这样的新闻时，这位舞蹈老师乐于、喜欢告诉记者。

## 五、从“季节性”事件中找选题

所谓“季节性新闻”，是那些往年报道过，今年、明年也会报道的新闻，有关的新闻事实会像季节变换一样定期发生。

例如，2010 年 3 月 27 日晚上 8:30 到 9:30 是一年一度的“地球熄灯一小时”活动时间。深圳市几家中学联合组成的一个“深圳星火绿色联盟”是一个纯粹的学生组织，从这一天下午开始就奔走在深圳几个居民区宣传“地球熄灯一小时”活动，并在熄灯的一小时内组办了一场演出。

当天，《深圳特区报》政文部的记者联系到这个学生组织的相关负责人，对他们的宣传活动进行了全程报道。第二天，即2010年3月28日，这则《“绿色星火”照亮夜空 8所中学环保社联合举行“地球一小时”主题活动》在A3版登出。

为便于寻找“季节性”新闻选题，记者有必要制作一张特殊日历表（详见本书附录一），其中记载每年的重大节日、纪念日、节气变化等信息，以此作为寻找选题的参考资料。

## 六、从即将发生的事件中找选题

新闻是新近发生的事实的报道，这是否就意味着将来的新闻就无法报道？并非如此，很多新闻的发生，通讯员是可以预见的。比如，一些重大的节庆日子、具有纪念意义的日子（如汶川大地震两周年等），为了庆祝或是悼念即将到来的特殊日子，市民和政府会有所行为，这时，通讯员只要留心观察，注意搜索，就能找到具有新闻价值的选题。

例如，《信息日报》2010年9月30日第11版，就以《全国中学生沙排赛下月在昌激战》为题报道了即将发生的校园体育新闻：2010年10月3日至9日，全国中学生沙滩排球锦标赛暨全国青少年沙滩排球夏令营将在江西省西山学校举行。

## 七、从第一次出现或者发生的事情中找选题

第一次出现，或第一次发生的事情，往往有较大的新闻价值。

在“第一”这个词上，通讯员往往能够大做文章，有时候在某种程度上能够成为媒体报道的“独家新闻”。这个“第一”是体现在多方面的，比如，第一次出现的事情，第一天开学，某某比赛的第一名，等等。

例如，2009年5月9日，南昌大学在前湖校区举行119学生消防连成立大会，这是江西省首支119学生消防连。这个事件，就被《南昌晚报》

《新法制报》分别以《昌大119名学生组成学生消防连》《赣首支119学生消防连成立》为题进行报道。

再如，《百名学生秀街舞四分钟后齐“闪人”》这篇报道，报道的就是在深圳大学第一次出现的“快闪”运动。记者在采访过程中了解到，以往，在国内很多城市虽然都有出现过街头快闪运动，甚至在深圳的华强北也出现过，但是在深圳大学还属首次出现，并引起了不错的反响，视频在网络上疯传，表演街舞的同学们还被请到第二天文博会深圳大学分会场作为表演嘉宾，巧的是，当天的开幕式上，这群同学们也是唯一的表演嘉宾。因此，这则新闻中包含了两个“第一”。

## 八、从各种“成功”中找选题

获得某项比赛的胜利，取得重大研究成果，杰出毕业生的成功就业，破获大案等，都是值得报道的“成功”。

例如，周口市公安局的通讯员任君箫发表在《周口晚报》的《周口警方8天破获拐卖儿童案5名嫌犯全部归案》（2013年4月2日）：

> 3月24日10时20分左右，太康县王集乡邱庄村发生一起儿童被犯罪分子强行抱走的重大刑事案件。周口警方在河南省公安厅、濮阳市公安局以及山东威海、聊城、济南等地公安机关的大力配合下，经过8天的艰苦鏖战，转战两省六市，于3月31日成功破获了“3·24”拐卖儿童案件，将涉嫌拐卖儿童的3名犯罪嫌疑人、涉嫌收买被拐卖儿童的两名犯罪嫌疑人全部抓获归案，被拐女童婷婷（化名）被成功解救。……

再如，29岁农民工、清华大学食堂师傅张立勇托福考630分，即将取得北大本科文凭，这一“成功”2004年5月15日被《北京日报》报道。

## 九、从各种“变化”或“不变”中找选题

有些“变化”是异常的，有些“不变”是不正常的。

有时，“变化”就是新闻；有时，“不变”也是新闻。

例如，“贵州残疾乡村教师跪着教课36年”[①]“四川代课教师山区小学执教26年”[②]之类的新闻，就是一种“不变”。这种“不变”，蕴含着特别的意义。

“变化”是新闻的例子很多。例如，《北京晨报》2010年10月7日A03版刊登的《（引题）班主任被取消　高一就分文理　前两年课流动　穿校服凭自愿（主标题）北大附中进行“北大式”改革》，就是这样的新闻选题。自2010年9月起，深圳大学率先在全国公办高校中实施人事制度改革[③]——全员聘任，去行政化，这也是值得报道的“变化”。

“不变”是新闻的例子也不少。2001年冬，中央新闻单位采访团在宁波采访广场文艺演出时，现场意外发生停电，在停电的时间里，成千上万的市民在露天广场里没有喧哗，没有退场，而是静静地等待演出重新开始，记者邓少华凭着非常强的新闻敏感写出独家新闻《寒风中的24分钟……》，多家媒体相继转载或刊发了这一报道，《今日早报》还在头版头条位置转载。该文当年即获宁波市新闻奖二等奖、浙江省新闻奖二等奖、中国晚报新闻奖一等奖。

## 十、从各种“问题”中找选题

与本领域、本行业有关的“社会热点”问题，棘手的“老、大、难”问题，民众存有疑惑、质疑的问题，往往可以成为好选题。

例如，环境污染、医患关系恶化、城管执法、毕业论文掺水抄袭、海归教师学历造假、残疾人遭遇就业歧视等问题，都是值得报道的。

## 十一、从网上找新闻选题

浏览各类网络信息，进入本地生活资讯网站、政府网站、公司网站、

---

① 有关报道详见 http://news.qq.com/a/20060323/002361.htm。

② 详见2008年10月27日《华西都市报》第3版图文长篇报道《悬崖凿出上学路　天边的小学坚守26年》。

③ 详见2010年9月18日《华西都市报》第9版报道《校长就是CEO不再是正厅级干部》。

学校网站、聊天室、BBS、名人博客、微博、微信等，看看最近网民在关注什么事情，哪些网文是点击率最高、跟帖最多的，从中可以发现线索。

《深圳特区报》在 2010 年 5 月 19 日的“今版城事”刊登了一篇题为《百名学生秀街舞四分钟后齐“闪人”》，新闻讲述的是深圳大学管理学院的学生在教学楼前表演“快闪”街舞的事情经过。这一新闻素材来源就起源于优酷网上的一段视频：5 月 11 日，一段冠以“深大首次惊现百人快闪！”标题的自制视频通过优酷网、土豆网、56 视频网和校内网几乎传遍整个网络。在长达 5 分钟左右的视频中，深圳大学文科楼前从一人开始，逐渐聚集了近百名学生大秀街舞，动感十足，4 分钟后，又快速分头散去。视频被传上网络后，迅速引起了各地网友的广泛关注和讨论，当天点击率达到了上千人次，跟帖数长达几页。

2010 年 5 月 16 日，记者从优酷网上看到这一视频，在视频最末的短暂黑屏后，屏幕上出现主办方和承办方分别是“深大管院学生会”和“深大管院学生会舞蹈队”的字样。正是根据这一线索，记者联系上了深圳大学团委的老师，然后再找到管院团委的负责人，最后通过该负责人联系到了管院学生会舞蹈队的队长，由此进行采访。

第二天，记者在深圳大学采访到了这群上演“快闪”的同学。5 月 19 日，以《百名学生秀街舞四分钟后齐“闪人”》为题的新闻出街，引起了市民的热切反响，标题还被评为报社当日好标题。当天下午四点左右，深圳市电视台娱乐频道的记者打来电话询问这群学生的联系方式，并表示将对其进行电视采访。

再如，2010 年 8 月 26 日，《深圳商报》刊登了一篇名为《深圳大学生：收集百个祝福庆祝深圳生日》的报道。当天是深圳经济特区成立 30 周年的日子，深圳报业集团策划了一系列报道，作为报业集团内的报纸，《深圳商报》肯定要为当天的报道寻找素材。

从 2010 年 8 月 19 日起，一篇题为《我是深大学生，我为深圳收集 100 个生日祝福》的帖子在深圳新闻网深圳论坛上迅速蹿红。发帖人是一名叫“小火柴”的深大学生，她提到在深大 25 岁生日时，学生们都写下了对深大的祝福，觉得特别有意义。于是她决定效仿，请市民在小白板上写下对深圳的祝福，然后为他们和他们写下的祝福拍摄一张照片。根据网帖的内容，记者联系上发帖的学生，并对其进行采访，将她为特区庆生的想法和做法报道出来，于 8 月 26 日当天见报。

2010 年 9 月 25 日，江西省修水一中教师樊仔生被一辆新车撞飞，并于次日因抢救无效身亡，其同事、学生在修水一中百度贴吧、个人 QQ 空间发帖深情悼念。这一事件也是可以写成新闻稿的。

## 第二节　媒体给选题

### 一、向编辑要选题

在一些新闻单位，编辑要负责新闻策划，组织重大新闻选题，甚至要提醒、指挥记者采写有关新闻，他们手里往往会有好的选题。这些重大新闻选题，一般由优秀记者负责采写，但通讯员可以作为助手参与其中。

即使不是重大新闻选题，也不是特殊的新闻策划，见多识广的编辑往往也能在工作过程中和工作之余发现新闻，但他们并不从事采写。因此，记者就可从他们那里得到有关选题。值得一提的是，现在很多编辑为了更好地落实选题，往往开设了版面或者栏目的 QQ 群、微信群，通讯员可以先加入，在里面与编辑互动，商量选题，这样写出好稿、发出文章的概率会高很多。

### 二、向资深记者要多余的选题

资深记者的人脉广泛，又善于发现新闻，所以手头往往有多个选题，但又没有时间或兴趣一一采写。这时，通讯员就可以与资深记者合作采写，或者从资深记者那里拿到选题独立采写。

### 三、将最近报道过的新闻变换报道角度

是不是以前报道过的新闻，现在就不能拿来报道？事实并不是这样的。新闻是快餐化的文学，很多突发新闻，记者为了抢时间，发独家，很多时

候会忽略一些值得报道的细节。事情过后，通讯员若有机会采访到新闻中涉及的人物，就之前报道过的新闻换一个角度深入报道。

## 四、从多年以前的报道中寻找选题——可以故地重游或故人重访

某个事件、某个人物、某个场所，原先接受过新闻媒体的采访报道，甚至引起很大的轰动，多年以后，是否发生变化，发生了什么变化？这个疑问，通过回访，通讯员或许可获得颇具新闻价值的解答。

例如，《长沙晚报》2005 年 8 月 24 日 A9 版率先报道《3.5 万救命钱留给病友》一文中的主人公欧阳志成。四年多后，该报在 2010 年 3 月 8 日 A9 版报道欧阳志成的近况，标题是《5 年后，欧阳志成重上讲台》。

这类新闻选题还常常出现在岁末年终的媒体上。例如，1998 年至 2004 年，《南方周末》选取河南省唐河县古城乡小常庄、四川省彭州市白鹿镇、福建省晋江市安海镇成功路作为个案，每年回访报道 1 次，通过多年观察的方式记录中国发生的变化。[①]

## 五、从异地媒体报道过的异地新闻中寻找“克隆（孪生）选题”

外地发生的事情，本地也可能发生，而且同样值得报道。

“走别人走过的路”，有时很容易成功。例如，《信息日报》2010 年 6 月 3 日第 28 版的《（主）哥跑的不是腿，是双赢（副）贫富差距催生高校“跑腿族”，网友对此褒贬不一》，就是对杭州《青年时报》等媒体的类似新闻选题[②]的“本地化克隆”。

## 六、从最近报道的新闻中寻找“第二落点”选题

通讯员应当经常看报、听广播，从刊播出的一些消息中找新闻线索，

---

① 有关报道详见 http://www.southcn.com/weekend/culture/200212260029.htm。

② 详见《青年时报》2010 年 5 月 26 日 B03 版文章《（主）为有钱同学跑腿赚取小费（副）校园形成生生雇佣关系　有人赞同更有人批驳》。

仔细采访，彻底挖掘，把别人的小稿做大。

前面提到的《百名学生秀街舞四分钟后齐“闪人”》，记者在采写这篇新闻时了解到，深圳大学的这群同学们之所以上演一段四分钟左右的快闪，主要是为几天后的学生活动——首届深大才艺大赛聚集人气。

报道见报后，深圳卫视娱乐频道的记者打电话到报社要到了舞蹈队同学的电话，对其才艺大赛进行了报道。这就是一个典型的从别的媒体已报道过的新闻中找到的线索，挖掘出的新的报道角度。与此不同的是，《深圳特区报》没有做才艺大赛的后续报道。

## 七、寻找外地新闻和全国性、全球性新闻的“落地”选题

这里所说的“落地”，其实就是“使全国性、全球性新闻和外地新闻本地化”，是对新闻价值中“贴近性”这一要素的实现，更是对全国性、全球性新闻和外地新闻的本地化处理。

例如，发表于江西报纸《信息日报》2010年6月4日第10版的《南非世界杯指定用球原是江西造》，就是一篇“落地新闻”：将发生在南非的世界杯新闻，与本地联系起来，采写出具有本地化信息的报道。《信息日报》2010年10月9日第11版的《嫦娥二号火箭燃料江西造》，也是一篇“落地新闻”。

# 第三章

# 通讯员常用采访技巧

确定选题之后，通讯员就可以进入采访环节了。有时，进入采访环节，才会发现新闻选题。采访是写作的前奏，为写作奠定基础。

## 第一节　新闻采访的若干类型

第一种分类，根据器官使用的不同，采访可以分为口访、耳访、眼访、鼻访、手访、脚访等方式。

口访，即对话式采访：记者直接面对采访对象进行采访，通过口头提问，了解情况，收集新闻素材；

眼访，即观察式采访：记者不提问，只用眼睛观察人、事、物，以此采集信息。对话式采访，可以获得大量的信息，其重要性远远大于观察式采访。有些初学采访的通讯员，由于怯于对话的缘故，只看、听、闻，而不问，导致采访所得的材料十分单薄。

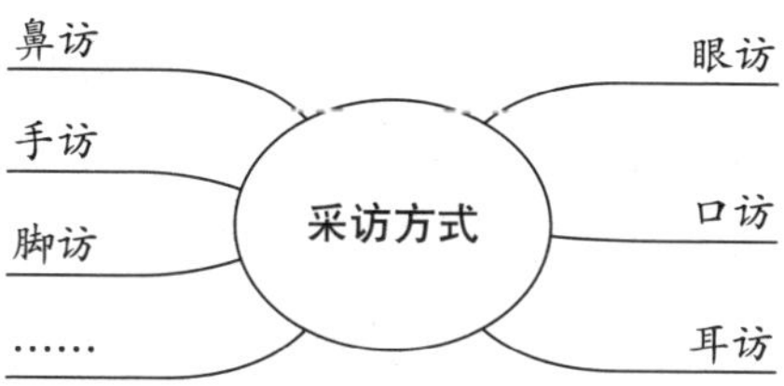

第二种分类，根据依托的媒介来分，采访可分为：

面谈采访：通讯员与采访对象面对面，通过与受访者对话，当面收集信息。

电话采访：是指通讯员通过电话（包括手机）与采访对象对话，了解情况，采集素材。

书面采访：是指通讯员通过书面提问的形式进行采访获得信息，一般是通过书信、传真、电子邮件进行的。

网络视音频采访，是指通讯员通过网络视频或网络音频与采访对象交流来采集信息。

第三种分类，是根据“采访中使用的语言文字”来分的，可以分为：母语采访、外语采访。

毫无疑问，外语采访的难度远远大于母语采访，能够使用外语展开采访的记者数量极少。通讯员一旦掌握了外语采访技术，就很容易在通讯员群体中脱颖而出。

现在外籍友人、外籍专家、外籍嘉宾在国内经常遇见，且有时需要通过互联网远程采访外籍人士，在采写过程中，通讯员有时就必须采用外语采访这种方式。

此外，如果给电脑安装外语翻译软件（如“金山词霸”），或使用“在线翻译”，也可在一定程度上解决外语采访难题。

关于英语采访，本书作者收集整理了大量的常用语句与句型（详见本章第五节），若熟读掌握，对英语采访极有帮助。

第四种分类，是根据“是否公开采访者身份、明示采访行为”来分的，可以分为：

公开采访（显性采访）：公开采访者身份，公开采访意图的采访。

这是最常见的采访方式，有时能得到采访对象的配合，但有时会遇到采访对象说谎的情形。

隐性采访（暗访）：隐藏采访性质，不公开采写者身份，或公开记者身份但不道出真实采访意图的采访。[①]

---

① 《新闻实用大辞典》。

一开口就说明自己的身份、采访意图，可能会遭遇采访对象的拒绝。其实，在很多情况下，通讯员可以隐藏自己的身份、采访意图，以随意聊天的状态，以普通公民的身份，开始与采访对象交流，然后再在谈话氛围变好的时候，正式进行采访。

在特殊情况下，如果合法运用，能够达到“显性采访不能达到的”目的，能收集显性采访收集不到的第一手材料和较有价值的新闻素材，其真实性往往比显性采访更为可靠。

卧底采访：在比较长的时间里，报道者在采访对象不知情的情况下，通过扮演角色、掩饰身份等方式成为采访对象的“自己人”，以体验的方式参与到采访对象的生活、工作环境中去，不公开地收集已发生或正在发生又未被披露的新闻素材。

卧底采访是隐性采访的一种，但与常规的隐性采访不同，卧底采访是记者、通讯员长期扮演（伪装）另外一种身份来获得采访对象认可并获得相关信息的一种采访方式。

例如，2010 年 5 月 13 日的《南方周末》头版及 A2 版，刊登《富士康 8 连跳之谜》《与机器相伴的青春和命运——潜伏富士康 28 天手记》两篇长文，就是实习生刘志毅卧底富士康 28 天后、与记者杨继斌合作采写出来的。

记者、通讯员在卧底采访时，不仅要注意人身安全，更要注意法律和道德尺度，不要为得到信息而泯灭良知，或置法律于不顾。

体验式采访：记者、通讯员亲自参与到采访对象的生产实践和日常生活中，在原汁原味的体验中进行采访，口、眼、鼻、耳和触觉器官（手、脚等）都参与信息的收集。

例如，2013 年 11 月 8 日（当天是记者节），《吉安晨报》胡志勇、严爱群、罗昊、刘小丽、罗仁瑾、周玉莲、刘丽萍、郭曼依等记者变采访为体验，分别以自身感受传递养路工、人民调解员、影楼摄影师、城管队员、工厂流水线操作工、移民干部、护士、茶艺师等平凡岗位劳动者的苦与乐[①]。

---

① 详见 http://www.jgsdaily.com/system/2013/11/11/012788628.shtml。

有的体验式采访，时间长达数天，甚至更久。

新华社记者张严平采访马班邮递员王顺友，开始很困难。因为王顺友长期一个人走山路，很木讷，不善言辞。张严平就骑马跟随王顺友走山区邮路，走了两天，终于走进王顺友的内心世界。王顺友对张严平说："你最懂我心头。"这就是采访者与被采访者间一种信任的交融，这样的交融缘于张严平陪王顺友走过的那段险峻的邮路。正是这段"生死交情"，让王顺友愿意把心里话讲给自己的记者朋友听。在这次体验式采访过程中，记者张严平采访到了感人的故事及许多细节。她据此写作的人物通讯《索玛花儿为什么这样红——记优秀共产党员、木里县马班邮路乡邮员王顺友》[①]后来获得第16届中国新闻奖一等奖。

## 第二节　新闻采访的准备工作

"有备无患"是古往今来兵家的常识。毛泽东说过："不打无准备之仗，不打无把握之仗，每战都应力求有准备，力求在敌我条件对比下有胜利的把握。"

"凡事预则立，不预则废。"一般而言，采访准备是每次采访必不可少的一个步骤，准备工作是通讯员初步认识采访对象的必要工作。采访准备有利于提高采访效率。

采访准备包括平时准备和临时准备。

"平时准备"更多的是指通讯员平时的经常性的积累，包括学习理论政策、认清当前形势、增长知识、了解全面情况、掌握社会动向、广泛积累资料以及常年工作下来的经验积累。

平时准备对于采访来说十分必要，是通讯员成功采访的前提。但是由于它过于宽泛，不是针对某次采访，因此，我们所说的准备通常指的是临时准备。

---

① 详见 http://news.xinhuanet.com/zgjx/2007-01/28/content_5664843.htm。

临时准备是指在确定选题后所进行的，为了熟悉情况，提供采访效率而进行的动态的准备。

临时准备是在具备平时准备的基础上进行的。

临时准备，主要包括：明确相关的政策法规，了解采访对象、熟悉采访领域知识、收集和分析背景资料、拟订采访计划、准备采访器材等。

## 一、明确相关的政策法规

确切说是重温，这些都应该是平时准备的内容，当面对一个采访任务时，清楚有关领域出台了哪些相关的政策法规，这些文件影响着是公开报道还是写成内参，或者从哪个角度来报道。例如，1997 年颁布的《国务院关于加强抗灾救灾管理工作的通知》规定：重大灾情的报道由新华社统一发稿，局部灾害一般只在当地报道。报道因灾害的直接经济损失和人员伤亡情况，应以主管部门核实的统计数字为准。体现在 1998 年的特大洪水的报道中，不报道灾害多严重，只报道救灾多么英勇，取得了什么成就。经过非典、南方冰雪灾害、汶川地震这些灾难后，信息更公开了，新闻报道也更客观了。

比如说对于校园新闻，则应该对教育方面的法律法规进行过学习，对学校的一些常规规章制度有所了解。比如，因考试抄袭被开除某校一研究生状告母校，对于这样的新闻，报道者就必须搞清楚，考试抄袭是否可以被开除，在什么情况下应该被开除，而这些都可以从各校的研究生管理规定和教育法规中找到答案。

## 二、了解采访对象

主要包括采访对象的年龄、籍贯、经历、性格、爱好、兴趣、成就等，这种了解有利于通讯员与采访对象找到共同语言，缩短心理距离。若是对行业专家学者的采访，对他们主攻的专业方向、主要的学术成果，甚至他的个人爱好都应该有所了解。如果采访的是事物的话，就应该先了解该地的政治经济状况、自然地理、风土人情，或机构的组织架构和各部门的职能，等等。

## 三、熟悉采访领域的知识

通讯员的知识总是有限的，而在实际中他们面对的采访对象来自各个领域，尤其是当面对的是某个领域的专家学者时，就要求通讯员采访前要对该领域的知识有一定的了解和熟悉，否则就不知道从何问起了。

## 四、收集和分析相关的报道材料

在采访之前，最好通过多种渠道查找是否有媒体已经报道了此人或此事，从哪些角度报道的，还存在哪些不足，做到心中有数，这样就能写出有新意的稿件，而不是“炒现饭”了。收集材料还有个好处就是，不会问重复的问题，不会问同一角度的问题，让已经多次被采访者产生新鲜感。

## 五、拟订采访计划（提纲）

包括采访的目的和重点，选取哪些采访对象，采取什么方式，问什么问题，等等。

采访提纲中要采访的内容，通讯员最好牢记在心，不要慌乱地翻采访本寻找要提的问题，这样显得很不专业。

## 六、准备采访器材

这些采访器材包括：证件、笔、采访记录本；笔记本电脑、录音笔、照相机或者摄像机等。

## 七、预约采访对象

位高权重之人，忙碌之人，地点遥远的人，一般都要预约，否则，很可能白跑一趟，或被拒绝。

## 八、采访准备中要注意的安全因素也不可忽略

为了得到独家新闻或优质图片，通讯员可能到一些危险的角落采摄新

闻，出发之前，更要精心做好准备。

在摄影取景时，最好在确认周边环境安全的前提下站稳脚，不要移动，否则万一脚下一滑或者一辆车从后面疾驰而过就出事了。

对采访地点，要精心了解交通线路与地形。

如果是可能得罪人、触犯他人既得利益的新闻，或者新闻现场情况复杂时，最好与有关职能部门共同前往。在没有办法需要进行暗访时，一定要注意人身安全，尽可能与可靠人士同行，在采访中尽量注意不要激怒采访对象，同时要向所在单位汇报，并与领导保持紧密联络。

## 第三节　采访提纲与问题设计

### 一、采访提纲

采访提纲，有三种含义：（1）采访者对采访过程的事前设计，带有计划性质；（2）采访者要采访的所有主要问题，带有罗列性质；（3）采访者根据所掌握的采访对象的现有资料，事先拟定采访问题，从而列出的采访“路线图”。

采访提纲，只是采访用的大体框架，并不是写好了就一成不变。

在实际采访中，可能需要抓住对方说话的一个点，突然改变问话方向或者方式，这时提纲就需要临时更改。

在采访时，千万不要局限于新闻采访提纲，应随机应变，善于捕捉新闻点。

有时，需要提前给采访对象审阅采访提纲。

除非是顶尖高手、采访熟手，通讯员一般都需要准备采访提纲。

如何写好新闻采访提纲呢？

◎寻找相关线索，尽可能多地收集资料。

◎将未写的稿件大致地分成几大部分，从而有针对性地提出问题，写出采访提纲。

◎根据采访活动的内容拟定采访提纲，是写新闻采访提纲最基本的方法。

◎根据采访的目的，决定未来行文的方向，并依此列出采访提纲，是写好新闻采访提纲的另一个方法。

采访提纲的主要内容，主要包括：何时采访，在哪儿采访，采访谁，提什么问题，需要观察什么，收集什么资料，人员如何分工，等等。

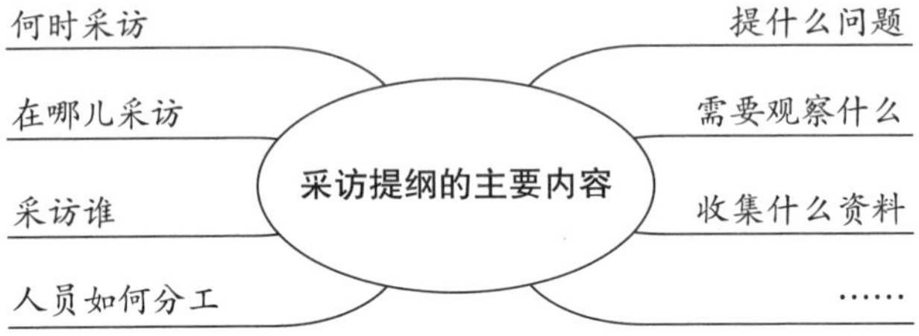


**1. 列明采访对象**

就是说你要采访哪些人。你采访某一位“魅力人物”的事迹。这名“魅力人物”就是你的采访对象。他（她）周围的同学、亲友、领导，往往也应当是你的采访对象。采访对象确定错了，或有所漏掉，都会对采访带来损失。

一般情况下要采访什么人?

◎所有的利益相关人；

◎利益无关人（第三方）；

◎目击者、旁观者；

◎相关领域的专家学者、权威机构；

◎同事：上级同事、下级同事、同级同事；

◎服务对象。

通讯员如何找到专家采访呢？有以下一些途径。

◎到科研院所、高校找教授、学者（官方网页往往有相关机构的联系方式）；

◎去相关单位、专业服务机构，找相关权威人士；

◎找相关的报刊文章，看其他媒体以前做类似的选题时采访过哪些专家；

◎上“中国知网”查阅相关论文，论文作者很有可能就是那方面的专家；

◎自己合作的媒体有专门的专家库（编辑、记者大都有自己的专家库）；

◎上网百度相关专家或进入相关网站找专家；

◎拨查号台电话 114 查询有关机构的电话，进而打听专家的联系方式；

◎通过自己的人脉关系，请熟人推荐有关专家；

◎找相关方面的书籍，书籍的作者就很可能是那方面的专家（充分利用高校图书馆、国家图书馆、网上书店的书目检索功能）；

◎参加相关会展、讲座，从讲座、会展中结识专家；

◎自己平时采访时注意积累自己的专家库。

如果采访对象较多，采访提纲应该预先确定采访他们的先后顺序。

例如，你去采访一位“五一劳动奖章”获得者的事迹，但这位获奖者又不善言谈，那么，你就应当先去访问对他（她）比较了解的同事、家人、领导等外围人士，然后再去访问他（她）本人，以便用已经采访到的材料去启发和引导他（她）谈话，尽可能地拉近双方距离，打开话匣子。

尽量缩短采访“大忙人”的时间。像科学家、名人、著名学者、政要、巨商之类人物，一般是比较忙的，采访过他（她）的记者也很多。如果要从他（她）那里获取新闻素材，最好先通读以前关于他（她）的相关报道，从其他有关的人当中去采访，然后再访问他（她）。这样做，那些可以从别人那里获得的材料，就不用他（她）来提供了。要他（她）提供的素材，是非他（她）不可的。

**2. 列明具体的采访内容，即要提的问题、要收集的材料**

根据报道意图和已经掌握的新闻线索，拟出所要采访的具体内容，即提问的问题、需要索取的材料。

预先准备的问题，尽可能多些。有些问题不一定能如愿采访到，仍应列入。

如果需要进行现场观察，你还得在采访提纲中列入观察的具体内容。

如采访正在发生的一场校园火灾，你就要采访：起火地点周围环境如何？火苗蹿起来多高？哪些人在救火？抢救出来的财物，损伤情况如何？等等。

**3. 列明采访的时间、地点（场所）**

这里也有个先后顺序的问题：先去哪里采访，后去哪里采访。同时，时间上也应该规划好：前一小时做什么，后一小时做什么，等等。

**4. 如果参与采访的通讯员不止一人的话，列明采访的人员分工**

例如，一人提问，另一人则负责录音、记录；或者轮流提问；或者一人负责问人，一人负责拍摄；等等。

**5. 列明采访所需的设备、道具及注意事项**

此外，在采访邀请信函中，必须说明采访者自己的工作单位、本人姓名、联系方式。

## 二、采访前的问题设计

一般而言，新闻采访必须了解清楚的问题，是新闻的六要素“5W+1H”①，即：是谁？在哪里？什么时候？做了什么？经过是怎样的（细节）？为什么做（原因）？

当然，往往还需要问其他问题，例如：你们过去曾经……你们将来打算……你们要实现的目标是什么？你们遇到过什么难题吗？目前的阻力是什么？你们是怎样对付这些难题的？是否有解决难题的计划？这一设想是什么时候开始的？是根据谁的意见提出的？什么背景？什么关系？触及哪些利益？引起什么冲突？

关于采访过程中的提问，著名记者艾丰认为：不要提太大的问题，不要提过多的外行问题，不要提暗示性的问题，不要提过于轻率的问题，不要提太“硬”的问题，不要提审问式的问题。

此外，也有人认为：采访时提问，要简洁、自然，要具体，要挖细节，语气要委婉，要看对象，对陌生领域的问题要不耻提问。

通讯员应该如何提出好问题？

一是问题要具体。新闻都是用事实说话，对于记者而言，提问的过程就是寻找和再现事实的过程，只有问题具体才能得到具体的答案，才能写

---

① Who，Where，When，What，Why，How。

出生动的材料。过于抽象的问题，采访对象可能无法作答。

二是问题要特殊。这是指记者所提的问题只有特定的采访对象回答才合适。

三是问题要有新意。针对同一新闻事件或者同一采访对象，记者的提问要有新角度，问出新的观点和材料，不要提别的记者已经提过很多次的“老问题”。

四是问到关键点。这里的关键点，既指新闻主题所需的最典型意义的内容，也指读者最想知道、最感兴趣的内容。记者提问时要步步紧逼，层层追问，直到得到想要的内容为止。

如果实在不知道如何提问，不妨提一些通用的“万能问题”，例如：

1. 你对自己过去的一年满意吗？
2. 去年做过最后悔的事情？
3. 对新年有些什么期待呢？
4. 你做过最愚蠢的一件事是什么？
5. 你最不能容忍的事情？
6. 你觉得人这一辈子中什么最重要、最该珍惜？
7. 如果你有足够的时间和足够的钱，你最想去哪儿？
8. 现阶段你所能认识到的幸福是什么？
9. 你最喜欢的作家是谁？
10. 你自己最有感觉的话是？
11. 一个人时，你喜欢做什么事？
12. 有没有打心眼里佩服的人？
13. 认为自己最大的优点是什么？
14. 最受不了自己的哪个缺点？
15. 你最欣赏女性的什么特质？
16. 你择偶的条件是什么？
17. 收到什么礼物最开心？
18. 如果有来生，你会选择投胎做什么动物？为什么？
19. 最让你骄傲的一件事是什么？

20. 你觉得世界上最爱你的人除了父母以外还有谁?

21. 重要的东西离你而去了，你会怎么办?

22. 你最想要的东西是什么?

23. 最后一次发自内心的笑，是什么时候?

24. 如果给你一个机会去世界上任何一个地方旅行，你会去哪里?

25. 如果时间能倒流，你希望回到哪一天?

26. 如果你和好朋友喜欢上同一个人，你会怎么办?

27. 你喜欢的人或是你爱的人，在你心里是什么样子的? 要描述得详细些。

28. 曾经有没有一种被抛弃的感觉? 那是在什么时候什么情况之下发生的?

29. 怎样才算真爱?

30. 你会原谅那些曾经背叛过你的人吗?

31. 你最近联络过的一位朋友是谁?

32. 你最喜欢喝什么酒水饮料?

33. 你最喜欢的一句歌词是什么?

34. 你最欣赏的男性是谁?

35. 你最欣赏的女性是谁?

36. 你喜欢哪一种小动物?

37. 你最讨厌的行为是什么?

38. 你最喜欢哪本书?

39. 你最想去哪里旅行?

40. 你觉得某个话题人物（如某明星）或某件事（如“冰桶挑战”）怎么样?

如果是采访财经人物、工商企业人士，可以问如下一些“万能问题”——

1. 同质化现象与特色化生存。您所在的企业有什么样的特色? 竞争优势何在? 市场空间在哪里?

2. 凡事总是一分为二的。您所在企业的不足或有待提高之处在哪里? 市场机遇背后有什么样的风险与挑战?

3. 如何突出自己的特色、强化竞争优势？并克服困难、迎接挑战？

4. 您所在的企业处于什么样的市场位置？如何看待竞争对手？尤其是面对外资企业的竞争？

5. 企业成长过程中遇到过哪些烦恼（如恶性竞争、法制不健全、融资难等）？

6. 如何看待多元化的风险？怎样处理主业与副业之间的关系？

7. 做大还是做强？也就是说，发展速度（规模）与盈利能力之间如何平衡？

8. 跨区域发展中遇到的问题？如何异地管理？怎样复制成功？如何适应当地市场？

9. 长期目标与短期利益之间是如何平衡的？

10. 您最推崇的企业家是谁（韦尔奇、松下幸之助等）？从这些人身上学到了什么？学不到什么？与他们相比，还有多大的差距？

11. 公司管理中，集权还是放权？对于放权，又如何去考核与监督？

12. 管理框架调整、机构整合的初衷是什么？有什么样的执行难度？

13. 什么样的人才战略？采取什么样的激励机制？

14. 并购过程中面临哪些困难？怎样消化吸收？能否实现 1+1>2 的预期目标？

15. 与上游供应商的关系？如何实现低成本与高品质之间的平衡？

16. 不同品类、品牌间如何进行管理？与公司的统一形象如何协调？

17. 有没有上市融资方面的计划？上市后资本运作方面有哪些打算？

18. 以前的经历，对您目前从事的职业有何影响？

19. 在生活中，如何向朋友介绍相关方面的专业知识？

20. 如何处理工作与生活之间的关系？

采访中，可以采用如下提问技巧：

◎先不亮明记者身份和采访性质，通过闲谈暖场；

◎从轻松、容易回答、不敏感的话题切入；

◎及时调整问题的先后顺序；

◎有时须迂回提问，间接将话题引向自己感兴趣的领域；

◎尽量形成融洽的谈话氛围，与对方形成良性互动；

◎以出其不意的提问方式打动对方。

例如，1998 年 11 月，中国国家领导人赴马来西亚参加 APEC 领袖峰会。会后，吴小莉举着一张崭新的 10 元人民币问这位领导人：“我手中的 10 元人民币，明年是否还值 10 元？”原本表示 APEC 之行不会接受采访的领导人，被这种特殊的提问方式打动了，于是就这样对人民币持续稳定问题做了回答。

再如，2009 年 10 月 16 日，金鸡奖评委们在留学生楼二楼会议室与南昌大学师生举行了见面会。在互动环节中，该校师生向各位电影大师们提问。新闻系 2007 级女生王朦朦拿出 1 张《建国大业》电影票，提出“中国电影票价格居高不下，何时电影才能实现平民化”的问题。

在竞争者众多的大场合，如何得到提问机会？穿显眼衣服，长时间举手，坐或站在最前面，都是可以采取的方法。2009 年 3 月 4 日，中国“两会”的一次记者招待会，《中国会计报》的年轻女记者一直举手，长达一小时，主持人李连宁把最后一个提问机会给了她。

提问的方式，可以分为以下三种：

◎**正问法**

即开门见山法，即直接向采访对象正面提出问题，采访对象一听就知道记者问什么，提高采访效率。记者采访大多是采用这种方式，在采访中用的也是最多的。

◎**迂回法**

采访者提问时不直接提出问题，而从侧面入手，最后再回到采访者要问的主题上。当话题比较敏感，采访对象不善言谈，心中有顾虑时，特别适合采取这种办法。

这种方法，在采访对象并不配合时，特别管用。

◎**激将法**

也叫反问法或者故意错问法，是指采访者从相反的方面提出问题，或有意误解对方的意思，以刺激对方，激化其情绪，使其不吐不快的提问方式。

采用激将法，态度要显得诚恳，有礼貌，不能让采访对象误解，反话和错话的来源最好避免指明是采访者或具体的第三方人士，以免采访对象迁怒于采访者本人或第三方人士，可以这样说："听说……"；"有外界传言……"；等等。

## 第四节　采访过程的说服对策

通讯员在采访的时候，常常遇到采访被拒的情况，这是难免的，也是极其正常的，就连许多知名记者也难免遇到采访被拒的情况。

被誉为"世界政治采访之母"的意大利记者奥利亚娜·法拉奇，曾多次要求采访邓小平，但是由于诸多原因都被拒绝。新中国成立后，第一个被周恩来总理邀请来中国采访的美国名记者西蒙·托平原，年轻时也曾被中国人民解放军首长拒绝采访，当时，血气方刚的他还为此难过得流下了眼泪。[①]

在绝大多数情况下，采访对象有权利拒绝被采访，因为采访者和采访对象是平等的。但采访被拒绝，并不意味着采访就彻底失败、应该放弃，这个时候应该怎么办呢？

### 一、保持应有的职业精神

#### 1. 不慌张，不气馁，不灰心

有的通讯员接触新闻采访领域时间短，采访被拒以后马上就开始怀疑自己的能力：是不是自己很失败呀？是不是我刚才哪里说错话、做错事啦？想来想去就慌了阵脚，这是采访被拒后的大忌。须知，采访被拒对于一名通讯员来说是极其正常的，再优秀的记者也有可能遇到采访被拒的情况。所以，采访被拒，千万不要觉得大难临头，应当先让自己冷静下来，

---

① 引自《美联社记者忆采访：南京解放消息凌晨传向世界》，详见 http://www.cctv.com/cctvsurvey/special/05/20090824/104743.shtml。

然后给自己打打气，不要灰心，不要气馁。

**2. 不轻易放弃，不尽全力决不撤退**

心态调整得差不多了，就应该扪心自问：“自己尽全力没有？”如果没有，适当地给自己积极的心理暗示：“我一定可以办到的！”鼓励自己不要轻易放弃，有时换一种方式，换一种角度，可能就能采访成功。

**3. 坚韧不拔，迎难而上**

小学老师教“韧”字的时候是这样帮助我们记忆的：左边是一个“韦”，皮革的意思，右边是刀刃的刃，不管刀刃怎么砍，皮革都完好无损，这就是“韧”。记者在遭遇采访被拒时也需要有这样一股“韧”劲儿。中国有个成语叫“知难而退”，与之对应的也有一个成语叫“迎难而上”，而后者似乎总比前者更受人青睐和褒扬。在遇到困难的时候是胆怯逃避还是坚韧不拔，迎难而上，是衡量一个通讯员是否优秀的“试金石”。

## 二、冷静分析被拒原因

**1. 反省自己这一方的原因**

被拒总是事出有因的，马克思主义哲学里有这样一个原理：内因是事物的内在矛盾，是事物发展的根本原因，在事物的发展变化中占主导地位。因此，采访被拒，通讯员应当首先反省自身的原因，是不是自己身份、目的没有亮明？是不是自己言语不恰当？是不是自己穿着不得体？……1986年5月，《中国妇女报》的一位女记者前往采访在新华社工作了30多年的美国女专家艾琳，她迟到了20分钟，而且不合时宜地穿了一件扎眼的红色连衣裙。一见面，艾琳就显得非常不高兴，数落了记者一顿，之后的采访可想而知。

**2. 推测对方和其他方面的原因**

采访被拒有时也是采访对象的原因。有的人因为工作忙，无暇接受采访，比如一些企业家、领导、明星、科研人员，他们的工作计划大多数时候被排得满满的，根本就不能见缝插针；有的人可能是因为性格比较内向，不善表达，对通讯员的工作性质和工作方法也不是很了解，对采访心存畏惧，一看到通讯员拿采访本和录音笔就打怵；有的学者专家，不希望引起同行认为哗众取宠有失身份的非议；有些单位和个人做了亏心事，怕通讯员曝光；有的人可能行事比较低调，不喜欢媒体对其进行大张旗鼓的宣扬；有的人习惯了平静的生活，不喜欢通讯员来打扰；有的人害怕要为自己的话负担不必要的责任或是报道后引来不必要的麻烦；还有的人可能曾经受过媒体的伤害，不再相信通讯员会客观、公正地报道……对于这些情况，记者要具体问题具体分析，追根溯源，找出根本原因，用一把钥匙开一把锁。

## 三、重整旗鼓再次采访

刘备为了请诸葛亮出山，缔造了一段“三顾茅庐”的佳话，通讯员要想成功采访，也要有“三顾茅庐”的精神。初次采访被拒，不要灰心，重整旗鼓进行再次采访乃至第三次采访。根据我们的总结，以下列举了避免采访被拒的 15 种方法。

**1. 朋友之心，体谅疑虑**

央视著名记者柴静把采访比作“一条通往人心的道路”。人们常说，要进入一个人的内心，首先要将心比心，换位思考。通讯员和采访对象是采访关系，也是朋友关系，当通讯员采访被拒的时候，要把自己推到朋友的位置，以朋友之心体谅被采访对象的疑虑。

《半岛都市报》的记者王晓菁某次采访湖北省作协主席方方，知道作家都是夜猫子，王晓菁特意选择下午给方方打去电话，却被对方一句“实际上你已经打扰了我”冷冷地顶了回去。王晓菁就反思自身原因，并深入了解了方方的生活现状：离异，带女儿住在出版社的大院里，女儿正在上高中，正是功课紧张的时候。王晓菁怪自己没有设身处地为对方着想，于是她决定用邮件的形式对方方进行第二次采访，让其在工作的间隙完成答复，这样就避免了对方方生活的打扰。①

---

① 引自《采访被拒的破解策略——名人访谈邀约成功案例解析》，详见 http://www.doc88.com/p-91599971755.html。

**2. 准备充分，暖场迂回**

要想采访进行得顺利，在采访之前做大量的准备工作是必不可少的，除了采访对象的基本信息，通讯员还要侧面了解采访对象。例如，采访他的亲友、读他写的文章、书，从而了解他鲜为人知的一面，这样才能使报道与众不同，大放异彩。这些准备工作还有一个很重要的作用就是当采访被拒的时候，你可以运用它们来寻找共同话题，起到暖场迂回的作用。

《南方周末》记者有一次采访被地产界人士称为“炮筒子”的华远地产老总任志强。任志强的外表和他的语言一样给人一种犀利的感觉，连华远集团的员工们都很少能看见老总的笑容。南方周末记者早就听闻这个采访对象十分难“对付”，因此在采访之前做了充分的准备，并且做好了吃闭门羹的打算。果然，在办公室见到任志强，他对记者态度非常冷淡，并且表现出“我很忙，没空接受采访”的架势。眼看采访就要失败，记者忽然想到任志强以前在贫苦农村插队的事，记者急中生智跟他聊起了那段往事，没想到任志强对此表现出高度的兴趣，侃侃而谈，一次面临失败的采访就此转危为安。

**3.“贵人”引荐，获得信任**

如果通讯员觉得采访对象很难正面接近或者采访对象对通讯员很排斥，这种情况下，可以通过“贵人”引荐，将采访对象对“贵人”的信任转移到通讯员身上，这样通讯员再去采访就很容易了。

法拉奇当年采访邓小平也运用了这一招，她通过意大利总统佩尔蒂尼“走了后门”。法拉奇的父亲与佩尔蒂尼是朋友，他同佩尔蒂尼也很熟，她运用这层关系，搬出总统来说情，她要求佩尔蒂尼向中方推荐她，而且只推荐她一个人，这样，法拉奇获得了宝贵的“独家专访”邓小平的机会。

这里所说的“贵人”并不一定指地位、名望很高的人，而是指所有能够为记者和采访对象之间搭建桥梁的人，一般应是采访对象所熟悉、信任的人。

2006 年 2 月，“虐猫事件”轰动了整个网络世界，“一双青绿色的高跟凉鞋，残忍地在小猫身上踩踩，伴随着凄惨的小猫叫声，画面最后定格：

一位身穿黑色连衣裙的中年女子，冷漠地露出微笑”[1]。“虐猫女”王铥顿时成了舆论的众矢之的。当时很多媒体千方百计想采访王铥，可是都被拒绝，王铥也被舆论逼到了崩溃的边缘。央视记者柴静主持的《新闻调查》也非常想做一期关于此事件的节目。知道采访会阻力重重，柴静一开始就选择了保险的方法，她没有直接去找王铥，而是先找到王铥一个很信任的朋友，委托他给王铥打电话说明来意，并且保证会客观报道，让她自由地表达。王铥最终相信了柴静，并且和她敞开心扉，促膝长谈。

**4.“高帽”奉上，心花怒放**

人的内心深处都喜欢听好听的、夸奖自己的话，这是人性的特点。或许我们都有这样的经历，今天穿了一件新衣服，总是希望周围的人能注意到，投来羡慕的目光，最好是当面夸赞几句。采访也是同样的道理，如果你的采访对象有过一些光荣的事迹或不凡的能力，不妨找个机会毫不吝啬地夸赞他几句，这会成为采访的润滑剂。夸赞的时机最好是选在采访开始之前，这也不失为一种很好的暖场方法。电话预约的时候如果趁机夸赞一下对方，对方答应接受采访也会比较爽快。如果遇到采访被拒，同样可以采用这种方法。

有通讯员曾经采访过某大学水电中心，找到几名领导，他们一个个都推说很忙，爱理不理的样子，而且官架子十足。满腔热情被泼了一盆冷水，但很快通讯员改变了策略，开始夸赞水电中心的工作：“领导，你们会议室挂了那么多奖状、锦旗，你们的工作做得可真是好啊，而且据我所知，水电中心在师生中有着非常好的口碑，大家都夸你们的工作认真细致，效率极高呢！”对方一听，态度来了个 180 度转弯，随后从柜子里拿出一沓资料，介绍起他们的工作来。

**5. 小礼伺候，使其嘴软**

中国有句俗语：吃人家的嘴短，拿人家的手软。在采访被拒后，通讯员不妨也效仿这句俗语，备点小礼，再次登门，“礼”多人不怪嘛。当然，

---

① 引自新浪网“女子虐猫”专题，详见 http://news.sina.com.cn/s/2006-03-24/08528518122s.shtml。

送礼是有讲究的，通讯员应当充分了解采访对象的喜好、需要，送礼才能送到心坎上。

比如，你知道采访对象爱好集邮，而你恰好手里有一张罕见的邮票，但你自己对集邮并没有兴趣，这时你可以投其所好把邮票送给对方，相信对方一定会万分感激，并且觉得你是一个非常有心的记者，也不好意思再拒绝。需要注意的是，这些小礼往往是不纳入通讯员所在单位的报销范围的，所以应当量力而行，在自己的承受范围内送小礼物。

**6. 降低要求，打开缺口**

通讯员去采访往往会遇到这样的情况：采访对象推辞说自己非常忙，没有时间接受采访。这时，通讯员不能硬着头皮要赖，要巧妙地化解这样的危机。通讯员可以尝试降低要求，对采访对象说明："我不会耽误您很多时间，只需要几分钟就够了。"再忙的人也有几分钟的空闲，采访对象可能会一时心软给你几分钟，这样就成功地找到一个突破口。只要有机会和采访对象对话，接下来通讯员便可以运用自己的聪明才智想办法延长采访的时间，达到预期的采访目的。

美联社记者尤金·莱昂斯曾经采访过斯大林，当时斯大林只同意给他两分钟的时间，但谁也想不到，事实上他们后来在办公室里谈了近两个小时。

**7. 助人为乐，以德服人**

1994 年获得普利策新闻奖的新闻照片《饥饿的苏丹》引来了大量的争议，不少人谴责作者卡特在看到这种场景时没有迅速放下相机去救小孩，不久后，卡特终于受不了舆论的压力，结束了自己的生命。这个惨痛的例子把一个尖锐的问题推到记者的面前：当情况危急，性命攸关时，记者是应该先报道还是先救人？我们的观点是：在情况非常紧急的时刻，记者应当先救人。做记者首先要学会做人，在新闻现场，记者已不是一位普通的看客，而是新闻理念的传播者、道德的践行者、新闻良知的坚守者，乐于助人，这是记者不可缺少的品质。通讯员采访被拒后如果能适时展现乐于助人的品质，或许能够以德服人，给采访对象留下好的印象，让其改变主意，接受采访。

2006年7月10日下午，河南电视台记者曹爱文赶往河南郑州黄河花园口采访儿童溺水事件，溺水儿童被打捞上来以后，曹爱文不顾女孩嘴边的呕吐物和白沫，果断地对其进行人工呼吸等抢救措施，儿童久久没有反应，曹爱文急得直掉眼泪，就像要失去自己的亲人一般。周围的人都被这个年轻的女记者深深打动。事后，曹爱文救人的照片被人在网上发布，曹爱文因此被网友称为“最美女记者”。关键时刻，记者身上体现出的人性光辉会被人们深深地印在脑海里，这也为她以后采访的顺利增加了砝码。

**8. 制造共敌，增加共性**

共同点是拉近通讯员与采访对象之间距离的法宝。通讯员在采访中不妨巧妙地“制造”一些共性。俗话说，敌人的敌人就是朋友，引入“共敌”是制造共性的一个快捷方法。当采访对象拒绝接受采访时，你可以寻找一个共同的“敌人”。比如，当国内发生了某个事件，外国媒体趁机恶意中伤中国，而中国相关机构又没有人站出来发言，这时，记者可以找到一个关键的人物或部门进行劝说：“咱们都是中国人，现在中国正遭到外国媒体的丑化，难道我们不应该站出来澄清事实吗？”这样，采访对象就会重新考虑其中的利害关系。

**9. 承认错误，以退为进**

有时采访被拒是由于通讯员犯了一些错误，但通讯员却拉不下脸再次登门造访去承认自己的错误。在采访时，通讯员顾全面子是一个大忌，在新闻面前，通讯员应当是一个虔诚的传播者，应当放下一切架子和不必要的顾虑。有了错误，大胆承认，才能以退为进。

打个比方，如果采访被拒是因为通讯员第一次去的时候没有考虑到采访对象的作息时间打扰了对方，那么第二次采访一开始通讯员就应主动承认自己的错误：“实在对不起，上次都怪我一时疏忽，打扰了您的正常生活。”有了这样诚恳的态度，对方想再次拒绝你就要先慎重考虑一下了。

**10. 激将激问，借嘴提问**

当采访对象不肯就一些敏感问题给出说法的时候，你可以采取激将法，将他内心的想法激出来。这时常常运用到“借嘴提问”，即借别人之口说出疑惑，这里的“别人”一般是指公众，这样一来既不会让采访对象对你产生厌恶，也使得他有辩驳的冲动。

央视《面对面》栏目曾经做过一期杨振宁教授的专访，那时，80多岁的杨振宁刚刚和不满30岁的翁帆结婚，他们的婚姻备受争议，而《面对面》巧妙地触及了这个话题。杨振宁原本不想谈论这个问题的，而且表示记者预先给的采访提纲里并没有提及这个问题，这时，记者王志是这样说的："好像您这一次引起大家那么强烈的关注，就是因为您的婚事……其实我们都很希望，都替杨先生高兴，都希望杨先生幸福。您能不能帮您妻子说句话呢？她爱您什么？"

**11. 诉诸诱惑，指明好处**

采访对象在接受采访之前都会考虑一个问题：接受采访对我会产生什么样的影响？趋利避害是生物的本能，人也不例外，如果接受采访能给采访对象带来好处，那对方何乐而不为呢？采访被拒，通讯员应该尽力地去想这个采访能给对方带来什么好处，然后以巧妙的方式亮明，采访对象或许会重新考虑。

有一次，电视台去采访一名农民山歌手，周围立刻聚集了一些对采访充满好奇的村民。后来我们想做一些周边采访，可当要采访围观村民的时候，他们顿时就散开了，可能是因为村民们的胆怯吧。记者突然想到一个"土办法"："积极一点哦，这个可是上电视的，过几天大家就能在电视上看到你了。"在农民的思想里，总觉得上电视是一件非常了不起的事，于是马上就有几个村民跃跃欲试。

**12. 诉诸理性，晓以大义**

有些采访对象讲道理、明大义，他们拒绝采访可能是一时没有想明白其中的某一层道理，这时，就要对其诉诸理性，晓以大义。

1998年8月12日上午，一位穿着朴素的大妈来到中华慈善总会，匿名向洪涝灾区捐款8000元，并躲开了记者的采访，北京青年报记者史伟几经辗转，终于了解到老人的真实身份——方琪恩，62岁，退休工人，每月退休金506元。史伟找到老人，想对其进行采访，可是对方说什么也不愿意。史伟便对其晓以大义："大妈，您捐出8000元钱是为了什么？""为灾区。""把您的事迹告诉大家也是为灾区。也许，您这份朴素、真挚的感情会打动很多热心的人，到那时，捐给灾区的可能就是 8 万、80 万、8000 万……更重要的是捐给灾区咱们北京人的一份真心！”经过 35 分钟的思想工作，方琪恩老人终于接受了采访。[①]

**13. 诉诸情感，悲情示弱**

从心理学的角度讲，如果一个人总是处于强者的位置，并不是什么好事，也很不正常。而在某些方面把自己摆在弱者位置上的人，反而会得势。比起总以为自己是强者的人，弱者要免受许多心理上的创伤，还会博得多数人的同情和帮助，从中获得许多实惠和好处。强者是一面墙，无形中拒绝着许多东西；而弱者却没有遮蔽，谁都可以亲近。做人做事，如果能以一种弱者的面貌去把握自己，可能会成为赢家和胜者。[②]

人非草木孰能无情，当采访被拒，“硬”不管用时，适当来点“软”。对采访对象诉诸情感，悲情示弱，以博取采访对象的同情心。这一方法对于女性采访者尤其有用。

《百家讲坛》“开坛论道”的学者易中天一度是媒体关注的焦点。2010 年 6 月的某一天，忙碌了一天的易中天进入梦乡，还没睡多久就接到北京某报纸一位女记者的电话，易中天有点埋怨，因为当时已经半夜十二点多了。易中天想拒绝接受采访，电话那头，年轻女记者突然哭起来：“您要不接受我采访，我就要丢饭碗了啊！”易中天顿生同情：一个女孩在新闻界混口饭吃也不容易！于是半夜两点爬起来给女记者回邮件。

**14. 诉诸恐惧，晓以利害**

有的采访对象比较“顽固”，无论通讯员怎么做工作都拒不接受采访。遇到这样的采访对象，是一件棘手的事情，如果以上方法都不管用的话，只能使出“撒手锏”：诉诸恐惧，晓以利害。给采访对象施加压力，使其产生恐惧心理，并且觉得接受采访有利于减少这种恐惧。当然，不到万不得

---

① 引自《每月退休金只有 506 元的方琪恩老人说：“我捐 8000 元”》，原文刊于 1998 年 8 月 13 日《北京青年报》第一版，转引自蓝鸿文《新闻采访学》（第二版　中国人民大学出版社）第 304 页。

② 星竹：《弱的优势》，《羊城晚报》2010 年 7 月 21 日第 B04 版。

已，不要轻易使用这一招，以免伤了和气。

曾经听过这样一个例子，一群记者去采访一个犯罪嫌疑人，警方的证据基本确凿，犯罪嫌疑人大势已去，但面对记者的采访，他却始终闭口不言，在场所有记者都没有办法。有个记者急中生智，跳出来“咔咔咔”拍了几张大特写，然后甩出一句话：“不说是吧，不说明天咱们刊登的所有照片都不要打马赛克！”想到自己的肖像要被曝光，犯罪嫌疑人立刻紧张起来，强硬的态度开始有所转变。

**15. 厚起脸皮，死缠烂打**

南昌大学新闻系教师刘琳曾经说过，采访被拒，记者要有“坏男人”的品质。所谓“坏男人”，指的就是那些为了追自己喜欢的女孩，厚着脸皮，穷追不舍，死缠烂打的男人，这样的男人看起来坏坏的，也很招人厌烦，可是他们往往成为上帝的宠儿——有一天，女孩会经不住“坏男人”的软磨硬泡，被其“俘虏”。通讯员采访时也应当有这种不达目的誓不罢休的精神。

荣获南都新闻奖学金的南昌大学新闻系 2007 级学生雷军，有一次采访一个市政府官员，电话打过去，那位领导不肯接受采访，雷军就每天打电话给他。到后来，每次这位领导接到电话就苦巴巴地说：“雷记者，又是你！你不要再给我打电话了！”最后，那位官员不得不向雷军“妥协”。当然，这种“厚起脸皮，死缠烂打”应该在法律允许的范围以内。

上述方法比较适用于专访或单独采访等一对一的采访，仅供各位通讯员参考，其他采访类型应当具体问题具体分析，可能要另思良策。

总之，当采访对象拒绝被采访的时候，千万不要就此给你的采访画上句号，“上帝关上了所有的门，总会为你留一扇窗”，通讯员要有锲而不舍的精神，紧紧守住这扇窗，从而打开更大的缺口，重整旗鼓，再次出击。

## 第五节　英文采访的常用句型与语句

在全球化背景下，通讯员的报道工作，不但要面向国内，而且要面向国外、走向世界。随着对外开放的不断深入和通信技术的便利化，通讯员采访外国人的机会越来越多[①]，采访外国人的需要也比以往更为迫切，不少通讯员都可能遇到采访外国人的情形，这时，“使用英语这一国际通用语言进行采访”便成为许多通讯员希望掌握或需要掌握的本领。

但是，目前国内的新闻教育（包括《英语新闻》和《英美报刊选读》课程在内），缺乏对有关英语采访知识的介绍，在网上也难以检索到直接可用的资料。因此，相当多的通讯员（即使英语口语特别好）在采访外国人过程中颇为尴尬，不知道如何用英文表达某些语句，因此丧失采访良机。

一次采访，包括采访前、采访中、采访后三个阶段，每个阶段都有其不同的常用句型。根据我们的总结，用英语进行采访时，这三个阶段分别有以下常用句型。

## 一、采访前的常用句型与语句

### 1. 对采访对象的称呼、问候

| | | |
|---|---|---|
| Mr. ××（姓） | | Good afternoon！ |
| Miss ××（姓） | + | Good morning！ |
| Premier ××（姓） | | Good evening！ |

或者，干脆直接说：

Hi，Mr. ××（姓）.

Hello，President ××（姓）.

甚至，直接不说对方姓氏，而直接以“Hi”或“Hello”，向对方打招呼。

例句：Good morning，Mr.Clinton.

### 2. 自我介绍（向采访对象表明身份）

（1）I'm the journalist from+ 某媒体

例句：I'm the journalist from Jiefang Daily（解放日报）/Chuncheng Evening

---

① 南昌大学卓越传媒人实验班学生李鹏飞，曾通过电子邮件，采访到诺贝尔生理学或医学奖得主格登，详见 http://t.cn/zRflhLf。该班的另外三位学生的英文采访，也分别获得诺贝尔奖得主的回信。

News（春城晚报）/Southern Metropolis Daily（南方都市报）/Tianfu Morning News（天府早报）。

（2）Please let me introduce myself. I'm a reporter. My name is…

例句：Please let me introduce myself. I'm a reporter and my name is Li Shuangshuang.

或者，如果是名气较大的新闻单位，可以直接说：I'm+ 姓名，+ 媒体名称

例一：I'm Bob Woodward，Washington Post.

例二：I'm Zhang Quanling，CCTV.

**3. 说明来意或采访意图**

（1）Our interview is mainly about…

（2）Our interview will focus on…

（3）I hope we can have an in-depth interview about…

以上三种句型，都可以表达采访者的来意，在介词 about 或 on 后面直接加上自己所要了解的问题（表示话题的名词或名词性短语）。

例句：Our interview will focus on current financial crisis.

**4. 提出采访要求**

（1）Can I contact with you at your convenience？

（2）Can I / May I / Could I interview + 某人?

例句：May I interview you？

（3）Would you mind…？

例句：Would you mind giving an exclusive interview with me？

（4）I wonder if I could interview+ 某人 +about+ 某事。

例句：I wonder if I could interview the Prime Minister about government policy.

**5. 说明采访对方所需的时间**

（1）I shall only spend + 数字 +minutes of your time。

例句：I shall only spend 3 minutes of your time.

（2）My interview should only last + 数字 +minutes。

例句：My interview should only last 5 minutes.

（3）Would you mind I occupying your + 数字 + minutes ?

例句：Would you mind I occupying you 5 minutes ?

（4）I wonder if I could… ?

例句：I wonder if I could talk with you only 5 minutes ?

（5）Will you spend+ 数字 +minutes for me ?

例句：Will you spend 5 minutes for me ?

**6. 约定时间**

对于一些话题，被采访者无法立即给予通讯员肯定的答复，通讯员可以争取与采访对象另约一个具体的时间与地点继续采访，可以使用以下的句型：

（1）If you have time，we will interview on+ 某时间 +at+ 某地点 .Do you agree with our plan ?

例句：If you have time，we will interview on Monday this week at our station. Do you agree with our plan ?

（2）如果对方同意，则通讯员可以说：Ok，we will meet on that day.

对于一些明星、企业家之类的名人，通讯员比较难与他们直接联系，必须通过其秘书或代理人进行预约，这时可以这样说：

（1）Hello，I'm a journalist from+ 某媒体，I want to interview+ 某人 +about+ 某事 .When does he have time ?　Can you help me reserve it ?　Thank you !

例句：Hello，I'm a journalist from People's Daily（人民日报），I want to interview Professor John about current financial crisis. When dose he have time ? Can you help me reserve it ?　Thank you !

（2）Hello，I'm a reporter at+ 某媒体，某人 + recommended that I get in touch with + 某人 about+ 某事 .

例句：Hello，I'm a reporter at Jiangxi TV（江西电视台），Doctor Miller recommended that I get in touch with Professor Anderson about current financial crisis.

## 二、采访过程中的常用句型与语句

经过对英文采访真实案例的分析及翻译，我们归纳出英文采访过程中的常用句型和语句，供各位通讯员参考、仿用。

**1. 采访初始**

采访外国人时，如果觉得用英语对话有难度时，通讯员可以首先询问被采访者是否懂中文，通讯员可以这样说：

（1）Do you speak Chinese？

（2）Can we talk with each other in Chinese？

**2. 采访新闻诸要素**

采访的基本内容包括 5 个“W”和一个“H”（即 What，When，Why，Where，Who，How）对这几个关键问题，常见的提问句型有：

关于 Who，可以这样问：

（1）Who is involved in…？

例句：Who is involved in it？

（2）Who benefited from…？

（3）Who suffered from…？

（4）Who made…？

关于 What，可以这样问：

（1）What is the current status of…？

（2）What's your opinion of…？

（3）what kinds of…can you share？

（4）What is similar to…？

（5）What time do you usually…？

（6）What is different from…？

（7）What are the causes of…？

（8）What happened before…？

（9）What happened after…？

（10）What are the consequences of…？

（11）What were the physical surroundings？

（12）What parts make up…？ How are they related to each other？

例句：What had happened？

关于 When，可以这样问：When did…occur？

例句：When did this accident occur？

关于 How，可以这样问：

（1）How long did…take？

（2）How would you describe…？

（3）How have you faced…？

（4）How would…have been different if the circumstances were different？

例句：How many people were injured now and what is the current status of the wounded？

关于 Why，可以这样问：

（1）Why did…exist or occur？

（2）Why did…do？

（3）Why do you…？

例句：Why did it happen？

关于 Where，可以这样问：

（1）where comes…？

例句：Where comes it？

**3. 开放式提问和封闭式提问**

采访中常用的开放式提问，可以用到的句型包括：

（1）What do you think / imagine…？

例句：What do you think of/ imagine the economic situation？

（2）Could you give us some comment on…？

例句：Could you give us some comment on the environmental issues\your new partner？

（3）Can we talk a bit about…？

例句：Can we talk a bit about the state station？

（4）Can you give us a simple introduction of…？

例句：Can you give us a simple introduction of your company？

（5）Can you give us a few sentences to summarize…for us？

例句：Can you give us a few sentences to summarize your opinions for us？

（6）Could you give us an brief introduction…？

例句：Could you give us an brief introduction to this word？

闭合式提问，能够引导被采访对象回答一些他们没有提到的问题，或者是被采访对象不愿意说的话题，这方面的常用句型包括：

（1）Do you agree with it？

（2）Are you + 形容词?

例句：Are you angry？

（3）Do you + 动词或动词词组?

例句：Do you love her？

（4）Like + 名词?

例句：Like McDonald's？

（5）Are you planning to…？

例句：Do you agree with the proposition that consumer spending is patriotic？

当采访对象说话跑题太远时，通讯员要及时礼貌地打断，这时通讯员可以说：

（1）Could / Can / May I interrupt？

（2）Excuse me.

（3）Pardon me.

（4）I beg your pardon/Beg your pardon.

（5）I'm sorry.

通讯员所提的问题往往不止一个，通讯员必须懂得使用恰当的语句进行话题转换，这方面的常用句型包括：

（1）Well，let's move on to the next point.

（2）We will now come to the second problem.

（3）Turning to the next question，I'll talk about…

（4）So much for…I would now like to shift to discussion….

（5）Now，let's move away from…and switch over to the next section of…

（6）Next，I would like to turn to…

（7）The next point I'd like to talk about is…

（8）Please draw some light on….

（9）My second question is，…

（10）The other question is….

英国《金融时报》记者 2009 年 2 月 1 日采访温家宝总理时，是这样转换问题的：

（1）Before I turn to…，I have one small question regarding…

（2）What specific measures are you taking to assure social stability as…？And within that question，one last question on….

为了保证采访的顺利进行，通讯员应该不时发声（以表明自己在听对方回答），或表达自己的意见，与采访对象互动交流，激起被采访对象的兴趣，以猎取更多的信息。这时通讯员可以说：

（1）I got it.

（2）Yeah.

（3）I think this one will do.

（4）So do I.

（5）Neither do I.

（6）Yes，I doubt it.

（7）Yes，I think so.

（8）I disagree.

（9）I'm afraid I can't agree.

由于语言不通，通讯员可能没有把握是否听懂了被采访者所说的话，这时需要确认一下，通讯员可以说：

（1）…. Am I right？

（2）…. Is this right？

（3）I'm not sure I'm getting this. Are you saying…？

例句：I'm not sure I'm getting this. Are you saying you have planned to reduce the property price？

（4）I don't know exactly what you mean. Do you mean that…？

例句：I don't know exactly what you mean. Do you mean that you have planned to reduce the property price？

（5）I'm not sure I understand. Do you mean to…？

例句：I'm not sure I understand. Do you mean to reduce the property price？

（6）Are you suggesting that…？

例句：Are you suggesting that you have planned to reduce the property price？

（7）I didn't quite catch that. Do you mean to…？

例句：I didn't quite catch that. Do you mean to reduce the property price？

或者，通讯员没有听清楚被采访对象的话语，需要对方复述时，通讯员可以说：

（1）I didn't get the last part / word.

（2）What did you say？

（3）Pardon，I couldn't hear what you said .

（4）I beg your pardon，I didn't catch what you said.

（5）Could you go over that again？

（6）I'm not sure what you're getting at.

（7）Would you mind repeating that？

（8）Could / Would you repeat that please？

（9）Could / Would you say that again please？

通讯员用英文在表述自己的意思后，询问被采访对象“是否明白”时，可以说：

（1）Are you following me？

（2）Are you with me？

（3）Did you get that？

（4）Do you understand so far？

（5）Does that make sense to you？

（6）Is that clear？

（7）Okay so far？

（8）Did you catch that？

## 三、采访完成后的常用句型与语句

一般而言，通讯员在采访完毕后，应该以一个明显的结束语告知采访对象采访结束。从礼貌上说，也应该在结束后向对方表示感谢。这样做，不仅能够使得采访有始有终，也能够给采访对象一个好印象，有利于对其再次采访。

常用的结束语，包括：

（1）That's all. Thank you.

（2）That's all for my work. Thank you.

（3）Thank you for your meeting.

通讯员还可以说：

（4）It's an honour to…

例句一：It's an honour to have the opportunity to talk to you today.

例句二：It's a great honour to be here and especially to interview you today.

（5）I'm very glad/ delighted to…

例句一：I'm very glad to talk to you today.

例句二：I am very delighted to have the opportunity to meet you.

（6）I am privileged to be here with you（能与您在一起交谈，我感到很荣幸 / 幸运）.

例句：I am privileged to be here with you this afternoon.

（7）It's my honour talking to you！

（8）Thank you very much for agreeing to talk to + 某媒体 . It's been very enlightening.

而电视台的演播室采访或电话连线采访，结束时可以这样说：

（9）Thank you for joining us.

（10）We really appreciate your joining us，and we appreciate your distinct insights into all of this. Thank you！

采访结束后，如果通讯员希望与采访对象合影留念，可以说：May I have a photo with you？

如果通讯员希望留下采访对象的联系方式，可以说：If it’s convenient , will you please leave me your card or some ways to keep in touch with you ?

以上总结的，只是英文采访中的常用句型，并不是英文采访的全部句型。真正的英文采访，需要通讯员现场随机应变，灵活使用各种句型。有时，通讯员的话语只说出了关键词，不是完整的句子，不符合英语语法，但采访对象能够明白通讯员的意思，也是可以的。例如：Hello！ What you mean？（What 后缺漏了 do 或 did）。

当今中国日益与世界接轨，通讯员在新闻报道过程中有时需要用英语和外籍采访对象交流。如果通讯员能够掌握基本的英语采访技能，在采访外籍人士时，便能游刃有余，顺利而深入地展开采访。

## 第六节　新闻摄影的常规技巧

“一图胜千言”。图片报道，画面直观，冲击力强，在新闻报道中，往往能够发挥出意想不到的作用。[①]

现在的新闻媒体已进入读图时代，新闻摄影稿件，报纸、电视、网站都可以采用，适应性更强。另外随着照相机、智能手机的普及，新闻摄影也更加大众化，智能化，人人都是记者，人人都能发布图片，第一时间报道现场。

通讯员要报道的新闻事件，常常是新闻价值相对较小，但若采用图片新闻的形式，冲击力强，倒是可能获得发表的机会，实现更强的传播效果。问题是，新闻摄影究竟有哪些技巧呢?

### 一、学会在常规工作中寻找不寻常

作为通讯员，常面对的是本单位的各类活动、会议的新闻图片报道，

① 广义的图片新闻包括摄影照片、漫画、图示、图饰等。本书单指狭义的图片新闻，即新闻摄影。

但另外一方面，由于影响力小，一般的会议、活动新闻媒体都不喜欢，因为一是画面比较单一，不好看；二是很多活动与其他单位相比，往往类似，而且每年都重复。现在媒体需要的图片，往往要么与众不同，要么更加侧重民生、与公共利益息息相关，要么趣味性极强之类。在这样的背景下，通讯员的图片要能出彩，一定要跳出常规思维。

**1. 开机之前，你预感到你要拍的重要主题吗?**

在打开相机或摄像机之前，如果这个问题还没有解决，那么，“恭喜”你，你拍出一条好新闻的概率要降为零了。

实践一而再、再而三地证明，除了突发性新闻，大多数新闻都是可以通过提前的演练、设想，抓到想拍的东西。

要从常规中找不寻常，你得首先熟悉所有的常规动作。一般的活动、会议，拍摄的流程在你的脑海里一定要先过一遍。如果有活动方案的，请提前把方案拿到手，到了现场，找到会务人员把流程再确定一遍。很多活动会议，会议召开之前，发生变化是常有的事，一定要再确认一遍。

这都是一些很常规的准备，你如果不做，要在其中找到不寻常的东西，难度很大。因为只有在细过一遍流程后，有了以往经验和基本流程的预判，你才会清楚，哪些是拍摄的重点。就是第一次去拍，你也不会出现漏拍。而且更关键的是，你会提前根据流程，占据拍摄的最佳位置，抢到最好的画面。

文字撰稿者与摄影者的提前沟通很重要，今天要拍什么？采访主题要如何表现？当然，如果是一人包办，此环节略去。

好了，眼睛一闭，请把整个过程想一遍。

再想一想，点会在哪里？如何让图像表达出你想表达的东西？

**2. 从常规事件中发现不同之处**

比如，每年高校都要搞军训，这样的活动几乎千校一面。有没有办法出好新闻？ 2010 年，浙江工业大学的图片新闻就上了新华社：《军训：“90后”教官与“90 后”大学生的碰撞》①

① 参见新华网 2010 年 7 月 12 日报道。

还有《新快报》从华南师范大学等高校军训中发现的对女生的报道：《高校军训强制女生剪短头发遭质疑》[①]

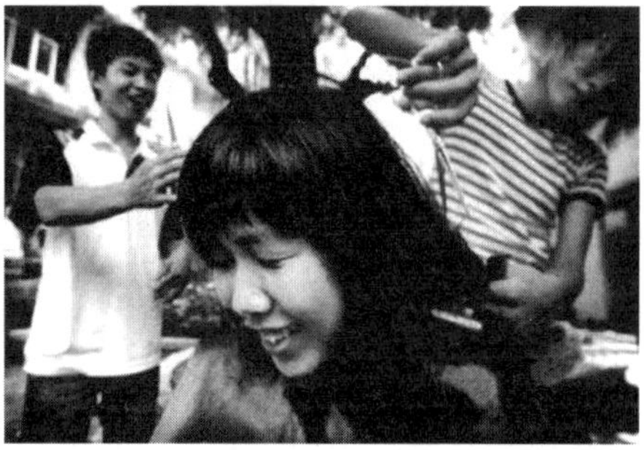

留了3年的长发不得不忍痛剪掉。新快报记者　夏世焱/摄

常规图片新闻，发现不同之处，这样的图片，容易被采用。

**3. 一定要有鲜明主题，而且最好只有一个**

图片新闻与短新闻一样，尽可能只表达一个主题，要设法把某个要表达的意图进行局部放大。因此，立意一定要鲜明，而且最好只有一个，不要想表达这个，又想表现那个，在文字报道中可能还有可能做到，但在图片里，很可能只会起到喧宾夺主的作用，最终很容易什么都说不清楚。

这一点，对于采写新闻的人，将面临取舍的问题。这种取舍，不能根据领导的职务、活动的重要等来选择，要选择要敢于发现最值得报道的亮点，将之放大，其他的一笔带过，甚至必要时可以放弃。

① 见 http://news.163.com/07/0910/02/3O0CQHRN00011229.html。

当通过图片形成一条新闻后，你自己都觉得没意思，那说明你没抓到新闻点。想感动别人，先感动自己。

如腾讯大浙网 2013 年 4 月 17 刊发了一组题为《驱魔——探访杭州公安收治重症精神病患者监管医院》的图片新闻[①]。视觉冲击力大，主题深重，引起社会深刻反响。作者周建仕在投稿前曾向笔者征询意见，似乎医院工作者“最美警察”和“心魔”患者两个主题都需要表现，取舍不定。笔者的建议是，两个主题分开表现，其中“心魔”患者的感观冲击力更大，应首先采用。该建议得到采纳。

**4. 细节，还是细节，请以点切入，从小见大**

图片新闻，是一种感性新闻，就一定要尽可能地用细节，讲故事，用直观的办法来点睛讲出道理。当然，这个有表现力的细节故事可是要花一番精力去准备的。

如 2014 年 9 月 4 日，安徽省合肥市观湖苑小区召集辖区内 100 个家庭共办“百家宴”，参与活动的每个家庭都拿出一道“看家菜”与邻里共享。社区居民品美味、唠家常，喜迎中秋佳节的到来。各个社区的庆祝中秋节的活动到处都在举行，新华社记者张端选择的是拍摄一群小孩争抢吃菜的有趣画面，更好地体现了邻里和谐，百家同乐的主题。[②]

切记，找到细节，就是找到卖点。

---

① 腾讯大浙网：http://zj.qq.com/zt2013/akhospital/index.htm。

② 引自人民网 http://pic.people.com.cn/n/2014/0905/c1016-25612363.html

## 二、新闻摄影的讲故事模式

**1. 不同的读者，不一样的叙述模式**

通讯员在投稿时，一定要想好了，你的图片是投给谁？是什么媒体，这家媒体的主要阅读群体是谁？不同的受众，明显你要选的内容以及交代的方式都应该不一样。

有些故事，在这批受众面前，一张照片就够了。在另一批受众面前，你需要三张照片说明问题。

讲给不同人的故事，叙述模式与结构应该不一样。

**2. 几张图？图中强调谁？要不要文字？想方设法迅速让受众理解你的故事**

理解的前提是，讲故事的首要任务担当者是图像，其次才是文字。要有简洁的画面。照片应该简洁明快，没有杂乱无章的信息。这是为了让图像尽可能迅速讲清你要表达的故事。

在照片里，要尽可能有一个能吸引注意力的主体。照片应具有强烈的视觉效果，能把观众的注意力汇聚到它的主体上。

在很短的时间里，在一至两张图片里，要完成故事的叙述。故事一定要精短，同时又要有视觉冲击力。

比如，公共场地一个东倒西歪的草坪的画面就可以表示，这里经常有人践踏。

有人要用三张图片来表达一个意思，有人一张就够了。当然，构图很重要，图框里突出的是什么也很重要。

另外，你拍的图片，注定一大半是用不进你的故事里的，不要惋惜。不应该要的，不适合主题的，一定要拿掉。如果把什么都塞进去，最终肯定是个四不像。

要尽可能追求没有文字说明，画面也能“说”明事实。当然，没办法的时候，文字还是需要补上来做背景交代，或者是补充说明。

**3. 画面讲故事要做到的 6 个基本要求**

（1）真。新闻中，图像必须是这一事件中真实的照片，这与一般的消息通讯一样，真实性是图像的根本，切不可移花接木，将其他图片用于这个新闻。如要用于配文，也要标注做出说明。

（2）活。图片要体现新闻事件的现场气氛，表现出活力，富有感染力。

（3）新。图片包含的景象必须新鲜，色彩鲜明，清晰。

（4）情。能够抓住图像主体的表情特征，借以抒发主体的心理感情。好的照片，往往是能够最大限度地调动最多的人共同的感情资源的。

（5）意。根据整体新闻的要求，新闻图片必须对新闻内容的侧重点有所表现，让要表达的主题突现出来。

（6）严。包括日期、人物、事件等要素必须精确严谨，然后说明新闻事件的背景，最大限度地保证新闻的真实性和客观性。

## 三、拟标题和配文字

照片往往需要配文字说明，因为照片使用的是非语言符号，它虽然能够给读者以最直观的视觉性信息，但这种信息经常是不全面的，比如读者可能会对照片中的人物、地点、时间以及画面上无法表现的其他新闻要素不甚明了，这就需要用文字说明来辅助图像信息的传播。

图片报道和文字报道一样，还需要加上标题，使新闻照片的主题得到突出。标题更多的时候是起到“点睛”的作用，一下把主题进行突出；而文字说明，更多的时候是起到补台的作用，把画面中一些可能会漏掉的元素补齐。

### 1. 照片标题的制作

新闻照片在单独发表时，为了使报道思想得到更加鲜明的体现，有时还需要配上标题。新闻照片的标题与文字报道的标题一样，要求内容真实准确、立场态度鲜明、语言生动简练。但由于照片一般比标题更具有视觉冲击力，照片画面上的非语言符号也更加丰富的原因，为照片制作的标题就要求比文字稿件的标题更加简明扼要，要更能传神达意。

大致有两种：一种是写实性标题，以简洁的语言概括图片所反映的主要新闻事实，如“农民王西安家成为旅游点”①；一种是写意性标题，这类

---

① 见 2000 年 3 月 31 日《人民日报》第 9 版。

标题以饱含感情色彩的语言，阐述观点、抒发情怀，提示新闻照片的内在意义，使报道主题得到升华，如“灾区的妈妈，儿子的脊梁就是你的家！”[①]。

2. 照片的文字说明

一是读者应该知道的、照片画面本身无法传递的信息。

如《洛阳日报》2007年6月28日头版的新闻照片（记者赵朝军摄），画面上一群幼儿园的孩子正在老师的指点下认识地球仪上的某一地点，如果不看文字说明，读者将无法领会这张照片的主题思想。

“香港就在这里。”

27日，市古香小学的学生在地球仪上查找香港的位置。

连日来，我市中小学开展绘画、舞蹈等多种活动庆祝香港回归祖国10周年，表达对香港的美好祝愿。

另外，有些照片是从其他新闻媒体上转载使用的，如果不是无从得知著作权人，就应标明拍摄者的姓名，还应尽力说明是转自于何处，或者说明是某某媒体提供，这是向著作权人负责，也是向广大读者负责。

## 四、工作中的小准备与小技巧

### 1. 开工前的器材检查

（1）电源是否充足？如果是电量较少，还得考虑带上备用电源。实际

---

① 见1998年8月9日《华西都市报》头版。

上，在接到采访任务时，你就应该准备充电这活了。

（2）带了几个镜头？需要广角镜头吗？否则大场面会让你后悔不已。

（3）镜面是否干净？口袋里带上几张镜头清洗纸似乎并不多占重量。

（4）相机是否正常？镜头和机身都要试试，缺一不可。

（5）当天是否需要带闪光灯、三脚架，有时晚上出去，还要带上手电筒，万一光线不够，手电筒也是重要光源。是否会下雨，需要带雨罩？

（6）存储卡、数据线有没有忘了带？特别是外出拍摄，缺一样工具，都会让你出一身大汗。

（7）还有，你估计需要站哪几个机位？《都市快报》摄影记者韩丹，巧妙地在模型飞机上安装摄影机，飞上天，甚至下海，拍出了很多普通机位拍不到的画面。

对了，还有，出门前再照下镜子，看看你的打扮是否与那个新闻现场有些不适宜。

**2. 突出摄影重点的小技巧**

总的来说，摄影记者应该善于捕捉象征性瞬间、幽默的瞬间、新颖独特的瞬间，或是信息含量大的瞬间——图片含有的信息，能表达这则新闻的主题，交代新闻的背景及时间等。

怎么让你的图片能够更好、更快地“突出重点”？美国纽约摄影学院教材总结了以下突出重点的 8 种方法。[①]

（1）通过布局突出重点——通常将主体放在画面中心偏左或偏右的位置，但也有例外。

（2）通过“某个画面元素的重复展现”突出重点，如倒影形成的重复。

（3）通过“突出动作”突出重点，如使用很慢的快门速度追拍人物动作。

（4）通过“线条汇聚指向主体”突出重点。

（5）通过“精确聚焦主体”突出重点。

（6）通过“光线的明暗对比”突出重点。

---

① 详见《美国纽约摄影学院摄影教材》（中国摄影出版社 2000 年版）第 256~275 页。

（7）通过“物体大小的比例关系”突出重点，如方法之一是让被摄主体的尺寸看起来比周围的东西大些。

（8）通过“将主体置于某种画框之中”的方法突出重点，这是最容易学会、最好操作的方法。这里所说的“画框”，往往不是真的画框，往往是通过铁柱、栅栏条、人物剪影、近处物体等临时形成的。

## 五、造假是新闻图像的大忌

真实是新闻的生命，不真实则“新闻没命”，新闻摄影也如此。拼接、PS（用图片编辑软件修改图片的品质），乱用别的照片，都是造假，有可能要付出身败名裂的代价！

摆拍也要慎用，尤其是影响真实性的摆拍图片，一般都会令观者感觉十分不自然、不真实。而通过偷拍、抢拍得到的图片，看上去极其自然。

实际上，在稍纵即逝的新闻现场，图片质量已居其次，拍摄器材如果没带，手机也可派上用场，因为拍到真实的现场图片就足够了。

为本单位的领导拍照，是许多通讯员的常规工作，其中有些讲究，可参考《为领导拍照的学问：政治事故频发生命安全成问题》这篇文章①。

## 六、资深摄影记者的经验之谈

江西日报社资深摄影记者梁振堂，原来也是一名通讯员。他认为，新闻摄影已经从“读图时代”“网图时代”进入“掌图时代”（智能手机看图片）。

摄影通讯员如何发现新闻呢？梁振堂的建议如下。

（1）对党的方针政策进行有效解读，并注意结合实际在第一时间转化成新闻选题。因为，摄影记者是用镜头说话的，如果说视觉冲击力是我们给予读者的第一眼的感受，那么我们必须让他们第二眼就从这张图片中读出有用的信息。

---

① 作者沈念祖，原文刊于《经济观察报》，网址 http://news.takungpao.com/mainland/focus/2013-08/1813208.html。

（2）要敢于吃苦、不怕吃苦。“百闻不如一见”，摄影记者必须亲临每一个新闻现场。对于特殊的选题，有时要长时间跟拍，有时就是恶劣天气环境下拍摄新闻。

（3）要让拍摄成为一种习惯，经常携带相机，随时准备拍摄新闻。只要熟悉身边的人和事，善于发现、善于提炼、善于表现，以“情”感人，以“情”出彩，把“土”“特”“近”“活”通过镜头反映出来，就能排好身边的题材。

（4）注重“大主题、小切口、新视觉、深挖掘”，做到“立意高、形式活、有创意、有吸引力”。

发现新闻之后，如何呈现新闻呢？梁振堂认为，要突出新闻主体，交代典型环境，捕捉典型瞬间，明示或暗示主题。

一要利用构图传递信息。新闻摄影构图是指新闻摄影工作者面对新闻事件或新闻人物，将取景框中的人、景、物之间的关系进行排列、组合和取舍，等待典型瞬间的来临，使其更具视觉表现力。新闻摄影中常用的构图有：三分法构图、对称式构图、对角线构图、平衡式构图、水平构图、垂直构图、开放式构图、S形构图、L形构图、三角形构图、框架式构图等构图方式，都可以根据实际情况选用。

二要利用各种对比强化新闻主体。可以利用大小对比、虚实对比、明暗对比、色彩的冷暖对比突出新闻主体。

三要利用光线表现新闻主体。为了使新闻主体达到预期的影像，要靠光圈与快门速度的密切配合。新闻摄影的四个关键技术指标——曝光正确、影像清晰、层次丰富、突出主题，都要靠光圈与快门的密切配合才能实现。

四要精心裁剪。一张好图片，一定是主观感受、视觉、色彩、影调、构图等诸多要素的优势组合。裁剪图片时，要注意突出画面主体、提炼作品主题、凸显焦点细节、张扬人物情感、增强视觉动势。

五要写好标题和文字说明。好照片的标准是：新闻价值高，瞬间新闻性强，现场气氛浓，形象动人，形式新颖，图像清晰，文字说明准确、简洁、含有必要的新闻要素。

第四章

# 通讯员常用写作技巧

## 第一节　稿件结构的确定

就通讯而言，它的稿件结构是：标题 + 署名 + 正文开头 + 正文主体 + 结尾。其中，结尾有时并不明显，或者没有明显的结尾。

每次采访完，由于信息多而杂，须对新闻素材（采访所得）进行整理，步骤可以是：

1. 对所有素材定性。
2. 将素材分成不同类。
3. 归并同类素材。
4. 确定不同类素材在稿件中的出现顺序，将全文分为若干部分。
5. 挑选精华素材，舍弃部分素材。

确定结构的前提是：你能正确解读新闻事实，并合理分类（归并同类项）。将采访所得的素材分好了类，就方便规划文章结构了。

谋篇布局，就跟我们平时讲事情一样，要有条理、顺序，其实并不难。

但是，没有思考肯定是不行的，而思考，需要有足够的新闻资讯、学科知识的积累。积累不够，就不知道如何思考（判断、分析）。

列小提纲，是迅速确定文章结构、写作思路的好方法。

拟小标题，是使文章结构脉络清晰、条理清楚的好方法。

## 一、新闻稿件主体的结构类型

### 1. 倒金字塔式

在消息写作中，倒金字塔结构是最常用、最常见的结构形式。

倒金字塔结构的特征是：把最重要的事实写在前面，将各个事实按其重要性程度依次写下去，一段只写一个事实，记者全部陈述事实，不发议论。

这种结构，要求把最重要、最吸引人的、最值得报道的新闻事实放在最前面，然后再放次等重要的新闻事实，最不重要、最不吸引人的、最不值得报道、可有可无的新闻事实放在最后面，如下图。

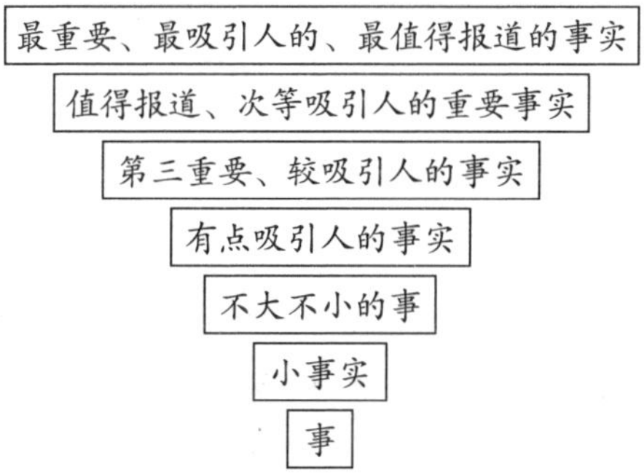


这样，忙碌的人们通常在报道一开始就知道新闻的主要内容。如果有兴趣，人们就会继续读下去，如果不感兴趣，就会转到其他版面。请看下例。

**新华社澳门4月15日电**　首届“澳门学”国际学术研讨会15日在澳门大学举行，与会的中外学者共同就“澳门学”的学术范式、学科建设、学科发展等问题进行讨论和交流，并展示近年来“澳门学”研究的最新成果。

为期两天的这一研讨会由澳门大学、澳门基金会、澳门欧洲研究学会主办。

据介绍，“澳门学”是一门以文献档案、文化遗产为基础，以历史文化和社会生活为研究对象，探寻澳门模式与澳门精神的国际性、综合性学科。建立这一学科的设想最早由本地学者在20世纪80年代提出。

澳门大学表示，作为本地最大的公立大学，澳大已将“澳门学”列为社会科学领域的重要学科加以建设和发展，并制定了相应的研究规划。

来自海峡两岸、港澳特区以及葡萄牙、美国、德国、巴西、意大利、日本等国家和地区的80多位学者参加了这次会议。

上述消息，就是倒金字塔结构。这种结构的优点在于可以快速写作，不为结构苦思；可以快编快删，从后面的段落开始删，不会影响全文的完整，这样结构的文章，媒体编辑也很方便删减；读者也可以快速阅读，无须从头读到尾。

**2. 华尔街日报体**

这是采写通讯（特稿）的常用结构，消息有时也可以采用。这种结构的写法，通常遵循如下步骤：

（1）以一个人物或事例开头。

（2）过渡到主题。

（3）核心部分：陈述新闻主题，对其做详尽的叙述。

（4）为主题提供更多支持性的材料或证据：引语、事实细节、逸事等。

（5）进一步提供展开性材料：因果关系是怎样的，正采取什么行动，有怎样的观点。

（6）呼应开头：开头所提人物的一句话，或相关的逸事、描述、展望等。

美联社记者 Kia Shante Breaux 的下述文章就采用了这种结构。

## 卡西诺毁掉了大学梦

住在卡西诺赌场附近的大学生更容易染上赌瘾。近几年去赌场赌博的大学生人数一直呈上升趋势。

密苏里州堪萨斯城　迈克尔·哈兹派斯在初中时就开始了赌博，那时候他在食堂的地板上用午饭钱与别人玩掷骰子赌博；当他上大学后，他到密苏里河上的游艇里赌博。

他从一天输掉母亲给他的 2 美元午饭钱，发展到一夜之间输掉他借来的 2000 美元助学贷款。

“我每天都会去那船上赌博。”24 岁的哈兹派斯说，他经常从位于圣约瑟的密苏里西部学院逃课，到 5 分钟路程之外的名叫圣乔治弗朗蒂尔的卡西诺赌场去赌钱。

“我不知道为什么，只知道那里的人们以及那里令人兴奋的事情吸引着我不断地去那里。”

卡西诺赌场在全国范围内蔓延，可能导致了大学生赌博这一社会问题。

住在卡西诺赌场周围的学生们更容易染上赌瘾，新泽西州理查德·斯托克顿学院的心理学教授迈克尔·弗兰克说：“近几年卡西诺赌场的数量在不断增长。”该学院所在的亚特兰大市至少有 12 家卡西诺赌场。

哈佛医学院的一个研究“上瘾行为”的研究小组做了一项调查，被调查的美国及加拿大的大学生们有大约一半声称自己最近几年里有过在卡西诺赌场赌博的经历。

位于巴吞鲁日的路易斯安那州立大学，校园附近不到两英里的范围内就有两艘卡西诺赌场游艇。该校有一名学生最近被指控从学校里骗走了 3000 美元去支付自己的赌资。

“赌博在新泽西每一所高中和大学里蔓延，”新泽西反赌博委员会委员爱德华·鲁尼说，“这已经成了一种通病，这个国家所有大学都有学生在赛马场和卡西诺赌场里赌博。”

堪萨斯大学距离 6 家卡西诺赌场不到一小时车程。该校学生去年还建立了一个赌博者匿名协会。

“统计数字显示了年轻人赌博问题不断发展的严重趋势，我们必须对那些距离大学校园过近的卡西诺赌场特别关注。”史蒂夫·泰勒说。他是密苏里州的一个反赌博协会卡西诺监督者组织的发言人。

在大多数州里，允许赌博的法定年龄是 21 岁，如果不足这个年龄的人被发现在卡西诺赌场里赌博，赌场的主人将面临巨额罚款，但是许多不够年龄的学生总能找到办法进入赌场，就像他们能够设法买到酒或进入酒吧一样。

许多人使用伪造的或借来的身份证，或者在进门的时候根本没有被要求证明自己的年龄。许多大学生都很容易从父母处或从助学贷款项目中获得现金，学生们手中也塞满了各种信用卡，孩子使用信用卡时通常不需要父母签字。

密苏里州的全部 11 家卡西诺赌场游艇都实施了一项叫作“拒绝 21”的计划，提醒那些不足年龄的人：赌博是违法的，并且教导工作人员如何识别出不足年龄的赌博者。

北堪萨斯城海拉赌场酒店的市场总监杰夫·胡克说，如果发现顾客的年龄可能存在问题的话，海拉赌场的工作人员会在顾客进出赌场时检查他们的身份证。

哈兹派斯生于堪萨斯城，赌博几乎占有了他的全部生活。他为了进赌场而向最好的朋友借用驾照，有时他又把母亲给他的房租钱用于体育赌博，他花光了他的信用卡的钱，并且取出了助学贷款来满足自己的赌瘾。他没能完成学业，相反为了偿还债务而不得不全天工作。

另外一个例子是英国《泰晤士报》网站 2012 年 8 月 24 日刊登的报道《中国人沉迷于整容手术》（记者利奥·刘易斯发自北京）。这篇报道的正文如下：

在“红粉宝宝”意识到她或许是整容过度了的时候，29 岁的她已经接受了 200 多次整容手术，而现在她一吃饭，两颊就会发出响声。

“红粉宝宝”对整容手术沉迷了 13 年，花费了大量钱财，但吱嘎作响的下颌骨并不是她整容上瘾所带来的唯一令自己蒙羞的后遗症——这是整容手术蓬勃发展造成的一种极端后果。整过容的中国人在世界上的排名仅次于美国人。

由于为打造出完美的双眼皮而反复接受整容手术，“红粉宝宝”现在睡觉时闭不紧眼睛；她在出席中国一档电视采访节目时诉苦说，她之前曾为了增高在足部注射了不明物，现在她的双脚已经被注射物“蚕食”。

“红粉宝宝”被高度曝光的惨痛经历并没有阻挡住中国人想要接受从

拉皮到丰臀等一系列整容手术的热潮。中国大约有 4250 名整形医生，他们几乎承担着占全世界 13% 的整容手术。

整容手术失败的先例也没有让中国女性望而却步。中国消费者协会最近公布一份报告显示，在过去十年里，该协会平均每年收到毁容投诉约两万例。用研究人员的话来说："十年里有 20 万张中国人的脸毁在整容手术刀下。"

医生们称，中国女性越来越相信整容将解决 21 世纪中国城市存在的最迫切的挑战和问题：找到一个好丈夫、找到一份好工作以及挽救一段行将就木的婚姻。

另外一些人直接把整容手术与个人职业联系了起来，这解释了白领、大学毕业生和准备赴海外读书的学生对整容手术趋之若鹜的原因。

在中国一档专题电视节目中，一些受访女性对整容手术寄予了特别热切的希望。25 岁的莹莹（音）说："做整容手术不是为了找到一个有钱的男朋友，而是为了获得 30% 的加薪以及升职为行政秘书。"

隆鼻和割双眼皮是最受欢迎的两项手术。双眼皮手术能让眼睛显得较大——或许更接近白种人那种更大、更圆的眼睛。

北京协和医院整形医师丁晓邦（音）说，2010 年，中国有大约 300 万例整容手术，其中最多的是在眼睑上动刀。

"红粉宝宝"在接受电视采访时使用了自己选择的化名，并戴着大口罩和墨镜来遮住自己隆过的鼻子、整过形的眼睑和填充过的嘴唇，她在采访中坦率地对自己的整容经历进行了评价："整容本应该让我更加漂亮，却给我带来了无休止的伤痛。"

### 3. 悬念式

（1）什么位置设置悬念？

◎标题设置悬念；

◎开头段设置悬念；

◎稿件主体部分设置悬念。

（2）怎样设置悬念？

◎使用修辞（如用设问来提问）；

◎倒叙；

◎叙述片段；

◎省略关键信息；

◎只列举部分细节。

（3）什么内容适合制造悬念？

◎奇怪有趣的细节；

◎惊险的情节片段；

◎紧张的行为或心理；

◎矛盾的事实；

◎反常的事实；

◎超常的反应、成绩、表现等。

如下的描写，就充满了悬念：

枪响了五声。茶铺老板娘当时站在十多米外的柜台边招揽客人。她回过头，就看到几个喝茶的客人从椅子上滑落在地，一个手持长枪的年轻人钻进了一辆面包车，消失在四川广汉市大件路上。①

这里有一篇采用了悬念式开头的消息例文。整篇报道设计了“孔乙己‘窃书能算偷么？’”“谁是偷书人？”“书里有没有钱？”等好几个悬念，记者慢慢撒出包袱，让900多字的消息妙趣横生，悬念迭出，可读性强。

### 莫言作品太火　惹来君子“动手”

本报讯　肖勇　周慧　记者　刘星“孔乙已便涨红了脸，额上的青筋条条绽出，争辩道，‘窃书不能算偷……窃书！……读书人的事，能算偷

---

① 引自《南方周末》记者张育群作品《刘汉：四川“首善”的野蛮生长史》，网址http://t.cn/zTzPwpB。

么？'”这是鲁迅笔下的孔乙己在面对别人指责他偷书时的狡辩。让人意想不到的是，18 日，这在文学作品中出现的一幕竟在由南昌开往北京西的 T146 次列车上再现了……

18 日 3 时许，再过半个小时，T146 次列车就要停靠郑州车站了。突然，3 号车厢一名年轻男子急匆匆地拦下正在巡视的列车长万良，焦急万分地说："快帮我找找……我的……莫言的小说不见了。"随即，男子又急切地补充了一句："书里还夹着 300 元钱！"

面对乘警的询问，男子说他名叫张军。自上车后，张军就一直坐在座位上看莫言的作品《红高粱家族》。14 时 50 分左右，张军听乘务员说快要到郑州了，他就将小说放在茶桌上，起身上厕所。返回座位后，张军发现小说不见了。

张军告诉乘警，列车从长沙站开出后，一学生模样的男子坐在他对面。其间，那人想借张军的小说看，但张军没有答应。

乘警立即将那名"学生模样的男子"锁定为"嫌疑对象"。就在列车即将到站时，在 2 号车厢门口，张军找到了那名"学生模样的男子"。果然，在他的背包里找到了那本《红高粱家族》。

"学生模样的男子"说自己名叫廖振文，今年 19 岁，跟着表哥销售水表。随即，廖振文承认自己"拿"了张军的小说，但同时，他一再强调，自己只是想拿小说看看，并不是"偷"！其交代，自莫言"火"了后，他一直想购买莫言所著的小说，但书店和网店均断货。

18 日晚，乘坐 T146 次列车前往郑州的途中，廖振文见张军正在看《红高粱家族》，便向张军借书来看，但遭到张军的拒绝。列车快到郑州时，廖振文趁张军上厕所的时机，将书塞进背包并离开了 4 号车厢。

随后，乘警问其夹在书内的 300 元现金哪里去了？廖振文听后大声喊冤，称自己仅仅是拿书看，本来就不是"偷"，更冤枉的是书里根本没有什么"300 元现金"！这时，张军告诉乘警：他仅仅是丢了书，之所以说书内夹有 300 元人民币现金，是怕乘警认为丢书事小而不调查。

一个是坚称"拿书不算偷，拿莫言这样名作家的书更不算偷"，一个是为了找回自己的书报"假案"。这两个人的言行着实让车厢里的旅客大跌眼镜。最后，乘警根据两人各自的违法行为，依照《治安管理处罚条例》的规定给予张军和廖振文相应的处罚。

《南昌晚报》2012年10月19日第10版

**4. 现状（好的方面和不好的方面）—原因—对策**

这种稿件结构用得比较多，特别在写到一些现象、问题类的新闻稿件时。通过罗列现象，分析原因，找到对策。让文章显得比较充实，同时又结构清晰。如以下的例文：

## 好工作难找，部分硕士变“硕蚁”

记者　魏莹　南昌晚报2012年12月17日B30版

再过二十天，2013年硕士研究生招生全国统一考试就将举行。此次考试全国报名人数约为180万，创历史新高，江西学子考研的热情也十分高涨。

一方面，“考研热”持续升温，另一方面，硕士找工作难问题却日益凸显。记者了解到，随着研究生扩招力度的加大，“硕蚁”正成为一种带有趋势性的现象，我们不仅看到农村孩子读了硕士找不到工作又不愿意回乡，最后成了“硕蚁”，也有不少城里学生拿到硕士文凭“高不成低不就”，变成啃老的“硕蚁”。

曾几何时，拿到硕士文凭就像拿到了一张就业“王牌”，而如今，有高学历也不见得能找到理想的工作。是什么导致“硕蚁”产生？硕士该如何调整心态适应社会变化？记者日前进行了一番调查。

**求职实例**

**硕士在上海做蚁族**

小赵是南昌县人，两年前毕业于南昌某高校，是法学硕士。毕业后他前往自己向往的城市上海，希望能在那里找到一份好工作。

“一开始我并不觉得这是难事，信心很足。”小赵在电话里对记者说。可简历一份份投出去了，却如泥牛入海，杳无音讯，小赵开始慌了。为了节省开支，他住进了上海郊区的群租房，“就是100平方米的房子隔成七八个单间，每个单间住一个人的那种”。小赵蜗居在厨房改成的“宿舍”里，继续自己的求职之路。

为了生存，小赵不得不降低要求，在一家私营公司干销售。由于在上海没有什么人脉，小赵的销售业绩不理想，每个月工资只有3000多元。他先后换了三四家公司，做的都是销售、文秘等与自己专业没有太大关系的工作。

如今，两年过去了，小赵还在上海漂着。他不敢告诉家人实情，只是含糊地说自己在一家外企上班。想当初，壮志满怀来到上海，希望能进入世界五百强或大型国有企业，现在却只能在小公司打工。巨大的落差让小赵心情低落，对于未来他十分迷茫。

**“找到工作像做梦一样”**

如今，杨睿已是中国电信浙江分公司的一名客户经理，但提起当初找工作的经历，她仍然感慨不已。

杨睿本科就读于南昌大学中文系，2009年考取浙江大学硕士研究生，今年6月毕业。从2011年10月起，她就开始找工作，第一次面试的单位是中国建设银行。“我怯生生地去了，发现教学楼的三层全挤满了人，很多应聘者像我一样拥有硕士学历。”由于是第一次参加面试，经验不足，杨睿被刷了。

之后，杨睿投了很多简历，也考过公务员，但都没有成功。“龙年春节过得很压抑，回到山东老家，个个都问我找到工作没有，心里很不是滋味。”

春节过后，杨睿回杭州继续找工作。在一次校园招聘中，她向中国电信浙江分公司投了简历。很快，她接到了该公司的笔试通知，接着又进行了面试，一切似乎都很顺利，但offer迟迟没有下来。“我觉得可能没戏了，便打算回老家找工作。”正在收拾东西的时候，中国电信浙江分公司打来电话，告知她成为“第二批补录名单中的一员”。“就这样我被录用了，一切都跟做梦一样。”杨睿不禁叹道。

**探讨原因**

**文科硕士就业压力较大**

曾几何时，拿到硕士文凭就像拿到了一张就业“王牌”，而如今，有高学历也不见得能找到理想的工作。

江西科技师范大学艺术专业研三学生英卫鹃坦言，她对毕业后立即找到一份理想工作没有太大把握："想从事研究工作，现在高校都要博士；而企业招基础性岗位，又更青睐动手能力强的本科毕业生。我们硕士处在一种'高不成低不就'的尴尬位置，找工作越来越难了。"英卫鹃告诉记者，她每次参加招聘会，都发现硕士特别多，还有很多"海归"也参与竞争，招聘会几乎成了学校牌子与学位等级的"比拼大赛"。

因为竞争激烈，一些硕士变成了"硕蚁"。文章开头提到的小赵就是其中的一位。他告诉记者，从未想过自己会变成蚁族，因为读了这么多年书，各方面条件也不错，总认为自己能找到理想的工作。但没有想到，现实如此残酷。

记者调查发现，行政管理、法学、哲学等专业的硕士就业形势不容乐观。此外，一些同学反映，"工科院校所办文科专业"和"文科综合学校所办边缘学科"就业压力非常大。

**研究生培养方式需变革**

提到"硕蚁"，南昌大学艺术与设计学院教授骆承斌有话说："现在找工作真的不容易，尤其是我们艺术专业，社会需求量本来就小，再加上竞争激烈，硕士变蚁族也不是什么稀奇事。"但骆承斌认为，对"硕蚁"应该一分为二地看待：一方面，手握硕士文凭却游走在城市边缘，确实让人在心理上难以接受；另一方面，有些硕士是因为坚守梦想自愿变蚁族的，他们宁愿暂时忍受生活的艰辛，也不放弃梦想，这种像蚂蚁一样坚韧的精神值得称道。

江西财经大学研究生部的刘老师表示，"硕蚁"的出现有主客观两方面原因。客观方面，近年来，硕士研究生扩招人数增多，就业岗位却没有明显增加，供需不平衡现象加剧，导致部分硕士找工作难。主观方面，一些学生对未来缺乏整体规划，读研过程中也没有尽全力，忽视自身能力的锻炼，导致在竞争中没有优势。

江西财大社会学 MSW（社会工作硕士）中心副主任唐斌表示，"硕蚁"的出现一定程度上反映了社会对人才的需求越来越理性，不像以前那样唯文凭是用，而更注重个人的才华与创新能力，这也给新时期的研究生培养与教育提出了更高的要求。

**“有业不就”催生硕士蚁族**

“硕蚁”现象让不少学生和家长忧心忡忡，但省高等院校毕业生就业工作办公室的张主任却表示，没有必要对此过于忧虑。她给记者看了一组数据：“我省2012届高等院校毕业生平均就业率为85.96%，其中，硕士和博士的就业率达到90%以上，且这样的高就业率保持了多年。”张主任告诉记者，全省2012届硕士共有7191名，约80%在省内工作，主要分布在国有企业和事业单位。

因为硕士人数相对较少，扩招人数也不多，江西没有出现大量硕士找不到工作的现象。“当然，‘硕蚁’是肯定存在的，目前在‘北上广’等城市比较突出，那里的‘硕蚁’一定也有来自江西的，但这不在我们掌控的范围内。”张主任说。

张主任表示，“有业不就，无业可就”是高校就业的普遍现象，而“硕蚁”产生主要是因为“有业不就”。他们不是找不到工作，而是找不到理想的工作，所以宁愿艰辛地漂着，也不随意找一份工作做。

**寻找出路——**

**把自己定位成“有知识的劳动者”**

这边厢，2013年考研报名人数再创新高，那边厢，硕士找不到工作变成“硕蚁”的现象日益突出，我们不禁要问，如何才能跳出这个怪圈？

张主任的建议是，第一，硕士要找准自己的定位，把自己定位成“有知识的劳动者”，而不是专家学者；第二，要勇于承担社会责任和家庭责任，不应再给社会和家庭增加负担；第三，先择业再就业，有机会尝试创业。

南昌大学就业指导中心的王老师也给出了自己的建议，他表示，首先，要找准自己的定位，不要眼高手低，好高骛远；其次，要尽快运用自己的知识，使自己融入工作中去。知识只有转化为能力和技能，才能改变命运。

**用“蚂蚁精神”改变现状**

而对于那些已经成为蚁族的硕士，也不应该气馁、自暴自弃。相关专家表示，“硕蚁”应看清现状，放低身段去适应现实。由于他们有较高的智力水平，接受过相对专业的训练，只要保持坚韧的奋斗精神，用心去寻找能发挥专长的机会，成功的可能性是很大的。在抱怨社会消磨“硕蚁”的壮志时，也要看到这份磨炼对职业生涯的益处。

**名词解释——**

硕蚁：即硕士蚁族，指硕士研究生毕业后无法找到工作或工作收入很低，聚居在城乡接合部艰辛度日的人群。

以上几种是最为常见的结构方式。另外还有如金字塔式（与倒金字塔式正好相反）、纵式（过去—现在—将来）、来回式（描写今天—回顾昔日—再写今天）、全面式（引子—主题正文—结语—附录）。采取什么样的结构，要视采写的内容、希望表达的目的来布局。

比如针对话题类的现象，事实，还可以采取以下几种结构：

◎背景—新闻事实—评说（专家意见）。

◎新闻事实—背景—走向—评说（专家意见）。

◎新闻事件—利益相关方—利益无关方—专家点评（专家点评　有时可替换为民众意见）。

根据新闻内容的关系来分类，稿件的结构还可以分为——

◎并列式：如甲地—乙地—丙地—丁地，甲现象—乙现象—丙现象—丁现象等。

例如，《信息日报》2010年11月16日第14版刊登的《考研现场确认结束　四类人群组成明年考研大军》，正文就分成四个部分：“为文凭”“为工作”“为充电”“为学术”。这四个部分篇幅大致相同，各有1个小标题。

◎递进式：首先（第1级），其次（第2级），再次（第3级），最后（第4级）（递进式，有时可以反推，从最后环节，逐渐推进至开始环节）。

◎对比式：正方—反方—中立方。比如采取机动车限牌的交通管制措施是否合理？各方意见对比列出。

◎对比式：本地（国、校等）—外地（国、校等）。针对取消文理科分科高考的探索，目前国内是怎么做？国外又是怎么做的？

## 二、如何确定稿件结构

上述结构并无指定适用情形。采用哪种结构，视素材情况和报道目的而定，并无固定用法。

通讯员可以尝试着用不同的结构来撰写不同类型的新闻，并体会其中的传播效果，找到每一次方式的优缺点，从而慢慢形成写稿时优先选择的结构。比如故事性强的，可以使用悬念式结构；话题类的，可以把新闻事实与背景分析、专家点评有效进行组合；等等。

可通过研读别人的优秀作品，学习其安排结构的方式。看得多了，写得多了，就能领悟到如何谋篇布局，自然而然就学会了。

# 第二节　标题的制作技巧

标题是新闻稿的“眼睛”，如果“眼睛”熠熠有神、美丽动人，则容易吸引受众的注意。对报刊的新闻稿而言，读者通常最先看到标题，由此产生的第一印象，对“读者是否继续阅读下去”有着重要影响。

“题好一半文”，制作出好的标题对于作者而言，至少有三点现实意义：

◎好标题容易打动编辑，稿件发表的可能性更大。

◎好标题能快速地吸引受众，使受众有兴趣继续阅读正文。

◎容易获得好标题奖、好新闻奖，获得相应的奖金和尊重。

当然，对受众来说，好标题可以使其迅速掌握新闻的主要内容或最重要的内容，以便根据需要决定跳过不读，或者读完全文。

消息的标题（一般不用破折号），通讯的标题（比较偏向文学性，副标题可使用破折号），评论的标题（观点鲜明，一般为一行题），制作要求和方法各不相同，但也有一些共同之处：

◎都必须简洁，字数不能太多（有时须使用缩略语、简称）。

◎都要求通俗易懂、引人注目。

◎都可以运用修辞手法增强可读性。

新闻标题，应该起到如下作用：

◎提示新闻要义，让读者看完标题就知道稿件的主要信息[①]。

◎亮出“卖点”，吸引读者注意。

制作新闻标题的基本要求是：

◎准确报告事实。

◎言简意明。

◎语言通俗。

◎有趣味性、有感染力。

◎有形式美。

一般而言，既能概括文章内容又能吸引读者的标题，才是最佳的标题。

先来看消息标题的制作。

消息的新闻标题，根据位置和作用的不同，可以分为引题（眉题、肩题）、主标题（主题、正题、母题）、副标题（副题、辅题、子题）、提要题、小标题等类型。其中，提要题、小标题一般只出现在大稿中。

例如：

人力资源和社会保障部通知要求

**减少职业资格认定**

各地各部门不得自行设置国家职业资格

这个例子中，字号最大、字体最粗重的那行题，是主标题，主标题上面的那行题，是引题，下面的那行题为副题。

一般而言，主标题的字号比引题、副题的都更大，字体也更粗重。引题是引出主标题，副题是补充主标题的内容。

根据标题内容性质的不同，新闻标题可分为实题、虚题。

实题只说事实等客观性信息，虚题只说建议、命令、观点、呼吁、号召、要求等主观性信息。

---

① 如欲在标题中制造悬念，则不必如此。例如，《麻省理工学院研究者的诡异试验：让死人开口唱歌》。

例如，

范长龙在驻西藏青海部队调研时强调

**深入扎实抓好实战化军事训练**

上面这则标题的主标题就是虚题。

下面标题的主标题和副标题就是实题：

积极破解资金难题　因地制宜统筹统建

**赣州帮助183万农民告别土坯房**

制作标题，有两种路线：一是概括全文；二是只突出全文的亮点。制作标题时，可以二选其一，也可以“既概括全文，又突出亮点”。

制作标题的捷径，一是用新闻点做题；二是用精彩引语做题；三是巧用修辞。

制作标题的最常用修辞，是对偶（对仗）。当然，这里的“对仗”，可以不像古诗那样严格。其次，还可以运用比喻、比拟、借代、夸张、对偶、排比、设问、反问等其他修辞手法。

◎对偶：是在标题中把结构相同、意义相对或相关的两个词语排在一起，语调和谐，比一般陈述句更具有感染力。这是标题制作中最常用的修辞。

例如，《（引）千古河道成历史　万艘航船走新河（主）三峡道流明渠正式通航》、《（引）祝福花店前　祥林嫂与阿Q对垒　未庄茶室旁　孔乙己与闰土竞争　（主）鲁迅作品中人“占领”绍兴》《七条勒索短信　换来三年徒刑》《识狗性盗得名犬　落法网领刑被罚》。

◎拟人：将物模拟为人。

例如，《卧榻之侧岂容“干爹”酣睡　辣味“老干妈”又打官司》《英山茶叶京城“吆喝”　云雾茶成为首都居民新宠》。

◎拟物：将一物模拟为另一物。

例如，《劳动合同和户口本成“拦路虎”》《美国外交驶离好战轨道》。

◎设问：提出问题。

例如，《是补课，还是家教？》。

再如，《（引）竹排撞桥　妇幼7人落水　咋办？（主）如果这是考题　排工　泳者　路人均获满分（副）事发鹰潭龙虎山泸溪河　因营救及时　落水者全部获救》。

◎对比：将新闻事实中的不同事实放在一起比较。

例如，《农村的离婚案件多了　赡养纠纷和乡邻纠纷少了》《满腹知识　问道于人前程如何　胸无点墨　财从口来运气不错》。

◎拈连：即在表达两上相互关联的事物时，把适用于此事物的词语因势利导挪用在彼事物上，从而取得富有情趣的修辞方式。

例如，《学英语还需“蹲马步”“擂桌子”　疯狂英语真“疯狂”》《纪山泥腿子“拈花惹草”赚外汇》。

◎回文：把相同的词语或句子，在下文中调换位置中或颠倒过来，产生首尾回环的情趣。

例如，《“回头浪子”教“浪子回头”》《金铺“铺金”》。

◎顶针（联珠）：就是用上一句结尾的词语做下一句的起头。

例如，《该出手时显身手　显身手后悄悄走　铁路巡道工勇救落水母女不留名》。

◎翻造：将一些广为人知的语句，在特定的环境里凭借词义的牵连，改变其中的某些词语，使语言更活脱、幽默、洗练。

例如：《乘“市”而上　因“市”利导　京城：小芝麻变成大产业》《英山×××企业“股”动人心　英山农村“沼”气蓬勃发展》《两岸猿声啼不停　只缘身在“粮”山中》《农家惹得游人醉　直把新村作新城》《知否、知否？应是“贱肥”、“贵瘦”　武汉市民不满猪肉市场价格》。

再来看通讯标题的制作。

通讯的标题，有两种风格：一是文学笔法；二是类似于消息标题的新闻笔法。

文学笔法的通讯标题，讲究文采，常见于人物通讯，如《闪耀在手术刀上的道德光芒——记医德高尚医术高超的好军医华益慰》。这种标题，出现在报纸上时，常常采用新魏体、隶书、行楷、舒体等书法字体。

新闻笔法的通讯标题，主要是列举事实、提出问题，常见于事件通讯、社会观察通讯，如：

教师被逼走“捷径”，校园潜规则盛行——

**职称争夺战里没有赢家**

与消息标题不同的是，通讯的标题可以是名词或名词性短语，如《中南海的春天》。

制作通讯标题的方法，主要以下几种：

**◎直述新闻事实**

例如，《莫斯科地铁——豪华、方便、整洁》（风貌通讯）《哀乐低回送巨星》（写著名数学家陈景润逝世）。

**◎提出问题，引人思考**

例如，《急诊，你为什么急不起来？》《新华书店，你的位置在哪里？》。

**◎设置悬念**

例如，《江苏税收管理员去哪了》[①]《钱被风刮跑以后》《他、她、她——一个买书、让书的故事》。

**◎比喻、双关**

例如，《手执金钥匙的人们——记北京景山学校几位小学教师》《解开疙瘩绳自直——赵县农村解决矛盾靠民主》《中南海的春天》。人物通讯《好“钢”是这样炼成的——“全国大学生自强之星”徐钢成长印迹》，主标题也是这种标题。

**◎引用人物原话**

例如，《“会计嫌我的油壶小”》《“人到难处，要帮一把”》。

**◎对比、反衬**

例如，《道是无情却有情》《多一份清醒少一份醉》。

---

① 刊于《人民日报》2014年9月18日第10版头条位置，引题是“一些企业的财务总监惊讶地发现，税收管理员竟然很久很久没来了”。

特别需要指出的是，每篇稿件的标题，最好具备“唯一性”——只适合这篇稿件，不要给稿件拟制“万能标题”——不但可以用于这篇稿，也可用于其他稿件。

在很多情况下，可以采取“摘取法”制作标题，即：从文中抓取“亮点”（反映主要事实的精要文字）做标题，有时甚至可直接用文中精彩的引语作为主标题。

新闻标题必须完整地表达一个或数个信息，为此，有时就不能是一行题，而做成两行标题或三行题。但是，主标题最好不要超过15个字，10字以内更佳。

小标题的拟制技巧，大致如下：

◎各小标题的形式、结构、字数要大致相同，最好形成对仗的形式。

◎每个小标题下面的正文字数最好大致相同。

◎每个小标题既要把该部分的亮点凸显出来（可以提取文中的直接引语或关键语句），又要对该部分正文具有概括性（但在概括性方面不必强求，突出亮点更重要）。

◎各小标题联系起来最好能体现出文章的结构、逻辑思路。

新闻评论的标题，有着特殊的制作技巧。

从句式来看，评论标题多为祈使句，也有疑问句。

例如，《人民日报》2014年8月18日头版的《今日谈》栏目，刊登的评论标题就一个疑问句：《学习就是为了“买珠宝”？》。同一天的评论版刊登的《节俭办会当效“南京经验”》《诉诸法律应成为信仰》《莫让寺庙变成“市庙”》，标题则是祈使句。

有一些评论标题，不是完整的句子，或是名词性短语，或是动宾短语，或是形容词、副词。例如，《人民日报》2014年8月18日评论版刊登的《光大“乌龙指”事件的法治得失》《核心价值观的“三重音部”》，标题就是名词性短语，而非一个完整的句子。

根据沈九涛、焦相山、林炳堂等人总结，新闻评论的标题主要有以下一些样式：

◎赞美式标题，不着“好”字似更好。

例如，《赞质量责任保险》《向群众述职好》《闪光的“项链”》《妙哉明白纸》《综合利用功在当代利在千秋》《高洁感人心》《真话值千金》《多么可贵的“钢筋精神”》《拳拳公仆心》。

◎拈连式标题，互相联系，明快别致。

例如，《且慢把“慢”当文化》《考核竟变成考喝》《重点工程也是双增双节重点》《动真的　碰硬的　抓实的》《拒“礼”要有礼》《让懂事者董事》《“劣质”必须“劣价”》《出售希望小学是在出售希望》《老大难难在老大》《“重心下移”别成“责任下推”》《人行横道　谁在横行》。

◎仿词式标题，互相映衬，新奇醒目。

例如，《来而不往亦有礼》《不做亏心事　也怕鬼敲门》《润物细有声》《集智广益》《何以解忧唯有改革》《党政机关大门为谁而开》。

◎规劝式，题中含情，语重心长。

例如，《宁做愚公不做叶公》《表决之手莫轻举》《“小眼镜儿”啊，让人心忧》《不要费了“肥料”又伤“苗儿”》。

◎反思式，由彼及此，立异标新。

例如，《各人应扫门前雪》《“送炭”何必待“雪中”》《曲“低”和也寡》。

◎抨击式，直点其怪。

例如，《“当不起先进”》《小汽车为啥跑果园》。

◎数字式。

例如，《“88”非“58”》《745个公章和45次进京》《0：0与1：4》《1+1=1》。

◎幽默式，谐中寓庄，趣中含理。

例如，《“模范”与“先锋”打架》《菜谱“没谱儿”》《笑不出的笑话》《论“裤腰问题”》。

◎俗语式。

例如，《爱挑的担子不嫌沉》[①]《鸭子烂了嘴巴硬》《莫把“衙门”抬下乡》《不牵心肺怎知疼》《当不上驸马不能不娶妻》《期岂能听到哭声就喂奶》《医

① 作者李斌，刊于《人民日报》2014年8月26日第4版。

改　不仅楼梯响　还要人下来！》《一粒老鼠屎　坏了一锅粥》。

◎哲理式，使人省悟，令人折服。

例如，《不要向雏鸡要蛋》《鞋子合脚走得快》《打鱼莫凑热闹处》《自报短处誉更高》《放下架子朋友多》《脚小未必行慢》《大自然不需要早熟的果子》。

◎对比式。

例如，《没有机会就是机会》《感性过年与理想做事》《“软柿子”如何真正成为“硬柿子”》《台上他讲　台下讲他》《假农药真坑农》《赢了萨达姆　输给本·拉登》《是“审议”不是“学习”》。

◎比喻式。

例如，《合脚鞋子走得快》《道德之堤该不该用法律来抢修》《用制度“套”住失信的“野马”》《政治飓风或将袭向小布什》。

◎感慨式。

例如，《从“教授回炉当学生”谈起》《有感于“一个学生让你家徒四壁”》《被野狼咬出的乡村空巢困境》。

◎呼吁式。

例如，《看！大泉山变了样》《请看今日之域　竟是谁家之天下》。

◎排比式。

例如，《嘴上、纸上与行动上》[①]《抓末端　抓细节　抓经常》《呼声　回声　掌声》。

◎拟人式。

例如，《万亩玉米在哭泣》《斑马线的乳名叫安全线》。

◎反问式。

例如，《入党岂能按年龄分先后》《岂止是民族感情问题》。

◎设问式。

例如，《谁是你的真朋友》《谁在惊扰大熊猫》《卡米拉赢在何处》《为什么不把战犯当战犯》。

---

① 作者王中平，刊于《江西日报》2014年6月30日A2版。

与中规中矩的本报评论员文章、社论相比，小言论的标题又有其特殊的要求。

首先，是要简洁明了。譬如，《“干净”干事》《贵在朴实》《品行为要》《重在践诺》《要找准问题》《解决问题不能等》等。

其次，尽量形象生动。譬如，《“肥胖文件”也该“瘦身”》《别让“红头文件”蒙“盖头”》《伸手也打“笑面人”》《打好人生的“下半场”》《“把水浇在根上”》《多为百姓“打算盘”》等。

江西日报编辑钟兴旺认为：“小言论的标题，基本要求是能提示论题、体现论点、表明态度，好标题就是在此基础上，更精练、更生动、更鲜明，更能引发读者的阅读兴趣，读后更令人难忘，回味无穷。”

如果是为广播媒体或电视媒体撰写稿件，无论是新闻标题，还是评论标题，都要尽量口语化，避免因为“同音不同字”而导致的误解。

更多的新闻标题制作技巧，可以参阅以下 4 本好书：

◎《标题一得录》（修订本），左克著，新华出版社 1991 年版。

◎《标题鉴赏录》，左克著，新华出版社 1998 年版。

◎《新闻标题精选 5000 例》，《巴蜀报人》工作室编写，重庆出版社 2000 年版。

◎《新闻标题制作 100 招》，冯印谱著，南方日报出版社 2006 年版。

## 第三节　背景材料的穿插

广义的“新闻背景”，有三重含义：导致新闻事件发生、发展的时代背景；与新闻人物和新闻事件发生、发展过程直接有关的背景材料；向记者提供消息、介绍情况的人的背景情况。

这种广义上的“新闻背景”，就新闻采访而言，是必须考虑的。

狭义的“新闻背景”，单指与新闻人物和事件形成有机联系的一定的环境和历史条件。历史条件指事实自身的历史状况，环境条件指事实与周围事物的联系。

这种狭义上的“新闻背景”，有助于加深对新闻的认识和理解，深化新闻的主题，是新闻写作常常用到的。新闻背景有助于帮助受众理解新闻事实，扩大新闻报道的信息量，新闻背景在新闻稿中的穿插使用，也会使新闻更加有可读性。

一般而言，以下 8 种情况需要运用背景：

◎介绍新闻发生、发展的“来龙”（过去情况）、“去脉”（未来发展）。

◎明示或暗示新闻发生、发展的原因、缘由。

◎明示或暗示新闻发生、发展的后果、走势。

◎对新闻中关键的专有名词、特殊术语进行说明解释，令新闻通俗易懂。

◎用背景进行对比衬托，突出事物的特点、变化。

◎通过背景介绍，暗示、表达某种不便明言的观点。

◎借背景介绍，为新闻补充知识性、趣味性信息。

◎以背景介绍揭示事物的意义。

新闻背景，可以放在新闻稿件的开头，也可作为结尾，还可以穿插在新闻主体中间；既可以仅仅作为一个句子成分（定语或状语），也可以成为独立的段落、句子。

例如，通讯《“考老师”缘何遇阻碍？》的第二段是这样写的：

作为海南省教育厅指定的教师队伍建设改革试点市，万宁市决定从今年起，连续五年每年举行一次义务教育阶段教师专业基本能力测试。

其中的“作为海南省教育厅指定的教师队伍建设改革试点市”，实际上既是全句的状语，又是“万宁市”的定语。

再如，《浙医一院来了“达芬奇”机器人》① 这篇新闻稿，最后一段就对“达芬奇”机器人进行了背景介绍。

本报杭州 9 月 11 日讯　我省第一台使用“达芬奇”机器人进行的外

① 记者曾福泉，通讯员陈旭东、王蕊，刊于 2014 年 9 月 12 日《浙江日报》第 2 版。

科手术今天上午在浙江大学医学院附属第一医院完成。浙医一院院长、中国工程院院士郑树森操作机器人的4个机械臂，为一名60岁的患者切除胰腺肿瘤，用时不到2小时。

……

据介绍，“达芬奇”手术机器人由美国航空航天局等机构研发，是目前最先进的微创外科手术系统。自2000年投入临床应用以来，全球已有2000多台“达芬奇”机器人为病人服务。至去年底，我国共有14家医院使用“达芬奇”机器人，总数为18台。

新闻背景的使用，也讲究新闻的接近性。上述稿件中特意介绍的“当选俄罗斯工程院外籍院士的中国科学家”情况，就是一种新闻背景。

不是所有的新闻稿件，都必须使用新闻背景。

如果新闻背景是大众较为陌生的，就有必要放入新闻稿。如果是大众熟知的新闻背景，就不必加入稿中。

例如，南昌大学1998届毕业生汪海燕，通过不懈努力，在2008年底荣获2007年度美国青年科学家最高荣誉奖——“美国青年科学家总统奖”，并在白宫与美国前总统布什合影。这则新闻中，“汪海燕”“美国青年科学家总统奖”都是普通读者比较陌生的，有必要作为新闻背景加以介绍，而美国前总统布什，广为人知，就不必详细介绍了。

必须牢记的是，新闻背景在新闻稿中，仅仅是新闻主体的配角、助手，不能喧宾夺主、反客为主，不能过于张扬，所放位置不能过于显要。

## 第四节　发挥细节的魔力

细节内容是指一切有形的东西，如房屋、耕牛，等等。美联社著名撰稿人卡蓬认为，记者应把自己想象为电视纪录片的制作人。试想，摄像镜头全景拍摄了异国情调的豪华住宅后又定格在一间茅草屋上。不需任何文字，制作人通过镜头所展示的一切已表达了许多。记者也可以通过对细节内容的灵巧运用来达到同样的效果。前提条件是，他（她）的笔记本里必须记录了这些内容。

重视细节的收集和呈现，也是西方新闻界的共识。

卡蓬强调："好的作品，依赖于对细节内容的运用，而不是抽象的。只有记者才能提供这些细节，而编辑是无法办到的。"

关于细节的收集和采访的深入，中国江西新闻网记者沈德森深有体会①：

2008 年 8 月 26 日，江西省省长吴新雄来到设在江西移动通信公司呼叫中心的"省长手机""省长信箱"工作平台，并接听百姓电话和办理群众来信。沈德森奉命采访，最后写成纪实稿件《江西省省长吴新雄接听省长手机办理省长信箱侧记》。

在当天的活动中，有不少记者参与采访，其中大部分记者跟着省长移动。在采访过程中，沈德森更关注的是一些细节。例如：

"11 点 3 分，'省长手机'工作平台 8 台电话铃音此起彼伏，接线员刘嘉欣打开客户服务系统：'您好，欢迎拨打省长手机，请问您有什么需要帮助？'这时，吴新雄来到刘嘉欣身边，刘嘉欣高兴地请省长亲自接听这个电话。"

在吴新雄办理省长信箱时，沈德森捕捉了以下细节：

"慢慢地滚动鼠标滚轮，双眼紧盯着电脑屏幕，表情十分严肃。""在随后打印出来的来信处理表单上，他写下这么几个字：'请九江市王萍派专人核实，提出处理意见，并报省政府。吴新雄，2008.8.26'。"

吴新雄省长接完电话后，沈德森没有立即跟着省长走，而是询问了来电话的人的电话，到办公室后对打电话者进行补充采访，进而得知其和省长的谈话内容以及此人身份、姓名，打电话的动机等。

---

① 引自《身为记者，你细节了吗？》（写于 2008 年 9 月 6 日），详见 http://blog.jxcn.cn/user1/ncusds/40299.html。

对于来信者的身份、名称以及来信内容，同样可能被记者忽略。沈德森把来信内容抄了一遍，记录下了来信者的联系方式以便做补充采访，然后在新闻中“曝光”了来信的部分内容：

给“省长信箱”来信的这位乡村教师叫彭芝芬，是九江市修水县黄龙乡沙段小学支教教师。她在信中介绍了学校办学条件的艰苦，并感慨城乡学生学习环境的差异。她在信中深情地写道：“我来这是支教的，这就是我要工作的地方，这里有需要我的孩子们，学校就是我的家。说到家，请问，哪个不希望自己的家越来越好，我也一样，看到同是祖国的花朵，这里的孩子跟外面的孩子有这么大的差别，我心里好难过，他们就因为生在乡下，享受不到先进的教学设备，下大雨的时候到处漏水，学生上课不安心，老师在讲台上也不顺畅，到了冬天更不得了，冷得要命，像去年，有的学生就冻坏了，低年级的学生还有的冻哭了……就是在这样的学校里他们日复一日地学习、游戏……”

当需采访对象说明一个问题时，记者一般会要求举例，对方常会以“有一次”“那天”“一年夏天”等开头，这时，沈德森一般会打断采访对象：“能不能回忆一下具体的时间？在哪里？和谁？”

为了获得较多的少见细节，有时记者必须不辞辛苦地深入新闻现场采访。

2007 年教师节前夕，沈德森到江西省永新县采访乡村教师尹继澜，当地工作人员说，还是不要去他家吧，太远了，可以把尹老师叫到县城来。因为，从县城到尹老师家，先要坐一个小时的车到镇上，然后再走 4 个小时的山路。但沈德森没答应，他说：“不去现场，无法亲身感受其生活环境，哪怕他能说，甚至说得很具体，也远不如我亲自看见的。如果我不去那山村，就无法用合适的文字描写出山村的真实现状。”

正是沈德森的坚持，根据实地采访所得的报道《尹继澜：红烛点燃大山希望》改善了一个乡村教师、一个村庄的命运：因为这篇报道，尹继澜被县委领导看望接见，被评为优秀教师，成为人们学习的典型；尹老师所在的龙门镇铁镜村，原来不通电、不通路，经当地县委专门开会讨论解决了这个问题，历史性地通电通路了。

## 第五节　引语的规范用法

引语，或是新闻人物所说的话，或是文件、文章中的原话。

引语往往经由表示“言说”的动词带出来，这些动词（我们不妨称之为“言语动词”）包括——

说，自称，声称，讲道，说道，念道，读道，写道，念叨，谈起，自言自语，诉说，议论，告诉记者，直言规劝，向人请教，开导说，求助，约定，发言，发表自己的看法，下令，命令，回复，答道，提问，宣布，认为，强调，指出，提出，爆料，透露，介绍说，发布警报说，警告说，呼吁，提醒，表示，建议，否认，表示肯定，指责，坦白，坦言，传达，声明，公告，咨询，显示，填下……

引语有两种。

一种是讲述别人的原话，并把它放在引号里，这是直接引语。

另一种是，以第三人称用自己的语言转述别人的话（往往不是原话，但保留原意），并且不用引号，这是间接引语。

例如，下面是间接引语——

◎ 他说，天下孩子都是好孩子，要在力所能及的范围内给予他们帮助，让他们找准定位，树立信心。

◎ 王厅长在动员报告中阐述了在新形势下开展巡视工作的重要意义。他指出，开展巡视工作是深入开展落实科学发展观、推动中央和省委重大决策部署贯彻落实的重要保证，是加强党内监督、维护党的先进性和纯洁性的重要举措，是密切党内群众血肉联系、促进社会和谐稳定的重要途径，是加强高校党的建设、促进高等教育改革发展的现实需要。

恰当的引语，使新闻更加真实、具体、可信，而直接引语比间接引语更加有利于加强新闻的可读性、可信度，过多的间接引语很可能令受众反感。

直接引语有四种用法。

第一，直接引语在言语动词的后面。

这种用法十分常见，有时没有冒号。例如——

◎ 在南昌，她拜访了8位老红军，其中一位90岁高龄的女红军杜文凯在交谈中，突然对她说：“小三子，我好喜欢你！”

◎ 他去新加坡访问时，新方请他填写一个调查表，上面有很多内容，如性格、爱好之类，其中一项是：如果人有下辈子，您愿干什么？谢晋毫不犹豫地填下：“下辈子我愿当记者。”

◎ 谢晋却非常认真地说：“全世界每年都有许多记者牺牲，有的牺牲在战场上，有的是被报复遭杀害的，他们勇敢、敬业，为真理、真相、为说真话而牺牲的，值得人们尊敬。做一个好记者要有才华，更要有勇气，要敢于说真话，这样才能成为一个受欢迎的记者，我崇拜记者这个行业！”

◎ 在4日会见武警部队党委一届六次全体会议人员时，他又强调了“维护社会和谐稳定”。

第二，直接引语在言语动词的前面（别忘了写上句号、感叹号作为结束，或写上逗号以示话语未完）。

这种用法有一种先声夺人的效果。例如——

◎“太感谢你们了！”9日中午，躺在南昌大学第四附属医院病床上的施光培老人，不停向前来看望他的特警们道谢。

◎“我留在村子里，”第三个孩子说，“也许我在这里就会明白幸福是什么。”

◎“我很高兴，你们都依照我的话又来和我见面了。”她说，“你们说的话我全听到了。你们三个人都明白了：幸福要靠劳动，要靠很好地尽自己的义务，做出对人们有益的事情。”

第三，直接引语在言语动词的前面和后面。

当直接引语较长时，可将其分割为两部分，分别放在言语动词的前面和后面，可以突出部分信息，而且阅读较为方便。需要注意的是，言语动词前面的直接引语宜短不宜长。例如——

◎“我觉得山寨现象里面有巨大的智慧和创新，”重庆市委常委、常务副市长黄奇帆说，“山寨企业的模式，和欧洲名牌手机制造商把产品放到亚洲生产的模式，实质是一样的。只不过是山寨在价格上更便宜，老板从洋老板变为土老板……我们应认真研究山寨经验，造就一批山寨大王。”

第四，直接引语出现时，没有言语动词，有的甚至独立成句。

例如——

◎ 阳和平露出了略有些狡黠的笑容，“没有中国革命就没我了，可惜什么？”

◎ 他甚至特地买了一台收音机，就为了在晚上最安静时，隐隐约约听一句“中央人民广播电台，现在是新闻播报时间”。

◎ 这次长征，邓玉平带着自己制作的小红军旗、小布老虎以及印有五角星的红色T恤，离开上海前她还特意买了许多海宝吊坠准备送给老红军。“老人们很喜欢海宝，他们拿着小红旗很高兴，并且不停地摇晃着小旗。”

特别值得注意的是，过多地使用间接引语，甚至全文只有间接引语而没有直接引语，将导致新闻稿件的可读性大打折扣。因为，与间接引语相比，直接引语往往更能反映人物个性，显得更真实，更有现场感。

因此，写作新闻稿时，应多用直接引语，少用间接引语。

在使用引语时，不要用错“说到”与“说道”这两个词。

“说到”就是说出、道出的意思，后面可以跟直接引语。

“说道”是动词，相当于“说”，常用来直接引进人物说的话。例如：

◎ 她柔声说道：“你放心吧。”

◎ “你放心吧。”她柔声说道。

“说到”的“到”是表示方向性、位置性的。“说到”不能独立使用，后面必须有宾语或其他成分。

例如：

◎ 说到“凭借什么拿到冠军”时，她……

◎ 那天，老师说到人际关系时，讲到了他和朋友的友情联系。

◎ 说到 ECFA 能让台湾经济“转骨”时，马英九的眼睛就亮了起来。

“写到”和“写道”“问到”和“问道”的区别，与“说到”和“说道”类似。例如：

◎ 当记者问到胡小文为什么不买一件舒适的棉衬衫穿时，胡小文说，这件 10 元钱的汗衫，已经让他很满足了。

◎ 当记者问到其他将车停在门外的车主时，他们表示，因为担心自己的车停进地下车位，也遇到李女士一样事，所以希望物管能给个说法。

◎ 当记者问到“道口房原计划是否要求在 7 月建成”时，陈令回答道：“不是，只是延误了几天。”

◎ 当写到你锲而不舍向着既定目标奋进时，我也从中学会了坚持；当写到你勇于自我剖析积极应对挫折时，我也从中学会了坚强；当写到你高瞻远瞩于纷繁复杂中找到前进的方向时，我也从中学会了睿智；当写到你临危不乱谈笑风生指挥若定时，我也从中学会了冷静……

◎《天下少有的好人》，那是我有生以来第一次动笔去写一篇人物通讯，当写到她抱着临终前的老人一边呼喊一边喂糖水的细节时，当写到她翻山越岭遍访名医、扯来草药熬成水将全身长满毒疮、恶臭熏人的老人抱进药水里精心擦洗的情节时，当写到她付出了那么多却因为偶尔的疏忽引来别人的误解与漫骂时，我的眼泪就禁不住流啊流！

## 第六节　通讯稿件的头尾

### 一、通讯稿件的开头

熟读消息和通讯的人，都会发现：与消息相对固定的开头（大多是概括型导语）不同，通讯的开头是多姿多彩、不拘一格的。

当然，通讯的开头大体上可分为两种：

一是直起式，包括：开门见山直述其事其人，或直接抒发感情，或直接发表见解等。

二是侧起式，即利用铺垫弄引的方法，远远说起，娓娓道来，到适当的时候才进入正题，如先讲故事、传说，先引述诗词、谚语、名人名言，等等。

#### 1. 描写关键情节

这种开头，主要适用于事件通讯、人物通讯。

例如，第17届中国新闻奖三等奖通讯《折翅亦做凌云雁——记优秀共产党员、凌云县下甲乡残疾教师阮文凭》[①]，是这样开头的：

1995年9月1日，开学第一天。

① 记者周仕兴，刊于2006年12月25日《广西日报》。

残疾教师阮文凭拄着拐杖，沿33道螺旋式盘山石阶蹒跚爬行。常人1小时的路程，他用了8小时，来到凌云县海拔最高的瑶族教学点——下甲乡河洲村弄怀小学。

眼前的校舍，残垣断壁，瓦片翻飞，横梁腐裂，缺门少窗；教室杂草齐腰，蛛网纵横密布，桌凳缺胳膊少腿——学生，一个都没有；学校，已停办4年。

### 2. 刻画人物

这种开头，主要适用于人物通讯。

例如，第16届中国新闻奖二等奖通讯《大一男生，背起母亲上大学》[①]，是这样开头的：

记者见到腼腆清秀的刘霆时，惊讶于这个19岁男孩的瘦弱：一米六几的身高，90来斤的瘦弱身子，脸色发黄，一副黑边眼镜，穿着牛仔裤和毛衣，沉默内向——这分明还是一个孩子，难以想象这么大的重担压在这么弱小的刘霆身上。

### 3. 交代背景或最新动态

这种开头，主要适用于人物通讯、工作通讯和风貌通讯。

例如，人物通讯《传承方志敏精神——记全国十佳少先队员方铭璐》[②]，是这样开头的：

10月8日，南昌市豫章路小学五（1）班学生方铭璐启程赴北京，参加“全国十佳少先队员”的表彰仪式。

方铭璐的曾祖父是伟大的无产阶级革命家、军事家，赣东北革命根据地创始人方志敏。……

---

① 作者系浙江林学院党委宣传部教师陈胜伟、记者劳国强，刊于2005年11月14日《今日早报》。

② 记者朱雪军，刊于《江西日报》2005年10月17日A1版。

又如，事件通讯《大学生带着捡来的妹妹求学 12 年》[1]，是这样开头的：

12 月 4 日中午，连续几天的冷风吹过，难以阻挡的一股冰凉如锥子一样穿透着人的每一个毛孔。

在湖南怀化学院的一个宿舍楼的楼梯间里，一直没有穿棉衣的洪战辉穿上了毛裤，看着一个小女孩做作业。……

### 4. 或抒情，或议论

这种开头，适用于人物通讯、工作通讯、风貌通讯等多种通讯。

例如，通讯《结婚当天，她仍站在讲台上》[2]，是这样开头的：

在三尺讲台上，她是严格的教师；在学生的心里，她体贴得像慈母；她结婚当天，仍站在讲台上；她在分娩的前一天，仍坚持上课。她就是横峰县龙门畈乡上海收藏希望小学的老师陈芳。作为一名辛勤的园丁，她虽严厉但又是出了名的体贴，她工作负责又积极进取。

### 5. 描写场景

这种开头，适用于人物通讯、工作通讯、风貌通讯、社会观察通讯等多种通讯。

例如，第 18 届中国新闻奖二等奖通讯《邓家兄弟不寻常的求学路——一边读大学一边当"猪倌"》[3]，是这样开头的：

新年的一天，天快黑了，荣昌县城郊一座石棉瓦盖的红砖房里，不时传出阵阵猪叫声。这，就是西南大学荣昌校区大三学生邓费建、邓波兄弟的养猪场。

---

① 记者卢曙光、张锡磊，刊于 2005 年 12 月 6 日《郑州晚报》。

② 记者郭宁，刊于 2010 年 7 月 25 日《江南都市报》。

③ 记者郭小伟，刊于《重庆日报》2007 年 1 月 10 日第 5 版（民生）。读到该报道后，一些企业人士与邓家兄弟商量了养猪场合作事宜。

养猪场的大门敞开着，门背后，一位戴帽子、50岁左右的中年男子躺在床上呻吟着，帽檐下，他的脸色青一阵、白一阵：这是两兄弟的父亲邓国洪，天气变了，他的心脏病又犯了。“糟糕，药没有了。”哥哥邓费建蹬上自己那辆锈迹斑斑的自行车，赶往城里给父亲买药。

### 6. 引经据典

这种开头，适用于人物通讯、工作通讯、风貌通讯、社会观察通讯等多种通讯。

例如，1999年12月12日《人民日报》刊登的风貌通讯《六月飞雪琉璃世界》，是这样开头的：

我国元代戏剧家关汉卿著作《窦娥冤》，几百年民间传诵“千古奇冤，六月飞雪”。然而，我在加拿大访问时确实见到了六月飞雪和冰莹的大千世界。

再如，第17届中国新闻奖一等奖通讯《闪耀在手术刀上的道德光芒——记医德高尚医术高超的好军医华益慰》，是这样开头的：

“夫医者，非仁爱之士不可托也，非聪明理达不可任也，非廉洁淳良不可信也。”

——题记·摘自《诸氏遗书》

上例中的开头手法，就是消息不能采用的，但通讯可以这样以“题记”开头。

### 7. 制造悬念

这种开头，特别适用于事件通讯，也适用于人物通讯、工作通讯、社会观察通讯等。我们可以在《南方周末》《人民日报》等报纸的版面上，看到这样的开头手法。

例如，通讯《“考老师”缘何遇阻碍？》[①]是这样开头的：

近日，万宁市教育局印发的一份通知在教师队伍中炸开了锅。

是一份怎样的通知呢？怎么炸开了锅？原因是什么？这些疑问，就是作者在稿件开头部分制造的悬念。

再如，通讯《大四学生胡亮　自己动手造飞机》[②]，是这样开头的：

胡亮没想到，自己一下子成了名人。

胡亮是谁？他做了什么事？他为何能成为名人？仅仅是稿件开头的一句话，就会在读者心中冒出这些疑问，从而达到制造悬念的效果。

当然，以上几种开头方法的两种或三种，可以用于同一篇通讯的开头。著名长篇通讯《东方风来满眼春——邓小平同志在深圳纪实》，开头就是混合式的——既有背景交代，又有议论，还有场景描写：

南国春早。

一月的鹏城，花木葱茏，春意荡漾。

跨进新年，深圳正以勃勃英姿，在改革开放的道路上阔步前进。

就在这个时候，我国改革开放的总设计师、各族人民敬爱的邓小平同志到深圳来了！

在我国社会主义现代化建设的关键时期，小平同志的到来，是对深圳特区最大的关怀和支持，是对深圳人民最大的鼓舞和鞭策。

## 二、通讯稿件的结尾

通讯的结尾，没有“通讯的开头”那么多样，大致有6种方式：自然

---

① 记者陈伟光，刊于2009年12月3日《人民日报》第6版。

② 记者吴齐强，刊于《人民日报》2010年4月16日第12版。

收束；卒章显志；补上一笔；呼应开头；引述人言；揭开悬念。许多学生记者喜欢以“送出祝福”结尾，实际上这种方式在大众媒体并不常见。

### 1. 自然收束

这种方式是：把前面的信息叙述完毕，自然而然地结束稿件，不额外添加评论或其他信息。

例如，《人民日报》2009 年 12 月 4 日第 11 版刊登的工作通讯《南京孩子爱找“陶老师”》，是这样结尾的：

作为未成年人心理健康教育的“领跑者”，陶老师工作站在南京市教育局的指导下，拟定了《南京市学校心理健康教育教师和心理咨询员资格认证实施办法》《南京市学校心理咨询工作准则》等多项行业规范、资格认证政策和设施建设规范，推进南京市教育系统心理健康教育工作的普及和发展。

### 2. 卒章显志

即用一两句话或者一两段话点明中心、主题，因此也叫“篇末点题”，类似画龙点睛。“志”是指文章的主题、中心，“卒”为完毕。

例如，《人民日报》2009 年 12 月 3 日第 12 版刊登的通讯《吴秀林，为了孩子们的读书梦》（庞革平、周顺彬采写），是这样结尾的：

如今，服务基层教育的第一个三年签约期即将结束，但吴秀林夫妇俩均表示，他们将继续在西林奉献自己的青春，让知识点亮山里孩子的希望。

### 3. 补上一笔

这种方式是：为使报道更加完整、全面、新鲜，前文涉及的事情介绍完后，在结尾介绍另外一桩事情，或是介绍前一事情的最新信息。

例如，第 17 届中国新闻奖三等奖通讯《折翅亦做凌云雁——记优秀共产党员、凌云县下甲乡残疾教师阮文凭》①，在介绍阮文凭的先进事迹后，

---

① 记者周仕兴，刊于 2006 年 12 月 25 日《广西日报》。

就是这样结尾的：

即将告别时，阮文凭透露了另一个温馨的“秘密”：城里的壮家姑娘陆兰怀着感动而来，担起部分教学任务，并促成了一段美好姻缘。12 月 30 日，他们将在学校举行婚礼。

**4. 呼应开头或前文**

这种方式很简单，就是结尾与开头形成呼应。如果前文叙述了主人公的种种努力，那么结尾时就介绍努力的结果和因此带来的荣誉。

例如，《江南都市报》2010 年 7 月 25 日刊登的通讯《结婚当天，她仍站在讲台上》（记者郭宁），在介绍了横峰县小学教师陈芳热爱农村教育事业屡创佳绩的情况后，这样结尾：

陈芳每天坚持写教学日记，把教学心得写成论文。2006 年她写的一篇论文《论学生的逆反心理》在市级比赛获得二等奖。2008 年 9 月，陈芳以农远资源参加说课比赛获得县二等奖。2009 年被教育部评为“全国百名优秀大学毕业生援教教师”“江西省十大农村教师”候选人等称号。

**5. 引述人言**

即以一个人物的一句话或一段话结束全文。西方媒体和国内部分媒体偏爱这种结尾方式，这种方式给人以“戛然而止、余音绕梁、意犹未尽”之感。

例如，《南方周末》记者潘晓凌和实习生丁婕采写的工作通讯《大学也低碳》[①]，就是这样结尾的：

毫无疑问，马兰们未来会成为社会的中坚力量，他们对其身边的人，对社会传统理念的影响及冲击的效应又有多大？副校长胡福印的答案是，

① 刊于 2010 年 4 月 29 日《南方周末》C14 版。

“不可估量”。

再如，通讯《大四学生胡亮 自己动手造飞机》[①]，在介绍主人公如何造飞机的细节后，这样结尾：

作为大四学生，胡亮的就业单位已经有着落，但他依然梦想着从事飞机设计工作。“如果低空开放的程度更大些，对于我们飞行爱好者会是一个积极信号。”胡亮期盼着。

**6. 揭开悬念**

如果前文有意隐藏了某个关键信息，以便制造悬念，那么，结尾就必须揭开这个“谜底”。

例如，第19届中国新闻奖通讯类二等奖作品《一个灾区农村中学校长的避险意识》[②]，就是这样结尾的：

他……

他……

他……

他……

……

他叫叶志平，是安县桑枣中学校长，四川省优秀校长。

## 第七节 常见误区与硬伤

采写新闻，最忌讳出现可读性不强、信息量缺乏的问题，除此之外，

---

① 记者吴齐强，刊于《人民日报》2010年4月16日第12版。

② 新华社四川安县2008年5月24日电，作者系新华社记者朱玉、万一、刘红灿。

还应该注意避免以下误区和硬伤。

## 一、选题与抓新闻点的误区

### 1. 领导就是新闻

“我们的活动，领导很重视，亲自出席，应该能够发出来？”

“市领导考察我们单位了，应该可以上市里的报纸头版吧？”

……

很多通讯员都有这种疑问与困惑。导致的结果是，一条新闻，一半的篇幅在介绍有哪些领导出席，领导都讲了什么话。

在自己单位的网站、报纸上，主要领导做了什么事，开了什么会，发一个会议新闻，这是常事。因为主要领导的活动、讲话，往往体现出本单位下一步发展的意图。本单位员工都会关注，这样的报道，笔者认为，在一定场合，一定出现是有必要的。

但如果所有通讯员，都是此套路，报道各个层次的会议新闻，活动新闻，恐怕就真是会出现“领导就是新闻”的八股文套路了。

那么，时政新闻到底应该如何报道？如何出亮点？

关键还是抓会议活动的透露的信息与亮点。

例如某校公共事务管理处向该校新闻中心发来一篇稿件，报道学校召开节能减排专题会议。标题与导语是这样写的：

**学校召开节能减排措施创建节约型校园专题会议**

建设节约型、可持续发展校园是全球环境和资源问题对大学发展提出的必然要求。3 月 30 日下午，学校召开了专题会议，就如何加大节能减排力度、建设节约型校园进行研究，谢某某副校长主持会议并发表讲话，公共事务管理处、后勤服务集团等主要职能负责人参加研讨。

经该校新闻中心工作人员的调整，出现在学校校园网上稿件的标题与导语改为：

## 我校去年水电费总支出负增长<br>图书馆、体育馆水电管理成效明显

建设节约型、可持续发展校园是全球环境和资源问题对大学发展提出的必然要求。3月30日下午，我校召开了专题会议，就如何加大节能减排力度、建设节约型校园进行研究。会议透露，2009年全校水电费总支出同比实现了负增长，生均比2008年有所下降。在在校学生人数不断增加的情况下，水电费实际净支出总额同比减少0.03%。其中2009年我校图书馆、体育馆实行水电定额管理成效明显，学校分别给予奖励1万元、1.8万元。[①]

经过调整的会议新闻，会议的有用信息被拎了出来，新闻性，可读性一下就增强了。

**2. 什么都重要，最后什么都不重要**

最近，某位通讯员很激动地告诉某晚报记者，他们单位承办了一项全国性某专业的年会，会议非常重要：1. 因为有来自全国相关领域的权威专家；2. 有很多省市领导要来；3. 校领导也高度重要，要亲自主持会议；4. 会场上要搞一场书籍捐赠活动；5. 某位专家做了一场精彩报告；6. 会议现场互动很精彩……

通讯员同志一口气讲了将近10个重点，晚报记者都快记不下了，就问："你准备把这些都写进你的新闻稿里吗？"

"当然，这些东西都重要啊，而且都要重点描写。"

"那么，这个标题怎么做比较合适呢？"

通讯员同志一下呆了，想了想说："就写某某年会在我单位召开。你看如何？"

这是当前单位里很多活动、会议面临的通病。

觉得什么都重要，但新闻稿写出来后，什么是最重要的，常常看不到。最后通讯员也头痛：就是标题取不好，导语写不活……

---

① 详见 http://www.hznu.edu.cn/www/sdxw/2010-03-31/6985.htm。

举个正面例子吧，2009年11月，第三届中国范仲淹国际学术论坛在杭州师范大学开幕，当地报纸《钱江晚报》对此予以报道。标题是这样做的：

**960年前，范仲淹当过杭州市长**

专家考证他干的事：解米荒、疏浚西湖，反对西湖边造别墅

杭州人都知道苏东坡、白居易曾经是杭州的父母官，却很少有人晓得960年前，北宋著名政治家、文学家，《岳阳楼记》的作者范仲淹也曾在杭州任职。昨天，来自中国、新加坡、日本等地的专家、学者汇集在杭州师范大学，参加第三届范仲淹国际学术论坛，范仲淹这位960年前的杭州“老市长”的故事被重新发掘展现在杭州市民面前。①

这个年会，去了很多领导，年会一定不只是研究范仲淹在杭州的故事。但标题为什么在“范仲淹当过杭州市长”这点上突出强调呢？这是因为，这样才找准了能够激起受众阅读兴趣的新闻点，新闻才好看。

## 二、新闻写作思路上的误区

### 1.“我把自己感动得都哭了，编辑老师还说不是新闻”

很多通讯员在刚开始写稿时，会碰到这种情况。把新闻人物、新闻故事写得很煽情。用上了大量的形容词与华丽辞藻。但投稿上去，吃闭门羹的居多。

我都写得感动得要哭了，编辑老师莫非是铁石心肠？

这里面有两个误区：

一是故事本身并不感人，起码你感动不了自己。

于是，你希望通过形容词来弥补，就犯下了先天不足的毛病。

二是故事的确让你感动，但可惜，你没把能感动人的东西写好。你没有让编辑感染到你的感动。

---

① 作者系通讯员盛久远、记者袁春宇，详见2009年11月29日《钱江晚报》A13版。

这是新闻常有的弊病：可读性不强、信息量缺乏。

要感动别人，首先还是要“三贴近”，获得更多信息，多占有新闻素材。你才有感动别人的底气。

接下来就要会讲故事了。这涉及下一个误区。

**2. “新闻不是小说，千万不能搞成一故事”**

故事与故事化的写法，是两个不同的概念。

故事是文学手法，新闻是如实地记载发生的事实，两者应不应该划清界限？这是不少通讯员困惑的地方。

凭空编造出来的故事，在新闻写作时理应该抛弃。但通过故事化的新闻写作，可以让增强新闻的可读性，是值得提倡的。

如何让新闻写作故事化，《玉林晚报》的陈瑜想了三招[①]——

◎ 以人为故事主体，以人的视角写故事。

◎ 巧妙运用细节。

细节是具体的，只有记者在采访中才能获得，而编辑是无法提供的。细节内容是指一切有形的东西，如人物的一句话、一个笑脸、一个动作、一个眼神等，它往往能折射时代特色，展示人的内心活动，并能展现新闻事件的背景，读起来形象生动，有强烈的现场感。

◎ 用场景“说话”。

记者在报道新闻时再现关键地点的场景是非常必要的。把场景逼真地再现出来，才能够使新闻报道做到有神、有形。

**3. “对于这个事件，我很生气，我迫不及待要批评一番”**

在新闻采写中，不可避免会体现出记者的主观倾向。但是，对于记者在文中“挺身而出”地发表议论，还是要尽可能地少些。这样的新闻报道，反而容易引发读者的质疑，会直接削弱全文的客观性。

因此，尽可能地多些平民化的叙述，作者不要屡屡跑出来大加议论，请寓观点于报道之中，观众自有分晓，“此时无声胜有声”最好。

特别是在做批评报道时，只有准确地通过事实报道，才能以事实服人，

---

① 详见陈瑜《新闻写作故事化的误区与技巧》(刊于《中国记者》2009 年第 4 期)。

以理服人，同时做到稿件的尽可能安全，避免遭遇新闻官司。

做批评性报道，最好的保护自己的方式是事实，不掺杂利益关联，尽力准确、客观的事实，不落井下石，不恶意去把人想坏，进行恶意攻击，不过多的延展。如果做到这样了，报道应该会获得报道对象的尊重。

——《经济观察报》记者黄利明

**4.“我只按照我的采写报道意图选择采访对象的话”**

这样的结果是，在文中，只会对采访对象的原话断章取义或扭曲原意。比如采访对象说的是另外一种意思，但由于记者只根据自己的目的，只选择了其中的一句话，结果与人家的原意南辕北辙。这是许多名人不愿意接受记者采访的原因，这种错误可能会给采访对象造成不该有的伤害。

## 三、新闻采写文稿中的硬伤

### 1. 在采写笔法上的硬伤

**◎句子太长，段落太少**

多分段，少用长句，可用逗号将已写好的长句分解成短句，否则，读起来十分费力，影响易读性。

**◎形容词、副词太多**

以为形容词多、副词多，体现文采。殊不知，新闻就是要客观些，再客观些。

20 世纪初，曾两次出任法国总理的乔治·克雷孟梭，在担任巴黎《震旦报》主编时表示：“记者们别忘了一个句子是由主语、谓语动词和宾语名词构成的。想要使用形容词的记者，到我办公室来谈谈；如果使用副词的话，干脆给我走人。”

### 2. 文稿细节规范性上的硬伤

在通讯员的稿件中，我们发现下列硬伤经常出现：

◎把“五六人”写成“5、6 人”

◎把“××××级学生”写成“××××届学生”（前者根据入学年份，

后者根据毕业年份）

◎写“09 年”之类的话（应完整地写“2009 年”）

◎把“20 世纪 90 年代”写成“90 年代”

◎写错人物职务（职称）、人物姓名、单位名称

例如，把“副教授”写成“教授”，把“杭州师范大学”写成“浙江师范大学”。

◎把“作出”写成“做出”

一般认为，“做”表示具体的动作，“作”表示抽象的动作。比如，“作出贡献”，“作出选择”，“作出让步”，“作出决定”，“做出一副鬼脸”，“做出一个高难动作”，“做出一道难题”。另外，“作”有“装”的意思，如“作出一副半死不活的样子”。顺便提一下“做客”是指到别人家里去这一行为；“作客”是指离开家乡，如“作客他乡”。

◎把“说道”写成“说到”，“截至”写成“截止”，“不止”[1]写成“不只”[2]

下面这个例子就是误用：

“我要感谢大家对青海玉树的关心、照顾和支持！”其中一位来自玉树灾区的员工真诚地说到。

◎主标题冗长

一般而言，主标题最好不超过 10 个字，至多 15 个字。

◎没有统一用阿拉伯数字

新闻传播是一种非常规范的传播，要求严格遵循语言文字规范。除标题外，正文一般全部用阿拉伯数字。如“08 年五月十六号”，应为“2008 年 5 月 16 日”。

◎用“学长”“我们”“老师”之类的字词，出现“我公司”“我处”“我

---

① “不止”表示超出一定数量或范围，常与数字连用。如：这个问题他提过不止一回了。

② “不只”表示“除所说的意思之外，还有更进一步的意思”，通常与“而且”或“并且”搭配使用。如：水库不只要修，而且一定要修好。

校”之类语句。

大众媒体的读者是大众，与稿件中的教师不存在“师生关系”，一般也不是稿中学校的学生，因此不能这样写。正确的写法是，站在第三方的角度，用第三人称写新闻（某些特殊的稿件，可以用第一人称“我”）。

◎过早使用缩略语

为使标题高度简洁，标题中是可以使用简称的。但是，正文中第一次出现某校名称时，应当使用全称（如“南昌大学”），如果后文拟用简称，最好加上“（后文简称昌大）”之类的文字，再次出现时则可使用简称（如“昌大”）。

◎把新闻稿写成作文、日记

作文、日记都是私人化的写作，其目标读者一般不是大众，而是自己、家人、老师、朋友，一般使用第一人称。

而新闻稿，就是写给大众看的，用第三人称是常态，用第一人称是例外。

新闻首先必须满足新闻的条件——新近发生的事实的报道，其次还要看新闻的价值。真实是新闻的生命，在新闻写作中绝对不容忽视。而作文，则不必强求真实，更不必强求时效新鲜。

## 四、文体上的硬伤与错误

### 1. 消息文体上的硬伤与错误

在通讯员的消息稿中，我们发现下列硬伤经常出现：

◎没有标题。

◎没有电头或电头不规范。

消息的电头位于标题之后、导语之前，负责介绍“进行报道的媒体名称、发稿地点、发稿时间、采写人姓名”，主要有如下 8 种形式：

本报讯（记者 ××）

本报讯（通讯员 ××）

本报讯（记者 ×× 通讯员 ××）

×× 报讯（通讯员 ×× 记者 ××）

× × 报讯（记者 × ×）

新华社北京 8 月 14 日电（记者 × ×）

本报西安 11 月 20 日电（记者 × ×）

本报联合国 8 月 26 日电（记者 × ×、× ×）

◎作者没有署名。

◎导语中没有写明新闻发生的时间（When）。

◎主标题、副标题位置，出现破折号“——”。

一般而言，消息的标题，很少使用标点符号（但常常使用引号）。消息的引题有时可以使用破折号，主标题和副标题不能使用破折号，特别是副标题不能使用破折号。而通讯则不同，副标题常常使用破折号。

◎把主标题写成名词或名词性短语。

消息的主标题一般要有主语、谓语动词，不能写成名词或名词性短语。而通讯则可以写成名词或名词性短语

◎主要信息（如具体数据）缺失，或被作为次要信息处理。

◎居然把消息写成公告或广告了。

◎基本事实（如时间），失实。

◎篇幅太长：如新闻价值不大，则不必写很多字。

**2. 通讯文体中的五大硬伤**

在通讯员的通讯类稿件中，我们发现下列硬伤经常出现：

◎误用消息电头（如“本报讯”）

通讯一般无电头，而是在标题下面、正文前面居中署上媒体名称和记者姓名，如，“本报记者 × ×”或“新华社记者 × ×”。

◎字数太少，篇幅太单薄。

通讯的字数一般在 500 字以上，少于此数则不像通讯，有关报道不够详细、生动、充分。

◎全文没有注明新闻发生时间（When），以致读者不知道新闻发生于何时。

◎全文无引语。

没有引语（尤其是直接引语）的话，文章的可读性、可信度都会打折扣。

◎对新闻的叙述存在明显的主观想象。

这种表述被称为“合理想象”或“灌水”，实际上是记者对新闻事件细节、过程的不合理想象，因为不符合新闻真实性的要求。

## 五、不能容忍的行为硬伤

原则上，新闻写作是一种原创性活动，不得抄袭他人文字，否则就构成对他人著作权的侵犯。当然，如果注明来源或出处，就算引用，那是可以的。

不管抄袭的比例是大是小，抄袭就是不对。“抄袭就像怀孕，只有怀孕或没怀孕，没有怀孕一点或者怀孕百分之几。”美国著名电视节目《60分钟》前制片人彼得·赫尔福德（Peter M.Herford）曾经这样表达对抄袭的看法。

另一个必须“零容忍”的硬伤，是故意造假。

捏造事实或引语，都是违背新闻真实性要求的，冲撞的是新闻的底线。

# 第五章

# 常见新闻体裁的采写

## 第一节　消息稿件的采写

### 一、消息的基本概念

#### 1. 消息是新闻里最常见、最基本的新闻体裁

消息是以最直接、最简练的方式迅速及时地报道新近发生的新闻事实的一种体裁，是新闻体裁中最主要的类别之一，是新闻媒体最大量运用的体裁。通常人们所说的新闻，就是指消息。写消息是通讯员的必须掌握的看家本领，要出快稿，就要从写消息做起。

消息的独特性在于报道的新、快、短、实，而一个完整的新闻事实必须由五个 W，即何时（when）、何地（where）、何事（what）、何因（why）、何人（who）和一个 H（怎么样，how）构成。

报纸上发表消息时，一般有电头或者“本报讯”。这是消息的标志。

消息是一切新闻报道形式的老祖宗。也就是说，现代一切新闻报道形式都是由消息衍化出来的。其他新闻体裁都在不同程度上具有消息的一般特征，甚至可以说是消息的延伸、扩展和补充。比如，最早的通讯，其实就是“记事消息”，与消息没有多少区别。

既然消息占有如此重要的地位，作为一名通讯员，必须把撰写消息作为自己的首要任务。

**2. 消息的分类**

消息从不同角度可以有不同的分类。

按新闻所反映的事件的不同性质分，有事件性新闻和非事件性新闻两种。事件性新闻是对新近发生的事件的报道，时间性很强。常见的类型有动态消息、特定等。非事件性新闻是与事件性新闻相对而言的，报道的是一个阶段持续发展的事物。常见的类型有综合消息、经验性消息、述评性消息。

按写作特点分，有动态消息、综合消息、经验性消息、述评性消息、人物消息、特定性消息、新闻公报等。

按刊登的媒介分，有报刊消息、广播消息、电视消息、网络消息等。

按报道的内容分，有政治新闻、经济新闻、科技新闻、教育新闻、文化新闻、社会新闻等。这也是日常新闻实践中比较常用的分类法。

当然，消息的分类不能太绝对，在实际写作中各种消息类型可以根据具体情况相互交叉或通用。特别是网络新媒体的出现后，阅读习惯的变化，互相通用、混用的消息类型比比皆是。

**3. 消息的结构**

消息的结构，是作者对已筛选过的新闻素材进行安排或布局。

（1）从外在形式上看，消息的结构通常由标题、消息头（或称电头）、导语、主体、背景、结尾等部分组成。

其中导语、主体是最基本的，因为标题来源于导语和主体，背景不是独立的层次，往往灵活穿插在新闻报道的各个部分，结尾则是主体的终结。

例如作为简讯类的消息，有的可以没有标题，也可以不交代背景，但是不能没有导语和主体。

按照这六个部分进行布局，是消息特有的标志，也是消息与通讯在写作上的显著区别之一。

（2）消息的内在逻辑结构，是由消息中的材料表达的次序和内在联系所决定的。次序、逻辑和叙述能让写作者设想读者到底想要知道什么，并且能让作者把报道叙述得自然流畅。

最常见的是倒金字塔结构，即把最重要的事实放在最前面，然后按照重要性递减原则组织材料，这种结构通常以概括式导语开头。导语包括基本新闻要素（5 个 W）：何人、何事、何时、何地、何因；不能放入导语的要素可以放到后面。

其余的还有金字塔结构、悬念式结构、并列式结构等。

## 二、优秀消息的特征

要想写出优秀的消息，最好知道“优秀的新闻稿件是怎样的”。我们发现，一篇优秀的新闻稿，往往体现出如下特征——

### 1. 基本特征

◎符合“新闻”定义的要求——真实、新鲜、客观。

◎符合法律、政策、道德的要求。

◎有新闻价值，或者有宣传价值。

◎文字正确，文脉通顺。

### 2. 采访技法方面的特征

◎采访比较深入：能够深入办公室、实验室、菜场、工地、会议室等，采访人数较多，时间较长。

◎采访笔记比较详细。

### 3. 写作技法方面的特征

◎有合适的标题，且标题吸引受众眼球。

◎导语能够吸引人继续往下读。

◎有新闻亮点（卖点明显），新闻点被突出处理，或被详写，或被置于显要位置。

◎采用较多的细节描述，有不少的直接引语。

### 4. 传播效果方面的特征

◎全文有较强的可读性。

◎受众读后有一定的收获。

◎发表后社会效益较好。

## 三、消息的基本写法

### 1. 确定新闻点

首先，要以读者、媒体的视角来确定新闻点，设身处地分析所采信息，分析当中哪个信息是受众最感兴趣的，是最有报道价值的，看清楚新闻人物或事件的最特别之处、最重要之处，并对可能出现的多个新闻点按重要性进行合理排序。

然后，将“受众最感兴趣的”“最有报道价值的”“最特别之处”“最重要之处”这四“最”确定为稿件重点，将这些信息放入标题、导语中突出展示。

《四川省机关事务管理办法》(以下简称《办法》)从2014年9月1日起正式施行，《办法》提出地方各级政府将依照机关事务管理有关规定，开放机关后勤服务市场，推进机关后勤服务、公务用车和公务接待服务等工作的社会化改革。我们来看看《华西都市报》是怎么报道的：

“给我来一个南瓜饼、三个鸭脚板。”9月6日中午11点40分，成都东城根中街3号的省委机关食堂糕点窗口外，排起了长长的队伍。

中秋假日，省委机关食堂怎么还有这么多工作人员用餐？原来，这些人并不是机关的工作人员，而是到这里“蹭饭”的外来人。作为我省最早实现对市民开放的机关食堂之一，几乎全年无休的省委机关食堂，早已是附近居民心中吃饭的首选地方。①

开放机关后勤服务市场，内容很多，消息采取了食堂蹭饭这一大家感兴趣，可读性强的内容写入导语中，可读性一下就增强了。

### 2. 规划布局与搭建结构

消息结构，尤其是从内部逻辑角度划分的结构，形式多样，但不论采

---

① 刊于2014年9月7日《华西都市报》，原文标题是《成都市民可去省委机关食堂“蹭饭”3荤2素12元》，作者是李媛莉、谢燃岸。

用何种结构形式，都要注意以下几点：

◎要根据新闻本身所具有的特点来选择确定新闻的结构形式。

◎谋篇布局要从大处着眼，全面通盘考虑。

◎要照顾读者的阅读心理，要长短句结合，段落也要善于变化、富于韵律、讲究平衡。

◎新闻报道通常的写作格式要掌握，但也不能死记硬套，要根据具体情况变通与创新。

例如，经常在报纸上能看到的“对话式结构”“章回式结构”等，就是记者在新闻实践中，根据采访内容自创的结构形式。

**3. 行文走笔**

这一步，要特别注意新闻标题的制作，写好电头、导语，使用直接引语和间接引语，写入新闻细节、新闻背景，力求实现可读、可看，使稿件有较大的信息量。着重要注意标题制作和导语写作。

（1）标题制作

俗话说：“看书先看皮，看报先看题。”新闻标题对于吸引、引导人们阅读新闻报道具有举足轻重的作用。新闻标题是新闻事实的浓缩，必须准确、公正、清楚、精确、有冲击力、有内涵，而且需要技巧和驾驭语言的能力，更需要想象力。一般要遵守以下几个原则：

◎标题应当准确地告诉读者报道的精华。每个标题都应当是一个完整的句子，多余的词要删除。

◎标题的风格要体现出长度的对称性，不要太拥挤，不要太空，不要失衡。

◎如果标题是几个部分组成的，那每一部分都要叙述完整，并能独立表现。

◎意思不要重复。每个副题或者多重标题的一部分都应有新增添的内容。

◎不要用费解的、混乱的和含糊不清的词语。

◎每个标题都应包括一个动词，以免标题显得仅仅是一种符号。动词应尽量出现在标题的第一行，但不能以动词做开头。

◎标题一般要用主动语态，不用被动语态。

◎标题中的文字尽量不要重复出现。

◎标题应当非常明了。要努力寻找最恰当的词来表达标题的含义。

◎由名词和形容词组成的单词和短句以及动词短语，不能被拆成两行。

◎不要使用各种名称或者多余的词，除非是书名或者其他不可少的名称。

（2）导语写作

导语是消息的开头部分，它紧接在电头后面，一般由最新鲜、最重要的新闻事实或者依托新闻事实的精辟议论组成。作为消息的关键部分，导语是吸引读者眼球的出彩段，通讯员应把写好导语作为提高新闻实践水平的突破口。

导语写作要满足两个要求：一是抓住事件的核心；二是要能够吸引读者往下读。这就需要记者具备训练有素的分析能力和写作技巧。

◎突出最有新闻价值的新闻要素。可以排摸下 5 个 W（何人、何时、何地、何事、为什么）和 1 个 H（怎么样），哪个或哪几个要素是最能表现新闻事实本质特点的。如“在杭州师范大学刚刚结束的首届‘最美员工’评选中，刚刚到该校一年的送水工李培义高票当选”①。则是突出了“何人”——“送水工李培义”。

◎抓住事件的核心和精华，突出新闻本身所具有的特点。例如，某城市两会通过了一项与民生关系密切决议，老百姓最关心的就不是哪位领导出席、哪些报告通过，而是这份决议与他们切身利益有多大关联。

◎叙事要清晰，语言要简明生动。最忌讳空话、套话连篇，领导头衔过多，新闻主要事实不突出等。

导语写作的其他技巧，详见本章第二节。

**4. 修改润色**

◎查漏补缺。对照采访提纲和采访所得信息，看看有无遗漏的重要信

---

① 新华社通稿：送一桶水赚一元钱设千元助学金 校园送水工“微助学”感动师生，http://www.hznu.edu.cn/www/sdxw/2012-05-08/12282.htm

息，必要时通过补充采访补全信息，同时删除冗余的、可有可无的文字。

◎核实校对。对于文章中一些关键信息和一些拿捏不准、模糊的信息要核实。

同时，对相关配图也要同步核实。2005 年 6 月 18 日，某晚报在头版以导读形式刊登《深圳罗湖区女公安局长受贿被判 15 年》，但配发的图片不是受贿的那名局长，而是全国公安系统某先进模范，结果酿成一场工作事故。这提醒我们：如果不是本人提供的照片，一定要注意找人核实，以确保无误。

◎润色文字。这主要是对文稿做些简洁化、生动化的处理，对一些字词句尤其是大小标题进行精雕细琢，反复斟酌。

## 第二节　消息导语的写法

### 一、消息导语写作的要领

就消息稿而言，它的稿件结构通常是：标题 + 电头 + 导语 + 正文主体 + 附件。[①] 其中，电头和导语往往是同一段落，附件有时无有时有，包括图片、小资料。而作者的署名，一般包含在电头内。消息稿件的正文，一般采用“倒金字塔结构”。

在一篇消息中，导语体现着作者的新闻点是否抓准，文字功底如何，因此，笔者将导语单列，进行强调。消息导语写作的基本要领，主要有两点：

第一，在大多数情况下，消息的导语必须突出主要的新闻点，符合“倒金字塔结构”的要求。

第二，文字必须简洁洗练，篇幅一般必须控制在 100 字以内。

此外，消息的导语一般是一段文字，如果篇幅较长，有时则可写成两

① 如果是简讯，则无导语、附件，标题也可能没有。简讯往往只有一段，或只有一句话。简讯，写清楚“何时”“何事”就行。

段文字。例如：

“楚才杯”五年级作文题“给我一点时间”，让3000名被逼培优的十龄童，不约而同地将妈妈刻画成“变色龙”“母老虎”“河东狮吼”的形象……

22日，记者在“楚才杯”组委会，发现五年级4200份考卷中，超过70%的孩子选择了一个共同题材——被妈妈逼着整天培优，学习压力大，期望妈妈给自己一点时间。①

## 二、消息导语的具体写法

消息导语的具体写法，至少有以下18种方法②。

### 1. 概括叙述法

这是最常用、最常见的一种写法，要求用高度简洁的文字（最好在100字以内）将新闻的主要信息叙述出来。例如：

◎ 军训刚进行半天，就接连有16名大学新生中暑晕倒。9月12日，武汉一高校新生军训的训练场上，新生们的身体素质令人担忧。③

◎ 才上大二的女生就早早给同学们送上了订婚糖。近日，南京信息工程大学一名大二女生要订婚的消息在校园里“炸开了锅”。据了解，这名女生的订婚对象是自己的高中同学，恋爱多年，所以想将这份感情稳定下来。

◎ 2010年7月22日，第十五届全国大学生网球赛暨全国高校“校长杯”网球赛在广西桂林电子科大拉开战幕。南昌大学在此次比赛

---

① 引自《3000小考生“妖魔化”妈妈》（刊于2005年4月25日《武汉晚报》，作者胡俊、秦杰）。

② 关于导语类型的论述文字，部分引自蒋剑翔的《新闻导语写作技巧20法》（2004年刊载于《中华新闻报》）。《当代媒体新闻写作与报道》（第六版）第五章，还介绍了短语式导语、直呼式导语的写法。

③ 引自《军训刚半天　晕倒半个排》，刊于《楚天金报》2010年9月14日A14版。

中崭露头角，在我省高校历届全国大学生网球比赛中获得了第一枚也是唯一的金牌。①

◎ 昨日，本报与大楚网共同针对武汉高校毕业生的一项调查显示，1/3 网友期望在武汉工作能拿到 4000 元月薪。②

导语只有一句话的写法，被称为“一语破的法”。例如，1945 年 8 月 14 日，美国杜鲁门总统宣布，日本已无条件投降。美联社在抢发这条爆炸性的新闻时，导语只有一句话：“日本投降了！”

不过，“导语只有一句话”的情况较少出现。

**2. 以点带面法**

先说一个“点”，再推及至“面”。这种写法，一般用于介绍全局性、集体性情况的消息。例如：

◎ 100 多名游客正在湖南革命烈士纪念塔内参观，偌大的陈列馆内安安静静，这是昨日上午记者看到的情形。近日，记者深入长沙部分影剧院、图书馆、纪念馆、博物馆、会场采访，发现这些公共场所内，市民基本能够做到安静、文明，无大声喧哗、污言秽语、嬉戏吵闹现象，但也存在吸烟、乱丢生活垃圾等一些不文明现象。③

**3. 先闻其声法**

这种写法，多用于讲座、会议、报告会等谈论型新闻。这种写法一般是以精彩的、典型的一两句话、数句话或一段话作为导语的开头，然后才介绍说话者的姓名、身份及说话场合，以便取得“未见其人，先闻其声”

---

① 摘自《大学生网球比赛南昌大学获佳绩》，刊于《江南都市报》2010 年 8 月 10 日 A06 版。

② 引自《半数毕业生想留武汉　期望月薪与实际相差 2000 元》（记者朱建华、万建辉，刊载于《长江日报》2010 年 8 月 25 日第 12 版）。

③ 引自《“四找”走出贴心路　天心区 300 基层党组织深入群众服务到位》（记者黄帝楚，刊载于《长沙晚报》2010 年 8 月 14 日 A1 版）。

的效果。这种导语有时也被称为“引语式导语”。例如：

◎“你知道武汉有几路电动汽车专线吗？”“请设计 1 个高 100 毫米、宽 60 毫米的衣柜”……你知道这是考什么吗？这是我市一所技校的期末考试题。[①]

◎“马云很聪明，智商肯定高，但我肯定他的情商也很高，因为只有依靠 IQ（智商）、EQ（情商）两把梯子，才能攀登成功之顶。”昨天杭州师范大学人文学院教授刘晓伟走进杭州市教育局主办的杭州市中学生人文大课堂，让近千名中学生暂时忘记分数、考试，感悟一场有关情感的教育。[②]

◎“山一程，水一程，身向榆关那畔行，夜深千帐灯。风一更，雪一更，聒碎乡心梦不成，故园无此声。”盛夏时节，吟诵着“清初第一词人”纳兰性德的佳作，楚庄、于岱岩等来自全国各地的七十多位专家学者，再次聚会承德民族师专，就“纳兰性德词作研究”“纳兰性德与汉文化渊源研究”等专题深入研讨交流。20 年来，承德民族师专已经成为国内纳兰性德研究基地。[③]

**4. 巧用背景法**

新闻价值的凸显，有时需要通过交代背景来实现。例如：

◎ 角膜出了问题，过去只能等着别人捐献角膜移植，但因为角膜捐献率极低，我国真正能够进行角膜移植手术的人只占角膜病失明患者的千分之一。今后，更多因角膜病失明的患者，将有望通过

---

① 引自《技校请企业出期末试卷》（记者李佳，刊于《长江日报》2010 年 6 月 24 日第 12 版）。

② 朱平：《中学生情感教育很缺乏》，《钱江晚报》，2009 年 11 月 29 日 A13 版。

③ 引自马云峰、耿建扩的《承德民族师专成为纳兰性德研究基地》（刊载于 2006 年 7 月 5 日《光明日报》）。

移植人工“种植”的角膜复明。日前，中国海洋大学海洋生命学院细胞生物学研究室的“组织工程人角膜内皮的体外重建及其在兔角膜移植中作用的探讨”科研课题获教育部鉴定通过，角膜中极其重要的一部分角膜内皮已经可以人工“种植”，最快今年进入临床试验，成功之后，将开始进行完整人造角膜的研制。①

**5. 特写镜头法**

这种导语，是先写一个关键的场面，由此带出更多故事情节。例如：

◎ 衬衫、西裤搭配着旅游鞋，端着一杯烫手的茶，踩着下午 2 点 30 分的学术报告开始时间，径直走进报告厅。没有一句话的寒暄，他就这样开始滔滔不绝地开讲了。昨日下午，有“快乐经济学家”之称的黄有光来到江西财大给师生们开了一堂以“宇宙起源”为主题的讲座。②

◎ 前日 19 时许，在长沙湘雅医院，当白血病患者彭敦辉送走病友欧阳志成回到病房后，看到了欧阳志成留给他的 3.5 万元现金和两封信。读罢信件，捧着救命钱，彭敦辉顿时泪雨滂沱。③

◎ 3 名可疑的未成年学生徘徊在校门口许久，其中一人还怀揣一把砍刀，在被保安阻止入校的情况下，居然翻墙进校，幸亏保安发现及时，将 3 人送进了派出所。这是 9 月 30 日发生在南昌市光明学校的一幕。④

---

① 引自《海大“种”出人角膜内皮》（作者刘雪莲、高亮，刊载于《半岛都市报》2009 年 10 月 12 日 A7 版）。

② 引自《“结了婚的人比没结婚的更快乐”》，刊载于《南昌晚报》2009 年 6 月 10 日 A11 版。

③ 引自《3.5 万救命钱留给病友》（作者陈国忠，刊载于 2005 年 8 月 24 日《长沙晚报》）。

④ 引自《学生怀揣砍刀翻墙进校为哪般》，记者沈澈清，刊于《信息日报》2010 年 10 月 1 日第 4 版。

### 6. 化静为动法（拟物）

这种写法是将静物写成“动”物，可能用到拟物修辞。例如，写兵马俑到国外展览的消息，可以这样写导语：

◎ 一支中国军队到达了布鲁塞尔。威武的士兵身穿紧身盔甲，随后行进的是军乐队和骑兵，最引人注目的是他们的身材。

### 7. 拟人修辞法

这种写法是将物模拟为人，使其像人一样做出动作、发出声音等。例如：

◎ 中国新闻史上第一次响起了一个与众不同的声音：“嗨，下午好！”我国第一张下午版报纸今日由杭州日报正式创刊。

### 8. 提问作答法

这种写法通常用于针对现实问题的消息，先是提出一个或多个问题，再交代有关事实。这种导语有时也被称为“提问式导语”。例如：

◎ 大学排行榜总能吸引公众注意，不管它多么匪夷所思，是否令人信服。北京师范大学高等教育研究所常务副所长洪成文教授今天提醒人们反思，大学排名的本质是什么？大学排名给大学带来的又是什么？他说，尽管世界上大学排行榜由来已久，各类排名各不相同，但社会必须对其保持清醒认识。①

◎ 在思想侵蚀面前组织怎么引，党员怎么看？在工作难题面前组织怎么带，党员怎么上？在个人利益面前组织怎么管，党员怎么办？在群众期待面前组织怎么帮，党员怎么干？天心区 300 多个基层

---

① 引自《北师大高教研究所常务副所长洪成文：对大学排名须保持清醒认识》，刊载于 2010 年 8 月 7 日《光明日报》第 2 版。

党组织紧紧围绕“四找”主题：“重温誓词找缺点、对照党章找盲点、推动发展找支点、深入群众找结合点”，深入开展各种各样的创先争优活动。昨日，天心区坡子街街道八角亭社区党支部开展创先争优主题生活会，围绕以上问题，展开了热烈讨论。[①]

◎ 设想一下，每天经过社区门口，看到社区墙体上印着左邻右舍一张张熟悉的笑脸你会是什么感觉呢？很快，这个设想就将在我市的部分社区变成现实了。昨日，记者从全市社区开展“笑脸墙”试点活动工作部署会上获悉，从下月开始，我市将由各乡镇街道选择一个社区进行“笑脸墙”展示试点，增强社区居民的愉悦感和幸福感。[②]

◎ 你见过在蛋壳上作画，用头发绣画吗？11日，我国第六个“文化遗产日”到来之际，22项“赣字号”绝活将同时在南昌洪客隆商场亮相。不仅如此，市民还可将喜爱的手工艺品买回家。[③]

### 9. 设置悬念法

这种写法是在导语部分设置悬念，吊起读者的胃口，引诱读者继续读下去。例如：

◎ “像孩子依赖着肩膀，像眼泪依赖着脸庞，你就像天使一样，给我依赖，给我力量。你是天使，你是我最初和最后的天堂。”当现代快报记者拨通母先强先生手机，彩铃传出五月天《天使》的乐曲旋律。当天，他的“天使”——那位被教练殴打致死的14岁足球少年完成了尸检。

---

① 引自《“四找”走出贴心路　天心区300基层党组织深入群众服务到位》（记者黄帝楚，刊载于《长沙晚报》2010年8月14日A1版）。

② 引自《走进社区，总有“笑脸”相迎》（作者杨小勇，刊于《南昌晚报》2012年10月19日A10版）。

③ 陈艳伟：《文化遗产日全省各地看“非遗”》，《江南都市报》2011年6月10日A24版。

◎ 开学至今，浔阳区龙山小学一（2）班里克热闹了。教室大门口处单独摆了张桌子，有一名特殊的学生端正地坐着，跟着同学们认真读着拼音。这名学生叫聂尚志，他的年纪可不小，今年75岁了。[①]

10. 语义转折法

这种写法是：先说一种意思，接着说意义完全相反的信息。这种导语有时表现为“对比式导语”“欲扬先抑式导语”。例如：

◎ 俗话说三十年河东，三十年河西。但在樟树市城北街道上小潭村，30多年不变的，是从1972年开始到现在，每年都要举办一届村民运动会，因此成为我省农民文化体育活动一道抢眼的风景线。[②]

◎ 报纸，是时代的缩影，报纸上的新闻一旦“时过境迁”，似乎就失去了原本的价值和魅力。但昨天在我市举行的一场党报展却告诉我们，这些老报纸别有一番魅力。收藏者李文文向市民展示了他收藏的百余份珍贵党报。[③]

11. 名篇名句法

这种写法是用一句诗词或名言或名篇的部分句子作为导语的开头，读来别有一番风味。如果记者的文学功底较好，这种方法就很容易学。例如：

◎“养在深闺人未识”的武陵风光，已经撩开面纱，深深地吸引着众多的海内外旅游者。

---

① 引自《九江75岁老人上小学一年级》(图)，记者吕莹，刊于《南昌晚报》2010年10月1日第6版。

② 引自《上小潭村34年每年举办运动会》(作者卓凡、新科、林丽，刊载于2005年12月15日《江西日报》)。

③ 引自《集报达人17年收藏万份老报纸》(作者唐燕、蔡文静，刊于《南昌晚报》2012年10月19日A10版)。

◎ “孔乙己便涨红了脸，额上的青筋条条绽出，争辩道，‘窃书不能算偷……窃书！……读书人的事，能算偷么？’”这是鲁迅笔下的孔乙己在面对别人指责他偷书时的狡辩。让人意想不到的是，18日，这在文学作品中出现的一幕竟在由南昌开往北京西的T146次列车上再现了……[①]

## 12. 速写勾画法

这种写法是对新闻人物、关键物体进行速写式的勾画描写，使读者在头脑中形成一个比较直观的印象、镜头感。例如：

◎ 一眨眼之间，他已在青藏高原奋战了27个春秋了。原来的满头青丝，现在已染上了祁连山的霜雪；脸上的皱纹，就像是风沙雕刻的痕迹。这是少数民族地区科技工作者代表座谈会上，高级地质师胡贤农给记者留下的深刻印象。

## 13. 有意重复法

这种写法，是多次重复关键的数字、动作、语言等细节，例如：

◎ 85秒！拳王泰森击败挑战者。85秒！历史上最短的拳王卫冕战。85秒！1300万美元尽入腰包。

## 14. 数字折算法

这种写法是将有关数据折算成另一种更加直观、更易理解、更易形成镜头感的数据。例如：

◎ 如果把联合国去年在纽约和日内瓦印刷的全部文件首尾相连排列

① 引自《莫言作品太火　惹来君子“动手”》（作者肖勇、周慧、刘星，刊于《南昌晚报》2012年10月19日A10版）。

起来，总长度将达 27 万公里。

**15. 烘云托月法**

这种写法是：用一个著名的人物或物品，烘托另一个人物或物品。例如：

◎ 进入 90 年代，在中华大地兴起学雷锋新潮的同时，人们深情地呼唤着另一个名字——焦裕禄。

**16. 曲径通幽法**

新闻导语要做到尺水兴波、文短味长，曲折迂回地表达主题，不失为一种好的表现手法。汉城奥运会乒乓球比赛，我国选手的意外受挫成了国内外舆论的焦点，且看法新社的消息导语：

统治世界乒坛数十年的中国男子乒乓球队今天在这里遭受到前所未有的毁灭性失败，这一严重挫折使中国人感到十分沮丧。今天，乒乓球赛新闻层出不穷，倒霉的不仅限于中国人。但是，对中国人来说，这一天将作为黑色的星期四而永远留在记忆中。

**17. 小中见大法**

从小处着手，从小事写起，由小到大，小中见大，这样的新闻导语往往真实可信，具有较强的感染力。

1957 年 11 月 17 日，我国女子跳高运动员郑凤荣刷新了女子跳高世界纪录，震动国际田径界。美联社迅速发出消息："一位 20 岁的中国姑娘在北京的有力的一跳警告世界田径界说，六亿中国人民不会是永远落后的选手了。""一位中国姑娘"与"六亿中国人民"联系起来，这"小中见大"的功夫了得。

**18. 就近写起法**

对于已经发生了一段时间的"新闻"，使其"翻新"的办法就是：寻找时间要素的最近点，写出最新的新闻根据。

1956 年初，上海市政府发出公告，要求取消人力车，到 2 月 25 日，当最后两辆人力车被送进博物馆时，新华社却发出了一篇时效性极强的新闻稿（导语）：

上海市交通局今天把上海的最后两辆人力车送给了博物馆。原来的人力车工人曾为此自动集会庆祝，感谢政府替他们挖掉了穷根，帮助他们走上了新的生活。

## 第三节　人物通讯的采写

人物通讯，是重点写人的通讯。

人物通讯中的人物，可以是做出大贡献、取得特殊荣誉或在某件事情中有突出表现的人物，也可以是默默奉献的普通人物。例如，下面这篇通讯[①]就是一篇报道“默默奉献者”的人物通讯：

### 好多事的“林保长”

民间有将喜欢管闲事的人称呼为“闲事保长”的说法。江联公司就有这么一位“保长”，此“保长”非彼保长，他可是一位得到大家首肯、值得信赖、受人尊敬、办事公道的“林保长”。

其实“林保长”的大号叫林金象，祖籍福建省莆田，70 岁的老头，党龄 48 年，中等个子、头发稀疏、肤色黝黑、骨瘦嶙峋，但是精神矍铄、步速飞快、说起话来叽叽呱呱不停，很是活泼逗人；从部队转业来到南昌市工作已经 45 年，不会讲南昌话，普通话说得也很是够呛，平日里，你若要是与其说个事儿、聊个天，不把你累死才怪，满嘴的福建莆田普通话，

① 此文获南昌国资产业集团“我们的这一年”征文比赛三等奖，作者系江西锅炉化工石油机械联合有限责任公司工会干事蒋建新。这篇人物通讯采用了“欲扬先抑”的写法。

也就是把莆田话融入普通话中占了将近六七成，你就是揪着耳朵也着实让你很难听得清楚、听得准确，难怪大家都喜欢调侃他“林保长说话口里含了萝卜”，老林也会为自己难改的莆田普通话把大家逗乐了而笑得前仰后翻，仅仅是笑笑了。

绰号“林保长”的来由，还得归结于林金象闲不住的“好多事”这一口。长期担任公司退休办主任一职的老林，也是因为“好多事”的缘由，其退休之后公司仍然留用至今，子女和同事劝其净身歇歇，都敌不过他的执着，挡不住他的“保长”之道。

他服务的对象是1530多名退休职工，其中定居在外省市的就有150来人；平时闲来的时候就是在生活区与大家聊天说笑、打牌下棋，“四人拖拉机”是他的强项，在同辈人中牌技堪称高手。工作期间，只要退休老同志有诉求，立马都会想到他，主动与老林接头，不为别的，就是冲着老林心肠好、办事踏实。

他自己平时抽7块钱一包的软包“金圣”，但进城里办公事时他兜里总会揣着一盒“芙蓉王”，老林说“烟好一点办事也有面子”，你看看，他的逻辑逗人不？他活脱脱就是一个不老的顽童。

一年四季循环往复，不少年事已高的退休职工难免有个头痛脑热病痛住院，老林都能了如指掌，在第一时间，他会严格按照自己支配的经费权限买好营养品代表公司送温暖、送关怀，一一看望慰问；尤其是定居外省市的退休职工如果要报销医药费，摊上这麻烦事，更是会想到老林，把单据邮寄给他，他会细心地按要求分门别类粘贴好，再骑着破旧的电动车往返20多公里到市医保办把事情办妥，然后把报销款寄回去；仅就这两样事，一年下来，老林要对付70来起，累计往返路程至少1400公里；为了这些事，近四年内，老林也很郁闷纠结，原来他在进城为退休职工办事的时候被盗过3辆新电动车，损失价值7500多块钱，为此老林确实心疼得不行，回到家里又不停地挨老婆骂，因为老林出了名的怕老婆，现如今骑的车是性能将就、也很破烂的二手货，老林说“贼不会惦记这样破旧的电动车，不值钱”。

摊上退休职工病故这事，老林更加忙个不停，鼎力相助，家属也很信任他操办，从2013年1月至2014年6月，他经手操办退休职工丧事42例，件件完满。写讣告、贴讣告、送花圈、联系殡葬车、拟告别词，组织告别仪式，所有相关程序都做得头头是道、有条不紊，只要家属有需要，老林会一直把逝者送至墓区落葬结束为止。按南昌民间习俗，谁都知道办丧事是很严谨、很讲究时间节点的，容不得一丝拖沓，风雪雷雨的时候、逢年过节的时候、深更半夜的时候，老林都随叫随到，他操办的丧事从来没有让家属失望。

老林的为人处世没有被组织遗忘，2007年12月被南昌市委组织部和南昌市委老干局授予“全市离退休干部先进个人”荣誉称号、2009年6月被江联公司党委授予“优秀党务工作者”荣誉称号。

“退休职工也不容易，我愿意帮他们办点力所能及的事，现在年岁大了，做一件是一件，做不动就不做了。”老林这样已经做了22年，如今他还在“保长”之道坚持着。

## 一、选题来源

人物通讯的报道对象，可以从以下群体中进行挖掘：

◎ 道德模范人物；

◎ 学习成绩、工作业绩特别突出之人；

◎ 可以警示他人，发人深思的反面人物；

◎ 亦正亦邪的传奇人物、神奇之人；

◎ 大师、首富、明星、位高权重者等著名人物；

◎ 生动体现某种人生价值的普通人（或者是一个群体）；

◎ 热点新闻中的焦点人物、热门话题人物；

◎ 其他值得报道的人物。

人物通讯的选题方法，有很多，其中一种是“从不平凡的事中找出不平凡的人来”。

和其他人物通讯一样，有不凡事迹的人物是很吸引人的选题。刊登在《南昌晚报》2009年6月10日A6版的《北大学子脱下西装当“猪倌”》，就是因为这名北大学子的事迹很不平凡而非常吸引人。

张华锋是2004年北京大学计算机专业的毕业生，2004年他放弃深圳10万年薪的IT职业，回来继承养猪的家业，脱下西装到猪栏当饲养员，利用所学知识建成智能电子监控的现代化养猪场。

现任江西东盛种猪有限公司总经理的他，是养猪户的后代，但在大学毕业之前，他从来都没有想过要继承家业走养猪的道路，更对养猪一窍不通，为了父母，毕业后他还是毅然决然回到了家乡，“起初只能从基础的工作做起，就这样，我脱下了西装，穿起了饲养员的工作衣，每天与猪保持着亲密接触。那时的猪场设施以及环保措施都非常落后，到处充满着猪臭味。”但想到自己身上肩负的责任，张华锋还是咬牙坚持了下来。

当发生重大事件时，有一些人因在事件中的突出表现而被赋予特殊的光环，这样的人物就适合成为人物通讯报道的对象。

例如，获得第19届“中国新闻奖”通讯二等奖的作品《一个灾区农村中学校长的避险意识》，讲述的就是一个灾区农村中学校长从2005年开始，每学期要在全校组织一次紧急疏散的演习，在汶川地震发生时，全校师生和每个学期演习时的表现一样，井然有序地逃离。

“从长年累月坚持做下去的平凡事中找出不平凡的人”，是人物通讯的另外一种选题方法。除了有突出贡献和表现的人物以外，默默奉献的普通人物也同样值得报道，这需要从平凡生活中发掘新闻题材，而且这样的人物通讯很可能有更强的可读性。在南昌大学校园十字路口，不管风吹雨淋，有一名安全员多年站在那里指挥交通，这就是一个很好的选题。

## 二、采访要领

总的来说，采访之前，应先通过查阅资料、四处打听等方式，对采访对象有一定的了解，从而进一步确定采访对象的突出点和采访的重点，再围绕这些进行详细的采访。这种事先的准备很重要！一定要做充分的准备，对采访对象的过去、现在、成就甚至他的不足都有充分的了解，才有可能让采访采出新意，采到关键。设法达到这样的效果：你提出的第一个问题，就让对方觉得你很了解他，对方会在内心尊重你，并迅速同你建立一种平等对话的氛围。有时，你掌握的采访对象的外在形象、经历、性格（个性）、生活习惯、爱好等，都可以很好地帮助你与采访对象拉近话题，深入互动交流，顺利完成采访。

采访过程中，要注意抓住细节，细节使行文有更强的故事性，报道也就将更加动人。采访中，有时注意观察被访者的言谈举止的风格，穿着的特点，还有被访现场的特殊性，也是一个容易出故事细节的环节，这可以增强故事的可读性。如刊于《南方周末》2014 年 9 月 4 日的《白恩培举报者杨维骏：叫板省委书记的党外高官》一文中，记者刘炎迅是这样开头的：

这几天的昆明，阳光很好，吹着微风。92 岁的杨维骏坐在朝南的会客室里，不时接各地的来电。有农民请他帮忙维权，还有些是老友的道贺。

2014 年 8 月 29 日，中纪委发布消息，白恩培落马。在大同小异的报道里，这位云南省政协前副主席成了“凭借一己之力拉下大贪官”的斗士。而老人只是淡淡地表示乐观其成，“这才开始”。

另外，完成一篇人物通讯，必须要有多信源的采访。除了采访主人公以外，还要采访一些与主人公相关的人物。比如与当事人相关的人物，或者是旁观者，他们的言论能够增加故事的叙述视角，让通讯更加丰满。另外，多方采访能够对主人公的评价更加客观，更有说服力，多方采访还可以对一些模糊信息核实，避免片面相信某一个人说的话。

还是上面《白恩培举报者杨维骏：叫板省委书记的党外高官》一文，记者就通过“老干部、王义明、杨维骏夫人”三个维度来描写主人公杨维骏：

杨维骏在云南官场“红了”，一些老干部称赞他勇敢，也有人劝他注意安全。

曾担任云南省人大常委会副主任的王义明告诉南方周末记者：“我曾不

止一次劝他，有些事情，不要管了，不要太累了。”

有一次杨维骏到王义明家做客，杨维骏的夫人也曾私下里跟王义明说：“我劝他不听，你再找时间劝劝吧。”王义明再劝，杨维骏却回道：“你才是息事宁人。”

例如，《邓家兄弟不寻常的求学路——一边读大学一边当“猪倌”》中，记者除了引用了邓家兄弟的话，还引用了他们的母亲的话——“孩子们能学有所用，自力更生，我们当家长的很高兴。”还引用了当地农民的话——“有时候，他们会到我这里来跟我探讨一些问题，看看我是怎样养猪，询问我是怎样管理养猪场的，同时，也给我提出一些防病治病、饲料配方方面的建议。”可见，记者为写这篇通讯做了多角度的采访。

## 三、写作要领

人物通讯由于篇幅较长，最好分为多个部分，每部分用小标题来区别，每一部分的篇幅也不宜过长。因为纸质新闻报道往往以报纸或杂志为载体，读者阅读报纸杂志和阅读小说不一样，一般是一篇报道一气呵成，太长的篇幅就会令读者产生视觉疲劳。每一部分划分的依据不一样，“故事类”人物通讯的划分一般基于不同的故事。

例如，获得第19届“中国新闻奖”通讯二等奖的《高二8班　一个人的复课》讲述的就是地震对一个高中学生的影响，从失去身边的同学到接受新的班级，报道展现了多个关于他的小故事——“好友的劝告成为遗言”“看病挂错号逃过劫难”“同学QQ头像再没有亮”“同学在最难逃出的教室”“纸上给每个同学写话”“当志愿者平抚内心”“难以加入新的班级”“我代表高二8班”，总体突出了地震对一个高中学生的巨大影响。

另外，画面式写法，让人物通讯行文要有故事情节，增添更强的趣味性，而不至于使读者感到枯燥。

例如，获得第17届“中国新闻奖”通讯三等奖的作品《洪水袭来，他救援的手伸向32名学生——记布依族乡村教师韦正雄》中第一个小标题“生死较量十分钟”后的内容重现这个事件的经过，读者仿佛重新回到现场，具有很强的可读性。

晚上12点钟左右，韦正雄被学生们的喊叫惊醒。洪水冲坏了电力设施，屋里漆黑一片。韦正雄抄起手电筒从二楼跑下一楼时，顿时惊呆了：洪水夹杂着石块、河沙，已经将一楼淹没了近1米，稍大点的孩子跑出房间，惊慌失措地尖叫着在水中挣扎。韦正雄赶紧跳入齐腰深的水中，将11名学生护送到了二楼楼梯口。

水越来越深，还有21名学生处在危险中。救人要紧！韦正雄没有多想，立刻扑到水里。

学生们分住在一楼的4间寝室。韦正雄踩着已堆积1米多厚的泥沙，先摸向靠近楼梯口、住着6个男学生的第一间，迅速地将他们从洪水中救出来。然后顺着墙壁，游向住着5个女孩子的第二间寝室。

《中国青年报》资深记者杜涌涛，曾以“写好人物的十四点提示”为题发表演讲。在他看来，写人物需要注意以下14点，值得大家参考：

一是写人物就是写个性。

二是写人物要突出人物的某个侧面。

三是人物报道切忌写成人物小传。

四是学会用故事和细节刻画。

五是人物报道切忌仰视被采访对象。

六是我们不要做被采访对象的传声筒。

七是一个好的人物报道通常用三种方式交叉写作来完成。

八是把人物置放到特殊场景中去表现。

九是直接引语和间接引语的使用。

十是要追求细节。

第十一，引语后面一般会有“他说”或前面有“他说”。

第十二，尽量少用小标题。

第十三，采访一个人物要采访二十个人，最少应该采访十个人。

第十四，要培养自己独特的风格，找到适合自己的文体。

## 四、采写误区

人物通讯，看似简单，但在许多通讯员的采写实践中，存在如下一些误区。

误区一：很多通讯员写人物通讯，把某个人物的学习、生活、工作等的方面一概写出来，面面俱到，没有侧重点。

误区二：觉得采访对象是名人，自己天生有自卑感，有“刺”的问题不好意思问，或者不敢问，结果交流不够，没有挖到更深入、更有料的内容。

误区三：过于相信采访对象的话，并没有进行核实，或者是采访对象不够多，信息源过少。结果采访内容出现失实，失真现象。

误区四：报道就是宣传，正面宣传味太重，把采访对象描述得过于完美，高大上，没有动人的细节，结果可信度降低了。

误区五：只注重主题，忽略情节。人物通读写得平铺直叙，没有波折，没有故事，毫不生动。

误区六：对于采访对象的话语，片面截取采用，没有考虑到对方的完整表达意思，断章取义，导致与原来意图南辕北辙。

如果能避免以上误区，所写的人物通讯，就差不到哪里去。

写人物通讯，应重点突出这个人物的一个很优秀的性格特征，再通过事例体现这个特征，这样才能给读者留下深刻的印象。例如，《悬梁刺股，三千越甲可吞吴 29 岁农民工爆冷门　清华食堂师傅托福考 630 分　即将取得北大本科文凭》中，学生食堂的师傅张立勇或许有很多优点，但记者把他专注于英语学习的特征通过几个他学习英语的具体方法展现出来，给读者留下深刻印象。

## 五、轰动全国的人物通讯[①]

与众多农村男孩一样，怀化学院学生洪战辉也有着一个天真烂漫的童

① 贡振国、陈祖强：《流泪的采访　激情的报道——洪战辉感动中国报道的前前后后》，《新闻记者》2006 年第 2 期。

年。可是家庭接连的不幸，改变了他的人生道路。父亲的间歇性精神病突然发作，竟然摔死他的亲妹妹；后来父亲又捡到一个弃婴，洪战辉决定收养这个“小不点”；接着，由于难以承受家庭重担，母亲出走，照顾父亲、看护孩子、养活家庭……全部重担都压在了还是个孩子的洪战辉身上。在承担着这一切的同时，洪战辉继续自己的学业，靠着自强自立的精神，克服一系列常人难以想象的困难，他带着捡来的妹妹一起求学十余年。

2004 年 10 月的一天，湖南省怀化学院校报记者卢宗旺、刘立君，看到洪战辉带着个女孩子在操场上一会儿跑步，一会儿蹲在一边做作业。“这个学生做家教这么认真，还挺有方法，咱们干脆采访采访他吧！”两个人上前一问，才知道小女孩是他的妹妹，并且还是捡来的妹妹。

2004 年 10 月 31 日，在该校校报上，洪战辉的事迹第一次变成铅字。

接着，怀化电视台、湖北卫视《阳光行动》、湖南卫视《晚间新闻》、湖南教育电视台、《知音》杂志、央视 10 套、北京电视台等，相继报道了洪战辉的事迹。

2005 年 10 月，《郑州晚报》记者卢曙光、张锡磊获得“洪战辉带着捡来的妹妹艰难求学”这一线索，随后两人兴奋地投入采访。

在两个月时间内，两位记者到洪战辉的家实地探访、与知情人士座谈，并和洪战辉通了很多次电话，对每个细节都进行了认真核实，2005 年 12 月初，最终写成长篇通讯《大学生带着捡来的妹妹求学 12 年》，并于 2005 年 12 月 6 日以两个版的篇幅在《郑州晚报》推出。

报道推出当天，洪战辉的感人故事迅速传播，引起全国读者及海外华人的强烈反响。12 月 7 日，《郑州晚报》推出整版报道《洪战辉携妹求学曾有两次动摇》。洪战辉的故事一经报道，许多读者表示要捐助洪战辉。12 月 8 日，《郑州晚报》刊发《兄妹俩谢绝社会捐款》的报道。12 月 10 日，《郑州晚报》刊发《谢绝捐助背后的生活支撑》。

2005 年 12 月 10 日，中宣部要求新闻媒体宣传报道好洪战辉这个典型人物事迹。12 月底，共青团中央、全国学联做出决定，授予洪战辉“全国自立自强优秀大学生”荣誉称号。2006 年元月，洪战辉又被评为“2005 年感动中国人物”。

# 第四节　事件通讯的采写

## 一、事件通讯的含义和特点

### 1. 事件通讯的含义

事件通讯就是以事件为中心的通讯。它通过对新闻事件发生、发展、结果的叙述和交代，来反映社会现实，表现时代精神。

事件通讯与前面提到的人物通讯是有区别的，前者更多的是以展现事件为前提和重心，来思考事件所涉及的人的表现，即由“事”及“人”，后者更多是以表现人为前提和重心来思考其所作所为，即由“人”及“事”。

事件通讯所写的事件，可大可小。《为了六十一个阶级弟兄》《张华赞歌的续篇》《击毙“二王”纪实》等，写得都是当年引起全国人关注的重大事件。而《抢“财神”》《会计伢嫌我的油壶小》《钱被风刮跑以后》等，却都是发生在人们身边的普通人的普通事件。

事件通讯中的事件，可以一波三折，引人入胜，如《西瓜兄弟》《桌上的表》《南瓜作客记》等。也可以首尾完整，但并无太多波澜。这取决于事件本身的状态，曲折和生动都不是作者加工的结果，而是事态本来如此，否则就有失实的危险。但作者可以利用写作技巧，如藏露、虚实的调度安排，使文章更富于变化性。

事件通讯的篇幅，可长可短，长的可以达到万字以上，如《为了六十一个阶级弟兄》，短的可以比一般的消息还要短，只有二三百字，如《会计伢嫌我的油壶小》。

事件通讯可以写正面的事件，也可以写反面的事件。后者如揭露医院不负责任、医德低下的《小崔寻诊记》，反映弃婴问题的《谁是她的爹和娘》等。

### 2. 事件通讯的特点

（1）以事件为中心，有较强的情节性

这是事件通讯区别于人物通讯和其他通讯的基本标志。事件的本质和特点决定着事件通讯的主题。在一篇事件通讯中，通常有一个中心事件，其他事实都围绕这一中心事件展开。

（2）事因人生，人因事显，人事交融，不孤立写事

事件通讯虽然以事件为中心，但并不是只见事不见人。事件是由人物的行动构成的，这就是“事因人生”；人物离开了事件就成了静止的和概念化的，必须借助于事件，人物形象才能被显现出来，这就是“人因事显”。可见，人物和事件是互相依存的，在人物通讯中不能脱离事件孤立写人，在事件通讯中也不能脱离人物孤立写事。

看看 2014 年 8 月 11 日出版的《在风口种豌豆》（作者刘敏，刊于《三联生活周刊》第 798 期）一文的开头：

2009 年 10 月 29 日，当冯锋赶到考场时，面试已经到尾声了。冯锋有点急了，他当天才知道创新工场的招聘，这个已经在成都成家立业的工程师，坚信这次招聘是个难得的机会。冯锋立刻蹲在地上做起了笔试试卷，赶在考试结束之前，抓住了一位面试官，要求开车送他们去机场。

“一路上面试官都在感叹，这次的面试结果很失望，大家都是抱着跳槽的心态，只是想换一个公司继续打工。”多年后，冯锋面试新员工时，总是把面前的年轻人跟自己做对比：“我很坚定地告诉面试官，我不想继续在大公司里做螺丝钉，想抓住这次机会到创业公司做一番事业。”

最终，冯锋成为当年成都唯一通过面试的人。这名诺基亚西门子成都分公司的前软件工程师，来到北京，写下了豌豆荚的第一行代码。

（3）以一滴水折射太阳的光辉

事件通讯中的事件，不管是大是小，对于大千世界来说，都不过是一滴水、一粒沙。事件通讯，是“以一滴水映照太阳的光辉”，是在“一粒沙上见世界”。如果一篇事件通讯中不能表现任何时代精神和现实特征，这篇事件通讯就是没有意义的。

要让自己的事件通讯出彩，扎实的深入采访与了解事实必不可少，说到底，就是要深入采访，深究真相，深刻揭示，贴近百姓，贴近生活，贴

近实际。特别对于核心事件的来龙去脉，其中细节，一定要搞得很清楚，做足纪录。

## 二、事件通讯的写作

事件通讯的采访技巧，可参考本书其他章节的有关内容。关于写作有以下要领。

### 1. 选材

（1）叙事之“事”

与叙事的“事”相关的，有三个近似而又有微妙不同的概念：事件、故事、情节。现代学者对三者的含义做了严格的区分：

事件就是行动，即某一种状态的改变。这里所说的事件跟平时我们所说的事件有所不同，它是非常具体的、细节化的。通常我们所说的事件，是由许多此类事件合构而成的。

故事就是按时间顺序叙述的事件。它只显示在时间延续过程中次第展开的一连串事件，不包括作者将事件组织在一起并讲述出来的方法和技巧。

情节是一系列事件具有逻辑性的组合。相对于事件和故事，它更多地强调了作者组织和表达的技巧。

对于通讯写作，这样区分的意义在于：事件可以用来指称行为细节，它的丰富性构成通讯的基本样态。故事可以用来指称事件通讯的题材，就是从开端到结尾的一个完整的事物发展变化过程。情节则可以用来指称作者赋予作品的构造形态。

对于通讯这样的新闻体裁而言，要表现的事件和故事，是客观存在的、不容更改的。但作者将众多的事件组织在一起所构成的情节，却体现着作者的创造性。一个事件通讯的题材，让不同的作者来写，写出来的事件和故事应该是相同的，但情节彼此却有较大的区别，这是因为不同作者所运用的方法技巧不同，其构造形态当然也不同。

区分了事件、故事、情节三个概念之后，我们要明确的是：事件通讯的选材，就是选择事件和故事。首先要看事件是否充分，能不能构成一个或数个完整的故事，能不能为作者构造情节提供充分的材料；其次要看故事是否有意义、有价值，是否能反映时代的特征，是否对读者有认识作用和教育作用。

还是《在风口种豌豆》（作者刘敏）一文中的节选：

从薪资上来看，豌豆荚跟这些工程师所在的大公司相比，并没有太大竞争力。冯锋手里握着的最大诱惑，就是豌豆荚员工可以全员持股。这也是一个创业公司最大的天然优势，现在任何加入豌豆荚的人才，都会拿到不低的公司期权。“公司的利润和他是绑定的，他到豌豆荚，尤其是从大公司过来，不是说我换一个工作地方，而是上一艘船跟一群人把这个船划到一个很美好的地方去。一旦划过去了，自己会有很高的成就感和现实收益。”

冯锋正在做的，就是不断地为这艘船寻找有力的舵手。工程师李大海北京大学毕业后加入谷歌，后来自己创业做搜索，冯锋和崔瑾为了搜索部门，定期去找他吃饭，整整花了一年时间终于把他说动入伙；在五道口工作的张铎更花了冯锋两年的时间争取，数不清有多少次，冯锋专门跑到张铎公司，等着跟对方一起吃一顿饭，等到张铎入职时，冯锋感叹：你总算来了，不然我在五道口，真找不出新的地方请你吃饭了！

《在风口种豌豆》讲的事件是豌豆荚公司如何发展壮大。节选内容讲的故事是创始人冯锋如何挖来各类人才，而其中，请李大海、张铎吃饭就是挖人故事中的有趣情节。

（2）叙事之目的

在传媒写作中，故事和情节的价值都在于它们的意义。鲁迅先生在他的著名小说《风波》中，曾有一段和新闻有关的描述：

七斤虽然住在农村，却早有些飞黄腾达的意思。从他的祖父到他，三代不捏锄头柄了；他也照例地帮人撑着航船，每日一回，早晨从鲁镇进城，傍晚又回到鲁镇，因此很知道些时事：例如什么地方，雷公劈死了蜈蚣精；什么地方，闺女生了个夜叉之类。

七斤实际上就是在发布新闻。但他的新闻却是毫无价值的。这并不只因为他的新闻真实性不可靠，还因为他的新闻只有“娱人”的目的，缺少宣传和教育的自觉性，更没有沟能人的心灵等更深层的意义。目的的简单浅俗，会导致在选材上误入歧途。时下一些表现所谓的“明星”私生活的新闻作品，津津有味地讲述“明星”跟谁有了绯闻，跟谁有了私生子之类，跟七斤的“新闻”又有多大差别呢？

**2. 表达**

（1）叙事要清楚

这包括三个方面：

◎新闻要素要清楚。五个“W”和一个“H”，对于事件通讯的叙事来说是十分重要的。

◎线索要清楚。通讯可以是单线式结构，也可以是双线式甚至多线式结构。如花开两朵，各表一枝等。单线式又可以分为单线平叙式、单线转折式、单线多层曲折式等类型。双线则有交叉式和平行式，两条线索有时还有明暗之分。多线式一般都形成纵横交织的复杂网络，在通讯中不太常用。线索不能太多，否则影响表达，造成阅读困难。

◎层次要清楚。通讯的情节发展不应该是一笼统的，要形成不同侧面、不同角度、不同阶段，文章要眉目清楚，层次分明。

（2）叙事要有技巧

事件本身就是一群零件，技巧则是串联这些零件的规则与方法，不同的排列组合，会形成不一样的叙事方式。哪一种方式会产生最好的效果？这就是技艺。不能只是按原始的时间顺序进行交代——那样就只有“故事”没有“情节”了。作者将事件有逻辑地组织在一起，是事件通讯中最有技巧性的一个环节。

可采用的技术性方法主要有：

◎时间和空间的重新组合

在记叙文写作中，叙事的顺序（叙事时序）和事态发展的顺序（事态时序）往往是不一致的。发生在前的可以放在后面叙述，发生在后的可以放在前面叙述。从空间上说，也不一定按照甲地、乙地、丙地、丁地次序死板地进行表述，完全可以将不同的空间相互穿插相互融合。这些方法在事件通讯中都可以运用。我们来看下《南都周刊》记者安小庆在《出法庭记》（刊于《南都周刊》2014 年第 2 期）一文开头是如何让时空重新组合的：

广州越秀区华以泰国际大厦六楼尽头的一间律师事务所里，实习律师菅志远办公桌后面，是一整面书架墙。“你看那边！”他用手指着窗外数百米开外的一座大楼，“我租的房子就在那里”。

这是 33 岁的菅志远从西南政法大学毕业 11 年后，第一次自己租住房子。6 个月前，广东省佛山市三水区法院知识产权庭副庭长菅志远，在处理完手头最后一件关于仿冒纠纷的诉讼案件后，结束了 10 年法官生涯。

在脱下法袍前，难掩感伤的菅志远在法庭上，留下最后的工作照。他把这张照片发到朋友圈，命名为“the last court”。在被处理成素描风格的照片里，身着法袍的法官菅志远坐在原告与被告之间的审判席上。

结束了最后一次的审判，菅志远正式递交了辞职信。他提着简单的行李，来到数十公里外的广州，租了一间不大的单身公寓，开始了实习律师菅志远的新角色。

◎情节线索的发展可安排一些曲折、断续和反跌

在不违背真实性的前提下，事件通讯叙事时，可以有意识地安排一些曲折、断续和反跌来加强通讯的生动性。《钱被风刮跑以后》，就有忽上忽下的多重曲折，文章因此而妙趣横生。《为了六十一个阶级弟兄》，其中有多次因空间挪移造成的线索中断，在适当的时候又续接。反跌则是事物发展态势向反面急跌的一种形态，在突变中产生震动性效果。

当然，作为通讯员，日常可能面对的更多的是相对普通的人、普通的事件，如何从中挖到一件有意思的事件，并将其表达得更为有条理，更加引人入胜。我们来以《人民日报》2010 年 8 月 31 日第 6 版刊发的《造桥姑娘激发城市爱心接力》（作者：顾春、吴志清）一文为例，做一简单点评：

【例文】

26岁的宁波支教姑娘立志给山村造座桥，可80万元的费用哪里来?

## 造桥姑娘激发城市爱心接力

（点评：引题加主标题，把事件交代得很清楚，核心事件突出）

8月29日上午，在甘肃省陇西县宏伟乡贾家山村华尖河边，伴随着孩子们的阵阵欢呼声和推土机的轰鸣声，“宁波市民爱心桥”正式奠基。沿河两岸两个乡的500余名村民，倾村出动，来见证这一激动人心的时刻。

“我们祖祖辈辈都想造这么一座桥，没想到今天成真了！娃今后上学不用再走一个半小时的路了。”一大早，69岁的槐树岔村民王建邦老人就与孙女王婷婷一起站到河边，“感谢宁波的好心人，感谢严老师！”

（点评：画面式情节描述，微观切入，引出主人公严意娜老师。在时空上采取把后面发生的事件先行叙述，突出新闻性。）

**坡陡沟深，孩子上学极其不便**

（点评：小标题叙事，让通讯显得更短，读起来更舒服）

村民口中的“严老师”叫严意娜，是个26岁的宁波姑娘。2009年10月，她受所在单位通标标准技术服务有限公司宁波分公司派遣，来此义务支教。

甘肃省定西市陇西县宏伟乡，是甘肃最贫困的地区之一。支教期间，严意娜利用课余时间，翻山越岭登门家访，足迹踏遍全乡沟沟壑壑，给家长们介绍孩子的学习情况和表现。在她和其他支教老师的共同努力下，贾家山小学的成绩从县里最后几名，提高到全县第一名。

贾家山小学的孩子来自周边4个自然村，这里地广人稀，坡陡沟深，孩子们上学极其不便，离校最远的一对小姐弟每天花在路上的时间足足需要3个多小时。家在槐树岔的孩子们上学更加艰难：贾家山与槐树岔之间有一条深沟，沟底是一条河，每逢雨雪天气，家长和老师们必须在河的两边接力传送，才能使上下学的孩子安全往返。不少家长因担心孩子路上的安全问题，只能放弃让孩子上学。

在亲身体验了过河的艰辛后，坚强的严意娜为孩子们哭了，她下定决心，要帮孩子们在这道深沟之上造一座桥。

3个月的支教生涯结束后，严意娜带着高原的尘土回到故乡，也带回了造桥的念头。然而，高达80多万元的造桥费用，同样像一条深沟横亘在她的面前。

（点评：两条“深沟”的类比表述，文中记者有意识地安排一些曲折、断续和反跌，突出矛盾，来加强通讯的生动性。）

**决意修桥，爱心行动家乡支援**

严意娜是幸运的。宁波，这个哺育她成长的爱心城市对自己的好心女儿给予了极大的关怀和支持。

早在去年12月，严意娜就曾经将支教的亲身经历写成文字，发表在宁波东方热线天一论坛上，呼吁市民为孩子们捐赠衣物和学习用具。她希望把这里的情况介绍给家乡人民，为孩子们争取更多的帮助。

这篇3000字的帖子，打动了网友们。不到半个月，1万多件衣物和1000多件学习用品发往贾家屲小学。严意娜将这些衣物分给全乡15所中小学校。

在她的感召下，宁波市民已与100多名学生结成帮学对子，使这些孩子不再因贫困而辍学。

当严意娜决定造桥时，再一次得到热心人士的支持。“爱心同盟”“分享爱心俱乐部”全力参与，爱心企业家慷慨解囊，桥梁工程师随行考察，广大市民热情捐赠。经历了种种周折后，造桥资金终于到位。

在黄土高原选址造桥，技术上有着相当大的难度。当严意娜为造桥方案犯难时，柳正华站了出来，他是一家路桥建设公司的总工程师，表示愿义务随同严意娜前往现场组织施工，确保造桥项目保质保量进行。

在严意娜筹集造桥资金时，一名企业家主动与她联系，愿意一次性捐款补齐所有缺口，而当时预估缺口是52万元。捐赠这样一笔巨款，企业家只有两个条件，一是要求严意娜监督好造桥工程，保证桥梁质量，另外一个就是不要将他的个人信息公开。

（点评：爱心接力如何表现？罗列具体数据，说服力强，同时有众人帮助的事实，有捐赠的情节，充分实现爱心接力主题的升华，全文不长，但层次分明，意图清晰。）

# 第五节　工作通讯的采写

工作通讯是一种以宣传工作亮点、反映工作成绩、总结工作经验和教训、探讨工作问题的通讯报道。一篇好的工作通讯，在党报党刊上刊登后，它所体现的政策性、指导性将是很多单位所需要学习与领会的。很多单位也希望自己的一些工作能够通过这种体裁宣传出去，让自己的工作经验成为当地甚至全国关注的焦点。

## 一、采写工作通讯的难点

对于很多通讯员来说，工作通讯实用性比较强，但同样在难度上也相对难以把握。一篇具有政策指导性的长篇通讯，通讯员往往需要与媒体记者合作，才能够完成。有些工作通讯如果是通讯员自己操作，需要在吃透政策的前提下，深入基层，总结归纳特色，才有可能写出一篇有血有肉的好工作通讯来。

概括来说，工作通讯采写对于通讯员来说，难点在于：

一是选材难。要求一方面要研究好上级政策，搞清楚中心工作的宣传重点在哪；另一方面又要能够向下，能在具体的工作中看到新情况，发现新问题，总结新做法，并实现向上与向下的完美结合，选出的事例要有充分的代表性，从选题到立意，尽可能不僵硬。我们来看看2010年7月30日《光明日报》第2版刊登的《文科学术评价打破“唯数字论”》一文[①]，通讯员是如何抓住人文社科量化考核这个全国关注的题材的：

全国教育工作会议引起的反响余音未消，杭州师范大学出台的《杭州师范大学人文社会科学振兴计划指导意见》又在本校及当地高校中引起强

① 作者系《光明日报》记者叶辉、通讯员倪洪江、孟昌。

烈反响：

凭一篇论文就能评上教授！院长提名，不经评审可直接聘教授！十年不发一篇论文教授头衔也能保持！普通讲师，可以直接升为教授！“奇才偏才”不受学校常规考核！《意见》中的这些全新信息震荡着久困于量化考核的高校人文学科领域，激发起人文学科教师的浓厚兴趣。

日前，记者来到该校采访。

……

杭州师范大学正是抓住到当时全国教育工作会议的精神，抛出了全国高校关注的人文学科考核解决办法，这个选材切合了中央有关政策意图，又本身很有亮点，结果引发全国媒体关注。中央电视台、新华社、光明日报、中国教育报、南方周末等数十家媒体给予了报道。

二是问题与经验讲透难。工作通讯的最终目的是分析、研究、解决问题，因此，问题是什么？为什么是这样？有什么好办法，为什么这是好办法？这要求通讯员要搞得很清楚，之后才能动笔。有时要写一篇文章，光到现场去调研、去采访还不够，还要把问题的来龙去脉弄清楚，多设想些解决问题的办法和对策。有时个人搞不清楚，还需要反复请教专家与业内人士。

三是总结归纳提升难。工作通讯希望最终能够总结出一些带有规律性的东西，或者能够得出一些实用的经验，或者可以避免的教训等。这种得出的结果，还必须是事实清晰，分析透彻，层层递进，以理服人，并能够给人思索和启迪。因此，工作通讯比一般的典型报道难度要更大。

四是形式选择难。工作通讯在形式上相对不拘一格，形式多样。它又不应该是一般的工作总结，讲究有文采，有情有理，可读性强。写成散记、随笔、侧记、札记等等方式均可，从结构到行文，都更需要通讯员更为扎实的文字功底与谋篇布局能力。

## 二、工作通讯的采写要领

采写工作通讯，往往存在以下四种误解：

**误解一："媒体一定喜欢我们所做的工作"**

有些工作在单位里属于首创，看似新闻价值较大，其实别的单位早就开展过，甚至作为经验已经推广过，媒体已不当新闻了。通讯员在发现新闻线索时，最好在网上搜一搜，或者同行问一问，媒体是否已经多次报道过，再决定是否继续采访下去。还有些内容是行业内大家关注，但普通老百姓不关心，这就需要通讯员因材投稿，选对合适的媒体。

**误解二："工作通讯只能说好话"**

一些新做法，新经验，才刚起步，很有可能存在着种种问题，这类通讯，如果全文是好话，极有可能让读者存疑。工作通讯除非是已经得到权威认可，否则只谈好的经验，不说问题，信服力有限。特别对于在报道一些新生事物时，更应该有发展的、批判的眼光来报道，来分析。

**误解三："新做法得赶紧宣传出去"**

有时有些做法刚开展，争议还很大，有些工作模式是否值得大面积推广还有待观察。有些工作，看似成效很好，但时间一长，可能负面影响就会接踵而至，报道过早可能会造成不必要的影响。这类情况建议再观察段时间，再根据新的变化来总结总结，再据此来掌握好报道的时机。

**误解四："工作通讯就是总结工作"**

有些工作通讯写得太严肃，与工作总结差不多，可读性不强。不要忘记，工作通讯首先是一篇新闻通讯稿。因此，要吸引读者看下去，得以叙述事实为主体，需要在谋篇与行文按照通讯稿来撰写，一些经验、问题发现，同样需要一些精彩的案例、有趣的话题、生动的细节来表现。

工作通讯在表述上也要以叙述事实为主，尽可能少些主观上的总结与议论，要用事实提出问题，要善于精选具体、典型、有说服力的事例。同时，针对这些事例，进行分析，层层深入，把问题和经验讲透。

来看看《南方周末》2010年4月29日C14版刊登的《大学也低碳》[①]中，在总结对外经济贸易大学"废物"利用的工作时，用了一批很有趣的例子，让工作显得有趣味多了。

---

① 作者系南方周末记者潘晓凌、实习生丁婕。

2007年，由于节能方面表现出众，对外经济贸易大学获得了教育部一千万元的奖励。激励的后果很“严重”，对外经贸大学从此几乎无废可抛——

厕所废水在第三期中水处理站中同样可以被处理，这套新设备技术含量已与欧洲同步；

教学楼内的外墙在“穿”上一件挤塑板“大衣”和断桥铝合金中空玻璃保温窗“小褂”后，冷暖气只能老老实实地长时间待在室内，以至老师们在大冬天向校方申请发衬衣“补助”；

食堂烟囱也没放过，其高达280多摄氏度的余温，如今正受着一个置有数根水管的大铁笼“剥削”，这只铁笼相当于一个巨型热水器，通过水管的水，可被加热至30~40摄氏度；

甚至是每日脚踩的泥土，也成了可用能源。在恒温图书馆不远的施工工地上，一幢科研楼明年即将竣工，室内仍然采用恒温系统，提供支持的则是地表100米之下的土壤，其原理与支持“邻居”图书馆的地下水相同。

澡堂洗澡用后水也被任明鹤“盯”上了。在他看来，这些温度达30~40摄氏度的余水，直接作为废水输送到中水处理站，太可惜了。

关于工作通讯，南昌大学新闻系2008级李小露、刘尚正两位同学在实践中的采写体会，也许会对通讯员有用。

李小露采写工作通讯的体会是——

（1）采访前，要注意收集、整理相关材料，事先对采访对象等有一定的了解，熟悉一下相关领域的基本情况；

（2）工作通讯的采访，记者一定要到现场进行采访，观察、感受现场的氛围，收集必要的素材；

（3）采访对象要多，不能仅限于当事人，如采访Office Hours（教师坐班制度）时，不能只采访老师，还可以采访同学，不只采访本校，还可以看看外校的情况，多角度、多方位，有对比，更好地介绍、说明情况；

（4）工作通讯的写作要有现场感，使读者有身临其境的感觉，最好尽快写稿，保持采访时的热情和干劲；同时选择合适的结构来进行写作；行文生动、吸引人；

（5）写作时要挖掘亮点，把情况介绍清楚，与当事人等保持联系，注意核实细节，如在采访 Office Hours 时，这项措施的开始实施时间、参与的教师人数等都要注意核实，有时当事人提供的信息也可能不准确；

（6）不仅要介绍情况，还要指出存在的问题，最好能提出改正的建议；

（7）写工作通讯或完成工作通讯后，可与编辑交流，看看编辑的意见，并且注意将完成的作品给当事人看，核查细节，看是否有失实的地方；要有反复修改的准备，不怕返工，不怕辛苦；

（8）可结合以往类似经验的工作通讯写作报道，或对比，或相承，有跟进、后续。

刘尚正采写工作通讯的体会是——

（1）一定要采访到工作领域的相关人物。我曾经采访了相关的老师和同学，但是没有采访到学校 Office Hours 制度的实施制定者或宣传者。我曾经因为听信一位老师的片面之词，而把这一制度具体开始的时间弄错了，没有从多个方面、多种渠道对消息的来源进行核实。

（2）巧妙使用过渡词，如“然而”“但是”“也”等，使得文章里前后两位老师的工作事迹得到较好的连贯，不会有突兀和生硬之感。

（3）我曾经有亲临办公现场，“总有一道近乎拱月型的风景线”，这是一个有画面的生动的现场感，抓住了生动的工作场景。

（4）注意“可能”“总是”等相关词汇的使用，使文章更具严谨性。

## 三、例文赏析

【例文赏析】

### 文科学术评价打破“唯数字论”

本报记者　叶辉　通讯员　倪洪江　孟昌

- 凭一篇论文就能评上教授
- 院长提名不经评审可直接聘教授
- 十年不发一篇论文也能当教授
- “奇才偏才”不受常规考核指标限制

（点评 1：提要里把杭州师范大学的突出做法先展示出来，这些做法对于当前很多高校文科考核困惑较多，做法顾虑重重的现状，无疑是当头棒喝，是眼前一亮。这样表述，大大吸引读者目光，增添了文章的可读性。）

全国教育工作会议引起的反响余音未消，杭州师范大学出台的《杭州师范大学人文社会科学振兴计划指导意见》又在本校及当地高校中引起强烈反响：

凭一篇论文就能评上教授！院长提名，不经评审可直接聘教授！十年不发一篇论文教授头衔也能保持！普通讲师，可以直接升为教授！“奇才偏才”不受学校常规考核！《意见》中的这些全新信息震荡着久困于量化考核的高校人文学科领域，激发起人文学科教师的浓厚兴趣。

日前，记者来到该校采访。

（点评 2：杭州师范大学正是抓住到当时全国教育工作会议的精神，抛出了全国高校关注的人文学科考核解决办法，这个选材切合了中央有关政策意图，又本身很有亮点，结果引发全国媒体关注。）

**量化考核的困境呼唤文科考核的个性化政策出台**

本报今年 5 月 27 日 4 版头条以《目标：一流大学》为题对杭州市支持杭州师范大学创一流大学的实践进行了报道。杭州市欲投入 130 多亿元打造杭师大，在杭州西溪湿地旁划出 3250 亩地重建新校园，其投入之巨，力度之大，建设速度之快，全国罕见。

高校“大楼”易得，“大师”难求。该校在杭州市的鼎力支持下，提出人才强校战略，决定大力引进高层次人才，同时，决定打破旧的人文社科评价体制的桎梏，营造培养大师的环境和条件，使大楼与大师相匹配。人文社科评价机制的改革便是基于这样的背景推出的一项举措。

“人文社科评价已成为中国知识界关注的一个大问题。”杭师大校长叶高翔教授接受记者采访时说。“当前国内的人文社科评价制度多采用自然科学的量化指标，包括在核心刊物上发表过多少文章，出版过多少著作，获得过多少、什么级别的学术奖，承担了多少、什么级别的研究项目等等。而量化指标考核直接涉及每一个人的职称、待遇和科研经费等利益。”

由于自然科学更容易量化，这也间接导致一些高校重理轻文，人文社科出现发展停滞的现象。叶高翔认为，这种以数量为主要考核标准的学术评价制度，导致很多人文社科研究者只求著作数量不求质量。过度量化的学术评价体系，使学术界出现畸形的恶性竞争，严重阻碍着学术的繁荣发展。高校人文社科的量化考核被指是“治懒的良方，创新的杀手”，教师为应付考核疲于奔命，无暇创新。

“类似的问题同样出现在我校。”叶高翔说，“长期以来，我们这所百年老校在音乐、美术、中文、历史、教育等学科专业上有着较强的实力和雄厚的师资。2009 年、2010 年，学校连续两次申报国家社科基金项目均居全省第二。但在当前高校以量化指标为基础的竞争背景下，以人文社科为优势学科的我校同样面临着科学发展的困境与挑战，重建一个科学的人文社科评价体系成为迫切需要。”

前不久，该校党委书记崔鹏飞在党代会报告上明确提出了学科“差异化”发展和“提升具有鲜明特色的优势品牌学科”的发展战略，建立符合人文社科自身特点的发展考评体系与学术环境，培育大师和精品。

基于此，叶高翔亲自担纲负责这项人文社科振兴计划的构建工作。

**构建有“不唯数字论”的人文社科学术评价新体系**

经深入调研与反复酝酿，《杭州师范大学人文社会科学振兴计划指导意见》最近出台。在这项规划里，围绕“振兴人文社会科学”这一宗旨，推出了一系列在省内外高校都堪称创新的大胆举措：

——构建“有数字论，不唯数字论”的符合人文社会科学规律的学术评价体系。学校将组建“人文社会科学学术委员会”，该委员会成员由各学科教授民主推荐，并报校人文社会科学振兴计划领导小组批准。制定的《杭州师范大学人文社会科学学术评价体系》的核心是“有数字论，不惟数字论”，对高端人才，打破按年考核的常规学术评价和考核标准，根据其累积和持续的学术影响，实行学术代表作评价制度和知名同行评议制度；对艺术类学科，要充分尊重其学科属性，制定有别于其他人文社科类学科的考核政策和标准；对学术贡献突出的青年教师，还可以根据学校的相关规定给予低职高聘待遇。

——创新管理模式，成立直属学校的“国学研究院”，试行建立“人文社会科学学科特区”。在这个特区里，以本校高水平学者（包括离退休资深教授）和柔性引进的双聘高端学者为主要力量，营造具有最肥沃“土壤”的人文社会科学建设与发展的示范区。

——设置“人文社会科学特聘岗教授”岗位。在学校常规岗位聘任的基础上，专设“人文社会科学特聘教授”岗位。这些“特聘教授”不再需要通过传统的论文著作数量等量化指标来评定，而改由学院院长等直接提名；若现任学院院长、部门负责人中有符合特聘岗教授条件者，由校长直接提名。这些“特聘教授”一旦上岗，还可以通过“项目用人”方式聘用秘书。

叶高翔表示，此举就是想要在学校内部或者海内外招募一批不论身份、不论前期成果、潜心于创作的人。他们将不受常规的论文、课题、科研经费等考核指标的限制，学校为他们提供创造出传世之作的环境和条件。“在走向成功的道路上，我们既要有渴望出现一位大师的期待，也要有允许一百位努力者失败的胸怀。”叶高翔说。

（点评3：该校推出人文社科振兴计划，计划里的其他内容很多，但记者抓住了其中人们最为关注的三点，重点进行描写，让文章重点更为突出。在介绍工作做法时常会碰到这样的情况，千万不要面面俱到，否则就会没有重点。）

著名学者、浙江大学人文学院徐岱教授说，一看到这个规划，看到“国学研究院”“支持奇才偏才”“学术助理”“事务秘书”“城市学（杭州学）”“肥沃的土壤”等字眼，就觉得眼前一亮，这些条目中包含的是对人文社会科学出大师、出精品的有力支撑。

**校长领衔、亿元巨资做保障**

为了扎实有效地做好这项人文学科振兴计划，校长叶高翔亲自领衔，成立了领导小组，郭清教授等三位副校长全程介入。领导小组下设办公室，办公室主任专项负责此项计划的实施，浙江省民国史研究专家袁成毅教授受聘担此重任。

记者见到袁成毅时，他正忙于与各部门协调，细化此计划的操作方案细则。他介绍说，尽管细则还没实施，但计划的出炉已在学校一石击起千层浪，引发强烈反响。由于之前学校就此计划数次征求过教授们的意见，因此大家的反映明显是肯定赞赏的居多。

据袁成毅介绍，这项计划还将通过资金与体制机制建设，确保人文振兴计划得到有效实施，并在过程中构建杭师大良好的学术梯队与发展基础。为此，该校将从市拨学科建设经费中划出总额1亿元用于人文社会科学振兴计划。

“青年人文社科教师也非常重要，他们将成为学校未来发展的基础。”袁成毅说，杭师大将在未来5年内积极引进和重点培养300名左右具有博士学位或其他具有学术发展潜力的人文社科青年教师。资助优秀青年教师的教学研究和科研，让他们有机会师从国家级和世界级名师。同时通过项目带人的方式，为教授们配备秘书，让年轻人在工作中迅速得到提高。

“总而言之，我们希望通过营造符合人文社会科学发展的学术生态，倡导优良学术风气。既鼓励大胆创新、异想天开，又提倡严谨求是、踏踏实实；既‘百花齐放、百家争鸣’，又严格学术规范，尊崇学术道德；既宽松自由、允许失败，又严格管理、力求突破；既相互支持、团结协作，又相互竞争、你追我赶；以最大的努力，营造人文社会科学学科发展的‘最肥沃土壤’和‘最佳生态环境’。”叶高翔说。

（点评4：这篇工作通讯的内容，结合了当前高校发展中面临的困境，发现了新问题，并提出了新的解决办法，进行了新的探索，因而广受关注。不足的是，对杭师大新的探索可能会产生的问题没有深入展开，对很多高校为何没有进行相关探索没有深究，这无形中削弱了文章的深度。）

## 第六节　风貌通讯的采写

风貌通讯又叫概貌通讯、旅游通讯、考察通讯，是反映某一国家或地区的自然风光、风土人情、社会文化、演变历史等方面面貌、成就、变化、问题的通讯，可以开阔人们的视野，增长人们的知识，陶冶人们的情操，加深人们对陌生地的了解，唤起人们对陌生地的关注。

## 一、风貌通讯的特点和类型

早在五四运动以后不久，就有不少影响深远的此类作品问世。瞿秋白的《饿乡纪程》和《赤都心史》[①]，周恩来的《旅欧通信》，邹韬奋的《萍踪寄语》初集、二集、三集和《萍踪忆语》，范长江的《中国的西北角》《塞上行》《西线风云》等等，都是中国新闻史上的名篇。

改革开放以来，介绍东西方城乡面貌、生活状况、文化现状、风土名胜的风貌通讯，为中国读者打开了一扇扇透视世界面貌的大门。这类通讯，广泛地刊登于副刊版面、旅游版面、见闻栏目、旅游杂志、个人博客等媒介平台。

因为旅游观光、公务考察、专题采访的缘故，人们（不一定是新闻工作者）初到异域，心有所感，随兴写下的文字，有一些就是非常好的风貌通讯。

在互联网、手机等新媒体尚未普及的旧时代，人们的活动空间有限，对外部世界的了解主要寄托于报纸、杂志等传统媒体。如 1982 年穆青采写的《金字塔夕照》：

【例文】

### 金字塔夕照

（节选）

九月的开罗是金色的。

在金色的夕阳下，金色的田野，金色的沙漠，连尼罗河的河水也泛着金光；而那古老的金字塔啊，简直像是用纯金铸成的。远远望去，它像飘

---

① 饿乡、赤都，即俄罗斯。在《饿乡纪程》（又名《新俄国游记》）中，瞿秋白记下了他作为《晨报》记者于 1920 年冬至 1921 年初自哈尔滨前往苏俄采访时旅途中的情形。《赤都心史》，瞿秋白作于 1921—1922 年初，1924 年 6 月出版，记述作者在考察莫斯科时的见闻，描绘了十月革命胜利初期苏俄社会生活中新的生机，介绍了不少著名人物的活动，并记录了自己的思想演变过程。

浮在沙海中的三座金山，似乎一切金色的光源，都是从它们那里放射出来的。你看，天上地下，黄澄澄，金灿灿，一片耀眼的色调，一幅多么开阔而又雄浑的画卷啊！

从少小时候起，我就听到过许多有关金字塔的传说，向往着它神秘的风采。如今，当我来到金字塔下，望着这人间的奇迹，更禁不住思绪激荡。我不知道金字塔这个汉文译名，最早是怎么得来的。究竟是出于象形，还是会意？但无论哪一种考虑，我认为都是绝妙的。说它象形，你看它多像一个汉文的“金”字；说它会意，几千年来在世界历史上，在人们的心目中，金字塔不愧是熠熠发光的珍宝，人类劳动和智慧的结晶，它的价值无疑比金子还要贵重。

……

记得刚到开罗的头几天，这座城市曾以自己对照鲜明的外观，给我留下了极其深刻的印象。这里既有埃及古老文明的庄严与圣洁，又有西方现代世界中的堕落和糜烂；既有数不尽的高楼大厦，川流不息的滚滚车流，又有随处可见的栖息在街头路边的乞儿和流浪者；在一些国际性豪华的旅馆和饭店，你可以品尝到世界各地的佳肴，但在埃及普通人民的生活中，当时却不得不忍受着“无肉月”的折磨。开罗市内有一个奇特的“死人城”，那里原是一个巨大的公墓，而现在却成为成千上万、无家可归的穷苦埃及人的住所。我曾经去参观过这个活人和死人杂居的地方，垃圾堆旁支着简陋的锅灶，墓前晾晒着破衣烂衫，污水在到处流淌，一些赤条条的孩子的头上、脸上，叮满了可怕的苍蝇……这一切使我深深感到，巍峨的金字塔以及围绕着它的整个埃及国土，仿佛是一个五光十色的多棱镜，不同的镜面反映出截然不同的景象。它们彼此是那么矛盾，然而，又是那么真实！

随着改革开放的逐渐深入以及中国和世界的接轨，国外对中国的关注度逐渐加深，反映中国发展变化的风貌通讯也不断涌现，成为世界认识中国，中国走向世界的一扇窗口。如：2014 年 8 月 29 日《新华每日电讯 · 草地周刊》刊发的《北京刹海：欲去还留的胡同人家》。

【例文】

## 北京什刹海：欲去还留的胡同人家

（节选，作者李牧鸣）

鼓楼西大街，柳荫街，护国寺，后海……尽是和记者一样的不停拍照者，操着南腔北调、英语、法语、日语……拍不知是不是原装的红墙绿瓦，也拍翻新得很假的深灰的院墙、虚掩院门缝隙里露出的破败。

松树街居委会的一个工作人员说，现在本社区，外来人口已经占到将近90%。

而在北京天恒正宇投资发展有限公司鼓楼西大街的居民接待处，拿号排队的居民倒是以京腔为主，大家聊的主题多数是扛到最后会不会补偿得更多，忧患意识强的则担心不签约，是否将永远留在大杂院里，继续蚁居生活。

在离开鼓楼的出租车上，显然是老北京的的哥冲着旁边施工的工地骂骂咧咧："还拆，还折腾，京味就是这么折腾没了！"问他住哪儿，意料之中，不是久居胡同之人。

胡同里的张大妈们，小高们，断不会这么说，因为在他们心中，自打什刹海开了酒吧，京味就渐行渐远了，什刹海的腾退，初衷良好，结局难料。不过，或许京味还会留存于他们的记忆中，也必定留存在林海音、刘心武的书里，一代代传下去。

如今，以互联网、移动终端为代表的新媒体时代已经来临，媒体格局也在发生着巨大的变化，形成了报纸、杂志、电视、互联网以及手机等移动终端的全媒体时代。新媒体时代的风貌通讯具有以下特点：

◎作者群体更加广泛。如今"人人都是记者的时代"，除了媒体的记者编辑可以参与风貌通讯的写作，越来越多的普通大众借助博客、微博、微信发表自己的旅游感悟、风貌见闻。

◎语言风格更为多元化。传统的风貌通讯更注重新闻性，一般是与社会关注的新闻热点、社会焦点紧密联系在一起的。新媒体刊登的风貌通讯常以作者的旅游见闻为主，叙述的风格也因人而异，大多都是有感而发，与传统媒体刊发的风貌通讯采访的扎实性、内容的丰富性、文化性、历史性相比，更加碎片化。

◎展现形式上更加注重文、图、视频的结合。在新媒体时代，整个世界都融为一体，新媒体的快速传播能力打破了风貌通讯的神秘感。通讯报道的内容，如果是文采飞扬的文字，再加上拍摄到位的图片、视频，往往更能形成更好的震撼效果。

对于通讯员来说，新媒体时代来临，这需要在保持传统风貌通讯特点的基础上，尽快适应新媒体时代的报道环境，以更加扎实的采访、更加丰富的报道内容和更加多元的报道形式来适应报纸、网络以及手机终端等不同媒体的需求，相信风貌通讯写作在新媒体时代仍能大放异彩。

**1. 风貌通讯的特点**

风貌通讯不同于一般的散文游记，具有新闻性、真实性、现实针对性等特点，风貌通讯的采写一般紧跟新闻热点、社会热点，采写的内容侧重于背后的文化警示，有极强的社会意义、文化价值。如新华网于2014年6月30日刊发的《张家口北站“谢幕”：见证中国铁路百年沧桑》一文以张家口北站谢幕作为新闻热点，来介绍这一铁路百年沧桑的历史沿革，同时唤起人们对他的记忆，呼吁相关部门的保护工业文化遗产。

**【例文】**

## 张家口北站“谢幕”：见证中国铁路百年沧桑

（节选）

新华社石家庄6月30日电（记者宋强　白明山）7月1日，已有105年历史的张家口北站将取消乘客上下车业务，只保留售票业务，意味着这个见证了中国铁路百年沧桑的“活化石”将正式“退居二线”。

到6月底，张家口北站仍有两趟车次运营，分别是北京往返张家口的4415/6次列车和张家口往返大同的6087/8次列车。根据北京铁路局通知，自2014年7月1日起，这两趟车次运行区段调整为北京—张家口南、大同—

张家口南，北站将不再承担旅客上下车业务。

“我们无法参与它的开始，但可以见证它的谢幕。”在得知北站即将停运，市民赵治海说。同他一样，多名张家口市民表示，将会购买最后一班火车票作为纪念。记者查询铁路订票官网发现，开往北站的“末班车”车票已售罄。

风貌通讯又不同于一般的新闻，风貌通讯的文学性更强，一般配发图片。报道对象上侧重于各国、各地区的社会风貌，风土人情。举凡天文地理、自然风光、文化教育、社会生活、道德面貌、经济状况、历史遗迹、园林建筑、地方特产等，都可以成为风貌通讯的报道对象。

风貌通讯可以采用多种不同的名目：见闻、侧记、巡礼、航讯、印象记、速写等等。从写法和体式上看，也是多种多样的，写景、状物、记人、述事，散文体、日记体、书简体，无不适用。

风貌通讯的语言风格更为文学化和散文化，比一般的新闻作品更注重对环境的描写。如果说人物通讯的核心是人物，事件通讯的核心是事件的话，风貌通讯的核心就是环境——不是表现社会环境，就是表现自然环境；不是表现宏观的背景，就是表现具体的场所。

**2. 风貌通讯的类型**

风貌通讯分为多种类型。

以着眼的地域不同划分：主要分为国内通讯和国外通讯两大类。

以报道的内容对象不同，可分为以下五种：

综合性报道一个地方的政治、经济、文化多方面面貌的；如《今日大寨》《双头鹰的国度》[①]。

侧重报道某一方面的变化和某一项建设成就的；《北京什刹海：欲去还留的胡同人家》。

侧重报道某一自然奇观和社会奇观的；如《金字塔夕照》。

侧重报道名胜古迹及其今昔变化的；如《张家口北站“谢幕”：见证中

---

① 作者刘上洋，刊于《江西日报》2009 年 2 月 20 日 B2 版。

国铁路百年沧桑》。

侧重报道某地风土民情和精神面貌的。如2014年6月28日，新华网刊登的《西藏芒康盐井盐田：千年技艺走进现代社会》：

## 西藏芒康盐井盐田：千年技艺走进现代社会

（节选）

新华社拉萨6月28日电（记者王守宝、文涛）清晨，蓝天上的白云映在古老盐田上，次仁曲珍走到澜沧江岸边，将盐池里的卤水装进木质盐桶，沿着盐田间狭窄小路蹒跚而上，背到盐田边并倾倒在上面。

这就是西藏芒康县盐井盐田传统的晒盐技艺场景，有着上千年历史。这项技艺被列入国家级非物质文化遗产名录，用作晒盐的古老盐田也是国家级文物保护单位。

澜沧江流域绵延2000多公里，却在西藏芒康纳西民族乡这一片不大的地方，自然生成一些特殊泉眼，流出的泉水含有较高盐分，当地百姓正是利用这种含盐量高的泉水，发明了流传千年的晒盐技艺，并逐渐形成了几千块用于晒盐的盐田。

澜沧江携带泥沙在河谷穿行，登高望去，如万匹骏马卷起滚滚黄土在峡谷间奔跑。相比这种壮观的气势，江两岸，静静地矗立着几千块方格形状的盐田，大小4平方米到12平方米不等，依山傍水，细细数来，盐田层层叠叠，可以累加到8到9层，像密集的古老阁楼镶在山腰上。

侧重报道某一大型活动（如博览会）概况的，在大型活动当中发现一个地区、行业的新面貌，呈现给观众，让观众仿佛身临其境。如2013年9月6日《光明日报》刊发的《“魅力之城”绽放》一文：

## “魅力之城”绽放

本报通讯员　刘雯　白歌　本报记者　于园媛　刘昆

异域风情的欢快舞蹈、琳琅满目的珠宝手工饰品、热情洋溢的国际友人……自9月3日第十届中国—东盟博览会南宁会展中心开馆起，作为今年中国推介城市的南宁和东盟10国推介的“魅力之城”，在这里竞相展示各国独具特色的美景、美食和民族风情。

**民族歌舞备受青睐**

菲律宾今年的“魅力之城”是伊莎贝拉。来自菲律宾的10余位舞者，身着节日的盛装，以极富感染力的民族舞蹈，吸引了众多观众。菲律宾的传统歌曲响彻展区，歌舞演员热情洋溢的笑脸、清脆悠扬的歌声、充满浓郁地域风情的装束，让观众大饱眼福。

柬埔寨民间艺人的舞蹈展现了日常生活劳作的景象，头顶草帽、弯腰插秧收割的场景与广西民间祭祀庆典舞蹈颇为相似。舞者展现了忙碌、充实、欢快的劳作以及庆贺丰收的喜悦和幸福。不同的地域，相通的舞蹈，观众从柬埔寨艺人的舞蹈中寻到了文化的交流相融之处。

**工艺精品惹人喜爱**

置身东南亚国家“魅力之城”的展区，充满异域特色的工艺精品令人驻足。记者发现，“木质”展品尤其惹人喜爱。进入文莱展区，大气的木质门柱、小巧的木房子、原木纹理的靠椅，犹如一座别致、古朴、典雅的村落。柬埔寨的树皮木屋则充满了热带原始村落的味道，登上一座质朴的“空中阁楼”，里面陈设的生活用品也基本以木质为主，身在其中，犹如置身热带雨林。

泰国的木雕脸谱造型独特、木质细腻，一位泰国小伙子介绍，这种木雕脸谱可用作壁饰，全部由手工艺人雕刻、打磨、描画。越来越多的海外人士喜欢泰国的木雕脸谱，而木雕脸谱艺术也成为人们了解东南亚文化的切入点。

**“魅力之城”争奇斗艳**

在南宁展区内，科技带来的视觉享受让人们感受到南宁的崭新面貌。数百平方米的LED屏幕构成了展区的墙壁和地板，人们在“荷花池”上漫步，即可欣赏“绿城”南宁的风景名胜。最让人感兴趣的是一本可以用手势翻页的“书”，这本大“书”其实是一个电子屏幕，借助感应器，阅读者只要轻轻摆动手臂，即可前后翻页进行阅读，轻松了解南宁的风土人情和投资环境。

“魅力之城”展示是中国—东盟博览会的重要专题之一。每届博览会期间，中国和东盟各国都精心挑选本国具有代表性的城市作为“魅力之城”参展，并举办城市专题活动和城市推介会以及城市交流活动。“魅力之城”争奇斗艳，为中国—东盟博览会增添了绚烂灵动的景色，也让观众在与各国城市的“贴身”接触中，增进了解，加强交流。

以报道的形式和风格划分，又可分为导游式或见闻式风貌通讯，如中新社《出访航天城》、散文式风貌通讯，如穆青《金字塔夕照》等。

## 二、风貌通讯的采写要领

### 1. 风貌通讯的采访技巧

（1）采访之前做足功课

苏东坡的《嫁说》说道：“博观而约取、厚积而薄发。”说的就是记者在实际采访中，要收集大量的资料，知己知彼。风貌通讯多涉及一个地区或者行业的历史风貌、文化背景，需要采访者在动身采访之前对所采访的地区或者行业能有一个比较直观的认识，不至于到了现场采访时不知所措，抓不到重点。地方志之类的出版物和官方网站，有必要查阅。

（2）掌握丰富的素材

任何一个地方的面貌都是丰富多彩的，又都是富有自身特色的。风貌通讯的采访必须要报道者亲临现场、身临其境，感受其人、其事、其变，才能给读者呈现出最真实的风土人情，最直接的感受，通过自己的所见、所闻、所感尤其是通过丰富的细节描写和鲜明的人物特征将读者带进特定的环境当中，让读者感同身受的同时，能够引起读者情感上的共鸣。

### 2. 风貌通讯的写作技巧

（1）抓住报道对象最有特色的地方落笔，在“新”和“变”上做文章

风貌通讯从选材到最后的谋篇布局，应该突出新变化、新面貌、新气象并将历史背景、文化内涵穿插其中，涉及深刻社会问题的风貌通讯要尤其突出警示意义。如 2014 年 8 月 29 日中国日报网刊发的新华社记者文章：该文将昔日荒漠戈壁与如今绿色丰盈做了一个对比，描写了中国贫困地区的变化，也能够引起人们对更多贫困地区的关注。

探访中国最大生态移民区：

## 昔日荒漠戈壁　如今绿色丰盈

新华社银川8月29日电（记者何晨阳）“我们刚搬来时，外面刮阵小风屋里家具很快就能被黄沙覆盖。夏天大家都盼风，刮风凉快，但我们这里却最怕风。”宁夏回族自治区吴忠市红寺堡区团结村村民苏克林说。

苏克林的老家位于宁夏中部干旱带的同心县新庄集乡，山大沟深、干旱少雨，只能“靠天吃饭”。为改善生存环境，十几年前，宁夏开始陆续开展大规模移民，20多万人举家迁往红寺堡，告别极度缺水的家乡。

团结村是苏克林的新家，在1999年前，这片区域在民用地图上没有任何标记，因为这里曾是一个靶场，非常荒凉。由于靠近腾格里沙漠东北边缘，加上当初绿化没跟上，“一年一场风，从春刮到冬，天上无飞鸟，风吹石头跑”曾是这里的真实写照。

“‘荒漠沙滩’是我们来这儿的第一印象。”红寺堡区林政办主任马进说，当时村民种玉米，一场风沙就能把玉米苗全部淹没。

为切实改善人居环境，让从西海固地区搬迁出的群众留得住，自移民伊始当地就始终把生态环境改善放在首位，建设过程中也体现着红寺堡人的智慧。

红寺堡区区长丁建成说，为让沙漠戈壁变绿洲，红寺堡区每年投入1亿元，大力进行生态建设，建区时没有1平方米绿地的城区如今绿地面积已超过5000亩。

“过去是一碗饭半碗沙，现在一年最多刮两场小沙尘，这对处在沙漠边缘的地区来说难能可贵。”红寺堡区中圈塘村村支书杨国文说。

夕阳西下，记者漫步在占地800亩的生态公园，50多个品种近200万株林木红花绿树层峦叠翠，夕阳映照在人工湖面上，让人犹如到了江南水乡。

“这片湖面以前是一个碱水坑，地面无法种庄稼，所以我们改造成了人工湖。”红寺堡区园林局园林办公室主任马克龙说，湖内蓄水可供周围植被绿化灌溉，又可作为休闲景观。

雨水增多和小气候改变，是红寺堡生态改善的最好证明。“我们这里水比油贵，只要有一场有效降雨，林业部门就能省下100万元灌溉、养护费用。”马克龙说，随着植被的恢复，降水量连年增多，今年前半年的降水量就超过往年全年。

生态改善后，红寺堡吸引了一批风光发电企业和葡萄酒酿造企业投资。开发初期一片荒漠的红寺堡如今已累计种植葡萄10万亩，引进葡萄酒加工企业11家，葡萄年加工能力近4万吨，当地农民年人均纯收入也由不到500元，增至去年的5317元。

20多万移民已在此扎下根，靠勤劳的双手住上楼房，液晶电视、空调、冰箱等早已成为家里的寻常物件。杨国文告诉记者，全村买车的家庭已超过一半，一些村民放下锄头就到驾校学车，村民购买的不少轿车价格都在20万元以上。

从昔日荒漠戈壁，到如今的高楼、绿洲，生态移民区越来越繁华，红寺堡的变迁是中国贫困地区变化的一个缩影。

（2）抓住报道对象最精彩的细节和故事，在“人”和“物”上下功夫

风貌通讯的报道对象无论是自然风光、历史古迹还是风土人情，都离不开当地的人和物，往往人和物是贯穿整个风貌通讯的“灵魂”所在，是一篇成功的风貌通讯必须具备“人情味”和“故事性”。这就需要记者深入到当地的普通群众当中，与群众打成一片，切实的感受当地人民的喜怒哀乐，挖掘最震撼心灵的故事。如果走马观花、浮皮潦草，又怎能想象写出的风貌通讯会有血有肉，直入心灵。如新华网刊发的新华社记者采写的《冈仁波齐神山脚下众生相》。

【例文】

## 冈仁波齐神山脚下众生相

新华社拉萨8月28日电（记者许万虎）今年，适逢12年一轮的藏历木马年。藏传佛教信众认为，是年转冈仁波齐神山，功德高于平常年份。

在冈仁波齐脚下，生活、穿梭着身份、职业、年龄各异的人们，他们遥望神山，用心描绘属于自己的心愿。

位于西藏阿里地区普兰县境内的冈仁波齐神山，海拔6656米，被印度教、古耆那教、苯教和藏传佛教信众认为是世界的中心。

神山西侧，深藏着一座藏传佛教寺庙——曲古寺。每天凌晨，24岁的僧人索南旺扎为佛堂的净水碗换上清水，待黎明破晓，便面对冈仁波齐，燃起桑烟，默默祝祷。

索南旺扎来自普兰县巴嘎乡，两年前来到曲古寺为僧，在他看来，能在神山脚下学经、修佛，是作为一名僧人的福分。

“冈仁波齐在藏传佛教里地位很高，传说有神佛在山上居住。我们寺庙在神山脚下，日夜都能得到神山赐予的祝福。”索南旺扎笑着说，云层散开时才能看到神山，所以每一次神山露出真容，僧人们都会停下手中的事情，虔诚祈祷。

“今年是马年，转山的人很多。曲古寺是转山路上的驿站，别看位置偏僻，但香火很旺。”他说，以后的每一天，我会一如既往祈求神山护佑国泰民安、利乐众生，这是我的心愿。

清晨，冈仁波齐西麓的色雄圣地微风习习，巨大的五彩经幡阵与神山相对遥望。来自拉萨、年过五旬的藏族老人洛追轻捻念珠，与女儿席地而坐，嚼着奶渣说笑。这是他来阿里转山的第二天了，稍作休息后，他们继续沿顺时针方向朝神山深处进发。

“马年转山，转一圈相当于平常转13圈，功德无量。”洛追告诉记者，小时候自己曾和父母来阿里转过一次神山，光坐车就要好几天，现在交通方便了，从拉萨乘飞机几小时就到了。

对于藏传佛教信众而言，转山不只是简单的徒步，更是敬佛修心的过程，洛追老人也是如此。每走一步，他口中都会念念有词。老人说，他不是为自己祈求什么，而是不断重复着藏传佛教信众最朴素的心愿：“祈求佛祖保佑世界和平，六道众生离苦得乐。”

“今生多做善事，多积累功德，才能得善果。能在马年转山，是我修来的福气。”说话间，天放晴，冈仁波齐露出洁白的峰顶，洛追双手合十，划过头顶和胸前，五体投地。

在神山门户“塔尔钦”，不少游客身着冲锋衣，背着行囊，拄着登山杖，蓄势待发。来自安徽的胡俊今年33岁，是位公关公司职员，他特意趁休假带女友来阿里转山。

“昨天在公路边上我有幸遥望见到冈仁波齐，从前在书里看到的神山突然出现在眼前，真不敢相信。”他说，转山还没正式开始，自己就吃了不少苦头，但也收获了对大自然的敬畏心。今后的生活，一定能更加从容、坦然。

别人来转山是为了祈福，你有什么心愿？面对记者的问题，胡俊笑了，“神山将这么多纯净的灵魂聚集在一起，希望我能从中收获一份内心的平静”。

（3）最大限度地传播历史科学文化知识，在“广”和“深”上动脑子

风貌通讯往往会涉及许多天文地理、历史典故、文化教育、科学技术等方面的知识。可以说风貌通讯的一个重大功能就是传播历史科学文化知识，开拓人们的视野，丰富人们的知识，陶冶人们的情操，这也是吸引读者的魅力来源之一。

风貌通讯往往需要在有限的字数里描述出最出彩的内容，其中不可避免地需要穿插各种背景介绍、这也是风貌通讯最重要的“骨架”，也是最值得报道的内容，这就需要作者具有历史时空的思维，稳重的历史文化知识既需要广，又需要深，让读者能一目了然。如2014年6月28日，新华网刊登的《西藏芒康盐井盐田：千年技艺走进现代社会》中，就传播了当地盐田的构造、收获、运输：

盐田的构造也很奇特，将几根到十几根不等的原木插在江岸地面，在上面横铺木板，再将澜沧江两岸山上的泥土铺撒在上面，以此形成盐田。

据当地百姓说，盐田使用的树木是在盐水里浸泡过的，很结实，耐腐蚀。盐田上面横铺的木板每隔一段时间会取下来，在卤水池里浸泡，这样木板中积累的盐分会释放到水中，可以进一步提升卤水池中卤水的含盐量。

记者采访时正好是加达村对岸的上盐井村成品盐收获的时候，百姓将成品盐装进白色麻袋，一匹匹骡子或马驮着装满盐的白麻袋，沿着山腰间的崎岖山路前行，以这种方式将这些盐运送回家，让我们仿佛再次看到古时候行走在茶马古道上的马帮。

（4）在写作风格上要讲究文采，在“情”和“景”上着笔墨

风貌通讯是通讯中散文化色彩最突出的一种。这就是说，风貌通讯比起别的通讯形式来，要求有更多的文学性、文化性。风貌通讯的文学性，主要通过描写、抒情的方法来实现。描写主要是写景状物，要把景色、事物写活，让人如身临其境，如闻其味。抒情则是缘景生情、借景抒情。所以风貌通讯的报道者应该在情和景的写作上着笔墨，如何寄情于景，努力做到情景交融，是需要下一番狠功夫的。如原载于 1985 年 10 月 5 日《人民日报》第 2 版《今日大寨》（节选，作者李克林）是这样来寄情于景的：

金秋时节，我来到大寨，第一个印象是，这里山村静悄悄。虎头山默默无语，大柳树长丝低垂，几条牛在山坡慢悠悠地吃草，小雀在枝头鸣叫……往昔那“红火”的景象，那无尽的人流，都已悄然逝去，那曾经踏上四面八方的参观者的千千万万个脚印的大寨之路，如今已长满荒草，只留下窄窄的山道。夜晚，我住在大寨国际旅行社，偌大一层楼只我一人，静得令人发怵。清晨，我站在虎头山边，遥望蓝天白云，不禁思绪万千：大寨！你为什么这样寂寞？！

然而，当我深入这个山村内部，却发现另一种景象：到处生机勃勃，热气腾腾；与过去那种表面“红火”、内部僵冷的景况，恰成鲜明的对比。过去我来大寨，不能随便和社员谈话，社员们也是板着面孔什么也不说；这次我可以自由自在地走东家串西家，和干部群众任意交谈，和大嫂大娘炕头谈心。我串了七八家窑洞，一种“自由”“解放”的喜悦扑面而来。大寨人几乎是异口同声地说：现在真好！贾忙妮说：“现在可真自由，想甚时去就甚时去！”吕喜英说：“邓小平真沾！可把咱妇女给解放了！”自由，解放，这本是 30 多年前常见的字眼，今天，竟在大寨妇女口中重新出现，颇耐人寻味。

## 第七节　新闻专访的采写

在现实生活和工作中，总会有一些事件、问题和人物，在某些时候成为人们关注的焦点。人们对这些“焦点”充满好奇，与之对应的高质量专访可以满足人们的好奇心。针对某些问题、某一事件，选定一名采访对象，进行面对面采访或书面采访，这种行为就是新闻专访。在面对面采访或书面采访之后形成的新闻报道，就是专访稿件。

作为一种工作行为，专访是记者事先带着若干问题到现场去，对有关人员进行专门的采访。专访对象，可以是名人明星、政商要员，也可以是新闻事件中的新闻人物，还可以是契合特定报道主题的普通人。如果是企业报要做一个专访的话，可以专访公司总裁、部门总监、杰出业绩员工。

专访与一般的采访的不同之处在于：前者往往只采访一个人，后者则不限人数；前者是针对某些问题做深入的采访，后者则可以“蜻蜓点水”不求深度；前者的采访记录整理一下便是独立的报道，后者则可以使用较多的新闻背景资料、现场观察所得素材。

专访是一种“特殊的通讯”。专访与常规通讯的不同之处在于：记言为主，报道文本完全以对话记录为基础，稿件形式常采用对话体。

作为一种报道体裁，专访是以记者对于现场人物的谈话，对现场的观察，包括人物的音容笑貌、思想性格，以及对周围的环境和印象的认识，而以对采访人物的原始谈话原始记录为主，穿插有关的背景材料连缀成一篇特殊的通讯。

如今，专访已经成为一种重要的报道体裁，不少报纸、杂志、电视、广播媒体都开辟了专访类的栏目（如 CCTV 的《面对面》《对话》《艺术人生》，凤凰卫视的《问答神州》《鲁豫有约》《风云对话》《杨澜访谈录》）。县市区内部报刊、校报、企业报、官方网站等内部刊物，也可以开设专访栏目。

当然，人物专访不一定要放在特定栏目之中。《人民日报》2014 年 8

月26日第6版，就刊登了一篇近1500字的新闻专访，全文如下：

专访中国社科院城市发展与环境研究所所长潘家华

**推动全社会向生态文明转型**

本报记者　刘毅

**记者：** 党的十八届三中全会强调“加快建立生态文明制度”。生态文明制度体系主要包括哪些？

**潘家华：** 生态文明制度体系建设，主要有四个方面：

一是健全自然资源资产产权制度和用途管制制度，涉及确认自然资源资产的国家和集体所有权，以及这些资产的使用权、收益权、开发、租赁、转让和抵押等权限，对于重要自然资源资产，还要有规定其生产、生活、生态空间利用的用途管制制度。

二是根据主体功能区、自然资源可持续利用上限和污染物排放总量上限选定红线指标，划定生态保护红线体系，探索建立自然资源资产负债表制度。

三是建立操作性强的、反映自然资源稀缺程度、生态环境损害成本和修复收益的自然资源有偿使用和生态补偿制度。

四是改革生态环境保护管理体制，理顺部门责权利关系，提升生态环境治理的水平和能力。

建立健全符合生态文明要求的市场机制、法律体系、治理架构、考核评估和责任追究制度，有助于将生态文明建设融入经济、政治、文化、社会建设各方面和全过程，推动全社会的生态文明转型，破解资源环境瓶颈制约，加快建设美丽中国，保障全球生态安全。

**记者：** 在生态文明制度体系建设方面，现阶段取得的进展和主要亮点是什么？主要难点有哪些？

**潘家华：** 建设生态文明需要建立完整的制度体系，生态保护、污染控制和资源可持续利用等方面的制度建设，需要将源头、过程和终端全覆盖，需要形成一整套的法律、标准、政策以及监管、执行的制度体系。

从目前情况看，建立生态文明制度体系的进程在加速，进展非常快。

今年4月，全国人大常委会审议通过了新修订的《环境保护法》，有许多引人注目的制度安排，例如针对“违法成本低、守法成本高”的问题，做出了按日计罚的规定；规定社会组织可以作为环境公益诉讼的主体，为环境公益诉讼的实施提供制度保障。5月份，国务院批转国家发改委关于2014年深化经济体制改革重点任务意见的通知发布，明确把生态文明制度建设列为重点。环保部正在研究划定生态红线，一些地方在开展碳交易试点，建设生态文明先行示范区，实施阶梯水价、阶梯电价……各地方、各部门都在积极行动。

建设生态文明制度体系，面临一系列挑战。第一是利益藩篱。部门权责交叉、地域利害关联，实现生态文明建设一体化、一盘棋，必须打破利益藩篱。第二是如何融入。生态文明必须融入经济、政治、文化和社会建设的各个方面。第三是消费理念。生态文明建设和经济发展的目的是要提高生活品质，但追求奢华的消费文化和不够理性的消费理念是不符合生态文明、不健康的。

**记者：**应该如何攻坚克难，解决这些难题？

**潘家华：**应该说，我们的生态文明制度体系建设，已经有一定基础，十八届三中全会《决定》要求很明确，中央和地方的推进力度很大，已经有较大成效。

但前述的难点，解决起来不可能一蹴而就。之所以有利益藩篱，是因为有分割。如果一体化，把隔离除去，藩篱也就不存在了。要做到这一点，首先需要整合机构职能，比如设立生态文明建设委员会，就可能起到事半功倍的效果。此外，要明确责权利，例如，生态补偿需要有明确的主体和受体，才能形成责权利明确的契约关系，生态服务的品质和数量才能得到保障。

关于“融入”问题，实际上涉及全社会的生态文明转型。经济运行不应该是简单的利润最大化、货币财富积累，而应该是价值的最大化，这种价值就包括生态价值。在经济转型过程中，我们要坚持绿色发展、循环发展、低碳发展，体现生态文明的价值观。同样，在文化和社会的价值伦理中，也需要融入生态文明尊重自然、顺应自然、保护自然的理念，崇尚健康、理性、和谐、适度。因此，干部的绩效考评，生态环境指标不可或缺，权重还要加大。

新闻专访，主要有四种类型：人物专访、问题专访（含科普专访）、事件专访。

人物专访的采访对象必须是一个值得报道的“新闻人物”，而且稿件行文的重点也是这个人，而不仅仅是这个人的观点（问题专访的重点，恰恰是某个人的观点）。人物专访的内容，以采访对象的现状、理想、思想、情感为主，以便展现采访对象的精神状态、人生轨迹。

一般而言，人物专访最好配发相关图片，而问题专访则不必刊登受访者的图片（即使刊登，也不必是大图）。刊播人物专访时，往往会配发这个人物的简介作为稿件的背景材料，方便读者了解。

人物专访的采访对象，一般是下述几类人：为社会做出突出贡献的人；在某一方面获得较大成功的人；因某种行为引起了广泛注意的人；身居要职的人；由于某些特殊品质或特殊原因而备受社会注意的人；新闻事件或热点问题中的关键人物；有某种特定新闻背景的人；优秀新员工[①]；情感话题倾诉人；等等。让众人关心的人谈谈自己，容易受到读者的欢迎。

对于这样的“新闻人物”，读者迫切地想了解他（她）本人：成就是怎么取得的？人生价值观、理想是什么？工作方法、生活方式又如何？是个什么样的人？为什么要那样做？现在怎么样了？将来会怎样？人物专访的传播目标，是让受众更加了解这个人的多个方面。

例如，《新法制报》记者郭俊 2014 年采写的《〈中国成语大会〉冠军

---

① 2013 年 3 月，一大批应届生通过校招进入大智慧阿思达克通讯社。2014 年 3 月，许多应届生也迎来了入职通讯社的“一周年”纪念日。通讯社内部的电子杂志《骚年》为此在第六期推出封面报道《我是新兵，我怕谁！》：通过推荐与全社大投票，从北京、上海、深圳各选出一名“新兵代表”（分别是南昌大学毕业生孙翔峰、王娟娟和江西财经大学毕业生张开埠），为这三人分别推出一篇人物专访（均配两三幅彩色图片）。这三篇人物专访，均为对话体，文风活泼，语言新潮。

唐蕊：网络时代更要感受汉语之美》[①]，就是一篇针对“新近取得珍贵荣誉的人”展开的人物专访。

《中国成语大会》冠军唐蕊：

**网络时代更要感受汉语之美**

毕业于南昌大学现在北京就职　笑言“在绽放的年纪做了件美丽的事”

**人物简介**

唐蕊，辽宁人，现年22岁，毕业于南昌大学汉语言文学专业，现在北京市海淀区某杂志社从事编辑工作；7月6日夺得2014年度《中国成语大会》总冠军。

《中国成语大会》是中央电视台与国家语委联合主办的2014年度重点语言竞技比赛节目，自4月开始，经过近3个月的鏖战，比赛终于在7月6日晚落下帷幕，毕业于南昌大学的唐蕊获得了总冠军。

追问这段奇妙的旅程，不难发现，唐蕊之所以能有今天的成绩，与其从小就接受汉语文化的熏陶息息相关。而对于当下网络时代的提笔忘字、用错成语的尴尬，唐蕊以为主观上其实是大家对母语少了一份热爱与坚持，“只有多写多读，才能感受到汉字汉语的魅力”。

7月8日，新法制报记者专访唐蕊，带您了解一个“在绽放的年纪做了件美丽事儿”的女孩。

**“希望生活中有多些经历和颜色”**

7月6日晚，首届《中国成语大会》比赛落下帷幕，今年22岁，毕业于南昌大学的唐蕊夺得了总冠军。她的夺冠之路，起始于一次机缘巧合。

**新法制报**：你是怎么知道这个比赛，又是什么触动你选择参赛的？

**唐蕊**：我是通过于丹老师的微博得知这个比赛的。之所以参加比赛是因为我感兴趣，当时没考虑能否通过海选，只认为这是一个可以让自己去学习积累成语的机会。另外我对电视也充满兴趣和好奇，正好又在北京工作，所以想去“见见世面”。就生命体验来说，我是希望生活中有多一些

① 2014年7月9日在《新法制报》第三版刊出。

经历和颜色。

**新法制报：**想过拿冠军吗？

**唐蕊：**只觉得自己成绩应该会不错，但没想过拿冠军。新法制报：参赛选手多吗？你前后参加了几轮角逐？

**唐蕊：**最开始有3万多人报名，只有36进入了总决赛。经历的比赛太多记不清楚有多少场了，大概14场左右。我们是先录后播，那段时间选手们就像集训一样每天都在一起忙个不停，非常辛苦。

**新法制报：**整个比赛下来，有没有让你印象深刻的事，有后悔惋惜的时刻吗？

**唐蕊：**印象最深刻的应该是总导演过生日那天，比赛结束后大屏幕上放映着大家对他的祝福，唱生日歌、吃蛋糕、吃海底捞。选手们开玩笑说这是吃的最好的一餐，其实大家享受的是紧张比赛中的放松与所有人团聚的情谊。

最遗憾的是营救陈默金那一场，那是第一次救人，心里很紧张，最后没能成功救回他。就像我在微博上说的“我不杀伯仁，伯仁却因我而死”。

**新法制报：**作为两人搭档的游戏，配合非常重要，你与搭档是怎么练习默契的？

**唐蕊：**其实我们俩并不是太“勤奋”的选手，可能是彼此知识积累、语言习惯很接近，慢慢地搭出了“感觉”。

**新法制报：**回顾整个参赛过程，你认为决定成败的最大因素是什么？

**唐蕊：**其实实力、心态、运气都很重要。实力和心态是自助、运气是天助，不仅是比赛吧，任何一件事的成功都是天时、地利、人和的结果。

**“简单几个字表达丰富含义，妙不可言”**

母亲矫国丽说唐蕊的成功得益于她对古典诗词的喜爱，她在儿时就与汉语结下了缘分，对于文字的最初启蒙是来自于曾任中学校长的姥爷矫鸿俊的影响。每次回家她都会与姥爷切磋古典诗词。

**新法制报：**你在大学的专业是汉语言文学，毕业后去北京从事媒体编辑工作，都是跟文字打交道，这应该是你的优势吧？

**唐蕊：**会有一些优势，但我更佩服徐源、邢正他们，非文学类专业却能有如此积累。

**新法制报**：除了知识，这次比赛给你最大的收获是什么？

**唐蕊**：是人、是情。相遇很难得，相遇中熟悉并保持联系、成为朋友更难得。认识一群优秀而有趣的人，是最大的收获。

**新法制报**：你是怎么喜欢上成语的？

**唐蕊**：对于很多古典文化形式我都崇敬并喜欢，成语自然在其中，简单的几个字能表达丰富的含义，甚至讲了一个故事，画了一幅美景、传达一种精神，尺幅千里、妙不可言。

**新法制报**：媒体援引你妈妈的话，说你的成绩得益于有个知识渊博的姥爷？

**唐蕊**：是的。姥爷一直鼓励我学习古典文化。不过妈妈也曾给过我直接的影响。还有爸爸，他们都给我自由的空间，让我追求自己喜欢的，理解我的“固执”。

**新法制报**：你在南昌度过了四年时间吧？

**唐蕊**：在南昌大学学习的日子，是充实而美好的，我很享受这汲取知识的四年。而且来到南昌大学，是第一次出远门独自生活，也让我得到锻炼与成长，更懂得坚持、更明确梦想。

**新法制报**：我注意到你的微博头像是身穿舞蹈服装的照片，同学说你还喜欢很多艺术形式，这些对你的生活有何影响？

**唐蕊**：是的，胡适先生给毕业生的“第二个方子是，发展一点儿非职业的兴趣”。美的东西让我的生活更加诗情画意，同时也让平凡的日子充满了热情和想象。

**“应多写多读，感受汉语的魅力”**

在网络社会，我们常常会与这样的时刻尴尬相遇：提笔忘字，用错成语……于是出现了像《汉字英雄》《中国成语大会》这样识字竞技的益智类电视节目。究其本质，这到底只是吸引眼球的节目，还是真的可以传播中华传统文化？

**新法制报**：《中国成语大会》和之前的《中国汉字听写大会》《汉字英雄》都吸引了很多人的关注，你觉得原因是什么？是传统文化的本身魅力还是电视节目运作得成功？

**唐蕊**：古老的文化魅力在现代媒体的平台上熠熠生辉，二者的结合是特别必要的。传统文化虽然魅力无限但毕竟年代久远，且受众不是特别广泛；而电视节目是大家喜闻乐见的，二者缺一不可。不过，这可能对电视节目的要求更高些，既要照顾到普罗大众的兴趣点，又需要张弛有度的传播传统文化，一旦安排不好就容易形成“高高在上”的孤家寡人形象。

**新法制报**：不少网友认为，难度较大的赛制虽然造成了有张力的节目效果，吸引了眼球，但是因为与普通人的生活相隔较远，所以传播中华传统文化的效果其实并不强？

**唐蕊**：赛制归纳起来就是一描一猜，其实形式并不复杂，朋友间、家庭里都可以互相玩，我知道“中国成语大会贴吧”的网友们就会在网上互动猜词。就像这个比赛的主持人张腾岳老师说的，我们是想让大家关注成语、喜欢成语，从这个层面上讲，我想《中国成语大会》做到了。

**新法制报**：现在很多人提笔忘字，你怎么看待国人对于母语掌握能力的弱化？

**唐蕊**：网络书写、阅读形式的出现无疑是提笔忘字的重要客观原因，但从主观上来讲可能是我们自己少了份热爱与坚持。快节奏的生活让我们追求简单省时的方式，其实包括我自己，大部分都是网络书写。所以我们每个人都应该抽出些时间多写多读，去感受汉字汉语的魅力。

**新法制报**：一方面，娱乐类电视节目在当下盛行；另一方面，旨在传播中国传统文化的益智类节目也在努力娱乐突围，你对它们各持什么看法？

**唐蕊**：二者其实并行不悖。现代社会需要娱乐精神；文化益智类节目在娱乐节目中突围并不容易，并且通过电视节目传播传统文化也绝非一蹴而就的，它需要慢慢地浸润。前者服务当下，后者着眼未来，只要是好的节目就会有观众、有生命力。

**新法制报**：当下社会，中国传统文化越来越偏离青年的生活，取而代之的是急躁快速的网络时代，在这样一种环境下，你怎么保持自己对于前者的追求？

**唐蕊**：网络时代、现代生活我也乐在其中，毕竟这是当下的生活方式，合理安排也可以不那么急躁。我也爱成语、诗词、古典文化……喜欢它们沉淀下的静与美，以及透过文字后的那种精神与态度。因为爱才会追求，这是一种自觉行为。

**“人生还是随意一点好”**

通过这次比赛，唐蕊在南昌大学的老师担心她现在的工作远不能满足她，而接下来的冠军奖励——欧洲之旅，正好提供了时间给唐蕊思考，她的将来到底该往哪里去?

**新法制报**：同学说，你在大学时就是一个非常有规划的人，凡事都有计划。

**唐蕊**：其实不算“非常有规划”，只是还算比较清楚自己的梦想和目标是什么，并尽量努力去实现。也可能我对自己的应急反应不够自信，所以不能“打无准备之仗”，清楚方向才不容易迷失。

**新法制报**：比赛之前，你对未来的规划是什么？现在，人生规划会有变化吗?

**唐蕊**：我喜欢亦舒说的一种生活状态，“我的理想生活是什么都不做，穿着诗韵的衣裳，开一辆白色的摩根，在石澳公路上飞驰，连风头都不出。”职业或许该有些规划，但人生还是随意一点好，有所期待、静静等待。

**新法制报**：通过这次比赛，你认为如何才能让人发挥并传播汉语之美?

**唐蕊**：我们一直是个诗情画意的民族，汉语是根系更是牵挂。电视节目是个窗口，让大家意识到我们的语言文字文化是这么的美，并且学校、家庭也多多宣传，逐渐形成共识与自觉性。这样才能使汉语之美传播并传承。

**新法制报**：回顾这人生当中的一小段插曲，你有想对自己说的话吗?

**唐蕊**：多幸运，在绽放的年纪做了件美丽的事儿。

问题专访是一种出现频率较高的专访，也称“意见专访”“言论专访”或“学术专访”。采写者针对某一个有普遍意义的社会问题，请特殊采访对象提供有关情况或发表相关见解。

《光明日报》特约记者廉海东采写的《中国下世纪会成为数学王国

吗——访旅美优秀青年数学家张寿武》①，就是一篇典型的问题专访——针对“中国下世纪是否会成为数学王国”这一问题展开访问，文本是对话体。

## 中国下世纪会成为数学王国吗

——访旅美优秀青年数学家张寿武

**记者：**20世纪即将过去，作为中国数学界的后起之秀和有世界影响的数学家，请您谈一下对20世纪中国数学的总体评价。

**张寿武：**中国近现代数学是在恶劣的环境中起步的。但20世纪30年代和40年代，中国数学却因两个奇才的出现而引起世界瞩目。

这两个奇才一个是陈省身，一个是华罗庚。陈先生以其在微分几何方面的高深造诣开拓了中国数学研究的新领域，后来的邱成桐和田刚等人又在这个领域里为世界数学做出了杰出贡献，邱先生还为华人首次赢得了费尔兹奖。华罗庚则开创了中国数学的数论传统，并与陈景润、王元、潘承洞等共同形成了中国数论学派，他们的成果一次又一次地震惊了世界数学界。而现在，中国数学界又有一大批数学家在微分几何、控制理论、动力系统、计算数学等数学的各个分支具备了很高水准。国际数学联盟确定2002年在北京举行21世纪首次世界数学家大会，就是对我们最好的评价。

**记者：**我们的祖先几乎对人类文化的每一个层面都做出过重要贡献，但有人说我们似乎在数学理论研究方面存在某些先天不足，您怎么看待这个问题？如果真是这样，传统上理论研究的缺陷会对下个世纪中国数学的发展带来负面影响吗？

**张寿武：**我想，搞数学有两种心态，一种是把数学当成一种工具，要解决实际问题，比如中国古代数学家在推算圆周率之类的实用问题上很舍得下功夫，做得也不错。但仅仅把数学当作工具，当作一种“术”是不够的。而另一种心态是把数学看作一种文化，一种艺术，一种哲学，一种生活，我欣赏这种心态。在我看来，做数学与写诗相似，需要的都是想象力，

① 刊于1999年12月9日《生活时报》。

是激情，是对美的感受与追求。中国出了那么多天才诗人和艺术家，说明我们这个民族一点也不缺乏想象力、激情与美感，而一个诗的民族，成为一个数学的民族是顺理成章的。

**记者：**陈省身先生在1988年提出，下个世纪，中国要成为世界数学大国，您认为我们能实现这个目标吗？包括您在内的海外的华人数学家对此可以有什么样的作为呢？

**张寿武：**我们的现状与这个目标之间还有很大差距，例如国内还没有人能够问鼎费尔兹奖这一数学界最高荣誉，我们在国际一流刊物上发表的论文数量还不够多，因而要真正成为世界数学大国，还需要相当长时间的努力。为了实现这一目标，海外学者有两件非常重要的事要做。首先，应该把国际数学界最新的动态及时带回国内，并帮助国内的同行尽可能好地吸收这些新东西。我计划从明年起，每年回国工作一段时间，主持一些讨论班。讨论班是结合教与学的很好形式，可以使参加者各方面得到提高。其次，要以王元等老数学家提携后学的精神为榜样，尽自己所能介绍国内有潜力的学生到国外一流大学去学习。最近几年，我推荐了不少中国学生到国外名牌大学学习，他们中一定会出不少人才。

**记者：**要实现21世纪成为世界数学大国的目标，国内数学界现在需要首先做哪些工作？

**张寿武：**我认为要进一步加快我们的教育体制改革。我国传统的中小学教育体制侧重于应试而忽视孩子天赋的发挥，数学也不例外。我本人该算是个幸运儿。我小学、初中教育条件比较简陋，语文、英语老师都没有配备，但正是这极差的教育环境给了我自由的空间。初中时，就有时间凭自己兴趣读了几本高等数学书，使我的数学天分很早得到了发展，要是我的中小学课程也像今天的孩子们这样繁重，是很难有这种发挥潜质的机会的。

大学教育就更应给学生创造发挥天赋的机会，三、四年级就应把必修课的比例降下来，让学生自主选择要学的东西。这也要求教授要善于告诉只有入门知识的学生什么课题是有价值的而又尚未被解决的，并激发他们通过自己学习攀登数学高峰的信心。有人以为一定要到了博士后阶段才可以开始研究工作，这是一种误解。要知道到那时，人们大都将不得不扮演社会规定的各种角色，创造力也相应会受到抑制。所以，我觉得我们最好建立一套新的教育思想，从中小学生直到博士生，让他们尽早、尽可能多地发挥自己的潜能与天赋。只要青年有希望，下个世纪，我们国家的数学水平一定会有质的飞跃。

**被采访者简历**

张寿武，男，1962 年生于安徽。1983 年毕业于中山大学数学系，1986 年在中科院数学所获硕士学位后赴美国，1991 年获哥伦比亚大学博士学位。1994 年获哥伦比亚大学终身教职，1996 年任该校教授，同年证明世界性难题波戈莫洛夫猜想。1997 年在全世界率先于全实域上推广了戈若司—扎基亚公式。1998 年应邀在柏林世界数学家大会上做 45 分钟报告，做此种报告者为最近四年内在某一数学领域有最突出贡献者。同年又获用于奖励全球杰出华人数学家的晨兴数学奖最高奖。

与人物专访和事件专访相比，问题专访的关注焦点不是某个人、某件事，而是某个问题，一般具有较好的理论深度，采访对象通常是某一领域的专家学者或权威人士，所发表的意见，具有一定的学术性或权威性。

例如，《牵牢素质教育这一“牛鼻子”——访广西大学党委书记余瑾教授》[①]，是针对素质教育问题而展开的问题专访，带有一定的学术性。

2014 年 8 月 21 日的《南方周末》，就国资改革、混合所有制等问题，一次性刊出冯禹丁采写的 3 篇对话体问题专访：《国资改革绕不开顶层设计　访中国政法大学研究生院常务副院长李曙光》《民资混国资，究竟谁能管谁　访中国社科院经济研究所研究员赵农》《“混合所有制是个‘制’，不是卖不卖股份”访北京大学法律经济学研究中心主任邓峰》。

专访的采访，分为书面专访与现场专访两种。

书面专访，可以通过发传真，电子邮件或者在线通过网络聊天工具实施。

现场专访，则复杂一些，需要准备好录音或摄像器材，需要准时到达采访地点。为确保记录准确，可以说服采访同意录音（录音笔效果最好，

---

① 刊于 1999 年 12 月 1 日《光明日报》，作者是该报记者刘昆和通讯员卫荣凡。

智能手机也可）。为避免录音器材电量不足或损坏，现场专访一定要带上采访本和笔做手工记录。在采访笔录时，重点记录有个性的话、包含重要信息的话，也可记录采访对象在特定时刻的手势、神态。有些容易出错的信息（如容易写错的姓名、职务，容易引起误解的地方，怀疑对方表达不准或有口误的地方），最好当场与采访对象核对确认。当然，采访结束后，也可以将稿件发给采访对象，看看有无失实之处。对方提出的修改意见，如不是失实之处，可根据采写实际有针对性地采纳。

新闻专访要想取得成功，有三个关键：

第一，要在专访前做好充分的准备，熟悉采访对象的背景材料、访谈话题涉及的专业知识，设计好要提的问题（至少 10 个以上，多多益善），挑选适当的采访时机和场合，与采访对象约好专访的时间和地点。

就专访而言，确定选题和约访可能是最难的，但准备工作（包括熟悉采访对象、谈论话题、设计问题）是最关键的。

凤凰卫视《问答神州》主持人吴小莉，就很重视做足准备工作："我们一定要找适合的时间点、适合的话题。……编导要看大量的资料，在海量的信息里面去芜存菁，就好像一大锅材料要炖出一锅精华的汤，然后再和我讨论提纲，再细化，最后现场提问，出来的东西再把它更多地电视化。""我们在提问的过程中，人家会觉得，你情况了解得比较清楚，或者是我们在发出提纲约访的时候，对方就觉得你对于我们的理解还是足够的，这是取得彼此信任的重要一环。"①

采访前的准备越充分，采访就会越顺利，效果也会越好。吴小莉曾经采访一个嘉宾，访谈中说出了嘉宾曾在某一次讲话中讲过什么，对方很吃惊，问小莉你怎么知道？"他只是没有想到我会看得这么细，我也只是在看这个资料的时候，觉得这一段我很触动。"

第二，要善于在采访过程中用眼睛采访（观察），要精心设计第一组问题，使其乐意将对话继续下去，以出色的临场控制与应变能力创造良好

---

① 本节吴小莉的原话，均引自凤凰卫视官方博客"凤凰情报站"，网址 http://blog.sina.com.cn/s/blog_61fd04330102uz6o.html。

的对话氛围。

怎么才能让采访对象迅速进入状态？吴小莉的经验是："有些受访者很快就能进入状态，但有些受访者需要更长时间的热身，你需要多丢几个问题给他，让他去发挥，再慢慢进入更细节的问题。其实，采访时间所谓的长短就是看他愿不愿意继续回答你的问题。你的问题如果够好，他想说，后面你的时间也就不是问题。"

在吴小莉看来，对于所有的受访者，千万不要丢一个大问题给他。所提的问题越大，采访对象可以很认真地回答一大篇东西，他也可以觉得这个问题不好答，就以两句话结束回答。

有一次，吴小莉采访从事计生工作十多年的计生委官员，如果直接问计划生育政策，难以问出新内容，于是吴小莉采取了"迂回问"的方式。她说，自己身旁的几个都是80后编导，他们都是独生子女政策下的孩子，未来他们都面临要自己养老，同时赡养4~6个老人的问题。"问题这么问，对方回答得就很好，因为他觉得你理解，然后他的回答也是在说给这些年轻人听。这就是不一样的状态，如果你很好地关照了和受访者的对话的状态，就容易使这场对话激发出不同的火花。"

就像吴小莉认为的那样，很多人都希望谈话有相匹配的对手，希望对话是真正意义上的交流。所以，吴小莉很重视与采访对象的相互理解和互动："这些嘉宾，他会对一些东西特别触动。……你是一定要追问的，在采访中他自己提到了什么，你都可以借势问下去。""在采访的过程中，如果你比较理解对方，就比较容易有触动的部分。"理解采访对象，就容易打动对方，使其"很愿意跟你谈他很多事情的"。

第三，要在专访结束后，注意核对稿件中的文句，引述要准确，准确地表达被访者所陈述的内容、概念与意思，准确地体现被访者的性格、身份。必要时，还可进行补充采访（书面采访或面对面采访）。

专访稿件的写作样式，分为三种类型：问答整理式（对话式），口述实录式（独白式），散文笔法式。

对话式，采取一问一答的形式，记者为提问者，采访对象为答者，以采访对象的话语为主导，稿件就是对双方问答的整理。

独白式，其实不是真正的独白，但删去了记者提问的话语，形式上就像是采访对象独自口述的实际记录（其实未必是真正的口述原貌，可以有删减加工），仅在标题或开头段中体现对话特性。《南昌晚报》的“静之倾听”栏目，刊登的稿件大多是独白式的专访稿件[①]。

散文笔法式，则就像一篇散文，而不像一篇对话，专访所得的对话穿插在新闻由头、新闻背景、现场细节等的叙述过程之中。

下面这篇《人民日报》1946年10月20日刊发的专访稿件（作者穆之），则是针对当时战局展开的问题专访，就是散文笔法式。

### 刘伯承将军纵谈战局

——刘伯承将军访问记

为中国人民誉为天才战略家的晋冀鲁豫军区司令员刘伯承将军，最近又创造了鄄城大捷的杰作。自8月以来，刘将军亲率边区数十万健儿驰骋于广阔的冀鲁豫平原，纵横进退，所向披靡。总计蒋军在边区被歼灭者凡13个半旅，21个保安团，被俘者有师长（原军长）赵锡田以下官兵4万余名。

鄄城大捷后，记者趋赴前线某地访晤刘将军，并转达新华社总社之祝贺及敬意。刘将军精神焕发，当为记者纵谈目前战争之形势。将军议论精辟深邃，而谐趣横生。

“3个多月来，我们以冀鲁豫17座空城换得蒋介石6万多人，”刘将军微笑地说，“据说蒋介石认为这是一个好买卖，还要坚持做下去，好吧，让他做下去吧，在不久的将来，就会算出总账来的！”

刘将军认为战争的胜负决定于主力之保存或丧失，存人失地，地仍可得；存地失人，必将人地皆失。巨野战役即为一例。当我歼灭蒋军西线主力整三师及四十七师共4个旅后，蒋军西线全线崩溃，其占领我东明之左翼也不得不撤退，东明重归我手。因此，蒋军主力在我消灭到一定程度时，蒋军将不仅无力进攻，也将无力可守。在我保存的优势兵力攻击之下，终

---

① 参见天圆网论坛 > 报网互动 > 静之倾听，网址 http://bbs.ncnews.com.cn/forum.php?mod=forumdisplay&fid=48&filter=typeid&typeid=41。

将所占城镇全部吐出来。刘将军认为目前此种形势已日益接近，再消灭相当数目的蒋军主力，我军大举反攻的局面即将出现。接着，刘将军用冀鲁豫前线的变化来说明了这个道理。冀鲁豫前线的国民党军王敬元集团9个旅，刘汝明集团6个旅，孙震集团7个旅，共22个旅，其中被我歼灭者有刘汝明集团3个半旅，孙震集团4个旅，王敬元集团亦被我消灭约1万人。现存国民党军15个旅，而其中8个旅也已被我所重创。刘将军说："看蒋介石能有多少个8个旅，能有多少个6万人，如果他愿意，我一定还可再拿几个空城换得他的第二个9个旅，第三个9个旅，第二个6万人，第三个6万人。"

刘将军更精辟地指出，死守一城一地，无异于自背包袱，如果我们不在必要时毅然放弃某些城镇，那么我们就将被迫分散兵力，处处防守，而处处挨打。刘将军称这种战法为牛抵角战术，挨打战术，死猪不怕开水烫的战术。刘将军笑着说："可是我们把这些包袱丢掉了，而蒋介石却拾起来背上了。他背得越多，他就越重，就越走不动。蒋军在冀鲁豫现仅残存的15个旅中，有10个旅就被迫困守着17个空城，仅余5个旅可做机动部队。如果蒋军减少守备兵力，增强机动兵力，那么守备部队被我个个歼灭的可能性就更大。如果减少机动兵力，增强守备兵力，那么就无法进行作战。相反，我军因无防守城镇之累，部队集中机动，随时可以优势兵力攻击与歼灭其任何一点。这一个矛盾，国民党军是极难解决的。这种形势最好地说明了蒋军的兵力已极度分散，其攻势已达顶点，其在战略上的主动已开始转入被动。"刘将军极深刻而又诙谐地说："蒋军暂时占领的那些城市与碉堡，都是我们最好钳制部队，它们替我们把蒋军紧紧地围困在那里，等待我们一个个去消灭呢！"

记者谈及蒋军采取齐头并进，稳扎稳打的战术时，刘将军认为只有兵力十分充足，方能收其效果。但今日蒋军兵力已极空虚，一个月前蒋军主力第五军及整十一师遭受挫败后，东拼西凑，仅调来整七十五师两个旅的疲惫之师，以后即再无补充。蒋军以现有兵力，既要集中进攻，又要集中防守占领之城镇及保护漫长的补给线，是"熊掌与鱼不可兼得"！其结果必为顾此失彼，这是蒋介石不可克服的致命弱点。此次鄄城战役正是一个最好的例子。

刘将军承认蒋军火力颇强，但他认为由于我军夜间作战及突然迫近进行白刃格斗，战斗全凭刺刀肉搏，蒋军的重兵器，几陷于无用之地。尤其蒋军士气很低，每次战斗，很多放下武器。因此纵有美式装备，也无法改变其必然失败的命运。

至此，刘将军特别指出我军胜利的主要原因之一，在于我军士气旺盛，这是因为我们是正义自卫的战争，士兵都是翻了身的人民，他们为保卫自己的翻身果实而战，因此在战斗中莫不奋勇向前，以一当十。刘将军特别赞扬守卫龙堌集的战士，他们以寡敌众，敌人进攻的火力虽有如一片火海，而他们坚守阵地达十一昼夜，始终未后退一步，完成了上级的任务。刘将军认为这也说明了如果我们必要坚守那一点时，我们是不可被攻破的。

……

专访的稿件结构，由五个部分组成：标题、署名、开头、主体、结尾。有时，专访稿件并无明显的结尾。

专访的标题，一般是复式标题：既有主标题，又有副标题或引题。主标题或以一个问题为标题（如《中国下世纪会成为数学王国吗？》），或以核心观点为标题（如《CDMA：适合中国市场的无线新技术》），或以采访对象的个性化语句为标题（如《“我变得脆弱，想到老婆就哭”》《“我不会去赚最后一个铜板”》），或以全文概括为标题（如《刘伯承将军纵谈战局》）。

专访的副标题，比较简单，大多会有破折号，破折号后面是“访＋受访者身份姓名”，或者“受访者身份姓名＋自述”，或是“受访者身份姓名＋谈＋话题名称”，或者其他形式。

专访通常不能劈头就是谈话，需要安排一个开头自然而然地引出访谈的内容来。

《南方周末》刊登的《“我变得脆弱，想到老婆就哭”——被释作家谢朝平自述》[1]，就是一篇独白式专访稿件（有配图）。该文开头是这样引出

① 作者黄秀丽，详见 http://www.infzm.com/content/50388。

自述的：

因写作三门峡移民史的报告文学《大迁徙》而被拘的作家谢朝平，在9月17日被释后，于9月19日接受了南方周末记者采访。在北京石景山区租住的房屋中，55岁的谢朝平神色倦怠。进看守所时剃光的头发刚长出来一些，他不好意思地笑笑："我以前留的是长发。"

讲起30天的牢狱生活，谢朝平好几次流下了眼泪。"当天我就是在这里被反铐着，一动也不能动，站了两个多小时，手都要断了。"谢朝平指了指双人床边的架子。

妻子李琼说，牢狱之灾让老谢变脆弱了。谢朝平走出看守所时，和妻子紧紧拥抱在一起，这是夫妻俩几十年来唯一一次在公开场合拥抱。

从9月18日晚回北京后，谢朝平一直在接受媒体采访："这次要感谢全国媒体与网民的帮助。"3小时的访谈里，他反复地说这句话。以下是他的自述。

专访的开头，有这样一些常见写法：介绍采访对象的概况，介绍采访对象的某一突出成就，由一个读者普遍关心的事件或问题引发，对采访现场进行描绘，直接引用对方的某句精彩的原话，交代访问的意图和目的。但是，也有些专访稿件并无这样的"摆渡"。

例如，《南方周末》专访稿件《"我不会去赚最后一个铜板"》，开头是"对采访现场进行描绘"：

这是一次没有第一个问题的采访——刚刚落座，没等南方周末记者发问，李嘉诚就直奔主题："说长和系'撤资'是一个大笑话。"

2013年11月22日下午两点半，香港黄金地段之巅，长江集团中心顶层70楼，雄踞华人首富宝座15年的李嘉诚在会议室接受专访，一开口就对南方周末2013年11月7日有关其"撤资"风波的专题报道做出了回应。

一墙之隔就是李嘉诚的办公室，横跨52个国家的李氏商业帝国的指挥中心，俯瞰着整个维多利亚港。已经85岁的李嘉诚只要在香港，至今每周一至周五均在此办公，周六也上半天班。办公桌上，干净得没有一张纸，他说这是因为多年来习惯了“今日事今日毕”。桌头的水晶相框中，是一幅他自己写的小笺：求百事之荣，不如免一事之辱；邀千人之欢，不如释一人之怨。

两个多小时的采访中，李嘉诚的平静让人印象深刻。除了开场和另一个瞬间，其余时间里他都语速平缓，声调平和，即使被直接问到对于死亡的看法。这个从二战的战乱中走过来的85岁老人，多次反复表达他对国家与民族的感情。他说他不是一个完人，但“从过去到现在，问心无愧”。

专访的正文主体，是专访的核心所在。在写这部分内容时，对采访对象的话语做一些必要的取舍和加工（以不违背原意为前提），不能完全“原话照写”。如果正文不是纯粹的对话体，就要通过一些细节陈述写出专访的现场感来（人物专访尤其需要这样）。像下句中的“微笑”就有一定的现场感、镜头感：

“3个多月来，我们以冀鲁豫17座空城换得蒋介石6万多人，”刘将军微笑地说，“据说蒋介石认为这是一个好买卖，还要坚持做下去，好吧，让他做下去吧，在不久的将来，就会算出总账来的！”

……

问答整理式、口述实录式的专访稿件，一般以受访者的回答或附件（受访者简介、相关链接等）来结尾，形式比较单一。

例如，《南方周末》专访稿件《“我不会去赚最后一个铜板”》，结尾是这样的：

**南方周末**：百年之后，你希望后人如何评价？

**李嘉诚**：不会想这些事情，更加不会自我评价。从过去到现在，我都是问心无愧。世界没有完人，我只是尽量用知识和感觉做自己应该做的事。如果真的要写墓志铭，我会选择一直支持我每天充满斗志的两句话：建立自我，追求无我。

散文笔法式专访稿件，结尾是多种多样的，主要有如下几种方式：以作者的抒情和评论作结；以采访对象的希望和要求做结；以一个难忘的小小镜头做结；以对采访对象情况的补充交代做结。

例如，《刘伯承将军纵谈战局》是这样结尾（补充交代采访对象的情况）的：

刘将军在军事上对中国革命的伟大贡献，早为中外所称颂，而他对每一个战争的指导，英明远识，谨严缜密，尤为每一个将士所叹服。前线某高级军事干部说：蒋军作战，其指挥官与其说是白崇禧、陈诚，毋宁说是刘将军。

刘将军在前线，生活虽极紧张劳苦，而精神奕奕，一如平日，每一重要战斗，必亲临前线直接指挥。于战斗间隙中，犹从事译著，各种图书文件，满积案头。

当然，散文笔法式的专访稿件，还有很多别的结尾方式，详见本书第四章第六节。

## 第八节 新闻特写的采写

特写是在摄影摄像过程中对人物、景物、事件的某个局部进行放大式的反映，现在被用于新闻写作领域，从而形成了一种特别的报道体裁——新闻特写。

新闻特写，是以描写为主要表现手段，截取新闻事实中某个最能反映其特点或本质的“片段”“剖面”或者细节，抓住最富有典型意义的某个空间和时间，通过一个片段、一个场面、一个镜头，对事件、人物、景物做出高度清晰的报道，从而更集中、突出地表现新闻事实和主题。

## 一、新闻特写的特点

消息往往择要地报道新闻事件的全过程，而新闻特写主要抓住新闻事件中富有特征的片段，浓笔展开。消息以简洁和让事实说明问题取胜，新闻特写则以描绘新闻事件中有形象感的镜头取胜。

新闻素描是简笔勾勒，新闻特写是细笔勾勒。新闻特写比新闻素描长；新闻特写讲究截取，新闻素描则讲究全貌。

新闻特写与通讯，都重视运用形象思维，运用更多的文学手法，生动形象地报道新闻事实。但新闻特写比通讯更强调时效性、新闻性。通讯一般向读者展示其纵断面，来龙去脉比较完整；新闻特写一般集中笔力，着重展示新闻事实的某一个横断面，不一定需要完整的情节。新闻特写比通讯写作更集中、细腻、突出，而且出手应更迅速与洗练。

在摄像、摄影画面中，特写是视距最近的镜头，因其取景范围小，画面内容单一，可使被拍摄对象从周围环境中突现出来，被拍摄对象的细微变化和面貌细节都被呈现出来，为受众形成特别清晰的视觉形象，取得强调、显微的效果。新闻特写也有类似的效果。

下面的《夫人奈娜最后吻别叶利钦》，就是一篇新闻特写。

### 夫人奈娜最后吻别叶利钦

中新社记者　田冰

莫斯科时间四月二十五日下午，俄罗斯首位总统叶利钦的葬礼在莫斯科新圣女公墓举行。俄罗斯总统普京及夫人和俄国内外政要参加了葬礼。

当地时间下午四时三十分左右，覆盖着俄罗斯三色旗的叶利钦灵柩在一辆装甲车的牵引下，在叶利钦遗孀奈娜和两个女儿的陪同下，在普京总统夫妇和俄国内外政要的护送下，在总统卫队仪仗队的护卫下，缓缓驶过铺满红色鲜花的街道，向新圣女修道院墓地驶去。

从救世主大教堂到新圣女墓地沿途，处处摆放者人们敬献的红色康乃馨。街道两旁，挤满了自发前来送行的俄罗斯民众，有妇女忍不住悲痛，流下了眼泪。

在墓地，一袭黑衣，头戴黑色围巾的俄罗斯前第一夫人奈娜忍着悲伤走上前去，把一方白手帕塞在相伴五十余年的丈夫枕下，轻柔地整理了逝者发型，她双手颤抖着再次轻抚丈夫的脸颊，轻轻亲吻丈夫的额头，仿佛怕惊扰了这位当年叱咤风云的人物。

熟悉叶利钦一家的人都说，身为建筑工程师的奈娜低调、谦和，把自己的一生都献给了丈夫、孩子和家庭，退休后更是默默而又贴心地支持和陪伴在丈夫身边。

叶利钦的两个女儿伏在即将远去的父亲身上，轻轻抽泣，久久不愿起来。

伴随着送行的礼炮声，俄罗斯首位总统的遗体缓缓沉入墓穴。

按照俄罗斯民族传统，当去世者入土时，先由神职人员诵念特殊的祈祷文，然后才向棺木撒上泥土。这象征着人的身体来自泥土最后又重归大地，而灵魂永生。

## 二、新闻特写的类型

新闻特写的种类有很多，根据不同的标准有不同的分法，按照写作对象的不同可以分为以下几种。

◎事件特写：摄取与再现重大事件的关键性场面，对事件全过程进行摘其重点进行详细描述。灾害事件、重大赛事等重大新闻事件的某个片段，往往可以写成事件特写。下文就是一篇事件特写。

### “飞天”凌空

——跳水姑娘吕伟夺魁记

夏浩然　樊云芳（原载1982年11月25日《光明日报》）

她站在十米高台的前沿，沉静自若，风度优雅，白云似在她的头顶飘浮，飞鸟掠过她的身旁。这是达卡多拉游泳场的八千名观众一齐翘首而望，屏声敛息的一刹那。

轻舒双臂，向上举起，只见吕伟轻轻一蹬，就向空中飞去。有一瞬间，她那修长美妙的身体犹如被空气托住了，衬着蓝天白云，酷似敦煌壁画中凌空翔舞的“飞天”。

紧接着，是向前翻腾一周半，同时伴随着旋风般地空中转体三周，动作疾如流星，又潇洒自如，一秒七的时间对她似乎特别慷慨，让她从容不迫地展示身体优美的线条，从前伸的手指，一直延续到绷直的足尖。

还没等观众从眼花缭乱中反应过来，她已经又展开身体，笔直得像轻盈的箭，“哧”地插进碧波之中，几股白色的气泡拥抱了这位自天而降的仙女，四面水花悄然不惊。

“妙！妙极了！”站在我们旁边的一名外国记者跳了起来，这时，整个游泳场都沸腾了，都沸腾了，这时，整个游泳场都沸腾了如梦初醒的观众用震耳欲聋的掌声和欢呼声，来向他们喜爱的运动员表达澎湃的激情。

吕伟精彩的表演，将游泳场的气氛推向了高潮。

她的这个动作五一三六，从裁判手里得到了九点五分。

这位年方十六的中国姑娘，赢得了金牌。

她的娇小苗条的女伴、十七岁的周继红，以接近的分数赢得了银牌。

当一个印度观众了解到这两个姑娘是中国跳水集训队中最年轻的新秀时，惊讶不已。

他说：“了不起，你们中国的人才太多了！”

◎场面特写：是对新闻事件中精彩场面的再现。下文就是一篇场面特写。

## 沸腾了的北平城

### ——记人民解放军的北平入城式

刘白羽（新华社华北 1949 年 2 月 15 日电）

1949 年 2 月 3 日，人民解放军举行了解放北平的入城仪式。装甲部队、炮兵、坦克部队、骑兵、步兵，一路从南面永定门入城，另一路由西北面西直门入城，会合之后向南走，由西长安街转和平门，向西出广安门。这浩浩荡荡的行列，从上午 10 点到下午 4 点钟，前头已经出了和平门，后头还在向永定门拥进。

这天，从早晨起，人民就一群群一队队地向前门广场拥去。9 时半，罗荣桓将军、聂荣臻将军、叶剑英将军等出现在前门箭楼上。这时候，前门广场上，人民的行列像海洋，各式各样、红的绿的、猎猎飘动的旗帜，就像翻腾的海浪。人们高举着自己热爱的领袖毛主席和朱总司令的巨像。工人、学生、职员、教授，各式各样的人都来了。人们向前拥，向前挤。结彩的火车头开进了东车站，载着好几千平汉铁路工人，从远远的长辛店赶得来。丰台的铁路员工也拥进了欢迎的行列。汽车厂、机械厂等9个工厂的工人，摘去了帽子上带有国民党党徽的帽花，一个燕京同学说："我3点半天没亮就起来了。"

10时，4颗照明弹升上天空，庄严隆重的入城式开始了，远远地从北面，从前门那边，黑压压地一片人迎上前来，前面一面欢迎大旗迎风飘舞；从南面，人民军队的头一辆带队的装甲车，摇着一面红色指挥旗，朝着欢迎的人群开过来，随后是高悬毛主席、朱总司令肖像的四辆红色胜利卡车，满载着乐队，铜管乐器金光闪闪，吹奏着雄壮的进行曲。装甲车部队一条线似的接在后面。在珠市口一带，部队与欢迎的行列相遇了，欢迎的行列在左面，部队在右面，欢呼雷动。招手呀！呼喊呀！多少人激动得流下了眼泪。光荣呀！只有人民的军队才能得到这样的光荣！人群拥上来了，他们跑进了解放军行列里面，一下拥抱在一起，队伍都不好向前走了。欢迎的群众在装甲车上写："你们来了，我们很快乐！""真光明呀！""同志们！加油呀！彻底消灭国民党反动派呀"……队伍陆续向前门广场前进。

12时，人群里起了一片欢呼声，人民的英雄炮兵出现了，绿色道奇卡车牵引着战防炮、高射炮、化学迫击炮、美式十五生的榴弹炮、日本式十五生的榴弹炮、巨大的加农炮，一辆接着一辆。这里面有从辽西、从沈阳缴获的整个美国装备的重炮团。看啊！人民是多么喜爱自己的武器：一门巨大的榴弹炮上面，骑着一个北平的小孩子，他骄傲地高举着手里的旗子笑着过去了。另外几门榴弹炮被人们写上了："瞄准蒋介石呀！""送给四大家族每人一颗呀！"十生的巨型的加农炮上，一个胸前挂了奖章的英雄炮手，和一个穿绿衣服的邮政工人抱在一起。随后驶过的另一门大炮上站着五六个女学生。还有一个商人站在炮座上招手高呼"解放军万岁！"箭楼上，检阅着这一英雄行列的将军们，庄严而亲切地注视着每一辆炮车，注视着人民的狂欢。箭楼下，庆祝解放联合会的扩音车，领导着唱起：“我们的队伍来了！”“我们的队伍来了！”数也数不尽的炮车，从欢呼的人们身边奔驰过去，两旁锣鼓喧天，人们扭起秧歌舞来，左面是清华，右面是燕京，他们唱呀，舞呀。有的化装为蒋介石、宋子文、孔祥熙、宋美龄，在人民部队强大威力的面前，显出种种狼狈的丑态。这是历史的真实反映，人民的爱与憎在这里明白地表现出来。

1时10分，突然谁发现了前门牌楼那边冒起了青烟，喊了声：“我们的坦克来啦！”一阵坦克轰隆隆的声音传了过来。第一辆坦克从远而近，一个青年学生挥着两只，站在坦克的炮塔上，狂热地喊：“万岁！”“万岁！”每辆坦克上飘着一面红旗。人群里激起一片欢呼，有的欢喜得流出泪来，也忘了擦了。戴着无沿皮帽子的坦克手，从坦克塔里露出上身，向人民招手、微笑、敬礼。坦克部队后面是摩托化警卫部，卡车上一色绿的钢盔，雪亮的刺刀。一位白发苍苍的老人，看得高兴，笑着喘了口气说：“这口气可喘过来了！”另外一位说：“我们老百姓有了这样强大的武装，任何反动派也不许他再欺负我们了。”

这时，一片“东方红、太阳升……”歌声响彻天际。远远好像一片麦浪波动，近来一看原来是戴着皮帽子的人民骑兵来到了。人们叫呀、鼓掌呀，把五彩的红旗都抛上天空。嘚嘚嘚的马蹄踏着柏油马路，那样整齐雄壮，骑兵们手上的马刀闪着寒光。骑兵后面就是英雄的步兵。这时，作为前导的军乐队一出现，人民的欢腾达到顶点的时候到了。英雄的部队一支从永定门进城，一支从西直门进城，一个是被敌人称作“暴风雨式的军队”，一个是“塔山英雄部队”。在1946年冬季，那天空似乎还黑暗的时代，他们在长白山下四保临江，并肩作战。这两支英雄部队从艰难到胜利，在这里得到人民的热爱、狂爱，战士们在千万只热爱的眼光下前进。一个胸前挂着6个奖章的战斗英雄，被人们热烈地围着、拉着。一个女学生跑上去摸摸那个光荣的毛泽东奖章。这时，欢乐的人们已经站了整整一天，忘记了寒冷，忘记了饥饿，依恋地舍不得这些英雄。他们与行进的队伍汇合起来，高唱“我永远跟着你们前进”，昂然通过一向为帝国主义禁地的东交民巷。

将近下午5时的时候，夕阳照进了广安门，在高大的城门前，无数人群欢送钢铁机械部队。在驶行一整日的战车上、坦克上，飘闪着无数的小红旗，战士们手上还捧着人民献给他们的一束束鲜花。这时虽然暮色苍茫，可是整个北平还到处充满愉快的欢声。北平真正沸腾了。

◎工作特写：是对某一工作场面的生动再现。下文就是一篇工作特写。

## 一场特殊的团拜会

《人民日报》记者郑盛丰　庞革平（2008年2月4日　第02版）

灾情就是命令。

为打胜抗灾、救灾这一仗，2月3日上午9时，广西一个原定的新年迎春团拜会，临时改成了抗灾救灾再动员大会。

“鉴于我区灾情的不断加重，自治区党委和政府决定将春节团拜会改为抗灾救灾再动员大会，请大家理解。”刚从一线灾区赶回来的自治区主席马飚简要说明。

“我区正遭受建国以来最严重的雨雪冰冻灾害。过两天，还有冷空气南下。”神情严峻的自治区党委书记郭声琨提出要求，“各级党委、政府要把抗灾救灾工作作为当前最大政治任务来抓，要发扬连续作战、顽强作战、奋勇作战的精神，坚决打好这场抗灾救灾硬仗，夺取抗灾救灾的全面胜利。”

鉴于受灾面广、受灾人口多，郭声琨提出“四不”“四有”的救灾要求。“四不”是指全区要加大拉网式排查力度，建卡立账，彻底弄清受灾群众每家每户每人的衣、食、住、医等情况，切实做到“不漏一村、不漏一屯、不漏一户、不漏一人”；“四有”是指切实保证受灾群众“有饭吃、有防寒衣被、有病能及时医治、有避风寒的稳固住所”。

郭声琨要求，只要灾情不缓解，我们的干部就不撤出灾区！他还要求重灾区的领导干部要在灾民家中抗灾过年，与灾区群众吃年夜饭，让灾区群众深切感受到党和政府的关怀与温暖。

从篇幅来看，新闻特写可以分为普通特写和新闻大特写。

新闻大特写往往篇幅很长（甚至长达上万字），这里有一篇范文。例如，《东方风来满眼春——邓小平同志在深圳纪实》，就是一篇10345字的长篇特写[①]。

## 三、新闻特写的写作要领

新闻特写，主要有以下三点要领。

### 1. 选准“聚焦点”

不是所有局部都值得用特写镜头拍摄，不是所有事实都值得用新闻特写来报道。新闻事实的高潮、特别值得纪念的片段、特别有新闻价值或宣传价值的场面、受众特别感兴趣的细节，才适合作为新闻特写的“聚焦点”。

例如，1997年香港回归之夜，北京天安门广场数十万群众举行通宵庆祝活动，新华社记者截取了香港回归这个重大新闻事件过程中的最后10秒，写成了新闻特写《激情十秒》（新华社1997年7月1日电）。这10秒，是香港回归这个大事件中的一个小片段，也是极具纪念意义的小片段，作者通过局部“放大”，将现实与历史、北京与香港的描写结合起来，以小见大——突出了香港回归的伟大意义。

### 2. 要有精彩的细节描写

特写，其实就是突出细节。新闻特写，当然要以细节描写为主要内容。《市场报》记者王慧敏写了篇新闻特写《今年春节，找不到新闻》（见《市场报》2003年2月10日第一版）。怎么找不到新闻，记者从吃年夜饭、旅游、市场、电话拜年几个方面去采访，每块内容都有细节，很好地展示了作者的报道主题。

#### 今年春节，找不到新闻

发现新闻、报道新闻是记者的天职。但今年春节，记者在乌鲁木齐跑了几天，却找不到新闻。

---

① 作者陈锡添，刊于《深圳特区报》1992年3月26日头版，详见http://news.ifeng.com/mainland/detail_2012_02/02/12250360_0.shtml。

几年前举家到酒店吃年夜饭，曾堂而皇之上了南方一家报纸的头版头条。除夕，记者专门走访了乌鲁木齐的十几家饭店，无论是“假日”“鸿福”这样的大饭店，还是“涞源”“红星”这样的中小饭店，年夜的餐桌早被订光了。“老四川”餐馆的老板汪霞直言不讳：你要是把这些写到报纸上，没人看。年夜饭到饭店吃，在乌鲁木齐早两年就不稀罕了。去年除夕，我店里的 11 张桌子全部被订完，今年，我早早就多添置了 5 张桌子，没有一张被落下。

那就写旅游过年吧。自治区城调队的一位同志说，这也算不上新闻。乌鲁木齐连续 4 年外出旅游过年的人口都超过了 5 位数，今年估计会有 8 万人。这还指的是出省的人数，究竟有多少人走出家门过年，我们也说不清，有许多不想出远门的城里人去了乡下，而不少乡下农民则选择到城里过个年。

那么，写春节市场繁荣如何？在乌鲁木齐最大的月明楼百货批发市场，问起生意情况，卖蔬菜的江苏摊贩蒋星光连连叫苦：“今年年关，生意淡得很！”他说：“我专门批发南方运来的细菜，前些年，每到这时，都会赚上一笔，这两年一年不如一年。”怕记者不信，他扳着指头数说起生意衰落的原因：“一是这几年新疆的大棚种植发展得快，南方的蔬菜新疆遍地都是；再就是大家的钱袋都比以前鼓了，平时该买的都买了，用不着再挤到年跟前。”

写电话拜年的盛况呢？市天山区电信局一位王姓职工告诉记者，今年电话拜年不会有大的突破。前两年，春节前后几天电话线都要打爆了，不得不设法增容。从去年开始就趋向平稳了：现在拜年的方式多了，除了电话拜年，还有电子邮件拜年、手机拜年等。

找不到新闻记者并不沮丧，心中在感叹着“年味越来越淡”的同时，也觉得快慰：生活的内涵越来越丰富，没有哪一个内容是新年所特有的，一切都变得普通了、寻常了。

### 3. 适当运用背景材料

那些有历史纪念意义的新闻事实，在对其进行特写式报到时，穿插使用一些背景材料，可以凸显历史意义和历史价值。

例如，下面这篇新闻特写[①]，就运用了不少背景材料。

## 别了，“不列颠尼亚”

新华社香港7月1日电（记者周婷、杨兴）在香港飘扬了150多年的英国米字旗最后一次在这里降落后，接载查尔斯王子和离任港督彭定康回国的英国皇家游轮“不列颠尼亚”号驶离维多利亚港湾——这是英国撤离香港的最后时刻。

英国的告别仪式是30日下午在港岛半山上的港督府拉开序幕的。在蒙蒙细雨中，末代港督告别了这个曾居住过25任港督的庭院。

4时30分，面色凝重的彭定康注视着港督旗帜在“日落余音”的号角声中降下旗杆。根据传统，每一位港督离任时，都举行降旗仪式。但这一次不同：永远都不会有另一面港督旗帜从这里升起。4时40分，代表英国女王统治了香港5年的彭定康登上带有皇家标记的黑色“劳斯莱斯”，最后一次离开了港督府。

掩映在绿树丛中的港督府于1885年建成，在以后的近一个半世纪中，包括彭定康在内的许多港督曾对其进行过大规模改建、扩建和装修。随着末代港督的离去，这座古典风格的白色建筑成为历史的陈迹。

晚6时15分，象征英国管治结束的告别仪式在距离驻港英军总部不远的添马舰东面举行。停泊在港湾中的皇家游轮“不列颠尼亚”号和邻近大厦上悬挂的巨幅紫荆花图案，恰好构成这个“日落仪式”的背景。

此时，雨越下越大。查尔斯王子在雨中宣读英国女王赠言说：“英国国旗就要降下，中国国旗将飘扬于香港上空。150多年的英国管治即将告终。”

7时45分，广场上灯光渐暗，开始了当天港岛上的第二次降旗仪式。156年前，是一个叫爱德华·贝尔彻的英国舰长带领士兵占领了港岛，在这里升起了英国国旗；今天，另一名英国海军士兵在“威尔士亲王”军营旁的这个地方降下了米字旗。

当然，最为世人瞩目的是子夜时分中英香港交接仪式上的易帜。在

---

① 该文荣获第8届中国新闻奖消息类一等奖。

1997年6月30日的最后一分钟，米字旗在香港最后一次降下，英国对香港长达一个半世纪的殖民统治宣告终结。

在新的一天来临的第一分钟，五星红旗伴着《义勇军进行曲》冉冉升起，中国从此恢复对香港行使主权。与此同时，五星红旗在英军添马舰营区升起。两分钟前，"威尔士亲王"军营移交给中国人民解放军，解放军开始接管香港防务。

零时40分，刚刚参加了交接仪式的查尔斯王子和第28任港督彭定康登上"不列颠尼亚"号的甲板。在英国军舰"漆咸"号及悬挂中国国旗和香港特别行政区区旗的香港水警汽艇护卫下，将于1997年底退役的"不列颠尼亚"号很快消失在南海的夜幕中。

从1841年1月26日英国远征军第一次将米字旗插上港岛，至1997年7月1日五星红旗在香港升起，一共过去了156年5个月零4天。大英帝国从海上来，又从海上去。

上文的第四段和最后一段，其实就是新闻背景材料。其他段落中的"在香港飘扬了150多年""曾居住过25任港督""156年前，是一个叫爱德华·贝尔彻的英国舰长带领士兵占领了港岛，在这里升起了英国国旗"等材料，也是新闻背景。这些新闻背景点明了三次降旗的历史意义，也给了读者可能并不清楚的历史信息。

## 第九节　新闻述评的采写

"述"，是叙述事实。"评"，是发表评论。新闻述评，有"述"有"评"，"评""述"并行，以"述"为主，以"评"为辅。而新闻评论，则以"评"为主，甚至全文无"述"。有些新闻评论特别讲究时效性（今日事今日评，或今日事次日评），有些新闻述评（事件述评）也是如此。

就选题而言，新闻述评不适用于报道小事、小问题，适用于报道大事、重要工作、重要会议、重要问题。

## 一、新闻述评的类型

就类型而言，新闻述评主要分为三种：既有事件述评（对新近发生的某个重要事件的述评），又有非事件性述评（社会问题述评等），更常见的是工作述评。

《人民日报》2001 年 10 月 19 日刊出的《成功的会议》[①]，就是一篇事件述评。

### 成功的会议

为期两天的 APEC 第十三届部长级会议 10 月 18 日结束。会议达成了广泛的共识，发表了部长联合声明。舆论认为，这是一次成功的、鼓舞人心的会议。

当前，经济全球化在加速发展，多边贸易体制由于两年前西雅图会议的失败面临重大考验，世界和本地区经济下滑，出现了衰退的迹象。APEC 能为这些做些什么？这是国际舆论经常提出和讨论的问题，同样是 APEC 各成员关注的问题。这届 APEC 部长级会议再次表明了对多边贸易体制的坚定支持，明确提出要恢复世界和本地区经济，应立即启动世界贸易组织（WTO）新一轮谈判。APEC 专家指出，贸易总量占世界近一半的 APEC 发出的呼声，对推动 WTO 新一轮谈判将是有力的推动。

与推动多边贸易体制相一致的是，本届部长级会议就强化茂物目标达成共识，包括贸易投资自由化单边行动计划和集体行动计划在内的《大阪行动议程》的修改，以量化指标确保发展中成员和发达成员分别于 2010 年、2020 年实现贸易投资自由化的承诺，为推动各成员加速实现这一目标，改进了单边行动计划的审议方式。

APEC 的基本原则是自愿、协商、灵活，不搞强制性约束和执行，这是 APEC 取得成功的关键。据悉，新的评审方法在不违背 APEC 基本原则的情况下对各成员承诺执行的计划进行评审，可以提高效率，以增强各成

① 作者：吴迎春、吴志华。

员实现目标的紧迫性。

经济技术合作和贸易投资自由化一样，同属于APEC的两个支柱之一，是APEC发展中成员非常关心的一个领域。但是，多年来，这一领域的进展迟缓，影响APEC的进程。加强经济技术合作是APEC健康平衡发展的需要，也是发展中成员缩小“数字鸿沟”、实现APEC共同繁荣目标的需要。今年在我国举行的APEC系列会议中，成员们对中国提出的制订经济技术合作行动计划（EAP）倡议进行讨论并达成了共识，各成员提交了自己的EAP计划。这届部长级会议则进一步提出了“数字APEC战略”和加强人力资源建设方面的合作，以应对全球化和新经济的挑战。这是近年来APEC在经济技术合作方面取得的重要进展。

目前，人们担心世界和亚太地区的经济不景气会影响APEC的发展，亚洲金融危机曾经使得APEC的许多计划搁浅。APEC成员都意识到了应该加强宏观经济政策对话，采取有力的宏观经济措施，重建信心，早日恢复良好的经济发展势头。与此相关的是，反恐怖主义问题成为APEC成员关注的新问题，“9·11”事件不仅对美国而且对全球经济造成影响。在这届会议上，部长们在反恐怖主义问题上表明了坚定的立场，并决定将上述共识向APEC领导人非正式会议报告。

APEC是亚太地区级别最高的政府间的经济合作论坛，世界上最大的经济大国美国和最大的发展中国家中国都是其成员。

下面的新闻述评[①]，则是工作述评。

## 踏石留印转作风

### ——执行中央八项规定系列述评之一

本报记者　盛若蔚

今年两会期间，一项媒体调查显示，87.5%的人感觉今年两会会风得到明显改进。

---

① 刊于《人民日报》2013年4月10日第1版。

3月14日，美国《华尔街日报》则以“中国两会彰显节俭之风”为题刊文感叹：“来自全中国各地近3000名代表都在努力响应中共新一届领导人有关朴素和节俭的号召。”

两会会场的这股清风，恰是各地各部门严格执行中央八项规定的一个有力例证。事实上，自2012年年末刮起的这阵阵清风，不仅让广大干部、更让亿万群众深切地感受到中央八项规定的强劲“威力”！

**会议数量下来了，质量上去了**

4月9日，2013年“西洽会”落下帷幕。相比去年，今年大会的一个显著变化是，主要活动只安排了33项，同比减少了30%以上。

“转作风，首先就要转会风。”中央党校党建部副主任戴焰军教授表示，中央八项规定明确要求，要精简会议活动，切实改进会风；提高会议实效，开短会、讲短话，力戒空话、套话。再按以往那种“会议落实会议”的老套路干，行不通了。

26个部门逐一简要汇报新一年度抓什么、怎么抓，分管院领导分门别类“点睛”，主要院领导“搬”出上一年度全国检察业务位次排名并重点讲评……春节过后，安徽省检察院谋划新春工作的年度例会颇具新意——这种“站位排队”的会议，让机关各部门主要负责人在愈加明晰目标任务的同时，也实实在在感受到了争先进位的压力。

台上，一个话筒，7位副区长轮流说，每人30分钟，一年主要工作只拣“干货”；台下，区里41个委办局、17个街道的“一把手”、副职，一人一本一笔，记下与各自领域有关的内容，回去立马落实……近日，北京市东城区召开了2013年政府全体（扩大）会议，以往需要分片召开7次的工作部署会，被精简整合成了1个会。而今，“一会制”的推行不仅仅在每年初的这一次大会，精简会议、提高效率在东城区已成常态。

干部从“会海”里解脱出来，腾出来的时间、精力才能更多投向基层。

为确保领导干部深入基层不走过场，山西省出台了改进工作作风、搞好调查研究的实施办法，要求常委、副省长每年下基层调研时间不少于60天，每年驻村3至5天，坚持与群众同吃同住同劳动。

而在山东，沂水县启动的干部直接联系群众、转变工作作风活动，则要求全县万名干部每人长期联系30户左右的群众，从求实效、动真情和常态化入手，构建干群之间经常性的沟通渠道，将“为民服务”的宗旨“写”进百姓心坎里。

**铺张浪费受遏制，厉行节约领新风**

3月19日，商务部新闻发言人沈丹阳在例行新闻发布会上表示，1~2月份国内社会消费品零售总额，名义增速降了2.4个百分点，增速放缓的原因是多方面的，比如铺张浪费型的消费得到遏制，特别是前两个月全国餐饮收入仅增长8.4%，增速放缓4.9个百分点。

今后，在兰州市范围内，凡是上级机关公职人员到乡镇、街道等基层开展工作，一律不得用公款接待。这是兰州市日前出台的《关于全面实行乡镇（街道）村（社区）公务零接待的规定（试行）》提出的要求。

“师傅您少打点……”这是眼下广州市荔湾区检察院食堂正在发生的变化。“光盘行动”开展以来，荔湾区检察院干警从自身做起，从细微处做起，养成了厉行节约的好习惯。制定《接待工作规定》等一系列厉行节约制度，严格规范办公用品采购，做到物尽其用……随着一系列硬招实招的出台，厉行节约在该院已蔚成风气。

公务接待的清廉风气也带动了全社会的节约之风。近日，由共青团云南安宁市委发起的“光盘新风尚　青春在行动”活动由安宁志愿者在全市散播开来，安宁市民纷纷将自己拍摄的光盘照片在团市委的官方微博上发布，成为一股监督浪费的新力量。

节约之风劲吹，不光管住了嘴，也管好了腿。目前，湖南省临武县机关干部办理公共自行车借车卡2300余张，平均每天使用3000次以上，骑公共自行车上下班和出门办公务的机关干部超过60%。仅此一项，就可节约财政支出200万元以上。

清明节前，黑龙江省哈尔滨市纪委监察局专门下发通知，要求党员干部倡导风清气正的良好风尚、树立文明节俭的祭扫新风，严禁使用公车祭扫等7种行为。

从今年开始，广西壮族自治区纪委将巩固清理评比达标表彰、庆典研讨会论坛博览会运动会过多过滥问题的治理成果，规范大型综合性运动会、博览会举办行为。截至目前，全区已取消庆典研讨会论坛博览会运动会活动 9 项，节约经费 557.4 万元。

国家行政学院公共行政教研室主任竹立家教授表示，除了出台严控公款吃喝消费总量和标准的措施，各级领导率先垂范之外，还要对公务消费行为进行立法监管，这样才有长效性。

**转作风，就得动真碰硬**

“海南琼中县财政局长用公款宴请个人朋友等，被免去党内和行政职务，由本人上缴招待费用；珠海金融投资控股有限公司借召开银企合作交流座谈会之机用公款大吃大喝，总经理受到党内警告处分，并免去职务，责令参会者自负超标费用；陕西白河县委书记违规借用越野车，受到党内警告处分，有关责任人受到追究……”前不久，中央纪委对 6 起违反中央八项规定精神的典型问题发出通报，强调要进一步严明纪律，“发现一起、查处一起”，推动中央八项规定精神贯彻执行。

干部作风好不好，交给群众考一考；机关作风行不行，要让基层评一评。去年底以来，一场把评判权交给基层和群众的省直机关行风（作风）评议活动的开展，吸引了贵州社会各界的广泛关注和积极参与。2012 年 12 月，省委、省政府启动作风（行风）测评工作，省委工作部门、省法院、省检察院、省人大常委会办公厅、省政协办公厅、省政府工作部门、具有管理职能的部分中央在黔单位等 78 家省直机关接受了测评。

近日，甘肃省纪委公布“效能风暴”行动行风评议结果，孰好孰差，一目了然。省纪委自去年启动“效能风暴”行动以来，对 18 个公共服务行业集中开展了民主评议机关作风和行风活动，并通过网上问卷调查、大学生万份问卷调查、民评代表评议、机关效能建设满意度测评和公开大会测评等 5 种方式，对各行业的效能建设情况进行综合评价。

日前，河北省纪委、监察厅出台文件，要求各级领导干部坚决贯彻落实中央八项规定，对顶风违纪行为“零容忍”：凡措施不力，或工作中弄虚作假，以致管辖范围内出现严重问题的，严肃追究有关领导，特别是主要领导的责任。

最近，云南省西双版纳傣族自治州由各级纠风部门牵头，组织协调各相关部门治理纠正大型零售企业向供应商违规收费、物流领域乱收费、银行业金融机构乱收费、电信行业乱收费、教育乱收费、涉农乱收费等“六大领域”乱收费行为，切实维护群众利益。

……

“转作风，就得动真碰硬。”戴焰军强调，只有监督检查机制跟上了，“八项规定”的执行力与持久力才有根本保证，才能以制度形式予以固化，构建起长效机制。

下面这篇述评，是问题述评。

## 中国经济去哪儿?

**新华网北京2014年6月24日电**（记者　蒋旭峰　徐兴堂）“中国经济去哪儿”从未像当前这般受全球关注。“微刺激”是否会加码成“强刺激”？宏伟的改革路线图能否完成？这是怀疑论者心中的一连串问号。不过，他们忽略了一点，中国经济正经历的“短痛”或许是改革“长策”中的应有之意。

在悲观者眼中，中国经济今年似乎不缺“坏消息”：一季度中国经济增速下探至6个季度以来的新低7.4%，前5个月中国固定资产投资同比名义增速17.2%，比前4个月回落0.1个百分点，5月份半数大中城市的房价环比下跌……

在质疑河的左岸，有人担忧，中国经济增速略低于7.5%就要崩盘，楼市能够“绑架”整个中国经济。在质疑河的右岸，有人批评，中国经济过于倚重固定资产投资，甚至一些必要的投资项目也被质疑为制造泡沫。质疑河的负能量旋涡无法为中国经济巨轮指明航向。

风物长宜全球量。评判一国经济，如同给体操选手打分，切莫忘记评分标准和其他参赛对手。美国智库彼得森国际经济研究所研究员陆瑞安指出，目前全球经济增速达到约7.5%的国家不多，除中国以外皆是“小体量”经济体。

风物长宜辩证量。世上没有免费的午餐，在众多产业已有他国捷足先登的全球一体化时代，难有无成本的经济结构调整和产业升级。美国、亚洲四小龙都经历了高速到中速的经济增长换挡和转型阵痛。总体而言，当前国际经济形势较金融危机期间已有改善，为中国经济结构调整提供了机遇“窗口期”。

单求高经济增速不难，中国正寻求增速与质量之间的最优平衡点，这一大棋局需要善谋善为。国际货币基金组织秘书长林建海强调，中国的改革措施可能会降低一些增速，但应该着眼于中长期内的可持续、健康发展。短期的经济结构性改革可以为长期的提质增效夯实基础，北京大学教授黄益平等专家认为，中国经济增长加速或稳定之前有一定放缓是正常的。

风物长宜全面量。中国经济崛起是重塑全球经济格局的关键因素，但近年来经济的短期失衡也已暴露，与投资和出口的高增长相比，消费需求增长仍显乏力，光伏等行业产能过剩严重，信贷、影子银行与楼市快速扩张显露过热风险。这需要决策者未雨绸缪地进行逆周期调控，为中国经济去“虚火”、增“实力”、减失衡、降风险。

短期经济波动受总需求变动影响，长期经济增长则由潜在供给能力决定，长期增长的源泉在于通过改革释放红利并提升潜在供给能力。细心的观察人士会发现，中国近期采取了包括针对重点群体创业就业的减税政策、鼓励创新、降低部分行业的准入门槛等改善供给端的改革，而非仅仅强调需求端的短期管理。

切中改革要害是艺术，完成改革路线图需要定力。李克强总理近期在两院院士大会做报告时就强调，在坚持区间调控中更加注重定向调控，瞄准运行中的突出问题确定调控“靶点”，在精准、及时、适度上下功夫。

世界银行行长金墉评价说，中国新一届领导层对世界和国内经济有着非常深刻的理解。观察人士认为，中国最高领导人习近平近期提出的“新常态”思维，为应对经济增速换挡、结构调整阵痛和改革攻坚“三期”交会特殊阶段的挑战指明了方向。

风物长宜客观量。质疑者往往片面强调中国经济的下行风险，而忽视中国政府“稳增长”所拥有的政策资源和空间。李克强近期访问英国时明确表示，中国经济不会“硬着陆”。从全球范围看，中国政府债务占国内生产总值（GDP）的比例不算高，中国央行可动用的多件锋利兵器尚未出鞘。中国有能力使经济保持更高增速，但决策者有意“点刹车”，楼市等行业的调控也属主动为之。

中国经济能否成功转型一直饱受质疑。尽管中国经济增速连续三年走缓，但是就业势头并未减弱，第三产业增加值占GDP的比重在去年首次超过第二产业，中国经常项目顺差占GDP的比例大幅下降……这些信号都在提醒质疑者，中国经济转型的初步成效已悄然显现。

对于内容庞杂的重大选题，还可以将其分解为若干篇述评，以系列述评的形式先后刊出。

例如，2012年11月，《人民日报》“科学发展　成就辉煌”专栏推出“十年回眸·重大战略”系列述评[①]，从新世纪新阶段的特点出发，展示十六大以来各项重大战略的新进展、新突破、新成就，揭示辉煌背后的制度优势、不竭动力，以凝聚共同奋斗、继续前行的力量。这组述评共12篇，标题如下：

《生态文明：永续发展的中国探索——十六大以来重大战略述评之一》

《自主创新：转型发展的中国追求——十六大以来重大战略述评之二》

《市场经济：跨越发展的中国创举——十六大以来重大战略述评之三》

《宏观调控：平稳发展的中国优势——十六大以来重大战略述评之四》

《区域协调：均衡发展的中国版图——十六大以来重大战略述评之五》

《社会管理：和谐发展的中国格局——十六大以来重大战略述评之六》

《城乡统筹：协调发展的中国方案——十六大以来重大战略述评之七》

《文化复兴：自觉发展的中国力量——十六大以来重大战略述评之八》

《依法治国：公平发展的中国抉择——十六大以来重大战略述评之九》

《人才强国：跨越发展的中国资源——十六大以来重大战略述评之十》

《军事变革：和平发展的中国支柱——十六大以来重大战略述评之十一》

---

① 详见 http://news.xinhuanet.com/fortune/2012-11/02/c_123907839.htm。

《和谐世界：共赢发展的中国贡献——十六大以来重大战略述评之十二》

## 二、新闻述评的采写要领

在撰写新闻述评之前，要向有关部门收集大量与选题相关的资料，最好做些现场采访。新闻述评有报道的特点，有的述评就在新闻现场完稿。新闻述评偏重宏观叙事，高屋建瓴，有“工作总结”的味道，但不限于“总结工作”，还必须有微观层面的新闻事实。

有些新闻述评，其中就包含一些现场信息。

例如，《民主凝聚力量　法治彰显权威——学习贯彻落实十八大精神系列述评之八》[①]，在2924字的篇幅中，除了大量的宏观叙述和评论，还穿插了一些具体的事例，以便“点面结合”。

“点面结合”的一种方式是“以面带点”，另一种是“以点带面”。

下面文字的第一段，就是“以面带点”（走近寻常百姓的人大代表群体是“面”，纪保金是“点”）。

为了保持民主制度的活力，代表们没有忘记自己肩负的责任。如今，设“代表之家”、建“民意表达室”、创立人大代表联系基层服务群众机制……越来越多的人大代表走上田间地头，走近寻常百姓，听民情、知民意、代民言、解民忧。宁夏回族自治区灵武市人大代表纪保金就是其中之一。

“家住黎明，生活不行”，“现住黎明，幸福安宁”，纪保金经常挂在嘴边的这两句顺口溜，说的就是东塔镇黎明村口的那条干道。“这条干道30年没建起来，两年前，我和其他代表写了一份建议，得到市人大常委会的重视并立项。”纪保金说。可是，修路需要村民挪动宅院。作为人大代表，老纪不辞辛苦，把百姓的困难反映给政府，把政策的实惠讲给百姓。前不久，村口的干道终于建成通车了。

像老纪这样的人大代表，基层还有很多。他们来自基层、服务基层，

---

① 作者：王比学、张洋，刊于《人民日报》2013年3月1日第2版。

倾听民意、集中民智，切实保证人大及其常委会的决议和决定能够充分反映群众的意愿。

下面文字的第一、二段，也是“以面带点”（基层自治是“面”，龙珠英人民调解工作室是“点”）。

人民当家做主，离不开公民的有序政治参与。一个民主国家的建立和维持，首先需要每位公民对自身民主素养和能力的培育。基层自治恰好提供了这样一个平台。

在湖南省长沙市登仁桥社区，就有这样一个基层自治组织——龙珠英人民调解工作室。

登仁桥社区91岁高龄的梁大爷，由于身体需要人照料，而三位子女对怎样承担扶养老人的义务有分歧。得知情况后，调解员龙珠英立即约谈老人子女，成功化解了这起家庭纠纷。“以前，邻里之间发生矛盾纠纷，当事人往往会找到街道办、政府。现在我们在社区就可以解决了。”68岁的龙珠英，退休后一直义务为社区居民提供调解服务。她的行为感染了身边很多人，今年以来，越来越多的社区志愿者已加入其中。“矛盾纠纷由工作室调解，我信得过！”梁大爷说。

下面一段话，是“以点带面”的典型例子（湖南是“点”，全国是“面”）：

2013年1月7日，湖南省人大常委会对外宣布，到2012年12月底，全省122个县2159个乡圆满完成县乡两级人大换届选举工作。这标志着全国31个省、自治区、直辖市新一轮县乡两级人大代表换届选举工作已依法、有序、圆满结束。

下面两段话，也是“以点带面”［由“《劳动能力鉴定管理办法（征求意见稿）》征求意见”，带出“开门立法”这个“面”］：

2013年2月17日，人力资源和社会保障部、卫生部公布《劳动能力鉴定管理办法（征求意见稿）》，向社会征求意见。

“开门立法”，将群众意愿上升为国家意志，是建设法治国家的内在要求。自2008年以来，除依法需要保密的外，所有的行政法规草案都通过“中国政府法制信息网”予以公布。此次公开征求意见只是一个“规定动作”。

新闻述评，要善于借人（专家或权威人士）之口，增加权威性。就像下面这段：

“良法在于行，尤其需要领导干部运用法治思维和法治方式办事。”北京大学教授姜明安说，行政决策是否具备民主科学机制、行政执法是否有效保护相对人权益、预防和化解社会矛盾是否便捷高效，取决于领导干部是否运用法治思维和法治方式办事。

除“点面结合”外，新闻述评的写作，还可以引用权威数据，提供典型例证，阐发全局性的观点，因事论理，理由事出。

例如，《全面深化改革大潮正起——以习近平同志为总书记的党中央推进全面深化改革述评》这篇述评[①]，就引用了一些数据：

……取消下放7批共632项行政审批等事项；修订政府核准的投资项目目录，需报国务院部门核准的企业投资项目减少60%左右；减少、整合财政专项转移支付项目，从改革前的220个减少到目前的150个左右，减少了近三分之一；减少行政事业性收费，每年减轻企业和个人负担约100亿元；铁路运输、邮政业、电信业纳入营改增试点范围；先照后证、注册资本登记制度改革全面施行，新登记注册市场主体已逾600万户，呈爆发式增长……

在发表环节，新闻述评还可配发相关图片。

---

① 新华社北京9月8日电，作者霍小光、张晓松、华春雨。

第六章

# 新闻评论采写技巧

## 第一节　新闻评论要领

从狭义上讲，新闻评论不在新闻报道的范畴之内。但从广义上看，新闻评论是新闻宣传的重要品种，也是通讯员足不出户便可采写的一种作品。有的大学生，在校四年，就能在知名报刊发表一两百篇评论[①]；有些优秀通讯员利用工作之余，担任报刊的特约评论员，为自己带来比较多的稿费收入。

新闻评论是说理的文字，它的观点必须正确、合理、新颖、有建设性，它的论证必须有说服力，逻辑上站得住脚、牢不可破、没有漏洞，每句话都经得起推敲，否则就很难发表。

评论作品的稿件结构，主要包括以下几种情形：

◎只是提出问题；

◎提出问题 + 分析问题；

◎提出问题 + 分析问题 + 解决问题（新闻由头 + 深入分析 + 提出自家观点）；

---

① 参见本书第七章第六节。

◎开门见山直接谈观点。

其中，新闻由头是引出评论的新闻话题摘要，一般用百字以内的文字说清楚，有些媒体要求说明新闻来源、发表时间[①]。如：

9月3日，江苏省南京梅园中学新生开始学习跳校园集体舞，练习男女一起跳时，大家都不好意思地把头低下来，一位男生更是从口袋里抽出一张面纸，往手上一放，再让对面的女生把手放上去，惹来所有人的笑声，其他同学见状也拿出面巾纸效仿。跳了几圈，后面几排竟然变成了男生和男生，女生和女生搭档。(9月4日《扬子晚报》)

新闻由头一般加在评论文章的第一段，有时出现在评论文章的第二段、第三段，甚至更后的位置。

新闻评论的写作步骤，一般分为七步：

一是确定评论选题；

二是分析选题，确定评论的切入点（亮点、污点、疑点、难点、空白点等切入点），确定评论的角度（表扬、批评、建议、反映、期待等角度）；

三是寻找搜索有关资料，形成观点；

四是拟定评论提纲；

五是撰写初稿；

六是修改稿件；

七是定稿、投稿。

很多优秀的记者、编辑，采编消息、通讯都毫无问题，但是写不好评论。有些人不是优秀的记者、编辑，却是优秀的新闻评论员。

之所以出现这样的情况，是因为评论写作对作者的素质有特别的要求。

如果你发现自己难以成为优秀的记者或编辑，可以让自己成为优秀的新闻评论员。

---

① 最好在评论结束后，以“相关新闻链接”的形式注明刊载新闻由头的网址，便于评论编辑核实。

问题是，成为新闻评论员，要具备怎样的素质？

第一，要掌握多学科知识（特别是法学、社会学、政治学知识），熟悉政府和执政党的重要政策、文件、精神、路线方针。

对有志于从事评论写作的新手而言，不但应当熟读评论方面的理论书、优秀评论作品集，而且应该熟读法学、社会学、管理学等非新闻学的专业书籍，

评论员应该懂得“程序正义”“疑罪从无”“责罚相当”“紧急避险”“正当防卫”“公共产品”“执政合法性”“服务型政府”“和谐社会”“社会公平”之类概念的内涵。

评论员应该懂得“依法治国”“尊重法律”“尊重客观规律”“尊重人权”“人文关怀”“保护隐私”“保护未成年人”“保护弱者”“学术自由”之类理念的重要性。

评论员应该知晓“行政，未经授权不得为；民事，未被法禁即可为”“公民有追求幸福的自由”等常识。

第二，要有一定的文字功底，至少能做到文字通顺无误，反应快。

最好是30分钟内能写出300字，90分钟内能写出900字。有的评论约稿，就是临时定选题、短时内交稿。

第三，真正爱好、喜欢评论写作，哪怕没有稿费也乐此不疲、乐在其中。

优秀的评论员，最看重的是“有机会通过表达观点促进社会进步”，而非稿费之类的物质利益。

第四，要有远见和卓识，有识人识事之明，善于把握社会潮流、趋势。

评论员的目光、视野不能太狭隘，他（她）应该看长远，看将来，看别处，看国外，应该关心时事新闻，深入社会了解各行各业的运行，深入基层了解民众疾苦，并涉猎人物传记、武侠小说之类的杂书，对热门电影、热播电视剧、流行歌曲等有所了解。

第五，最好有一身正气、一片公心，有爱心和助人之心，有通过言论维护公民权益、参与国家建设的热情。

新闻评论是一种公民写作，而非私利性写作。如果一个人善于从社会公益的角度、从人民利益的角度、从社会进步的角度思考问题、观察社会，则容易有好的观点。

## 第二节　新闻评论选题技巧

新闻评论的选题，从哪里来？《人民日报》原副总编辑、评论部主任米博华认为——

没有一个孕育过程，就不会获得源源不断的创作灵感。有时，题目确是闪念中产生，但那闪念正是孕育的结晶。我们的眼睛总是处于搜索状态，大脑总是处于对各种信息加工处理的工作状态，“闪念”就会不期而至。一些作者通常习惯随手记下一些感想、观点、新闻由头，有时这种未经加工处理的材料多达十几个。收集这些思想碎片，是因为感觉到的东西未必能立即深刻地理解它，抓住这些转瞬即逝的一毫之光，而后细细地消化、思考；一旦酝酿成熟，就可以援笔成文。写掉一批题目就是割掉一茬韭菜，割掉旧的，新的又长出来。这是一个连续不断的创作过程。概言之，选题和写作两个阶段密不可分。在大多数情况下，选题可以被看成不动笔的写作，而写作则是对选题的深加工。

选题的产生，主要来自交流、观察和思考。把交流多得、观察所见进行综合归纳，最终以题目显示出来的途径是思考。交流的方式可以有多种，如与专业人士交谈，阅读报纸书籍，听取会议报告和发言等。通过交流获得知识的好处是不言而喻的，但更重要的是，它可以产生摩擦和碰撞，激发某些思想灵感或唤起某些可能还沉睡的思维。有人说，一篇作品的产生，有时仅仅需要一个小小的提示。可能是几句话，也可能是几个字，犹如“棒喝”。观察，则是长时间地研究某一现象而有所发现。但观察必须辅之以思考，懒得动脑子的观察，只能是看热闹；浮光掠影的观察，则可能流于肤浅的感觉。

题目之所以要选，其实包含了一个十分明确的意思，就择优汰劣。这是言论创作的核心所在，难度所在。所谓优劣，当然是比较而言，难有统一标准，但一般认为应该注意三个问题。

一是因事而作。一个人很饥饿，而另一个热心人建议："请允许我弹一支曲子助兴"，那一定是很扫兴的。选题首先要明确这些话要讲给谁听，他们需要什么。有时即使文章写得不算太好，只要是选题应运而生、因事而作，有针对性，也是上佳之选。正如一个人饥饿的时候，你应及时送去面包，而不是充满华丽音符的空气。

二是有所创见。比如，我们说"储蓄并非一成不变的可喜"，这样的选题总比重复那些人所共知的老生常谈要好。一篇言论，很难有"突破性发现"，但是要力求在某一点上有些新的独到的见解。自然，我们应该了解在某一课题上别人已做过什么，现在正做什么，达到何种水平，有何成果。总之，有独创性的选题亦为上佳之选。

三是别有洞悉。一样的答案有不同的解法，一样的疾病有不同的治法，一样的山水有不同的看法。有些选题恐怕是永恒的，变动的只是认识的角度和探索的路径。平中见奇，旧中见新，更是上佳之选，这方面论列甚多，不必重复。

新闻性、针对性、独创性和新颖性，四个方面同时包含在一个选题中最好，但仅有其中的一个因素也好，同样算优质选题。

当然，具体到不同的评论类型、投稿对象，选题来源和选题原则又有不同。

本报评论员文章、社论，主要是上级指定选题，或编辑部根据上级精神确定。

时评写作的选题，主要源于社会新闻、时政新闻热点——社会舆论关注什么，就评论什么。

通讯员如果要给中央党报撰写评论，就要根据中央文件精神、国家需要、社会需要、党报宣传报道重点来确定选题。

通讯员如果要给省级党报投送评论稿件，就要根据中央、省委省政府文件精神、国家需要、该省发展需要、社会需要、省级党报宣传报道重点来确定选题。

通讯员如果要给市级党报投送评论稿件，就要根据中央、省委省政府文件精神、国家需要、该省发展需要、该地市需要、社会需要、市级党报宣传报道重点来确定选题。

通讯员如果要给晚报、都市报投送评论稿件，一般是要针对新闻热点来确定选题。

通讯员如果要给企业报投送评论稿件，一般是要针对该企业发展的需要、企业领导工作思路来确定选题。

通讯员如果要给校报投送评论稿件，一般是要针对学校发展的需要、校领导工作思路来确定选题。

有时，一些媒体（如《人民日报》《半月谈》）会抛出一些评论话题，通讯员紧紧围绕这些话题展开论述就可以投稿，而且比较容易发表。读者回应式的评论，则是对媒体所刊载的报道进行回应，或评论，或补充，或发挥，或纠错，或点赞。《南方周末》评论版的“读者来信”栏目，就经常刊登读者对前一期该报报道的回应稿件。

《南方周末》评论版“读者来信”栏目于2008年5月1日发表的《图书馆“高收费”当休矣！》，就是读者回应式短评。

## 图书馆“高收费”当休矣！

◆ 回应“图书馆的书不是用来看的？”

（4月24日E29读者来信）

两年前，因撰写论文需要外报资料，所以去国家图书馆查询。为得到朝鲜《劳动新闻》某期头版图片（对开报纸，需扫描两次后拼在一起），我缴费80元！管理员不让用数码相机拍，而复印、扫描又收费昂贵，以扫描为例，扫描一张A4大小的样收费40元（市场价3~5元）。

管理员给出的理由，一是“保护文献资料”。这当然不能成立，因为如果不打闪光灯拍照，根本不会损坏文献。

另一理由是“收费标准得到物价部门的核准”。不信？旁边就有一个牌子写明这个批准文件的具体内容。我当时想，物价部门怎么会同意这样的“高收费”？无独有偶，我在本省档案馆查阅、复印文献资料时，也发现物价部门批准了类似的“高收费”——复印1元/张，每次取档6元/本。

“图书馆者何也，所以输入文明、实验教育，坚其信心、富其能力者也。”这是《创设湖南图书馆兼教育博物馆募捐启事》的原话。“公共图书馆是传播教育、文化和信息的一支有生力量，是促使人们寻找和平和精神幸福的基本资源。……原则上，公共图书馆应提供免费的服务”，这是《联合国教科文组织公共图书馆宣言》中的原话。

什么时候，我们的图书馆、档案馆才能告别“高收费”，与“彻底免费”握手呢？

（嘉荞　大学教师）

目前，许多报纸都在头版开设有小言论栏目，这类栏目是通讯员可以投稿的，这类栏目的言论稿件该怎么确定选题呢？江西日报编辑钟兴旺曾这样总结该报小言论栏目《求是坛》的选题技巧：

《求是坛》栏目开办的宗旨是激浊扬清、针砭时弊，弘扬真善美、抨击假恶丑。稿件的选题广泛，政治、经济生活中的任何事情，大到国家大事，小到身边小事都可做选题。但要做到“小”中见“大”、以“小”见“大”，要言不烦，点到为止。同时，由于处在党报头版位置，决定了《求是坛》言论选题的题材要尽可能大一些，政治性和思想性强一些，指导性和服务性强一些。……因为篇幅短小，决定了其稿件在写法上“口子”尽可能小一些，从小角度切入引出令人深思的大道理。

……

不少基层通讯员反映，给《求是坛》投稿不少却很难见报。其中原因固然很多，除了选题不对路、文字粗糙、论述缺乏条理等原因外，还有就是话题老、缺乏新意。当然，“旧”选题并非不能写，关键是要有新意。以新颖的话题、巧妙的角度切入，加入新时期的一些鲜活元素，老话题之“树”照样能发“新枝”。

在江西日报评论员骆辉看来，党报短评的选题可以遵循如下三个原则——

一是要从大局着眼，小处入手。

短评虽然不直接阐述大的方针政策，但要着眼于当前的中心工作和任务，着眼于客观形势的需要。强调选题要从小事入手，但所说的小事并非鸡毛蒜皮、不足挂齿的琐事，而是能反映新事物、新方向、新矛盾的事物，选择那些意义重大的小事，倡导时代新风，鞭挞落后现象。

比如，在学习贯彻落实省委十三届八次全体会议方面，江西日报拟推出各类言论近20篇，除了社论及本报评论员外，还有很大一部分是短评，如1月13日见报的《改革要有“舍得观”》、2月4日见报的《改革者当有“硬骨头”》等。这些选题，就是从“学习贯彻落实省委全会”这个大局着眼，从具体事情入手的范例。

二是要具体细化，切忌大而空泛。

比如表扬一个先进人物，最好从他事迹中选择一点闪光的东西加以评论；批评一个坏的典型，也应该选择一点去揭露、去批驳，切忌面面俱到。努力使论题具体些、角度小一些，矛盾的焦点集中一些，议论的口子要窄一些，新闻素材要细巧些、典型些。

江西日报2013年9月25在一版《求是坛》栏目刊发的《兰辉的“群众热线”》一文，堪称“攻其一点，不及其余”的典范。兰辉身上表现出来的优秀品格很多，但作者却抓住“手机里储存着2000多个电话号码”，以“群众热线”为主线，深刻反映了兰辉的群众观。

“小”不是意义小，而是要求小中见大。谈的尽管是一点、一滴、一斑、一叶，却都能够由点而面，由滴水见太阳，一句话，能够抓住反映事物本质最核心的一点，弹动那根绷得最紧的时代之弦。

三是要从群众关注、社会关心入手。

短评要善于选取当前群众感兴趣的新事物、新问题，选取群众有疑惑有争议又亟待搞清楚的问题作为选题，反映群众的呼声，消除群众的疑惑。

新，指的是既要有新鲜引人的题目，选择具有强烈时代气息的话题，对工作、生活、思想各方面的新问题及时加以评论，更要有新颖独到的见解，要有新角度，新的论据，新的表达方式，能给人以新的启迪。不少短评写得一般化，引不起人们的兴趣，往往跟文章本身缺乏新意、角度老一套有关。因此，要提高短评的写作质量，就得下决心剔除泛论，选取新的立论角度。新与快是对孪生兄弟，但评论的刻意求新，还不仅仅限于它的时效性。在强调快的基础上，更重要的是评论的思想新、问题新、内容新以及角度新、语言新。抓住人们最热心、最敏感、最关注的焦点问题，有的放矢，积极反映当前的现实，引导当前的现实，推动当前的现实。论出真知灼见，正确地进行舆论引导，让评论的作用发挥得更充分。

2014 年 1 月 8 日刊发的《算好公车改革“民心账”》，处处彰显新意。新事件，新余市率先在全省开展公车改革；新观点，在算好公车“经济账”的同时，最根本的是要算好它的“民心账”。

实际上，本书第二章提及的找新闻选题的那些方法，有一些也适用于找评论选题。

在某个节日（如教师节）或纪念日（如“中国人民抗日战争胜利纪念日”，详见附录一）到来之前，就可以撰写相关主题的评论稿件并投稿。

在日常生活、工作中，也可以找到评论选题。《南方周末》评论版“读者来信”栏目 2010 年 9 月 9 日发表的短评《莫让非自愿扎根》，选题就来源于作者王卫明的一位教师朋友的闲聊。

那些被媒体报道、被网民热议的新闻事件，往往是时事评论的最佳选题。晚报、都市报的评论版，大多是刊登这类评论。

例如，《人民日报》2014 年 9 月 5 日头版“今日谈”栏目刊登的短评，选题就来自前一天的新闻事件。

## 高考改革，关键的第一步

陈　凌

“看见太阳，你就把阴影甩在脑后了。”一位孩子高考落榜，父亲这样安慰他。9 月 4 日，《国务院关于深化考试招生制度改革的实施意见》正式公布，合理的制度设计、科学的改革谋划，应该可以让更多孩子和父亲告别阴影。

改革开放之初，恢复高考成为多少人命运的转折；新一轮改革大潮起势，高考的改变同样牵动人心。不仅是因为这一改革能减少城乡教育差距、缓解唯分取人弊病，更因为它是教育改革的重要一步。从高考到中考、从高校到中小学、从高等教育到职业教育、从考试方式到教育理念，改革不断推进，必能真正改变更多人命运的辙痕。

而这一步，也与更多改革息息相关。异地高考在大城市的突破，仍需户籍制度改革助推；城乡孩子要站上同一起跑线，仍需收入分配改革发力。“牵一发需动全身”，教育改革的基础性、系统性、复杂性，正折射中国改革的艰辛；而教育改革的突破，也就更能体现改革者的勇毅。

“千里之行，始于足下”。考试招生改革迈步，中央重视、社会期待、群众支持。相信伴随教育改革的不断深入，更多的青春将“甩掉阴影、看见太阳”，拥有更好的未来。

有些评论选题，来源于自己的采访。

例如，《江西日报》2014 年 9 月 4 日 B3 版刊登的评论《做“大家的公司”》，选题就来源于作者王卫明、刘若兰对正邦集团总部的采访。这篇评论的正文如下：

近日，笔者采访了位于南昌市艾溪湖畔的正邦集团总部。印在企业一楼大堂墙上的一句话，给笔者留下了深刻的印象：“把小公司做成大公司，把大公司做成大家的公司。”有关负责人告诉笔者，“做大家的公司”这一理念体现在集团发展的各个方面。2008 年以来，该公司累计安排了 2 万多名大学生就业，通过企业内外部各种培训帮助员工成才；通过项目承包制、投资人才等方式扶持员工创业；对于投身国内畜牧业领域的年轻创业者，给股份、给平台、大胆放权，扶持壮大了 50 多家志同道合的小微企业。

做“大家的公司”，让员工、合作者、消费者及公众共享企业的发展成果，实现多方共赢，正是国内外一些企业迅猛发展的重要原因。

要把企业做成“大家的公司”，首先要善待员工。善待员工，可以吸引并留住优秀人才，有助于公司实现可持续发展。比如，四川海底捞餐饮股份有限公司不仅给予员工物质回报，而且给他们别处难得一见的信任与授权。这家公司授予服务员这样的权力：不论什么原因，只要认为有必要，都可以给客人免一个菜或免一餐。如此一来，每一个海底捞的员工（包括基层服务员），实际上都在行使管理者的权力。这使得员工更愿意把公司当作自己的家来爱护，共同促进服务品质的提高。

做“大家的公司”，就要让合作者一起发展壮大。淘宝网的成功，其实就是以众多网店的成功为基础的。在淘宝网开店成本低，受众面广，消费者也能够用较低的价格买到商品，这样的共赢平台，大大提高了淘宝网在电子商务领域的市场份额。

做“大家的公司”，还要尽可能承担社会责任、回报社会。很多商界名人在公司做大、做强后，都会选择将财富与社会分享。“股神”巴菲特2006年决定向5个慈善基金会捐出约375亿美元的个人财产；微软创始人比尔·盖茨2008年宣布将580亿美元个人财产捐给慈善基金会；李嘉诚自1980年至今，已向李嘉诚基金会捐出145亿港元。取之于社会，用之于社会，让公司的发展成果惠泽更多的人，正是成功企业的一大特质。

当然，也有一些人把企业做成“自私自利的公司”，忽视员工的权益和福利，不肯与合作者公平分享利益，更没有主动承担应尽的社会责任。这样的企业，在市场上往往是昙花一现，遑论做大、做强。企业要与社会共成长，就要培育类似于做“大家的公司”的企业文化。善于合作，乐于分享，这是我们这个时代需要的企业文化。

当然，有些牛气的通讯员，会被聘为特约评论员，定期或不定期地给特定媒体撰写评论约稿，这种稿件的选题是根据媒体提供的新闻素材确定，或者是由媒体工作人员直接指定题目。

## 第三节　新闻评论的切入点

很多人会采写消息、通讯，但不会写新闻评论，原因何在？

除了新闻评论对作者素质的要求较高外，“不知道怎样下手”可能是一个重要原因。如果作者熟悉新闻评论的常见切入点和论述角度，写起来就不会那么困难了。

那么，新闻评论有哪些切入点和角度呢？我们认为，至少有以下5种切入点——

## 一、赞扬“亮点”，阐述“亮点”

亮点，就是新闻事件中的亮点，或新闻人物身上的亮点，或某些政策、主张、法律法规、纪律条文中的亮点。

亮点是值得推广的举措，或是值得弘扬的精神，或是值得赞许的品格。

在评论中宣传亮点、表扬亮点，有利于树立正面榜样、净化社会风气、促进社会进步、陶冶人类心灵。

例如，2010年4月，国家主席胡锦涛出访美国，首次简化国外迎送安排，中央电视台4月13日播发“本台评论”《礼宾改革新举措》[①]，指出了这一新举措的亮点：

胡锦涛主席率先垂范，出访期间简化国外迎送安排，充分体现了以人为本的理念和求真务实的作风。……这次简化国外迎送安排，是中央一贯倡导的礼宾改革的继续，是“务实、精干、节约”原则的体现。”

又如，2010年4月，香港义工黄福荣[②]在青海省玉树县地震灾区救人时不幸牺牲，成为玉树地震中牺牲的首个志愿者。《新京报》4月19日刊发社论《“黄福荣们”践行了真正的志愿精神》，表扬、阐述了“黄福荣们”身上的亮点——真正的志愿精神、公益情怀：

黄福荣这样的义工精神，是我们宝贵的精神财富，他热心公益的情怀感染着每个读到他故事的人，沉浸于灾难伤痛的人因为他的壮举而获得了

---

① 详见 http://space.tv.cctv.com/video/VIDE1271160169150884。

② 详见 http://baike.baidu.com/view/3489295.htm?fr=ala0_1_1。

一种无比强大的精神支柱，人们的心贴得更紧，抱得更紧。它净化着我们的灵魂，洗涤着人性，让身处灾难中的我们更体会到了爱的力量和凝聚的温暖。……黄福荣只是他们中的一员，他们身上有黄福荣一样低调、热心和无私贡献的公益情怀。[①]

再如，人民网上海频道2010年3月15日评论《坦率公开平等　总理与媒体双方的进步》[②]，称赞了今年两会期间记者招待会上温家宝总理的回答和记者的提问：

对其他尖锐问题，温家宝总理也表现得从容、儒雅且不失彬彬有礼，频频引经据典。他甚至笑着指出，记者的提问相当客气，他所知道的相关指责更加激烈。值得提出的是，国内媒体的提问水平也开始有了进步。从前，国内主流媒体的提问，可能大而无当，或在提问中刻意体现正面、昂扬和积极的调子。而今天不管是新华社还是人民日报的提问，都具体、切实，且有了些许质询和平等探究的风格。

## 二、质疑“疑点”，解释“疑点”

一宗非正常事件的发生，是需要得到相应处理和解释的。但是，由于某些原因，有关责任人并未得到应有的处置，有些见不得人的内幕并未揭开，有关部门给出的解释或结论难以服人。对这类新闻事件，就可以从“疑点”角度切入，展开质疑或释疑。

例如，2010年4月18日《南方都市报》刊登的社论《看守所离奇死亡事件还要继续吗》[③]，就对近年看守所内非正常死亡事件的连续发生提出质疑：

---

① 详见 http://epaper.bjnews.com.cn/html/2010-04/19/node_2.htm。

② 详见 http://sh.people.com.cn/GB/134780/134791/11139908.html。

③ 详见 http://epaper.nddaily.com/A/html/2010-04/18/node_523.htm。

离奇命案频发是恐怖的，看守所里离奇命案频发尤其恐怖。因为看守所是执法之地，执法之地出现明显违法之事并且未能得到彻底追究；执法之人光天化日说谎话并且不了了之。这样的事件频发，当然伤害法律的尊严、伤害民众对法治的信心，一个社会对法治失去信心，还有比这更恐怖的吗？这样的事件频发，媒体已经曝光，舆论曾经高压，政府也表示过重视，但目前看起来都没什么效用，离奇案件还是一件接一件。

再如，沈阳森林野生动物园东北虎成批离奇饿死后，《新京报》2010年3月15日评论《东北虎之死背后是层层谜团》，指出了该事件的三个疑点：

谜团之一，……收入和投入应该足够支付经营成本。但就是在这种情况下，动物园不但缩减动物“口粮”，还大面积拖欠员工工资。所以，每年不顾动物和员工死活的大笔收入流向了何方？

谜团之二，去年12月动物园的这块土地一度进行过拍卖………老虎所生存的这块土地即将变更用地性质甚至进入商业开发的视野，到底有没有干系？

谜团之三，这所动物园虽然是民营企业控股，但是国有股份依然占有15%……当地有关政府部门对入股的国有资产做没做充分的保护？政府有关部门到底是不作为，还是与动物园控股者存在暧昧关系？

《东方早报》2009年6月26日刊登的评论《高昂维稳成本为何难降》（作者笑蜀）[1]，则对部分地方政府高昂的维稳支出，做出了制度反思型的释疑：

“原因可以列举很多。最重要的原因则只有一个，即国家基本制度一定程度的失灵。推究已经发生的诸多群体事件就会发现，几乎所有群体事件发轫之初，都往往是小事，往往因为拖，最后拖成了大事。而这个拖的

① 详见 http://epaper.dfdaily.com/dfzb/html/2009-06/26/node_24.htm。

过程，往往都是当事人或者受害人求告无门的过程，从希望到失望再到绝望的过程，从只是满腹冤屈发展到满怀怨恨的过程。之所以求告无门，无非因为正常渠道不正常，不具备解决相应问题必须具备的足够权威，因而不能不缺乏解决相应问题的实际能力。”

## 三、指出“难点”，剖析“难点”

有些事项的开展，有些问题的解决，是有难度的，存在难点的。

如果其中的难度、难点，不是广为人知甚至众所不知，那么，新闻评论可以将这些难点、难处指出来，加深读者对有关事项、问题的理解、包容，使读者更加理性、理智地对待。

而且，难点的解决，往往需要集思广益，难点显露后，有助于“用众人之智，解千古之难”。

例如，《铁矿石谈判“中国模式”难在何处？》[①]便指出了“建立铁矿石谈判‘中国模式’”的三个难点：

首先，双方并非对等的两个博弈主体：一方是几乎铁板一块的全球三大寡头串谋，而另一方则是各怀心思的800多家中国钢企和上百家铁矿石进口商。

其次，所谓的“统一价”也将不可避免地在大型钢企、中小钢企、铁矿石进口商之间进行利益重新洗牌，它们是否还有足够动力积极参与谈判令人怀疑。

最后，将政治与经济问题混在一起，恐怕将成为铁矿石价格谈判今后面临的最大障碍，而无助于问题的解决。

评论《酱缸之下，公车改革难见出路》[②]，则表达了作者杨涛对公车改革难点的看法：

---

① 刘涛：《铁矿石谈判“中国模式”难在何处？》，《东方早报》2009年10月19日A23版。

② 刊于《东方早报》2009年6月26日A23版。

说到底，公车改革并非单纯的车辆改革的问题，而是一种权力和体制的改革，任务十分艰巨。如果人大代表不能有效地控制车辆购置的财政支出，如果民众没有权利去监督公车的运行，如果当地的媒体无法有效地对公车私用等行为进行曝光，如果官场的陋习不能在有效的监督与制约下消除，我不相信，仅凭取消公车就能一针见效。

## 四、指出“误点”或“错点”

“误点”即失误之处。“错点”，即做错之处或看错之处。有些新闻事件或人物言行，存在着错误之处，评论可以将其中的错误指出来，以便引起当事人或当事机构以及其他人的注意。

2010年5月初，北仑区检察院专门制定出台了《附条件不起诉实施规则（试行）》（以下简称《规则》）。《规则》第2条明确，附条件不起诉是指检察机关对应当负刑事责任的犯罪嫌疑人，综合其犯罪事实、情节及其人身危险性，认为可以不立即追究刑事责任时，给其设立一定考察期，如其在考察期内积极履行相关社会义务，足以证实其悔罪表现的，检察机关将依法做出不起诉决定。[①]

对此，评论《“善行代刑”违反刑法基本原则》[②]指出“附条件不起诉”的错误：

我国现行《刑法》第3条明确规定：“法律明文规定为犯罪行为的，依照法律定罪处刑”；而《刑事诉讼法》第142条则对检察机关适用不起诉决定的条件及范围做出了明确限定，相对不起诉也仅限于“犯罪情节轻微，依照刑法规定不需要判处刑罚或者免除处罚”情形范围，根本不存在适用于“可能被判3年以下有期徒刑、拘役或管制等”的情况。因此，一些地方检察机关正在推行的“附条件不起诉制度”，显然违反了《刑法》的基

---

① 曾祥生、陆虞霖：《宁波北仑检察院出台规则确保附条件不起诉案件质量》，正义网，http://news.jcrb.com/jiancha/jcdt/201006/t20100629_379929.html。

② 游伟：《“善行代刑”违反刑法基本原则》，《东方早报》2010年7月9日第A43版。

本原则和法律的“刚性”规定，属于在法律框架之外的自我授权与扩权行为，无论其出发点如何，都应当依法及时地予以纠正！

## 五、指出或填补“空白点”

这里所说的“空白点”，主要是指某些文件忽视、忽略或遗漏的内容，或者以往人们没有考虑到的内容、方法、途径等。这些“空白点”，评论可以指出或直接填补。

例如，关于对教育改革，人们往往寄希望于“行政主导”，评论《期待以人大主导教育改革打破沉闷格局》[①]，作者笑蜀则从“寄望于人大主导”这个空白点提出了新的思路：

以限制行政自由裁量权为目标的政学分开、管办分离，大方向完全正确，但是否能做到，却超出了行政主管当局的能力范围。以限制行政自由裁量权为目标的教育改革单指望行政主管当局，难免行之不远。这就需要强大外力。在当下，这外力应该首先和主要来自全国人大。这即是说，教育改革有待最高推动，有待作为最高权力机关的全国人大的推动。……我们期待全国人大此次会议，能以国家中长期教育改革和发展规划及整个教育改革为焦点议程，有认真的辩论和听证，有激烈的交锋和博弈，最大限度激活智慧的火花，给教育改革一个全新的天地，并带动全方位改革。

又如，评论《劳动合同法草案的三点缺憾》[②]，对劳动合同法草案忽视的三点内容进行了阐述：

一是对兼职和勤工助学行为没有做出规定，大中学生勤工助学，由于人事档案留在学校，无法签订正式合同，算不算兼职，如果算，应遵守什

① 刊于《南方周末》2010 年 3 月 4 日 F29 版。

② 作者王卫明，刊于《中国青年报》2006 年 3 月 31 日第 2 版。

么规范?

二是草案条文中一些关键词的含义不够明确，第十三条中的“非技术性工作岗位，技术性工作岗位，高级专业技术工作岗位”。

三是对“恶意欠薪”的惩罚力度与以前相比，没有提高。现有劳动法律法规的主要缺陷，正在于雇主的侵权成本偏低，雇员的维权成本太高，对处于弱势的雇员缺乏倾斜性保护。

1998年12月2日,《中国青年报·冰点时评》发表了郭光东的《国旗为谁而降》。这篇评论，正是指出了1998年全国救灾善后工作中的一个“空白”——没降半旗。

东北的灾民早已在雪前住进了温暖的地窖子;九江大堤决口封堵处也于近日开始拆除重筑。洪灾过后，诸多善后事宜有条不紊地进行，但现在回想起来，有件事被忽略了:按照《国旗法》第十四条的规定，为九八特大洪灾的死难者下半旗志哀。

1990年颁布的《中华人民共和国国旗法》第十四条第二款规定:“发生特别重大伤亡的不幸事件或者严重自然灾害造成重大伤亡时，可以下半旗志哀。”今年我国发生洪水的河湖之多，时间之长，水位之高，损失之大，为历史罕见，更为《国旗法》颁布以来所仅有，当属“严重自然灾害”;洪灾中，人员死亡达3656人，当属“造成重大伤亡”。尽管《国旗法》对严重自然灾害造成重大伤亡时下半旗规定的只是“可以”，不是“应当”“必须”。但如果一次灾害死亡3656人还不能适用这一法条的话，不知这一规定几时才能派上一回用场。

事实上，国旗不仅是国家主权和民族尊严的象征，也是民族精神和民族凝聚力的体现。而下半旗正是一种由中央政府以全体国民的名义举行的哀悼仪式。它不但能给予死难者的亲人以莫大的精神慰藉，再次体现抗洪斗争中全民族的强大凝聚力，而且更有助于增强每个公民的国家观念和爱国情感，使人真切地感受到自己是祖国大家庭的一员，从而激发为国奋斗的热情。

遗憾的是，我国还从未有过为一般民众下半旗的先例。古代的礼制，其实质是正名分，巩固等级制度。《礼记·曲礼》曰：“礼不下庶人”，一直是西周以来的一条重要原则。及至现代民主政体确立，“礼”理所应当下及“庶人”，因此我国现行《国旗法》规定，除了国家重要领导人逝世应下半旗外，对国家做出杰出贡献的人、对世界和平或者人类进步事业做出杰出贡献的人逝世，以及因不幸事件、严重自然灾害造成重大伤亡时，也应或也可下半旗志哀。这项立法反映了社会进步，无疑使我国的降半旗制度走上了民主化、规范化的轨道。

但从目前实践和人们的观念看，下半旗的对象还仅限于逝世的国家重要领导人，其他几类对象尚未予以充分重视。比如，在洪灾刚过的9月21日，我国依法为不幸因病逝世的杨尚昆同志下半旗志哀；而3656名普通民众在洪灾中死难则几乎与此同时。

值得一提的是，就在我国洪灾前的1998年6月3日，德国一列高速列车出轨，酿成德国近50年中最惨重的铁路交通事故，100人死亡。事故次日，德全国降半旗致哀。

两相对照，没能为36倍于德铁路事故死亡人数的我国洪灾死难者降半旗，我宁愿看成是有关部门的一时疏忽。倘若今后再有我们不愿其发生的重大伤亡，请切记关注《国旗法》的相关法条，以下半旗的仪式寄托全国人民的哀思，体现国家对普通公民生命的珍重。

不少人都认为，这篇评论后来引发了新中国历史上第一次为平民降半旗：汶川大地震发生后不久，国务院决定，2008年5月19日至21日为全国哀悼日，在此期间全国和各驻外机构下半旗志哀。

## 第四节　新闻评论的可读性

为了让新闻评论生动好读、有说服力，作者除了要有深厚的知识功底外，掌握必要的写作小技巧也是不可或缺的。下面，介绍可使新闻评论生动悦读、有说服力的10种技法。

## 一、引用古人诗词文句

诗词，是我国文学史上的瑰宝，利用好老祖宗的东西不仅可以为原本严肃的评论添加一点古典韵味，让文章更生动、更雅致，同时朗朗上口的诗词，也能很好引起读者的感情共鸣。

例如，评论《袭击缘于国际救济缺失》（刊于《华夏时报》2005年7月25日）就使用了这种技巧，评论中改用了李白名篇《宣州谢脁楼饯别校书叔云》中的诗词“抽刀断水水更流”：

“反恐，须先反对以战争方式反恐，恰如抽刀断水，结果是‘水更流’，越反越恐；散布仇恨思想和煽动仇恨的恐怖主义意识形态，如癌细胞一般不断扩散，恐怖分子不再来自国外，而是本土制造；恐怖袭击不再远在异国，而变得近在眼前，并且似乎随时可能发生。”

再如，评论《选官与选对象》，在谈论“官员选拔机制的改进”时，就引用了诸葛亮在《便宜十六策》中的文句“治国之道，务在举贤”。

## 二、引用俗语、歇后语、谚语、成语

据2005年5月9日出版的美国《新闻周刊》披露，驻扎在关塔那摩监狱的美军审讯人员竟然将《古兰经》撕碎扔进马桶冲走，以此来激怒受审的恐怖分子嫌疑犯。对此，评论作者引用了中国的一句俗语指出其后果：

去年，美国为了取悦伊斯兰世界，改善因入侵伊拉克而遭到毁坏的国家形象，在海啸灾区卖力地救灾。如今，取悦伊斯兰世界的全部辛苦都打了水漂。正应了中国那句老话——“一粒老鼠屎，坏了一锅粥”。[①]

再如，评论《学术护短是高校“家丑不可外扬”的权力维稳》[②]，引用了“家丑不可外扬”“同室操戈”“天下乌鸦一般黑”等俗语或成语：

---

① 引自《一粒老鼠屎 坏了一锅粥》（刊于2005年5月16日《华夏时报》，作者王卫明）。

② 刊于2010年3月23日《科技日报》第5版，作者济北南。

2009年是学术造假事件井喷的一年，上至院士的国家课题，下至“最牛硕士论文”，无一不在“同室操戈”“兄弟阋于墙”的厮打中，从学术界内部闹到了大庭广众之下。谁知，指望人家内部“火拼”原来只是个传说，有权力的那份虚荣心在，就有对“家丑不可外扬”进行干预的家长作风在，更会有权力中的维稳观在。所谓“天下文章一大抄，看你会抄不会抄”，天下的乌鸦也都是一样黑的，自个儿揭露自个的兄弟，这不是给家长脸上抹黑吗？”

## 三、引用“流行语文”

“流行语文”，就是当今社会中比较流行的语言、语句、文字，包括流行歌曲歌词、热门电影电视剧的台词、流行的武侠小说的文句等。使用这种极具时效性的流行语文，往往既时尚又能让读者在读到第一眼的时候会心一笑，增加继续读下去的兴趣。

例如，评论《乡长杯具事件见证乡村“丛林生态”》[①]中引用网上红极一时的“杯具”一词：

且按下乡政府本应有的“热情服务”不表。就算是农民动了乡长的“杯具”，也是小事一桩，几句解释完全可以化解尴尬。但问题的核心并不在使用杯具上的卫生问题，而在于乡长的威权遭到了来自被管制者的挑战。假设是市长动了乡长的杯具，根本不会有冲突。说不准乡长还会以“首长动了我的杯具”为荣耀。

再如，评论《通往幸福的一个站》[②]引用了电影兼流行歌曲《下一站天后》中的歌词、金庸名著《碧血剑》的一个情节：

在智者面前，爱情才是实实在在的，一切名利不过是肥皂泡。蔡卓

① 刊于2010年3月28日《半岛晨报》A02版，作者王琳。

② 刊于2005年11月15日《厦门商报》，作者王卫明。

妍在《下一站天后》中唱道："未必风光更好，人气不过肥皂泡。即使有天开个唱，谁又要唱？他不可到场，仍然仿似白活一场……其实心里头最大理想，（是）跟他归家为他唱。"这歌词也是道破了"爱情的重，名利的轻"。

在金庸名著《碧血剑》中，"金蛇郎君"夏雪宜为藏宝图记载的宝藏，离爱人温仪而去，虽然最后寻得宝藏，但再也难见爱人一面，后来他在"重宝之图"上写道："此时纵聚天下珍宝，亦焉得以易半日聚首，重财宝而轻别离，愚之极矣，悔甚恨甚。"夏雪宜最后的遗憾，就缘于没放弃"重宝"，若一早携了所爱远走高飞，何至于此？

## 四、引用学术理论或学术名词

运用这种方法，既可以增强文章的说服力，还可以让读者在阅读评论的同时增长见识。

例如，评论《呼唤另一种"转移支付"》[①]，就引用了财政学上的学术名词"转移支付"：

在财政领域，有一种旨在实现各地公共服务水平均等化的制度——转移支付，这是一种在政府间实行的财政资金转移制度。为实现对离乡学生的教育公平，中央财政、学生流出地财政有必要按照流出的学生人数，对流入地进行专项"转移支付"，做到学生"流出"到哪里，"转移支付"就跟踪到哪里。

再如，评论《鸭子烂了嘴巴硬》[②]，就引用了司法领域的学术理论"疑罪从无"：

国际上有一个通行的司法原则，即"疑罪从无"。"疑罪从无"是指如

---

① 刊于2007年3月5日《嘉兴日报》第1版，作者王卫明。

② 刊于2005年1月17日《华夏时报》，作者王卫明。

果案件的证据未能达到证据确实充分、犯罪事实清楚的标准，即便有一定的证据，也应做出指控不足、犯罪不能成立的无罪判决，更不得以“莫须有”为由制裁嫌疑人。……发动伊拉克战争是一个违反“疑罪从无”原则的典型例子。战前，布什政府在没有确凿证据的情况下，宣称伊拉克拥有大规模杀伤性武器，在没有得到联合国授权的情况下，悍然入侵伊拉克，侵犯伊拉克的领土主权。

## 五、引用可靠数据

好的评论往往是一篇令人信服的评论，这要求严密的论证，摆出的证据桩桩都是铁证，让读者信服。而精确、可靠的权威数据，就是最有说服力的证据之一。有时，评论作者可以通过自己的采访、调查获得第一手数据，写入评论中。

例如，评论《制度创新　厦门应大有可为》[①]引用了中国社科院《2005年中国城市竞争力报告》的排名数据：

在城市竞争力的12个项目中，就包括制度竞争力这一项。在中国社科院发布的《2005年中国城市竞争力报告》中，厦门的制度竞争力排在绍兴、宁波、上海、嘉兴、苏州、珠海6个城市之后。制度竞争力排名第七，这个名次比较偏前，但也说明厦门还没有在制度方面形成绝对的竞争优势，制度竞争力还有较大的提升空间。

车流、人流随交通规则而流动，资金流、人才流、信息流、物流也是跟着制度走的。厦门的人才、资本、科技、文化4个方面的竞争力都在全国前10名之外，而这4个方面竞争力的提高，都可以通过制度的引导来实现。

再如，评论《红火景象下的楼市之忧》[②]，引用了来自权威机构国家统

① 刊于2006年1月20日《厦门商报》，作者王卫明。

② 作者王甘武、李代祥，2010年3月28日刊载于新华网，详见http://news.xinhuanet.com/fortune/2010-03/28/content_13265132.htm。

计局的翔实数据，给评论增加可信度：

国家统计局公布的数据显示，2008 年我国居民消费率仅为 35.3%，不仅远低于美国的 70.1%，也低于同属发展中国家印度的 54.7%。国际金融危机的冲击警示，中国经济未来可持续发展必须依靠消费、投资、出口协调拉动。

## 六、引用小故事、名人逸事

在评论中，穿插着讲一些小故事或名人逸事，会使评论显得感性具体、通俗易懂、有趣味性，避免出现泛泛而谈的情况。

这类评论带有写实的倾向，有时甚至称得上是“叙事型评论”：只叙述事实，不直接发表观点，但“此时无声胜有声”，观点不言自明。例如，《南方周末》评论版的“读者来信”，大多属于“叙事型评论”。

这里所说的“小故事”，也可以是评论作者亲身经历的小事，也可以是其他人（非名人或名人）经历的小事。

这里所说的“名人逸事”，往往可以在名人传记、回忆录、纪录片中接触到。

例如，评论《“平经济”时代来了》[①]，就引述了比尔·盖茨、马云的往事作为论据：

社会变革的每一次浪潮都会引起经济版图的巨变，而那些把握浪潮走向的人，将成为商界成功者。11 年前，比尔·盖茨出了一本《未来之路》（*The Road Ahead*）。11 年后，《未来之路》中的预测，部分已成现实。对《未来之路》这本书，有些人只是看了看，并没意识到其中天机（商机）泄露，而有些人（如创办阿里巴巴网站的马云）却顺着书中预测指引的方向，在经济上获得成功。

① 刊于 2006 年 5 月 12 日《天津日报》，作者王卫明。

评论《通往幸福的一个站》[①]，则引用了歌手王菲的逸事说明“懂得放弃的重要性”：

有人劝王菲，为什么一定要跟李亚鹏好。王菲说：“你知道现在让我有感觉去爱一个人，是一件多难的事吗？你说亚鹏他有可能骗我，有可能会辜负我，可是我如果一辈子都找不到爱一个人的感觉，那我多辜负我自己啊。”王菲抓住的是“爱一个人的感觉”，放下的是这爱情的结局，她没有辜负自己。王菲是一个懂得放弃的人，为了这份爱，她无限期退出娱乐圈。

再如，评论《禁乞呼声中的法律观念误区》[②]讲了马克思的一件逸事：

1841 年 12 月 24 日，德皇威廉四世颁布了“新”书报检查令，青年马克思以其犀利的政治目光一眼看穿了这个“新”书报检查令的伪善面目，于 1842 年 1~2 月间写下了《评普鲁士最近的书报检查令》，一针见血地揭露了普鲁士专制政府的真正意图。

## 七、运用比喻、排比等修辞

例如，评论《一只蝴蝶，漫天沙尘》[③]，将生产牛肉所排放的二氧化碳与开车所消耗的二氧化碳进行类比：

关于肉食和环保的关系，数字的比照形象而又细微。比如，每生产一磅牛肉，要用 2 万公升水；每生产一公斤肉类所排放的二氧化碳，相当于开车出门 3 小时。这其实从一个侧面提醒我们，日常生活中的很多具体活动与生态环境关系密切，而我们需要思考，该怎样通过细微的努力，促进人与自然的和谐。

---

① 刊于 2005 年 11 月 15 日《厦门商报》，作者王卫明。

② 刊载于评论作品集《中国钥匙》（台海出版社 2005 年版）第 189~190 页，作者童大焕。

③ 刊于《新京报》2010 年 3 月 21 日 A2 版，作者周展。

例如，评论《世间美好　有你一份付出》将“芸芸众生”比喻为“蜜蜂”：

对蜜蜂来说，采得百花成蜜后，虽然所采的蜜并不为自己享用，又有什么要紧呢？如果因为所采的蜜不为自己享用，就不去采蜜，活着又有什么意义呢？

……仔细想来，人世间的绝大多数人，何尝不是一只只的“小蜜蜂”呢？在成年人中，除了极少数不劳而获的人，上至国家主席，下至平民百姓，哪一个不是在辛苦工作呢？哪一个不是在为他人做贡献呢？

再如，评论《选官与选对象》[①]，将“选拔官员”与“征婚选对象”类比，很好地指明了竞聘资格定得过窄的后果：

古人说：“治国之道，务在举贤。”若将领导职位的竞聘资格定得过窄，导致报考者过少，何以举贤？这就好比一个未婚青年，要找对象，登出的征婚启事却又将应征条件定得高高的，虽然，理论上讲有一些人符合条件，但事实上可能没人来应征，或者应征者太少，最后的结果很可能是：无法找到心仪的对象，继续单身。

## 八、谐音处理

这种方法，是利用有些汉字同音或近音的条件，用同音或近音字来代替本字，或者两字并列，由此产生别样辞趣。写作新闻评论时，对新闻或观点中的关键字词有意采取“谐音”处理，可增加阅读评论的愉悦感。

例如，评论《且为和谐而倾斜》[②]就使用了这种技巧（“谐”与“斜”谐音）：

中央做出这样的调整，是构建和谐社会、实现教育公平的必然之举，

① 刊于2005年11月14日《厦门商报》，作者王卫明。

② 刊于《厦门商报》2006年1月6日评论版，作者王卫明。

符合科学发展观的要求，有利于城乡教育的均衡发展。这种倾斜，其实是为和谐而倾斜，是迈向公平的倾斜，这样的倾斜多多益善。同样，我市财政性建设资金在新的一年要向农村倾斜，也是为和谐而倾斜。这样的倾斜，是对中央有关精神的贯彻执行，有利于缩小城乡差距，使全体农民与市民一道，共享改革发展的成果。

## 九、拆字、拆词

这个技法是将关键的字、词拆开来，紧扣主题进行解释和演绎，这样处理不但有较强的说服力，而且让人印象深刻，收到非常好的“悦读”效果。

例如，评论《人民代表的“表”》[1]，将“代表”和“和谐”两个词组拆开，就以一种很特别的方式解释了“和谐”和“代表”的内涵：

“和”由“禾”和“口”组成，“禾”是谷物、粮食，“口”是吃饭、说话的嘴，因此，所谓“和”，就是“大家都能吃饱饭”。而“谐”由言字旁和“皆”（意思是“都、全部”）组成，因此，所谓“谐”，就是“大家都可以说”。所谓“和谐”，就是“大家都能吃饱饭，大家都可以发言”……代表，是“代人表达”的意思。顾名思义，人大代表，就是“代人民表达意见的人”。

## 十、通过采访获取第一手信息

目前，发表在新闻媒体上的许多评论，都是评论作者“宅”在室内依据媒体报道写出来的，作者并没有到新闻现场采访，这是一种“闭门造车型评论”。

与此不同的是“独家采访型评论”，即：新闻评论的选题、由头、事实依据，都来自评论作者的亲自采访；或者评论作者对有关报道进行了补充采访（有时需要实地采访），从而占有了独家的第一手资料，或进行了必

① 刊于2005年11月18日《厦门商报》，作者王卫明。

要的核实。这样的评论，其信息量、可信度、独家性，都优于“闭门造车型评论”。

例如，评论《利用好民众参政议政的新渠道》(2009 年 2 月 13 日发表于新华网江西频道)，其中的“5 页”“手中一直拿着”，都是评论作者王卫明通过电话采访新华网江西频道工作人员得到的第一手信息。

再如，《江西日报》2014 年 1 月 12 日第二版刊登的评论《像招商引资一样大胆招才引智》，第一段就是作者王卫明通过实地采访得来的独家信息：

“给一套新房免费居住，服务期满 10 年就给产权；每月 2000 元博士津贴，基础研究岗位更多津贴；尽可能解决配偶工作和子女入学问题……”这是南昌市第一医院对引进博士的待遇安排。为引进和留住耶鲁大学博士后饶本强，南昌市第一医院专门为其设立胃肠病学研究所、配建 900 平方米的实验室。

综上所述，掌握好新闻评论写作的上述 10 个小技巧，并在评论写作中适时运用，可起到给评论“增色添彩”“增香添味”“增说服力”的效果。

# 第七章

# 新媒体宣传报道的原则与技巧

21 世纪是新媒体崛起并逐渐称王称霸的时代。在这样的时代，电脑和手机取代报纸、杂志、电视、广播成为最重要的新闻传播平台，不懂新媒体、不会利用新媒体进行宣传报道的通讯员是落后、落伍的通讯员。新媒体平台的宣传报道必须遵循新闻传播基本原则（如尊重事实，不说假话），但有着与传统媒体宣传报道不一样的原则和技巧。

## 第一节　手机媒体新闻传播的悬念策略

手机报、新闻客户端、微信公众号等媒介形态，都以手机为传播平台，可谓典型的手机媒体。当下，人们接触信息的渠道越来越向手机媒体集中。中国互联网络信息中心发布的第 40 次《中国互联网络发展状况统计报告》显示：截至 2017 年 6 月，中国手机网民规模达 7.24 亿，网民中使用手机上网的人群占比升至 96.3%。随着手机终端的智能化和手机应用体验的不断提升，手机作为网民主要上网终端的地位已经得到确认。

手机媒体难以尽数，如何在空前激烈的媒介竞争中获胜，是许多媒体人需要思考的命题。设置悬念，就是手机媒体决胜媒介市场的重要策略。

《央视新闻》微信公众号界面

《今日头条》手机客户端界面

《江门日报》微信公众号界面

## 一、手机媒体新闻传播，特别需要设置悬念

《凤凰新闻》客户端界面

新闻传播设置悬念是媒体惯用的写作手法。尤其是新媒体时代，媒体人如果能够针对新闻素材有效进行悬念设置，将对信息传播有良好的促进作用。

**1. 手机媒体首页的版面语言有限，悬念设置可以弥补这种不足**

手机媒体是网络媒体的延伸，但手机媒体的新闻传播不同于PC端的网络媒体：标题几乎没有字体、字号、颜色的变化，难以像PC端网络媒体那样突出重点。手机媒体的新闻传播，也不同于报纸等纸质媒体：由于屏幕面积有限，版面语言受限，信息往往首先以“标题+图片”形式由上至下逐条滚动出现，受众刚开始是看不到正文的。因此在最开始进入受众眼球时得足够精彩才能够让受众花流量花精力点击阅读。

人民网网页版界面

2. 在媒介过剩的环境中，善用悬念是快捷有效的导流方式

众所周知，媒介格局发生变化，各大传媒集团制作、运营手机报，客户端，微信公众号等手机媒体，这也客观上造成媒介过剩的情况。然而受众接收信息的过程是消费文化的过程，选择是消费文化进行的前提，受众的主动性增强。李普曼在《舆论学》中提出“拟态环境”的概念，认为人们所感知的世界是媒介传播中的世界，并非完全等于真实世界。受众第一眼接触信息，就会瞬间做出思考，判断自身是否进入该传播语境中。设置悬念正是媒体有效引导受众进入相关语境的路径。中共江西省委网信办官方微信号

《江西手机报》界面

“江西发布”联合大江大数据研究中心，监测从9月6日至9月12日的江西省160多个媒体微信公众号，统计得出一周传播力及互动影响力第一名

是《江南都市报》，文章最大阅读数达 7 万多，而倒数第一的公众号文章最大阅读数仅为 35。对比悬殊，关键问题出在信息内容上。受众对媒体信息具有绝对的选择权，手机媒体要想增强受众黏性比传统媒体更具挑战性。

**3. 受众对手机媒体的阅读是一种碎片化、快餐式的文化消费，悬念可以瞬间抓住受众眼球**

手机的最大技术优势就是便于碎片化阅读。在信息爆炸的新媒体时代，手机传播的信息对受众来说是一种快餐文化，通过快速消费信息来满足自身需求。在碎片化、快餐式的文化消费中，受众阅读信息的习惯呈现感性化选择特点。感性化选择，是指受众对快餐文化的选择更加感性化，容易被某些关键词或较为敏感的事件吸引。在碎片化、快餐式的阅读中，受众往往在一秒之内便会决定是否点开某条信息（不妨称之为“一秒定律”），对悬念答案的追寻恰好可以引导受众点击。因此，在碎片化阅读方式占领手机用户时，手机媒体做好导流“入口”异常重要。

**4. 悬念设置，可以满足受众阅读信息时的探奇心理**

新媒体时代受众周围每天充斥着各种各样的信息，面对指数爆炸型的信息量，同质化的信息与快节奏的生活，更多的读者往往只会对那些与自己相关、自己感兴趣的网络信息进行关注浏览。手机媒体由于硬件条件限制，信息都是逐条呈现，受众最先根据标题来决定自己是否点击阅读，人们本身的窥探心理以及好奇心会促使其进入文章阅读，进入文章界面后又再次根据具体内容来决定是否读完。那么如何勾起读者阅读的馋虫？最有效的方法之一便是在新闻报道的相应位置进行悬念设置。近三年来，各类明星真人秀节目相当流行并非没有原因，受众对于明星的探奇心理对真人秀节目具有重要的推动作用。例如，类似于《爸爸去哪儿》《极限挑战》《偶像来了》等节目，在播放前期的宣传很卖力，其中都擅长在手机媒体新闻报道中“透漏”些许花絮，激起受众的观看欲望。

**5. 手机媒体的受众黏性天生不足，而悬念设置可吸引受众增强黏性**

将近九成的网民是手机网民，超过八成的手机网民上网会浏览新闻。手机媒体让受众接触信息的渠道更加简便化，多元化，成本低廉化，这也让受众对于某个手机媒体的忠诚度降低，因此才涌现出众多的“僵尸粉”，对手机媒体“订而不阅”。精通微信运营的人就知晓，判断一个公众号是否具有生命力并非看它总体粉丝数有多少，而是看它近三个月涨粉多少。手机媒体如何尽可能增强受众黏性，需要在新闻报道战略上做出反应。

## 二、什么内容适合手机媒体设置悬念

媒体人在第一时间接触到信息时候，心中需要有杆秤，能够掂量出什么信息内容适合设置悬念达到较好的传播效果。

### 1. 有悬念的图片

手机媒体中无论是手机报，新闻客户端还是微信公众号，首页内容都是“图片 + 标题”格式。图片配发得好，具有良好的吸睛效果，能够引发读者兴趣。通常情况下，编辑记者选择代表性图片为文章配图，图片感染力强，但图片本身并不能完全展现事物原貌，反而更富有神秘色彩。受众因为图片的感染力，进一步点击阅读，一探究竟。

《人民日报》手机客户端界面

《温州都市报》微信公众号界面

### 2. 新奇有趣的文字内容

如 2015 年 9 月 18 日《人民日报》客户端的报道《被指“汉奸”周杰

伦索赔六十万》，周杰伦被指汉奸，看到这样的新闻标题不免让人吃惊与好奇，读者会想要了解其中究竟发生什么事，当事人反应如何。这些通常令人难以想象的内容，进行悬念设置再好不过，然后再一步步解开谜团，并起到以正视听的作用。2015 年 9 月 21 日《凤凰新闻》客户端一篇报道《中国人民大学教授发公开信息与弟子断绝师生关系》，同样非常具有悬念性的报道内容，读者纷纷思揣内情，然后点击阅读解决疑惑。

**3. 惊险的情节片段**

如 2015 年 9 月 18 日《江西手机报》客户端文章《南昌一盗贼藏身茶叶店内，为拘捕持刀砍伤巡防员》，正是通过描写了民警与盗贼交锋的场面，以一步步细致的情节描写引起读者对事件的关注。犹如电影中为了突出的紧张氛围，镜头在不同主体之间迅速来回转换，报道中的对文本进行悬念设置有着异曲同工的效果。2015 年 11 月 25 日《江南都市报》微信公众号文章《交警封路，特警连开 16 枪，江西高速路上惊险一幕》，文中讲述了 24 日发生的在高速路上，一头性格凶猛暴躁的西藏牦牛在快车道行走，阻碍车辆通行，甚至对前来驱赶的民警发起攻击的事实情节。

**4. 不合常理的新闻事实**

常言道“人死不能复生”。但是如果现实生活中有人可能“起死回生”，必定令人唏嘘不已，这种事实与认识的极大不符本身就能带给读者很多悬念。2015 年 9 月 17 日《江西手机报》的报道《中国首例！重庆著名女作家冷冻遗体等待 50 年后起死回生》。报道内容本身具有超强的反常性，给读者颠覆三观的感受，同时能够传播新的知识，是很好的悬念设置题材。

**5. 紧扣新闻热点的关键信息**

2015 年 9 月 10 日教师节前后，许多媒体纷纷以教师节为题材传播信息。《人民日报》微信公众号的报道《最好的教师节礼物！中小学教师职称改革有了时间表》，设置悬念“何时才会改革中小学教师职称”，取得了 1000000+ 的阅读量，1593 个点赞数。无独有偶，《温州都市报》教师节当天的微信《老师究竟想要什么礼？知道真相的家长沉默了……》阅读量超过 70000，获 670 个点赞，上千网友参与互动评论，这种传播效果与悬念“什么礼物”的设置有很大的关系。

## 三、手机媒体的新闻传播如何设置悬念

新媒体时代的信息通过手机媒体传递，不仅对信息传递的质量提出很高要求，对制造悬念、引导读者、收获效果的套路运用更是炉火纯青。如何进行有效的悬念设置，成为越来越多手机媒体新闻工作者的共同着力点。

### （一）在标题部分设置悬念

在人们已习惯快速阅读以及碎片化阅读的情况下，好的标题能为报道吸引至少一半的读者，能让读者对报道产生“第一兴趣”。在标题上面设置悬念，具有先声夺人的效果，而使受众对此信息“一见钟情”。标题进行悬念设置有不同方法。

**1. 提问法——通过提出疑问来吸引读者思考以及产生阅读兴趣**

如 2015 年 9 月 21 日《澎湃新闻》微信公众号报道《传媒大亨默多克开微博关注了谁？》；前不久的微信公众号文章《13 个月被习主席检阅两次，这个方队什么来头》；2015 年 11 月 26 日《人民日报》客户端文章《怎样的同学会会被视作违规组织？中纪委这样回应》以及《“超级推销员”李克强如何推介中国高铁？》；《江西手机报》登载的文章《南昌要调整公交票价公交地铁能否免费衔接换乘》等，这些文章采用疑问或者设问的方式拟定标题，激发受众疑问，促使受众带着好奇阅读，获取答案。疑问法通常构成悬念，并且引发思考，是手机媒体新闻传播吸引受众眼球，引起受众关心和关注以及隐性表达想法的重要的手段之一。

**2. 情境带入法——通过一个情景的描述将读者带入情境，激起阅读欲望**

如《已婚男闲得无聊，微信摇到“美女护士”结果……》《温州一住宅突发大火，两住户从 4 楼跳下……》，文章标题牵引着读者进入信息情境当中，并让读者迫切想要了解后文。2015 年 11 月 21 日《温州都市报》微信号文章《男子周旋于 6 个情人之间，姑娘们为他生儿育女！其中两个情人意外相遇了……》，新闻故事由此拉开序幕。情景带入法，笔者认为更多的是在标题中通过情境描写，故事速写，将受众注意力集中起来，情绪由此也铺垫了。好的情境带入式标题，要求编辑记者熟悉文章内容的情

况下在标题中讲出故事。

**3. 归纳总结法——将文章内容进行条理清晰的总结归纳并在标题中突出归纳结果**

如2015年9月17日《人民日报》客户端报道《不靠谱，强加给中国的五谬论》、某微信公众号的《关于中美关系，习近平的十个判断》《手机总没电？这三招让你的手机续航更长久》等。如同晒干的茶叶，等待开水泡开才知其香茗。归纳总结是思考的结晶，受众点击阅读，才能知晓里面的奥秘。《人民日报》微信公众号的文章《千万小心！ 15个最新大骗局，有人倾家荡产》，标题概括出了“最新”“15”个骗局，读者一看，不由得想要点击进入一解疑惑。兵法中“三十六计”的总结，历代研习兵法之人必然会深入了解，一一记住。因此，归纳总结法对于标题的悬念设置是一大法宝。

**4. 突出亮点法——针对报道内容的亮点即吸睛点放在突出的标题位置，让受众一下直接接触最亮点最关心最在意的信息**

例如，2015年9月17日《江西手机报》的一篇报道《南昌地铁1号线6站点更名》，此时更名是信息的亮点，因为受众会想要了解和自己出行密切相关的站点名改什么了。2015年9月18日《温州都市报》微信号的文章《3岁女童手指被螺帽卡住，仅用一条棉线就将螺帽取下》，这篇文章标题显示的亮点就在于小小棉线解除了燃眉之急，引起读者好奇与学习的欲望。标题中的亮点信息具有画龙点睛的作用，是标题中活生生的信息，富有生命力，富有感染力。

**5. 巧用修辞法——利用比喻、拟人、对比、借代甚至夸张等修辞手法来吸引受众注意**

2015年9月21日《凤凰新闻》客户端的报道《习近平访美前夕，中国民众已收3“红包”》，将利国利民的三个政策红利比作“红包”，令受众眼前一亮。这种方法能够很好引起受众积极思考，产生兴趣。2015年11月26日《人民日报》微信公众号文章《冬天，原来洗羽绒服可以这么简单！比洗衣店还好！》这个标题采用了两次比喻。第一是拿普通家庭洗衣与洗衣店洗衣对比，第二是事实洗衣的就“简单”与人们想象冬天洗羽绒服的

“困难”对比，形成强烈反差，直击受众内心。

**6. 借用代词法——利用代词来对标题设置悬念引发受众探知兴趣**

“这”“他”“他们”具有一定的指向性，但又不完全点明对象，是手机媒体新闻传播中常用的标题设置悬念时使用的代词。例如 2015 年 9 月 20 日《人民日报》客户端的报道《谢谢！请帮这 284 名孩子回家》用了代词“这”，倡导大众关注“这些”孩子，受众接触到这样的信息，就会产生了解的欲望，从而更好实现媒体传播目的。2015 年 11 月 26 日《江西手机报》文章《江西这 5 个县市区上榜全国五百强，你服吗？》文中的“这 5 个”，到底是哪 5 个呢？很好引导读者自己会去文中寻求答案。

2015 年 9 月 21 日《人民日报》微信公众号上的一篇文章，标题中也用了代词，标题为《好消息！今天起，这几家银行网上转账免费了！》。另一篇《军医教授总结的 8 句抗衰老箴言，这样吃“永远 35 岁”》，这个标题设置悬念就采用了归纳总结法（8 句）、突出亮点法（“抗衰老”“永远 35 岁”）、借用代词法（这样）。一个个方法直击受众内心，点击阅读便是水到渠成了。

**7. 适用程度副词法——适当利用程度副词来强调信息对人的诱惑性或利弊性，从而引起读者阅读兴趣**

如《江南都市报》微信公众号在 2015 年 10 月 20 日推送的两篇文章《这时候的江西，绝对会让你受不了》《一条微信告诉你如何在车展上买到心仪的车！不看绝对吃亏……》同时采用“绝对”这样的程度副词，突出了信息对读者的利弊性大小。与此同时，在制作新闻标题时候，手机媒体编辑记者还可以使用的副词有：保管、超级、百分之多少、尤其、最、万万没、从来没、非常……

**8. 欲擒故纵法——希望受众点击阅读但在文本上却让受众别读，反而更加激发读者点击欲望**

类似于“好心提醒式”——“前方高能，请绕路走！”受众一看这样的提醒难免内心痒痒，阅读欲望就这么被勾出来了。

在新闻传播实践中，对标题设置悬念是吸引受众深入阅读的第一步也是关键一步，然而并非所有媒体都擅长在一系列新闻事实中找到合适内容进行悬念设置。例如，某微信公众号的一篇报道，标题为《军训也出新花样了，各种好玩的军训方式，你知道哪些？》。文章内容展现了学生军训时候的图片，其中一张图片显示学生们踢正步姿势——脚尖上放着自己的手机。军训利用这种方法来调整学生的姿势，当然新奇好玩，但是标题并没有突出亮点，阅读量也仅一百上下。这篇报道看似用了设问法，但问题的本身缺乏亮点，难以让人产生点击的欲望。因此，在编辑时可以将标题改为《用脚“踢”手机？他们还真舍得！》。

### （二）在开头段落设置悬念

文学中提到作文时，往往要求“凤头、猪肚、豹尾”。其中“凤头”就是指文章开头部分需要足够精彩，足够吸引人。通常在报道开头段落展现报道亮点信息，关键信息，从而引起受众读者注意，就是牵引读者受众参与进信息空间，赢得受众的关注、思考，甚至互动交流。开头段落的悬念设置有以下几种方法。

**1. 设问法——这种写法通常针对现实问题的消息，先提出一个或多个问题，再交代有关事实**

例如《江南都市报》2011 年的一篇报道《文化遗产日全省各地看“非遗”》的导语：你见过在蛋壳上作画，用头发绣画吗？ 11 日，我国第六个“文化遗产日”到来之际，22 项“赣字号”绝活将同时在南昌洪客隆商场亮相。不仅如此，市民还可将喜爱的手工艺品买回家。问题一出，亮点也出，悬念随之而来，受众的兴趣也带动起来。

**2. 先声夺人法——将人物的话语作为文章开场，把受众注意力由声音转移到发声人物上，具有一定的悬念效果**

这好比《红楼梦》中王熙凤的出场：“我来迟了，不曾迎接远客”，未见其人，先闻其声，引得黛玉好奇万分。手机媒体的新闻传播内容也是如此，在开头段使用直接引语，增强悬念以及对受众的吸引力。需要注意，手机媒体新闻传播的载体主要还是文字，但是文字不同于在影视当中可以靠音色、音调、声调、说话人特点来彰显表现力，因此，在文章开头段使用直接引语时，需要选取本身富有特点的话语才更能实现先声夺人的效果。

3. 倒金字塔法——新闻报道的金字塔结构有着在导语设置悬念的意味

将最吸引人的亮点或最关键的结果摆在开头，再引导受众慢慢阅读，找寻自己想要深入了解的信息。如《人民日报》客户端在纪念“九一八”84周年之际推出报道《九一八，追寻抗日义勇军》，开头直接写在外孙女眼中的抗日英雄姜厚本变卖家产安顿家人后没再回家。这样的情节凝练且富有悬念，这样的人到底变卖家产独自离开家做什么，引发读者阅读兴趣。

再如《一点资讯》客户端2015年9月17日的《70岁老人拾20岁智障女为妻，生娃栓树上》报道了一个特殊的三口之家，导语部分讲述在河南某县一个三口之家：女人20岁，男人70岁，儿子仅2岁。其中女人为智障，4年前被男人“捡”回家，2年前生下儿子小庆太。不断吸引读者阅读下去，一探究竟。其中参与评论的网友将近2000人，效果甚好。

### （三）在主体部分设置悬念

标题是一句话式的新闻，那么正文则是详细内容。主体部分是整个传播内容的细节所在。在各细节处，编辑记者找寻到信息之间的联系，从而进行悬念设置，能够增强文章的感染力，妙趣横生，并让读者对文章欲罢不能。主体悬念设置也是有方可循：

1. 倒叙手法的运用

像文学写作中的倒叙手法，打乱顺序讲故事，先讲结果后再抽丝剥茧引出过程。如《70岁老人拾20岁智障女为妻，生娃栓树上》，主体部分多次根据事情的发展与联系来进行悬念设置，读者跟随报道一一了解事情始末，整篇文章围绕“设置悬念”与“解开悬念”行文，布局与解局运用非常巧妙。受众在接触信息时往往存在窥探心理，了解事物结果往往不能够满足受众欲望，而针对结果反探前因和过程，能够迅速集中受众注意力，并牵引他们的阅读视线，从而实现一定的传播效果。

2. 修辞手法的运用

通过对比等修辞手法渲染烘托背景进行悬念设置，讲好新闻故事。如《现代快报》对2015年女排世界杯中国队对韩国队的比赛，文章通过描写比赛的紧张局势，为中国队能否夺得胜利故设悬念：“本届女排世界杯，中国队遭遇前所未有的困难，之前的大奖赛，替补接应杨方旭意外受伤，张常宁被迫从主攻改接应……”既表现比赛的激烈胶着，又扣动读者心弦。2015 年 11 月 25 日《江南都市报》微信公众号的文章《80 后爸爸生完二胎后悔了！生二胎前，千万要看！》文章首先讲述这位 80 后爸爸生二胎前的幸福生活，接着描述 80 后爸爸二胎后的生活。尽管二胎前的生活着墨较少，但依然与后面的故事形成了鲜明的对比，增加了读者阅读兴趣。

**3. 叙述片段的运用**

通过详略得当的叙述，即突出和省略部分内容制造悬念。如 2015 年 9 月 17 日《齐鲁一点》就调侃性地报道《青岛火车站打出奇葩空白车票》，描写网友买到空白车票的“遭遇”，这本身听着就稀奇，但是读者更想了解究竟怎么回事，报道接着在文章后面揭晓答案并且交代遇到类似的情况如何寻求解决途径。将事情的小插曲优先讲述出来，调动读者阅读兴致，接着继续深入了解。

## 四、手机媒体设置悬念必须力避“标题党”误区

悬念设置犹如雾里看花，牵引着受众的心，但媒体设置悬念要警惕沦为标题党。所谓“标题党”，即是媒体为了博取受众眼球，在制作标题时候用夸张、耸动的标题作为“诱饵”，引诱受众阅读。

“标题党”利用标题为“诱饵”欺骗受众的例子有很多，相当多的媒体利用“性”相关字眼刺激受众的眼球。例如，以《那对情侣在阳台做了什么？全程被房东偷拍》为标题的新闻实情是：有对白头鹎在一居民楼阳台筑巢、生子、哺养，市民看到后，用相机拍了下来。以《高潮来临前一群兴奋的男女（慎入）》为标题的新闻实情是：钱塘江大潮巨浪拍岸、观潮者四散逃跑的照片。

设置悬念与“标题党”制作标题，有较为明显的界限区分。例如，受众接触到一篇文章标题产生阅读兴趣，但是进入阅读后发现题文相去甚远，受众顿时会感觉受到欺骗。标题党使媒体形象大打折扣，同时伤害受众。长久下去，受众会丧失对该媒体的信任感以及阅读兴趣。“标题党”更是媒介传媒环境的一大污染源，手机媒体在设置悬念避免沦为标

题党要做到：不恶意夸大事实；不利用低俗恶趣博眼球；不捏造与文不符的信息。

### 五、结语

新闻报道的悬念设置，是有效吸引读者阅读的手段之一。媒体新格局中，尽管受众的阅读形态具有多样性，但是媒体可根据受众每一种阅读形态特点进行相应的悬念设置，引人入胜，让受众在疑惑中找寻问题的答案，提升受众的参与感与满足感。在任何传媒生态环境下，新闻报道的悬念设置都不会过时。

## 第二节　微信新闻报道手法解析

2013 年 11 月，微信注册用户量突破 6 亿，成为亚洲地区最大用户群体的移动即时通信软件。所以，不少报纸（包括党报）推出了自己的微信公众号，开始尝试微信新闻报道。微信新闻报道，就是在微信这一移动即时通信工具和信息推送平台发布的新闻报道。

微信作为一种新的信息传播工具和信息推介平台，以其强大的移动性和独特的传播对象，形成了一种“很多人不看报纸看微信”的现象。微信为传统媒体的新闻报道提供了便捷的传播渠道，微信新闻报道为传统媒体拓展了受众群。问题是：作为一种新的报道样式，微信新闻报道该怎样操作呢？

### 一、采写方向

和其他平台的新闻报道一样，微信新闻报道要有时效性和信息量，主题要集中，题文相符，内容要尽量避免同质化和雷同化，要避免广告化、产品说明书化，要有新闻稿的模样，文笔表达不能存在逻辑错误、政治错误、法律适用错误、语法错误（使用存在语文错误的网络流行语句，则不算错误）。

微信新闻报道，应该尽量追求原创（包括原创的采访、表达、编辑、包装，包括文字、图片、漫画、动画的原创），要对采访给予更多重视，多做本地化采访和独家性编辑（例如，可以对网友评论截图添入正文当中）。

采写不同于传统媒介平台新闻报道的内容，采写符合媒体公众号定位的新闻，就是微信新闻报道的方向。

美国媒介理论家保罗·莱文森在其《软利器》① 一书中提出了“弥补性媒介”这一概念，即微信作为传统媒介和传统人际传播工具的弥补性媒介，能够被传统媒介所利用弥补自身的缺点，这也是未来媒介应用微信进行新闻活动的重要发展方向。可见，传统纸媒仍然可以利用微信独特的多媒体功能走出纸媒的局限，扩大影响力，增强传播效果。

跟随习近平出访的人民日报国际部记者杜尚泽以网名“杜小杜”的署名，在《人民日报》国际部主办的微信公众号“镜鉴”和《人民日报海外版》旗下的微信公众号“学习小组”，发表了“跟习大大去出访”系列文章，发布了大量在传统报道中难得一见的新闻细节。“江西日报时政头条”等党报微信公众号也有类似的表现：报道同样的新闻事件，发表在微信公众号的文章和发表在党报头版的文章，标题、语气截然不同，正文也有明显的差异。

例如，2014 年 12 月 19 日《江西日报》头版发表关于江西省委领导率团赴武汉考察的报道，肩题为《强卫鹿心社率江西党政代表团继续在湖北学习考察》，主标题为《找准主攻方向　搭好服务平台　以集群升级理念培育产业爆发点》②，副标题为《黄跃金参加　王国生张昌尔陪同》，导语为：“12 月 18 日，江西省党政代表团在武汉光谷产品展示中心考察。”我们从中不难发现，其明显的传统新闻报道特点：标题加导语的结构，且标题具有号召性，导语简洁。另外，该新闻主体内容主要是省委书记强卫、省长鹿心社率团在湖北武汉光谷学习考察的历程以及给代表团成员带来的

---

① 何道宽译，复旦大学出版社 2011 年 5 月出版。

② 刘勇．找准主攻方向，搭好服务平台，以集群升级理念培育产业爆发点［N］．江西日报，2014-12-19（1）．

启迪。“考察中，强卫、鹿心社指出，我们要学习借鉴武汉市的成功做法，加大扶持力度，强化创新驱动，加快培育新的产业爆发点，努力培育更多百亿级企业、千亿级产业，把江西省经济发展的脊梁骨挺起来。”该新闻以强卫、鹿心社的讲话作结，呼应了标题，表达了主题，可谓传统时政新闻的典型范例。

然而，与之不同的是，微信新闻在报道中更具有自己的优势。我们可试举上述新闻在微信新闻中是如何制作、报道的，不妨将两者做一对比。例如，2014 年 12 月 19 日江西日报时政头条中关于此次访问的微信新闻标题为《江西省委书记省长率团赴湖北学习考察了三天，江西要向湖北学什么？》[①]，相比前者政治性、专业性很强的号召式标题，这种悬疑式标题，更为通俗化和具体化。

该微信新闻首段首句对此次访问进行了概述，具有导语性质。但与传统新闻不同的是，接着并不是单纯的叙述新闻事件，而是以“头条哥”的身份对此次访问简要地发表一下感悟：“回首三天马不停蹄的学习之旅，可谓长了眼界、开了思路，收获颇丰。当头条哥正在返程的动车上敲下这段文字的时候，旁边几名代表团成员还在兴致颇高地聊着刚刚看到的鄂州市一个行政村变身旅游景点的故事呢。”与传统意义上的新闻对比，我们从中不难分析出微信新闻的优势：写作更加自如，不拘一格，且夹叙夹议；更加接地气，更具可读性。

接下来两段的内容则更加风趣：“不知道诸位有没有翻一翻这两天的《江西日报》，眼尖的你应该能够看出来，在湖北学习考察的都有些谁。不错，头条哥正准备打出一发‘马后炮’，透露一下这是一个怎样高大上的代表团”“11 个市的书记或市长（其中 9 地来的是书记哦）”“湖北方面呈献给江西党政代表团的，都是实打实的‘真经’”。微信新闻的这种拟人化、口语化、幽默化和网络化的语言表述风格与表达方式，不仅可以让受众感到熟悉，而且也能读来有趣、引人关注，既获得了受众的青睐，又提高了

① 张武明．江西省委书记省长率团赴湖北学习考察了三天，江西要向湖北学什么？［EB/OL］．江西日报时政头条（微信号：jxszttwx），2014-12-19/2015-01-21.

微信新闻的传播力和影响力，可谓一箭双雕，最终达到新闻报道的目的。“在这样的大背景下，赣鄂的此次互动，时机精准、意义非凡，成果值得我们期待”，段末一句以议论作结，深化了主题。

最后一段以一句话结束全篇：“让我们共同期待大江西与大湖北跨越长江的更紧密握手、合作。”简洁精练，号召性强，展现了对促进赣鄂合作、共创辉煌的美好期待。

该篇报道全篇夹叙夹议、娓娓道来，风趣幽默、通俗生动，对此次访问进行了颇具现实性、接近性和通俗化的解读，真不愧为一篇微信新闻报道的成功之作。

## 二、总体文风

微信新闻报道的总体文风，明显不同于传统媒体平台的文风。微信新闻报道的文风，我们可以称之为“朋友圈风格”或“微信风味”。

微信新闻报道，就像朋友间的对话聊天，不能过于一本正经，要与传统报道区分开来，讲究风趣、俏皮、口语化，标题喜欢卖关子，正文则要求信息明显，配图要有创意。

报道者没有“本报记者”之类的说法，而代之以个人化的自称（如“小财”“岛君”“头条哥”“江报君”）。作者署名也不必用真名，如“杜小杜”“司徒无忌”之类的网名都是可以使用的。

行文多使用新媒体语态，即网言网语、流行句式。例如，您是哪逗，哭晕在厕所，duang，你造吗，碉堡了，亮瞎你的双眼，臣妾做不到，悄悄滴，小伙伴们都惊呆了，逗比，等等。

众所周知，传统纸媒一般多是以新闻信息的简单、准确传递和对新闻事件的深度报道为主要形式，更讲究新闻的事实性传播，其语态多表现为比较正式、严谨、有很强理论性的专业术语，报道具有很强的思想性和指导性。

与之不同的是，微信作为新媒体的一种形式，其语言多是用“网言网语”，一般用“家常聊天”式来表达新闻内容，即用通俗易懂且为受众所熟知的网络语言和聊天方式来传播信息。同时，新媒体语态也表现为平等对话。这样更贴近百姓生活、更符合社会主义核心价值观的要求和时代发展潮流。比如，现今广泛流行且为人熟知的“习大大”式用语，就源于网言网语，这不仅贴近生活、贴近群众、贴近实际，更使人感到亲切和温暖。

与传统意义上的纸质媒体相比，微信新闻报道的标题、内容、语言、以及结尾都具有明显特色，标题更为通俗，内容更具解读性和和贴近性，语言风趣、幽默，更具可读性，结尾句更简洁。

微信新闻报道的内容一般为夹叙夹议式结构，语言表达和段落层次多使用夹叙夹议的手法：既有观点，又有叙述，在给受众提供信息的同时，也通过观点的论述带给受众以情感的启迪和理性的指导。当然，微信新闻报道毕竟不是微信评论，不能写成评论，而应述多于评。

例如，2014 年 11 月 14 日杜小杜[①]在《人民日报海外版》旗下的微信公众号“学习小组”（账号 xuexixiaozu）上发表了一篇题为《习奥瀛台夜话全记录》[②]的微信新闻报道，全文以“学习小组按”的形式开篇：“习近平奥巴马在中南海瀛台，到底聊了什么呢？学习小组给组员独家揭秘。让我们一起走进细节中的历史。”开篇设疑，用通俗、亲切的语气且加以按语的形式“吊胃口”，引导受众的参与和关注，可谓独具匠心、别具一格。

紧接着第一段一句话：“11 号晚上，这个月朗风大之夜，中美历史书里一定会有浓重的一笔。”这样的表达不仅有意境美，而且也吸引读者关注在这个夜晚，中美历史书里会写上怎样浓重的一笔。

接着作者分别用五个方面来讲述习奥瀛台夜话的具体内容，一是：“先来说说为什么选在瀛台。”二是：“打不打领带，那么要紧吗？”三是：“能来这个地方散步，奥先生自己估计也没想到。”四是：“一晃五个小时就过去了，他们谈了些什么？”五是：“意志、勇气、担当，很多外国元首听了习主席讲话后，用这样的词汇描绘他。奥先生不知是否同感，他不断用积极的表态来表达他的收获。”这样的叙述方式不但角度独特，描写细致入

① 是《人民日报》国际部记者杜尚泽的化名。

② 杜尚泽.【独家】习奥瀛台夜话全记录［EB/OL］. 人民网，http://bbs1.people.com.cn/post/1/1/2/143269018.html，2014-11-14/2015-01-21.

微，而且分小标题表达主旨也使文章层次分明、段落有序，语言生动活泼、新颖有趣。

最后一段也是一句作结："总之，难忘今宵。借用皮特一句话：这是一个历史的时刻。"用名人名言强调主题，简要精练，言近旨远，表达了此次习奥瀛台夜话在当代中美关系发展史上的重要地位和具有的深远历史意义。

## 三、文本类型

微信新闻报道可使用文字、图片、音频、视频、动画、漫画等多种文本类型。

目前，微信新闻中普遍缺少视频链接和编者按语，这样不利于微信新闻的最有效传播。如果采用视频等多媒体手段，则可以在满足受众获取文字、图片等信息的同时，也能在最大限度上满足其获取动态视频信息的需要。因此，只有为受众创造更大的便利，微信新闻才会更有吸引力和影响力。

例如，2015 年 1 月 29 日新浪网手机客户端登载一则新闻名为《解局：履新环保部的清华校长》，引用了微信新闻的原稿，且有图有视频，为受众获取全方位信息提供了便利。然而，在 1 月 28 日"侠客岛"中由笔名为"司徒格子"的作者最先撰稿、推出的微信新闻却没有视频链接，原题为《解局：那个履新环保部的清华校长》①，全文也没有设编者按语，这样就不利于受众获取更多的信息。

如微信新闻《解局：习近平强调的"政治规矩"到底是什么？》的编者按是以"侠客岛按"的形式开篇，编者以"岛叔"的笔名娓娓道来，用实例引出全篇主题，且用红色字体标出重点语句，突出强调"政治规矩"的提法在中共话语体系内比较罕见。在按语的最后提醒读者"要读懂最近的中国政治，这个术语，非懂不可。长文，读完一定有裨益"，借此强调"政治规矩"这一提法在当今中国政治大背景下的重要性，很好地引导了读者

---

① 人民日报海外网记者司徒格子.【解局】那个履新环保部的清华校长［EB/OL］. 人民日报海外网－侠客岛（微信号：xiake_island），2015-01-28/2015-01-30.

的阅读兴趣。因此，学会在微信新闻中加编者按语，借以引导读者，有益无害。

例如，2013 年的 3 月习近平访南非时，微信就被成功运用到此次新华社高端报道，新华社通过微信建立了一个“首访记者群”，保证了前方记者和后方编辑随时可以在微信上交流和共享各种信息：文字、图片、语音、视频等等。这样就似乎搭建了一个小型、实时的多媒体传播平台，构成了强大的舆论传播力。

## 四、标题制作

微信新闻报道的标题常常是一句话，没有肩题、副标题，内容多做悬疑处理。

悬疑式标题易引发受众关注和阅读，因此，媒体在微信上发布新闻时一般会用悬疑式标题，字数一般控制在两行以内。例如，2014 年 12 月 19 日“江西日报时政头条”使用的标题为《江西省委书记省长率团赴湖北学习考察了三天，江西要向湖北学什么？》不仅通俗，而且极易引发受众关注，吸引受众点击阅读。

例如，2015 年 1 月 19 日人民日报微信新闻《习总为啥要找省委书记说事？反腐瞄准哪四类官员》①中段落安排有序，且图文并茂。首先，标题设为悬疑式，引人关注。其次，首句引用习近平总书记一句话，“没有问责，责任就落实不下去”，作为开篇第一段，呼应了标题，可谓主题清晰、言简意赅、铿锵有力；接着引出话题，分别列出了四个小标题，即反腐瞄准的是哪四类官员，各小标题下的段落也是间隔有序，字数简洁。

在微信新闻报道的结尾处一般也会做悬疑处理，比如，如果对此新闻您想了解更多答案，请在下方输入相关内容，这样可以方便受众找到相关答案，以及时关注微信新闻。

此外，由于所发微信新闻的公众号及内容不同，标题也会不拘一格。

---

① 人民网记者．习总为啥要找省委书记说事？反腐瞄准哪四类官员［EB/OL］．人民网，http://politics.people.com.cn/n/2015/0119/c1001-26407822.html，2015-01-19/2015-01-21.

现在，试列举不同微信公众号的新闻标题，做一简要分析。

例如，2015 年 3 月 9 日，人民日报微信公众号发布一篇微信新闻，标题为《习近平点破“反腐影响经济”伪命题，传递什么信息？》，报道主要是关于 3 月 6 日上午，习近平参加江西代表团审议时指出：“反腐并不会影响经济发展，反而有利于经济发展持续健康。”此时提出这一论断是要传达什么信息？

2015 年 3 月 7 日，“江西日报时政头条”发布一则微信新闻，标题是《江西全国人大代表还原与总书记面对面情景》，作者以“头条哥”的身份再现了习近平总书记参加江西代表团审议的情景。该微信新闻标题制作通俗、简洁，主题突出。

2015 年 3 月 3 日，“江西日报重磅财经”一篇微信新闻的标题为《PPP 来了，款款都有诱惑性，就看谁任性了》。该标题生动形象，具有一定的吸引力。作者以“小财”的身份报道了江西省 2015 年第一批政府与社会资本合作（PPP）推介项目新闻发布会在南昌举行，发布了这一投融资创新的好消息。

2015 年 3 月 9 日，虎嗅网微信公众平台发布的微信新闻中，其中有一篇标题为《李克强总理力挺互联网金融，背后有什么期望与提醒？》。该标题以问句形式出现，吸引读者关注，很有解读意义。

人民日报国际部微信公众号“镜鉴”于 2015 年 3 月 5 日发布一则微信新闻，标题为《习近平在上海团强调：经济发展“不能那么任性了”》，主要报道了习近平在参加十二届全国人大三次会议上海代表团审议时的重要讲话。标题制作时把经济发展和当今流行词汇“任性”联系起来，颇具拟人化、幽默化色彩，令人读来有味。

2015 年 3 月 6 日，微信公众号“学习大国”发布一则题为《总理政府工作报告 100 条干货》的微信新闻。其中附有 2015 年全国两会李克强总理政府工作报告（全程）视频链接，可谓集文字、图片、视频以及长图解说于一体。该标题直述要点，简练可读。

2015 年 3 月 8 日，河北日报微信公众平台推出一则题为《强哥来到河北团！他说的老虎尾巴是啥》的微信新闻，该标题使用“强哥”这一称谓，很好地拉近了国家领导人与普通民众的距离，使人读来倍感亲切，采用通俗的问句形式也可以引起读者的好奇心，进而关注微信新闻的内容。

光明日报微信公众平台于2015年3月4日推出一篇微信新闻，题为《小明提问傅莹：燃油税“任性”上涨，人大是否尽职？》，标题以“小明”的身份提问，加以现今广泛传播的网言网语“任性”表述，生动形象，可读性很强。

2015年3月11日，人民网微信公众号推出一则微信新闻，题为《习近平喜欢哪两种“颜色”，你知道吗？》[①]。3月6日习近平在参加江西代表团审议时谈到了两种颜色，即“绿色”和“红色”，其中前者是讲生态，包括自然生态和政治生态，后者是讲红土地的百姓、老区的民生。标题围绕两种颜色做文章，引出主题，启人深思，起到了不错的效果。

2015年3月11日，新华网微信公众平台发布了一篇微信新闻，标题为《两会每日侃|“任性”来袭，最潮新“官话”体系你还hold住吗》，作者以“侃妹”的身份“‘细看’不一样的两会，‘神侃’两会的不一样”，盘点今年两会最热词。从政协发言人吕新华用“大家都很任性”形容中央反腐的决心和力度，到李克强总理“有权不可任性”的金句，引发网友转发热潮，再到习近平参加上海代表团审议时说的：“也不能那么任性了，否则靠什么可持续发展”，都体现“任性”一词爆红网络。该标题引用网言网语“神侃”两会，不但增加了趣味性和可读性，而且也极大增强了两会报道的吸引力和关注度。

## 五、版式处理

微信新闻报道的版式，讲究图文并茂，也常用红色字体把关键字、关键句标出，将小标题用蓝色字体标出，全文可能有两种以上的字体颜色。这样不但可以使受众在短时间内迅速掌握整篇新闻的重点信息，方便了受众阅读，而且也使微信新闻美感增强，一举两得，达到了很好的传播效果。

如果微信新闻的各个段落字数过多，则会使人感到冗长乏味，不便于

---

① 摘自微信公众号学习大军。原标题：【学习评论】习大大喜欢两种“颜色”。

吸引受众阅读并接收重要信息。因此，微信新闻各段应控制在两百字以内为宜。

例如，2015 年 1 月 29 日《人民日报海外版》在“侠客岛”[①] 上发布了一则名为《解局：习近平强调的“政治规矩”到底是什么？》[②] 的微信新闻。文章以“侠客岛按”始，其中关键段中的关键句是用红色字体标出的，如第二段第一句“在中共的话语体系内，‘政治纪律’比较常见，属于常态话语；但‘政治规矩’的提法则比较罕见”与第三段最后一句“其中的关键概念梳理在于几个范畴：‘党的纪律’和‘党的规矩’的关系、‘政治纪律’和‘政治规矩’的关系”，这两处都用了红色字体，突出了“政治规矩”的重要性，即提醒读者关注本文重点内容。

文章引用的原题《中共的政治规矩是什么》用红字标明，作者名与各小标题则用蓝字标明，以示区别。如下设四个小标题：一是什么是“党的规矩”；二是“政治规矩”包括哪些；三是强调规矩是传统；四是如何遵守政治规矩。这四个小标题分别用蓝色字体标出，使文章各段主题突出，层次分明。其中在“党的规矩到底包括哪些”以及在“理清‘党的纪律’和‘党的规矩’之间的关系”中，引用了习近平的总体论述和详细论述，全部内容都使用红色字体，以显示该信息的重要性。在对“不守政治规矩”的现象总结上引出两点：原则立场上和党的团结方面。这几个关键字皆用红字标出，其后具体包括的内容则用蓝字标出，这样既美观又可读。在文章最后“如何遵守政治规矩”中，提出了“五个必须”，各段段首皆用红字标出，以突出重点。

在段落布局上，这篇微信新闻报道遵循了“短段落，多分段”的新闻制作原则，每段最多不超过两百字，最少也有用一句话作为一段，段落多且短，层次感强，可读性高。如“那么，党的规矩到底包括哪些？”“‘政治规矩’确是一个新词，也是理解当下中国政治思路的一个关键词”“网

① 侠客岛：人民日报海外网微信公众平台（微信号：xiake_island）。

② 人民日报海外网记者.【解局】习近平强调的“政治规矩”到底是什么？［EB/OL］.人民日报海外网－侠客岛（微信号：xiake_island），2015-01-29/2015-01-30.

友的切身感受，真实反映着来自现实的问题”以及最后一段引用习近平的一句话“治理一个国家、一个社会，关键是要立规矩、讲规矩、守规矩”等都是以一句话作为一段，简洁清晰，一目了然。既便于受众阅读和接收新闻要点，又使整篇新闻美感增强。

如果运用兔展（是基于 html5 搭建的移动 app 编辑软件，可以让用户像制作 PPT 一样制作 web app，详见 www.rabbitpre.com）、码卡（详见 www.maka.com）等软件进行微信新闻报道，则可像高端电子杂志一样获得动画式的产品页面。

### 六、吸引关注、点赞

微信新闻报道可以附有多种推介性链接。

微信新闻报道下方有便于受众及时关注的微信公众账号，同时配有如何添加关注及分享内容的详细解说。微信的公共账号可以通过后台的用户分组和地域控制实现精准的信息推送。通过公众平台推送的信息到达的都是主动选择关注了认证账号的潜在用户。用户的主动关注和选择，就意味着媒体目标人群的精确定位。

同时，微信新闻报道的最下方列有该新闻源自的媒体客户端，方便受众下载，同时标有可供受众扫描的微信二维码，以便于受众及时关注新闻信息。

传统媒体亦可借助微信有针对性地推送信息，避免造成资源浪费。如《南方都市报》就主要采用汇总多条新闻发送的方式推送消息，每条新闻均有单独的图文摘要，亦可查看全文和打开原链接，如此推送的内容含量较高，更方便受众接收和获取信息。

## 第三节　H5 新闻报道的炫酷之道

H5 新闻作品，是指信息发布者通过 H5 技术，把图片、声音、文字、视频等信息整合后发布出来的新闻作品。这类新闻作品一般发布于微信平台，采用手机触屏阅读，方便易得。H5 技术无疑是新闻作品发布的新渠道、新技术、新趋势。

2014 年 10 月 29 日，万维网联盟正式宣布，经过接近 8 年的艰苦努力，超文本标记语言（HTML）的第五次重大修改（简称 H5）终于制定完成。① 不少新闻网站、微信、微博、手机新闻 APP 纷纷开始运用 H5 技术包装新闻，自此，H5 成为新媒体新闻的宠儿。

那么与传统媒体新闻作品相比，H5 新闻作品要遵循哪些采写原则？又有哪些独特的新闻采写方法呢？

图为《总书记来到江西团》

## 一、遵循传统新闻采编基本要求

### 1. H5 新闻作品必须具有真实性

作为一种新型新闻传播模式，H5 新闻作品虽然形式上标新立异，但是绝不能丢失新闻传播的本质，即真实准确。真实是新闻的生命，在任何时候，以任何形式发布的新闻都应该遵循真实性原则，新闻报道中的时间、人物、地点、事件、原因等信息都必须真实准确，不然就会丢失新闻的本

① 杨林:《HTML5：移动端新闻媒体的新选择》,《传媒 e 时代》2015 年第 5 期。

来面目。

**2. H5 新闻作品采写同样追求时效性**

H5 新闻作品与传统新闻作品一样，都是对新近发生事实的报道。西方新闻媒体界曾经这样说："无论新闻事件多么显著，与多么知名的人士相关，新闻价值都会随着时间的推移而锐减。" H5 新闻作品也不例外，无论形式上多么炫酷，一旦失去了时效性，也就失去了新闻价值。

**3. H5 新闻作品采写应同样重视新闻传播的舆论导向与社会效益**

目前，中国大量的受众通过手机阅读新闻，一定程度上手机媒体传播新闻的影响力超过了传统媒体。这种基于音声画文结合的 H5 新闻作品，在传播过程中更方便，更容易给人留下深刻的印象，引导社会舆论，因此 H5 新闻作品传播应该更加注重新闻的真实性，不然很容易给受众带来错误的引导。

**4. 做 H5 新闻作品要设法激起受众的分享冲动**

H5 新闻作品立足于手机端，其传播主要依靠新媒体平台，特别是微信的公众号、群组及个人转发分享。H5 要想达到裂变式的传播速度就需要引起受众转发分享的欲望。分享一般是源于接近性、趣味性、新奇性等，所以采编内容如果与受众兴趣点相契合，受众就会成为 H5 新闻作品传播链中的重要链条，从而形成巨大的传播网，最终达到裂变式的传播效果。

另外，"主题标新立异""符合受众需求""可读性强""注重细节描写"这些传统媒体新闻生产的基本要求，同样适用于 H5 新闻作品的采编过程。

## 二、H5 新闻作品的选题

H5 新闻作品选题往往是重大新闻事件，作品通过对重大新闻事件相关信息进行全面整合，并针对这一新闻进行深度报道或特别报道。由于 H5 新闻作品制作耗时耗力，很难在新闻事件发生后，迅速制作出相关作品，因此如果不是重大新闻事件，就没有必要既耗费人力物力，又错过了新闻的及时性，这样只会得不偿失。

互联网让现代信息的及时传播成为可能，人们可以在事实发生的一瞬间就把它记录下来，呈现在大众眼前。但是随着各种各样，令人眼花缭乱的新闻信息不断呈现在人们眼前，人们的欲望也在不断膨胀，广大受众不再仅仅满足于知道发生了什么，他们更想要清楚地了解事件发生的前因后果，来龙去脉。H5 新闻作品不同于以往的新闻作品，不是单纯的只以信息告知为目的，而是要实现良好的传播效果，使受众在阅读 H5 新闻作品时有身临其境之感，设身处地的感受事件的发生，这样受众就可在最大程度上接受新闻所传递的信息，甚至观点。

因此，目前 H5 新闻作品逐渐呈现出一种与专题新闻结合的趋势。H5 新闻作品不是单单局限于单篇的新闻报道，编者的注意力除了每篇文章的编写以外，更多的是要关注整体，针对某一主题进行材料筛选，整体构思，信息整合等，有效克服了新媒体平台信息传播碎片化的缺点。化零为整，作品内容丰富饱满，使受众在阅读感受 H5 新闻作品的炫酷之余，能够对作品所要传达的信息一览无余，在最短的时间内获取尽量多的信息。再加之对页面进行编辑美化，声画合一，这样打造出的新闻作品不仅实现了形式上的统一，又实现了内容上的统一，将更加动人心弦，引人注目。

## 三、H5 新闻作品的标题

H5 新闻作品采编时，标题是整个作品的点睛之笔，与传统新闻作品相同，标题出现在 H5 新闻作品的开头第一页。

**1. 标题要阐述信息明确，切入点独到，实现价值观的有效输出**

进入网络新闻时代，新闻信息传播速度不断加快，网民每天上网都会面对大量的新闻信息，令人眼花缭乱。那么作为一篇普通的 H5 新闻作品，想要脱颖而出，使受众在海量信息面前，第一时间捕捉到该新闻所要传达的内容，就需要编辑多在标题上下功夫，标题往往对整个作品有画龙点睛之效。H5 新闻作品的标题多为开门见山，明确阐述新闻主要内容，以期达到有效传递信息的目的。

例如《习近平和奥巴马是这样夜游南海的，你感受一下》《李克强作报告时 52 次掌声响在哪儿》《“一带一路”带给了我们啥？新买买提致富记》等标题。标题中出现具体的人物，如习近平、奥巴马、李克强、买买提等，具体的地点如中南海等，还有具体的事件，如夜游南海，52 次掌声，

“一带一路”等。这些都是新闻作品中所要表达的关键信息，将这些关键词写入标题，就可使受众在第一时间通过标题迅速了解新闻所要阐述的大致内容。

**2. H5 新闻作品标题多做悬念处理，说话只说一半**

相对于传统媒体新闻，H5 新闻作品的标题可以称之为一句话新闻，没有副标题，也不讲求肩题的对仗工整等，只是用最简单的文字对内容进行概括，并最大限度地追求新鲜、奇特，满足受众的猎奇心理，增加阅读点击率。

例如，2015 年 3 月 6 日，江西日报社新媒体部发布的《总书记来到江西团》[①]，单从新闻标题来看，只是阐述了总书记来江西的事实，但是并没有交代事件发生的前因后果，总书记为何而来？总书记的到来会给江西带来哪些政策上的转变？这些也是受众迫切想要知道的，关系到国计民生的大问题。新闻通过标题的形式暗下伏笔，这样受众在阅读时就会产生无限遐想。

再如，《李克强作报告时 52 次掌声响在哪儿》《“一带一路”带给了我们啥？新买买提致富记》等，这几个 H5 新闻作品把问题直接在标题中抛给受众，使受众在阅读标题时迅速对文章内容产生形成兴趣，迫切想要知道问题的答案。这也是 H5 新闻作品中标题悬念化处理的典范。

**3. H5 新闻作品标题讲求口语化，与读者产生情感共鸣**

与传统报刊不同，H5 新闻作品的传播渠道主要是通过微信、微博等新媒体平台的转发与分享，往往不需要生硬的官方式书面语言，以口语化传播更能够拉近传播者与受传者之间的距离。另外，H5 新闻的内容往往都是关系到普通网民切身利益的事，运用口语化标题，能使受众快速理解标题所要传达的信息，使新闻真正起到解决问题作用，而不是简单的为了 H5 而 H5。

例如，前文提到的由江西手机报制作的《关于南昌西汉海昏侯墓　你想知道的都在这里》一文标题中，“你想知道的都在这里”一句，就像人

① 网址 http://m.zuikuh5.com/a/35828_69786?。from=singlemessage&isappinstalled=0。

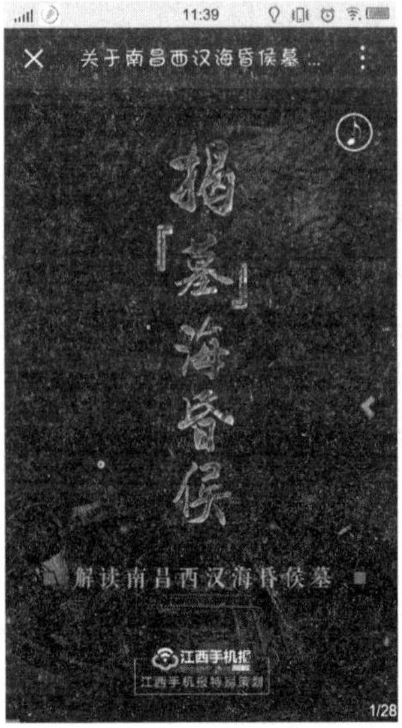


与人之间面对面的交流，口语韵味十足，使人一目了然。

**4. 由于手机端界面受限，要合理控制 H5 新闻作品标题字数**

H5 的页面效果是手机端效果，目前显示的往往只有单行标题，长标题往往无法全部显示，所以在制作标题时不仅要考虑标题的内容，也需注重“外表长相”控制长度（不超 15 字为宜）。

例如，2015 年江西手机报制作的《关于南昌西汉海昏侯墓　你想知道的都在这里》[①] 的新闻，在 4.5 英寸智能手机上只能看到标题《关于南昌西汉海昏侯墓……》，稍大一点的 5 英寸显示的标题为《关于南昌西汉海昏侯墓　你想……》。

## 四、H5 新闻作品的文本类型

新媒体技术不断发展的今天，受众可以通过手机随时随地获得和发布新闻信息。但与传统 PC 终端相比，手机终端尺寸较小，不方便受众阅读。为解决这一难题，各大新闻发布平台开始纷纷尝试 H5 新闻作品的制作。这种新的网页设计模式不仅能够很好适应手机用户的需求，有效解决了手机阅读屏幕小的难题，而且形式新颖，音声画文合一，给受众带来前所未有的炫酷体验。基于 H5，新闻报道不再仅仅是提供信息资讯，而是提供解读，提供互动体验，甚至提供游戏娱乐。

基于受众的需求，各大媒介平台开始使用 H5 技术编写新闻，表面看来 H5 新闻作品虽然炫酷，但是制作过程并不算复杂，特别是现在网络上出现的一些编辑软件，如兔展、移企秀、初页等，其中大多数甚至标榜零基础，零难度，零代码。使得 H5 新闻作品的编辑开发成本迅速降低，一

---

① 网址 http://e.eqxiu.com/s/2U7NFQS3?eqrcode=1&from=singlemessage&isappinstalled=0。

时之间H5新闻泛滥，真正高质量的H5新闻作品却是凤毛麟角了。因此在编辑制作H5新闻作品时，更要从方方面面入手，使得H5新闻作品文本更加具备可读性。

**1. 适当使用音乐**

背景音乐应选择符合作品主题的旋律，背景音乐的加入可以使受众快速进入到主题所要描绘的情景，音乐具有代入感，使文章主题得到升华，但切不可过分强调，以免越俎代庖，适得其反。

音乐给人的情感共鸣都是不容小觑的。H5新闻作品的背景音乐旨在用音频元素加强新闻氛围，为了避免与文字阅读冲突，所以多采用与主题相匹配的纯音乐。单独的文字阅读会给人枯燥的感觉，添加了合适的背景音乐不仅可以增加阅读兴趣和给受众更好的阅读体验，而且可以给受众很强的现场感和主题感情。

在2015年两会期间，正是H5新闻报道绽放的时刻，各路媒体人纷纷利用H5技术制作出了精美的新闻作品。例如人民日报全媒体平台推出的《李克强作报告时52次掌声响在哪儿》，让受众在阅读时不仅可以快速了解工作报告中赢得掌声的内容，而且通过背景声音的加入，可以给受众带来一种身临其境的视听感受。

**2. 运用精美图片**

图片使用并不是越多越好，H5新闻作品中的图片选择要具有代表性和现实意义，可多使用数据图表分析图，关系描述图等。此外，注重图片与图片间的合理搭配，凸显作品主题，使H5新闻作品更加具备可读性与美感。H5新闻作品将传统新闻作品用文字描述的内容以图片的形式表达了出来，使受众在阅读时对新闻信息一目了然。

例如，2015年11月5日《江西日报》发表题为《南昌西汉海昏侯墓考古取得重大发现》的新闻，通篇运用文字阐述了南昌西汉海昏侯墓的基本情况和历史背景，如对于出土物品的描绘：“出土的整套乐器，包括编钟、编磬、琴、瑟、排箫、笙和众多的伎乐俑”，“出土了实用高等级马车5辆，错金银装饰的精美铜车马器3000件”，都只用了寥寥几个词进行概括。这种简单的文字告知模式无法使受众全面了解关于南昌西汉海昏侯墓的信息。

与之不同的是，H5 新闻作品在报道中更具有自己的优势。例如 2015 年江西手机报制作的《关于南昌西汉海昏侯墓　你想知道的都在这里》。这篇 H5 新闻作品标榜“你想要知道的这里都有”，整个作品有 28 页，不仅清楚地交代了古墓地点、发掘时间、墓园面积等相关信息，还展示了从古墓中挖掘出来的古董，例如 2000 多年前的青铜锅、青铜编钟、刻有“南昌”字样的青铜豆、雁鱼灯导烟管等，每件物品都配有真实图片，内容真实丰富，引人入胜。使受众在阅读感受 H5 新闻的炫酷之余，能够对作品所要传达的信息一览无余，在最短的时间内获取尽量多的信息。

图为《关于南昌西汉海昏侯墓　你想知道的都在这里》

### 3. 最好有新闻现场视频

相对于干巴巴的文字叙述，受众更喜欢可视化新闻的呈现方式。H5 新闻作品将现场视频插入整个专题之中，效果震撼，可引发受众广泛的思考。动画视频的加入，要注重视频与前后内容的衔接，将其隐藏于整体之中，这样能够使 H5 新闻作品更加具有观赏性。

例如，2015 年两会期间，网易新闻客户端还制作了一系列视频类 H5 新闻作品，其中《嘿，人大代表你懂吗》《两会看官员，中国各省一把手》《两会好保障：你不知道的付出》，模仿综艺节目《中国好声音》的模式，将人大代表，各省领导，以及两会保障部门纷纷采访了一把。

总的来说，H5 新闻作品除了要求音声画文各个部分的合理分配，更要注重音声画文的整合。这样创作出来的 H5 新闻作品才能风格完整统一，浑然一体。

## 五、H5 新闻作品的整体文风

随着可触屏操作的智能手机不断发展，各种手机 APP 层出不穷，在这种状况下就极需要一种技术，将产品进行互联，实现网页兼容，H5 就很好地适应了这点需求。基于 H5 技术制作的新闻作品，可以在不同的网络平台进行传播。特别是在微信出现后，H5 新闻作品可以通过朋友的分享模式，得到广泛传播，阅读点击率呈几何数增长。基于 H5 新闻作品的这一传播模式，使其自诞生之日起就具备了网络新闻传播的风格，即朋友圈风格。

H5 新闻作品的朋友圈风格主要表现在，作品中多使用网言网语、方言或当下流行语，使读者在欣赏 H5 新闻作品时，能够迅速感受到作品想要表达的主要内容，简单清晰，并有诙谐幽默之感。例如，在 H5 新闻作品中常用的网络词汇有“秋裤传奇”“颜值”“卖萌”“亲们”等。更有在作品《人民大会堂，小明带你玩》[①] 中使用了“小明同学一直很忙”等网言网语，使 H5 新闻作品变得更加有趣。

再如，2015 年 9 月由成都检察院发布的一篇 H5 新闻作品，《双节到成都检察官有话对你说》[②]：“中秋国庆相约而至，最重要当然是开心了。一到这时候，少不了团团聚聚、礼尚往来，不过，有一种貌似暖心的‘情’，背后却是吃人的‘坑’。助你守住节操、躲避大坑，开心过节，小编多方走访，吐血整理了以下秘籍，你绝对值得拥有……”随后，该 H5 不仅提醒官员牢记“八严禁”，还罗列出了近年来穿上“马甲”，甚至披上“隐身衣”的礼品，比如天价月饼、“你懂的”麻将、网络红包和卡卷、代付代购、

---

① 网址 http://t.cn/Rw8fGku。

② 网址 http://e.eqxiu.com/s/XNcjoEZo?eqrcode=1&from=singlemessage&isappinstalled=0#rd。

隐蔽消费，甚至私人订制礼品，等等。网络化的文字、诙谐的图片配以神秘的旋律，使该H5新闻作品迅速带有浓厚的朋友圈风格。

## 第四节　微博新闻的采写原则与要领

随着新浪微博2009年的公测，不少包括报纸、杂志、网络、电视在内的媒体在微博上落户，开通账号，开始在微博上发布自己媒体记者采写的新闻，利用微博与受众沟通交流，微博新闻由此应运而生。

微博新闻，是通过微博，将新近发生的有价值的事实发布出来的新闻。通常，微博新闻字数不超过140字，内容言简意赅，时效性强，有时有图片，有时图文并茂，甚至还有视频、音频链接。

与传统的新闻稿相比，微博新闻有什么特征？微博新闻的采写，需要遵循哪些原则呢？

### 一、微博新闻的基本特征

新闻与生俱来的基本特征是两个：一是真实；二是新鲜。由此而延伸出新闻报道上迅速及时的要求。这两点是新闻最为基本、最为核心的规律。

作为新闻的一种，微博新闻首先必须要有真实和新鲜这两个基本特征，但也有一些特征是微博新闻特有的。

**1. 传播便捷化**

微博与以往社区网站最大的不同在于它的即时性、同步性，而微博的同步性得益于微博传播机制的便捷性。用户不仅能通过电脑客户端更新微博，还能通过各种手机客户端、IPAD客户端等多种客户端发布微博，甚至通过短信、彩信就能更新。

在新闻现场，不管是官方微博的管理者，还是个人用户，只要拥有一部能上网的移动设备，就能同步更新微博，传播新闻；或是拥有一部最简单的只能发短信的手机，也能将现场的情况编成短信发送到微博平台。相比于其他类型的新闻，微博新闻的便捷性更强。

### 2. 信息碎片化

微博网站中有一项功能“热点话题”，系统罗列出当下最流行、最热门的话题。众多脖友同时关注一个话题，七嘴八舌地将自己所见所闻发布出来，并加上“#”字，输入关键词。同一件新闻事件，不同的记者也许会从不同的角度进行报道，同样的，每一个亲历者、围观者通过微博发布出来的信息角度也不同，这就使得每个用户发布的微博新闻也不同。

微博新闻的这一特点类似于传统新闻的“滚动消息”，用户将新闻现场的一切转变成文字或图片，不间断地上传至微博，但是这些信息都是碎片，并不全面。受众想了解完整的新闻事件，需要浏览大量相关的微博。

### 3. 传者多样化

从发布微博者的角度看，发布者具有明显的分化。微博新闻不同于传统新闻，由专业的记者采写后，交由编辑审核、组稿，最后通过纸媒、电视或网站发布出来。微博新闻的传播者可分为三种：一是新闻媒体；二是以私人身份出现的新闻媒体记者编辑；三是新闻媒体工作人员之外的人士。

例如，《南方都市报》在广州亚运会期间发布的微博新闻，都是以“南都”的名义发出，并在新闻结尾处注明“南都全媒体记者 ×××”。

同样是微博新闻，有些记者则常常以其个人名义直接发布。如《江南都市报》工作人员傅爱华 2010 年 11 月 26 日发布如下微博新闻：

[昨日脖友报料] 新建县五中学生家长反映学校先让学生看电影然后交钱，不管看没看都要交钱以及家长每月手机账户被扣 10 元信息费，作为学校下达通知给家长之用，引起了许多学生以及家长的关注。昨日，有家长致电记者称，新建五中这种乱收费的行为已经存在多年。本报今日继续追踪，详情阅报。

非新闻人也可以成为微博新闻发布者，如南昌大学新闻系教师 2010 年 11 月 22 日曾发布如下新闻：

今天下午，南昌大学新闻系教师王卫明应邀在华东交大 15 号教学楼给经管学院新闻中心记者团举行讲座，专谈校园新闻。

微博的公开性，使得微博新闻的发布者既可以是媒体，也可以是媒体内的个人，前提是所发布的新闻事实准确。

## 二、微博新闻写作的基本原则

微博新闻与一般新闻一样，都要遵守新闻规律。通常来说，微博新闻在采写时，需遵循以下几条基本原则。

**1. 必须遵循新闻规律**

微博新闻作为新闻体裁的一种新形式，在本质上也具有一般新闻的特点，因此，在采写、制作微博新闻时，应该遵循一般新闻的原则。一般新闻具备的指导性、群众性和战斗性，微博新闻应该而且必须具有，且应充分吻合微博的特点。

中国庞大的网民数量使得网络新闻在一定程度上的指导性远远大于传统媒体，随着拥有微博账户的用户越来越多，微博新闻的影响力正在慢慢超过普通的网络新闻。

“突出新闻点”，“顾及宣传需要”，“呼应受众需求”，“多用引语”，“重视细节描写”，“讲究故事性和可读性”、“注意舆论导向和社会效益”……这些新闻生产的基本规律，同样适用于微博新闻的采写过程。

**2. 坚持并确保新闻的真实性**

因手下编辑以《中国新闻周刊》名义发了一条关于“金庸去世”（后来证实为假消息）的微博，《中国新闻周刊》副总编辑、新媒体总编辑刘新宇 2010 年 12 月 7 日宣布辞职，并且获得批准，这很可能是中国第一个因微博出错而辞职的新媒体总编辑。

可见，在信息繁杂的网络中，如何保证发布的微博新闻的真实性，不容小觑。真实是新闻的生命，微博新闻改变的是新闻的形式，并未改变新闻的本质。

真实是新闻的生命。作为新闻的一种，微博新闻也必须符合新闻的真实性要求。新闻的真实性指的是在新闻报道中的每一个具体事实必须合乎客观实际。即表现在新闻报道中的时间、地点、人物、事情、原因和经过都经得起核对。

新闻的真实性不仅要求构成新闻的基本要素、新闻中所引用的材料，包括引语、数据和事例准确、使用的背景材料真实、全面、客观；还要求所采写的新闻符合实际，不能以点代面，以偏概全。

网络社区的虚拟性使得“脖友”无法正确判断彼此的身份。现实生活中的个人名字可以改，但指纹、DNA 特征则不可以更改，而一个网络社区的成员可以拥有多个 ID，并可以随时更改，甚至更改。网络的虚拟性、网民的匿名性使得人们无从判断网络上信息的真实性。虽然，在一些突发性事件时，“脖友”又被人们称为“公民记者”，但“记者”一直是一项专业活，无限逼近真相是记者的义务。

在网络新闻中，对新闻真实性威胁最大的、危害最烈的当属炒作型新闻。2010 年 11 月 2 日，郭敬明发微博说：“我刚刚知道了一个八卦！太他 × 劲爆了啊！足够上下里外、前后左右颠覆搞垮掉 78 次‘那个’行业啊！整个行业全部垮棚啊！”随后，这条微博被转发并评论上万次，更有网友推测出这一劲爆性消息是“张国荣复活”，显然，很多网友将这一未经证实的消息信以为真。随后，有网络公关公司出来澄清，包括“古天乐被李泽楷包养”等消息在内的微博新闻均属炒作。

再如，2010 年 11 月有网友发微博称费翔和刘文正是“一对”，先有脖友广州作家荆方却在微博上爆料：“刚刚确认，刘文正与费翔是一对，定居纽约。”此消息一经发布，立即引来众多网友的关注和转发，大家纷纷猜测消息的真实性。但是，随后发布信息的脖友在接受媒体采访时表示，她也是从朋友的传言中获悉，并无确凿证据，并将该条微博删除。

**3. 内容简洁，符合微博的字数要求**

从新闻的字数上来看，微博新闻的篇幅十分短小，多则 100 多字，少则甚至几个字。众所周知，消息是新闻文体中最言简意赅、短小精悍的文体，最多不过 500 字。然而，微博新闻由于受到微博 140 字的限制，比一般的消息还要简短。所以，微博新闻有点类似一句话新闻、图片新闻。

与传统意义上的新闻对比，微博新闻可以没有标题，没有消息头（当然，微博的发布者已经标明了新闻的采写单位），直接进入新闻主体，关键词则用中括号标明。

例如，2010年11月17日的《长江商报》在官方微博上发布这样一条新闻："经过大半年的各项准备，武昌区7家区属社区卫生服务中心将于下月开始，在全市率先实施绩效工资，全部统一由财政拨付工资，每人每年标准为3.5万元。有关部门表示，试点成熟后，将在全市推广。"从这种程度上说，微博新闻等同于新闻导语，并不为过。但，大多数情况下，微博新闻并不与导语画等号，它在简洁性上有自己独特的操作。

2010年11月17日14：09，杭州《都市快报》中国新闻部发布一条微博："11月6日凌晨，广西合浦县党江镇的孕妇庞德连在镇卫生院生小孩。庞德连说，小孩头已经出来，但又塞了回去'他们说挤回去就没那么疼了'。很不幸，胎儿没了，庞德连连子宫也被摘除。党江镇卫生院回应说：'我们是乡镇卫生院，设备有限，我们已经尽到了责任。'"

经过对比，我们发现这条微博新闻与官方网站上的原新闻导语并不一致。可以说，这条仅有122个字的微博新闻，新闻六要素中的"5W1H"都已具备，作为有争议的事件，双方的观点也给予了公平的表达，新闻达到了平衡。

## 三、微博新闻的采写要领

微博新闻，就是通过微博，将新近发生的有价值的事实发布出来的新闻，通常微博新闻字数不超过140字，内容言简意赅，时效性强，有时有图片，有时图文并茂，甚至还有视频、音频链接。

随着微博的兴起，微博新闻逐渐普及开来。但微博新闻的采写要领，迄今还没有公开发表的文献加以阐述。下面，笔者将就"微博新闻的采写要领"发表自己的看法，供大家参考、指正。

### 1. 与纸媒配合并作差异化传播

微博新闻受到微博140字的限制，表达的信息量有限，传达的新闻虽然在广度上传播速度和时效性上超过了传统的新闻媒体，但在新闻的深度上，纸媒依然占尽优势。微博新闻的先天不足，使得它不得不与纸媒配合，因此，受众看到的微博新闻往往是以一两句简短的话语高度概括了新闻事实后，再附上纸媒电子版的网站链接，以供读者获取更细节、更有深度的信息。

例如：2010年11月18日下午，杭州都市快报国际部发布一条以“最甜蜜工作”为关键词的微博，用不到140个字讲述了英国人安格斯·肯尼迪每天吃甜食，写食评的工作。在这一百多字中，对于每天怎么吃完数不清的甜食，这份工作的甜与苦、吃这么多身材还特别苗条等问题，读者获取不了更多更深层次的信息。这时，就需要读者点击进入官方微博提供的网站链接自主获取。此时，微博新闻担当的功能就类似于都市报的“导读”。

**2. 尽量多文本传播信息**

网络媒体中最具优势就是多媒体技术。网络新闻可以文字、图像、视频、声音等多种形式呈现在受众面前。

登录新浪微博的首页，我们可以发现图片、音乐、表情、视频等链接，这就使得在进行微博新闻报道时，信息发布者不仅能通过文字进行直播，还能上传现场的图片、视频和声音，实现微博新闻的多文本传播，真正达到“全媒体”时代。

例如，2010年11月23日，《青年时报》的官方微博发布出一条以“墨西哥28岁女子成全镇唯一警察”为关键词的新闻，新闻内容为信息十分简短的一则关于这名女警的介绍，再无更多内容。除了这几十个文字外，还有一条链接，以及一张该女警的照片。

再如，新浪财经在2010年11月23日也发出一条微博，内容是“网友总结什么东西十年来未涨价”的新闻，除了言简意赅的文字表述外，还有视频链接，点开微博，就能直接观看视频，十分方便。

**3. 尽量采访，核实有关细节**

虽然微博能为记者寻找新闻线索提供便利，但网友自行发布的微博新闻由于受到各种原因的限制，真实性有时会大打折扣。作为专业的记者、编辑，在采用微博新闻时，需要仔细斟酌，深入调查核实。

比如，发生一些大型突发事件时，如地震、泥石流、海啸等，专业记者没办法第一时间赶到新闻现场，或是主流通信设施中断，有时只能通过“公民记者”来完成对新闻现场的报道。这时，开通了微博的纸媒会通过转发这些微博传递信息，但并不是所有被转发的微博都能称为“微博新闻”。

例如，2010 年 11 月 15 日，《中国新闻周刊》官方微博发了一条即时新闻：“美国国家航空航天局网站今天突然宣布，美国时间 11 月 15 日（北京时间 11 月 16 日）将宣布一则足以让全人类震惊的消息。”同时还附上了 NASA 官方网站的链接。随后，该条微博被转发了四万多次，评论也接近一万条。

然而，就在当天晚上 21 时 30 分，“中国新闻周刊”发布“更正并抱歉”启事，称“今日该条消息中，‘足以让全人类震惊’乃媒体评述，并非原文内容，如对阁下情绪造成影响，敬请谅解”。

第二天零时 48 分，又“即时跟进”说：“据考证发现，该消息：1. 不存在于美国国家航空航天局（NASA）官网搜索结果；2. 不存在于 NASA 新闻公告（PRESS RELEASE）栏目；3. 不存在于美国主流网站 CNN、NPR 等网站搜索结果……究竟是真消息，还是恶作剧？谜底即将揭开。”

上述例子告诉我们：微博能够成为新闻，但只有那些经过记者调查、采访、核实的真实记录的微博才是新闻。媒体在采、写、编微博新闻时，要本着“新闻真实性”的要求采访、核实，即使转载也该注明哪些是记者经过核实的，哪些是有待核实的，以此确保新闻的真实性。

**4. 尽量进行直播式报道**

与传统媒体相比，网络新闻的时效性不是以日计算，而是以小时计算的，而微博比一般的网络新闻还要快，前一分钟的新闻在下一分钟可能就成了历史。微博各类客户端功能的开通，使得用户不仅能通过电脑客户端发布新闻，还能通过绑定手机，下载掌上客户端，随时随地发布信息。另一方面，省去了新闻的审核环节，信息可以经过记者（发布者）直接上传到网络中，节约了编辑、整合的时间。

以 2010 年 11 月 15 日下午 2 点，上海静安区胶州路大楼失火事件为例。众多火灾亲历者通过微博更新最新消息，甚至做到了同步直播的程度。由此，微博新闻的即时性、现场性可见一斑。

火灾发生的当天下午16时12分，脖友@vegra通过手机客户端发布了自己关于火灾的第一条微博："上海有史以来最大的火灾，发生在我们小区，我在火灾前十五分钟离开了房子，愿逝者安息，活着比什么都重要。"并附上了仰拍的失火大楼冒浓烟的照片。随后，18时15分，脖友"一滴冰冷的汗"通过手机彩信发布仅有6个字的微博——"我们家着火了"，并传上失火中的大楼照片。随后的两天时间里，脖友通过微博第一时间发布最新的火灾后续：灾后的居民楼、受灾居民如何安置等大家关心的问题。

2010年11月16日早上9时48分，脖友"vegra"又发布了一条关于火灾的微博："上海特大火灾，今天仍不能回家，但可短暂回家取东西，在楼道听到27楼有对老夫妻半夜三点被救出，现在医院抢救中。"

从上则微博中，我们可以看出，脖友将自己正在经历的与上海火灾有关的信息同步发布到网上，一条不到140字的微博言简意赅，包含了所有大家想知道的信息。

**5. 最好署名，若是媒体发布的微博新闻，最好写上电头**

既然是新闻，就该有新闻具备的格式。如果是消息，电头、署名、新闻的六要素，都应该具备。由于微博新闻受到字数的限制，因此，绝大多数新闻都是以消息的方式呈现出来，有时就需要标明电头，即发稿单位，记者署名等，但并没有规定一定要有电头署名。

比如，《南方都市报》发布的很多微博新闻都清楚地表明了采写这一新闻的记者名字，通常以"南都全媒体记者 ×××"结尾。另外，由于微博新闻的特殊性，使得署名不像传统媒体一样署在文章开头，而是在新闻结尾加上括号，在括号内注明采写新闻的记者。

例如：2010年11月23日19时，《南方都市报》发布一条微博新闻，全文如下：

【千张亚运闭幕式门票等你来】从明天中午12时开始，广州亚组委将再次面向公众发售亚运会闭幕式门票，配额为第二阶段未售完的公众闭幕式门票。记者了解到，之前对外销售的5000张闭幕式门票中，只售出4000张左右，还剩约1000张没卖出去。（南都全媒体　记者游星宇）

再如：当天15时45分，《南方都市报》发布的另一条微博新闻，全文如下：

【26日地铁部分站点交通管制】11月26日全天，三号线珠江新城、赤岗塔站停止对外服务，列车在此两站不停站。五号线珠江新城站、猎德站停止对外服务，列车在此两站不停站。APM（珠江新城旅客自动输送系统）赤岗塔站、海心沙站、歌剧院站、花城大道站停止对外服务。

从上述两个例子中，我们可以看出，不是所有微博新闻都必须加上电头署名，但是，加上电头署名的微博新闻显得更专业，让受众一看就明了新闻是由哪位记者采写的，既有利于记者个人成长，也有助于增强知识产权意识。

**6. 多使用引语（特别是直接引语），多描述细节**

新闻报道要打动人心，新闻语言一定要形象生动富有特色。这就要尽力寻找有特色的字眼：一方面，在写作过程中尽量使用有表现力、有感染力的词句；另一方面，也要经常注意引用采访对象那些机智的、富有特色的语言。

微博新闻作为新闻的一种形式，要想吸引受众，争取读者眼球，新闻语言也必不可少地需要形象生动。一方面，对于新闻现场的描写要细致、选取最能体现新闻主题的角度对场面进行白描，让读者能有身临其境的感觉。另一方面，对于新闻人物说的有特点的语言，记者也该抓住最能体现人物特征的直接引语，直接放入微博新闻中，引起受众的注意。

例如，《南方都市报》在2010年11月23日11时49分，发表一条微博新闻，全文如下：

【“盲”箭客】帮助韩国队获得射箭团体金牌的林东贤是一位法定的盲人，他10岁开始射箭，17岁视力不断下降，现在只能看到20英尺远的东西。“我的视力问题没有给我的射箭生涯造成不便。”林东贤说，“我所能做的就是区分不同颜色，假如连颜色都看不到，那就真成问题了。”（南

都全媒体　记者徐显强）

从上例中，我们看出，“我的视力问题没有给我的射箭生涯造成不便”。像这样能反映人物形象、体现人物性格的语言应该写进微博新闻中，增加新闻的可读性和真实感。

**7. 不要忘记写交代新闻发生的时间**

新闻五要素是指：发生新闻的主角（谁）、发生的事情（什么）、发生的时间、发生的地点、发生的原因。

一则完整的新闻，不管字数多少，内容多么简单，都应该包括新闻的五要素，即受众读完这则新闻后，能知晓新闻的主角、在什么地方、什么时间发生了什么事，为什么会发生这件事。

微博新闻作为新闻的一种特殊形式，自然而然要解决这五个问题。微博新闻的碎片化，不等于其内容不包括新闻五要素。

当然，不是所有的微博新闻都必须交代新闻的五要素。但是，至少应当交代“发生的事情（what）”和“事情发生的时间（when）”。例如：2010年11月12日上午，南昌大学前湖校区人文楼A456。南昌大学新闻系教师王卫明为新闻091、092班学生讲解微博新闻采写的技术要领，并安排学生现场限时写作微博新闻，现场点评，现场总结。全媒体报道、新闻稿件的24种结构，随后也成为这堂新闻采写课的教学内容。

从微博新闻的实际情况来看，“事情发生的时间（when）”常常被人们遗漏。

第八章

# 优秀通讯员报道经历与心得体会

每一年，都有不少新闻学子奔赴机关企事业单位，担当新闻通讯员。更多的通讯员，并非新闻专业出身，他们经过自学，成为优秀的通讯员，他们的报道经历和心得体会，值得其他通讯员借鉴。

## 第一节　机关通讯员的报道经历与心得体会

王纪洪，就职于江西省住房和城乡建设厅的新闻通讯员。他从15岁开始写新闻稿，至2014年（65岁）还在写，笔耕不辍地写了50年，发表文章的字数逾千万字，中央、地方媒体都上过稿，曾荣获中国新闻奖二等奖[①]、江西报刊新闻奖一等奖、《中国建设报》好新闻奖，先后被评为《中国建设报》优秀记者、《江西日报》模范通讯员。以下是他在2014年7月应邀写下的文字：

① 获奖作品是《鄱阳湖回复到原面积　我省将在“联合国人居论坛”上做经验交流》，作者：姚文滨、王纪洪，刊于2003年2月28日《江西日报》，详见 http://news.xinhuanet.com/zgjx/2007-08/20/content_6567692.htm。

我从小因家境贫困而辍学，不足15岁便参加了学徒工作。所在单位是一个劳务密集性的群体，多数员工均系文盲或仅有初小文化。在当时大讲政治的年代，我这个“半桶子水”却派上了用场。每天的班前会由我这个“小先生”给师傅们读报。读呀读，我竟读出了感情。对一些不认识的字、不理解的词，我用小本子歪歪斜斜地记下来，晚上带回家向做语文老师的妈妈讨教，第二天又现买现卖地传达给师傅们。工作之余，我还利用业余时间编写黑板报，领导见我很刻苦且很执着，便让我半脱产担任兼职宣传员。

有了领导的支持和较宽松的时间，我就更来劲儿了，便从读报发展到写报道。当时，我月工资才18元，交给家里17元，我用自己零花的1元钱自费购买了方格稿纸，信封和邮票，将单位上的好人好事写成新闻稿，不知天高地厚地向南昌广播电台和《南昌晚报》投稿。稿件寄出后，一天、两天、三天……我望眼欲穿却不见只言片语的发表；一篇、两篇、三篇……雪片似的稿件投过去却杳无音信。尽管如此，我却毫不气馁，照写不误。最后是感动了市广播电台的一位编辑，他给了我一封退稿信并提供了去书店买新闻写作书籍的信息。由此我才慢慢地摸到了新闻采写的一些浅显的门路。没过多久，我的新闻报道处女作便被市电台和《南昌晚报》采用了。看到手稿变成了铅字，虽然是条简讯，我却高兴了好一阵子。

由于锲而不舍，随后便有了从“火柴盒”到“豆腐块”的喜悦。后来随着稿件的陆续采用，既鼓舞了职工们的干劲，又扩大了单位的社会影响，领导又决定让我全脱产，成为一名以工代干的宣传干事。为胜任此项工作，我利用几年时间补习文化知识，取得了相应学历。

写稿是个苦差事，就像五味瓶。刚起步时，我是用手写、骑车送。一些编辑看到我很艰辛，就说你还是寄来吧。但我一怕稿件收不到，二是也想当面听编辑老师的指教，还是坚持亲自送达。后来改传真才稍许轻松些。但经常会遇见责任心很强的编辑，一篇稿件要将来龙去脉反复核实才行。这就要自己有足够的耐心和高度的责任心。我常年品尝其中的酸甜苦辣。但把握得好就会苦中有乐、苦尽甘来。我被破格晋升为高级政工师、被破格录用为国家干部，被破格由企业调入省建设厅成为公务员，并具体从事并负责全省行业信息宣传工作。先后成为《中国建设报》、《城乡建设》、《江西日报》、江西广播电台、《南昌日报》、《南昌晚报》等媒体的特约记者、特约通讯员、特约评论员和特约评播员。

我在南昌市工作时，曾当选为南昌市的“十佳青年”、两度荣获全国建设系统优秀思想政治工作者、荣获《半月谈》思想政治工作创新奖，受到中央领导的接见，还上了央视的《新闻联播》，《江西日报》《南昌日报》均在一版发了记者对我的采访专稿，一时成为全省建设系统和南昌市的新闻人物。

我并没有什么特别的能耐，却具备着牛一样的秉性：坚韧、勤勉、执着。我正好属牛，多年来也一直崇尚牛的精神，把自己当成一头老黄牛。我断断续续写了这么多年，有一个切身的体会，就是我们的新闻写作，离不开领导的重视与支持。领导支持了，时间有了，经费有了，接触新闻的机会就会接踵而至。反过来，领导的支持也得靠我们的努力，只要我们的工作做出了出色的成绩，自然也会引进领导的关注。我记得自己刚退休不久，省政府一位副省长曾先后向省住房城乡建设厅3位领导打听，谁是王纪洪？他在《中国建设报》发表的文章写得不错，你们要表扬他。后来这位省领导率队赴重庆学习保障房政策，当他看到工作人员名单中有我的名字时，再次要厅长把我介绍给他，并当众表扬了我。

俗话说，勤能补拙。尽管我在当时的单位上被称为“小秀才”，但是我写的文章真正要符合新闻写作的要求，差距还是很大的。开始时我不停地写，但见报的仅仅只是“小豆腐块”，被采用的还仅仅是市级媒体。其中有的稿件还是我在亲自送稿时对编辑左磨右缠甚至是被编辑修改得面目全非后才勉强录用的。我心知肚明，凭自己当时那点“墨水”，要胜任新闻写作难度还是相当大的。怎么办？我已被逼上梁山，开弓没有回头箭，只好硬着头皮赶鸭子上架。我便笨鸟先飞，一方面继续钻研有关新闻方面的书籍，另一方面参加宣传部门和报社举办的通讯员培训班，进一步丰富了自己的写作理论和知识，继续坚持锲而不舍地写下去。

我记得年轻时当时随单位建设南昌市的湾里新区，条件非常艰苦，住工棚、睡通铺，白天要参加劳动和编“工地宣传栏”，晚上，为了及时将白天的新闻稿写出来，我不顾炎热地趴在床上，躲在蚊帐里汗流浃背地写。

第二天，指挥部的广播播出了我的稿件，自己甭提有多高兴了。我当时的心态是：时间紧，可以挤；水平低，勤学习。为了写好新闻稿，我放弃了个人的其他爱好，牺牲了许多休息时间，悉心揣摩着一些媒体的风格和特点，保持与编辑记者的联系，及时掌握各个时期媒体报道的要点。如此循序渐进，才基本弄清了新闻写作的路径。

久而久之，我由奉命写些会议报道、应景文章的被动写稿，发展到对新闻写作有了感情和产生了浓厚的兴趣。发生了由“要我写”到“我要写”的飞跃。几十年来，我的工作岗位多次变动，由专职宣传干事到企业党委书记，再到机关部门的领导；由专职从事党群工作改行从事经济业务工作……但我与新闻写作有着不解之缘，我的新闻写作从未间断。其间，既有甜酸苦辣，也有喜怒哀乐。有的时候，一篇稿子的见报真是费尽周折，可以说是百感交集。即便如此，我对新闻写作仍是情有独钟。我从企业调省政府部门工作近 30 年，曾专门从事过几年的新闻宣传工作，但更多的是在本职工作之余兼顾新闻宣传工作。记得前几年，有一次我送一篇消息稿给江西日报，该报一位主任动情地说：“老王，您怎么就写不厌啊！”说归说，稿件在第二天就见报了。

是啊，至今蓦然回首，从 15 岁至 65 岁，我这个非科班、非职业的新闻人，竟与新闻写作不离不弃 50 年！我常常会萌发一种有了好的新闻线索而产生的冲动，如果稿不完成，我会寝食不安。年轻时，家庭住房困难，写作条件差，我经常会上半夜打腹稿，下半夜起床一气呵成。由于因写稿而过度熬夜，我不到中年就明显谢顶。

凡事只要有了兴趣，许多困难可以得到克服。比如说，随着时代的发展和信息的更新，新闻写作的要求也越来越高。我的新闻写作由复写到打印，由邮寄到发邮件，由纸质到网络，都是靠我的勤奋和兴趣去涉猎的。我在新闻写作中还有一个剪报的习惯，就是将媒体采用的样报剪贴成册，可谓是几十年如一日，这除了兴趣收藏之外，还可以给单位上的工作提供便利。比如上级在年终对单位进行专项检查要考核新闻报道的工作时，我的剪报本就经常会被派上用场。有时因在规定媒体发表了文章还会加分。

有了良好的心态，必然会打拼出优异的状态。平心而论，有时我也很累，在省厅专职从事新闻宣传，上上下下、里里外外只有我一人，毕竟年岁不饶人！但我人累心不累，活苦心却乐。一天下来、一周下来、一月下来、一年下来，蓦然回首，胸臆格外充实。有时我发的通稿见报后，在有的媒体不寄样报的情况下，为了剪辑收藏需要，我还心甘情愿地走街串巷去邮局、去报摊寻买报纸。

为了写作需要，我硬是50岁学会了用五笔字型打字，55岁学会了发邮件，60岁学会了发QQ，63岁学会了微信、写微博，回想起来，还真有些感慨，记得年过半百时一段时间的每天中午，同事们都在休息，我却边吃盒饭边盯在墙上的五笔字根表，用笨拙的手指敲着键盘，敲啊敲，总算敲出一点名堂来。虽然指法和姿势不怎么美观和规范，但速度还是蛮快的。为了新职（《中国建设报》江西记者站记者）需要，我61岁时夏天冒着酷暑，只身专赴京城，且食宿自理，伴随着一大批来自中央和北京媒体的80后、90后的小青年参加国家新闻出版总署组织的二三百人的新闻从业资格培训，每天早早地来到大课堂。“工夫不负苦心人”，我终于如愿以偿通过了新闻业务考试，获取了全国通行的新闻记者证。

由于有了兴趣，我的新闻写作层面也日益拓宽。由写消息到写言论、通讯和社会新闻；稿件由发小报延伸到向大报挺进。10余年来，省厅机关只要有重大阶段性活动需临时抽调人员，我几乎每次都是宣传组的成员。我的生理年龄慢慢地衰老，但自我感觉新闻写作的灵感并没有枯竭。

2009年10月，我光荣退休。曾有一些企业欲高薪聘我当不需坐班的顾问，正当我想应聘之时，时任厅长却找我谈话，希望我继续留在厅里从事全天候的新闻宣传工作。一个是外界作息时间宽松的高薪，一个是继续留厅工作的低补贴（每月1200元），我权衡再三，选择继续留厅工作。退休后，有朋友以年薪6万元请我当杂志主编，我也没动心。理由很简单：我很喜欢住建厅这个大家庭，对新闻报道有着难以割舍的情结。

退休后，我感谢领导的信任，很快适应角色转变，十分珍惜新闻宣传工作，似乎有着一股使不完的劲儿。

每天早晨几乎7时左右，我就到达办公室，第一时间浏览网页和报刊，将主流媒体报道我省住房城乡建设工作的文章通过厅办呈送给厅主要领导。经常十几个小时坚守工作岗位甚至双休日加班。我每逢参加厅重大活动，总是第一时间向厅网、新闻媒体发稿，积极宣传全省住房城乡建设系统先进典型。我超负荷的工作，曾遭致多方的不理解。

妻子常埋怨：退了休还这么忙，家里的事一点儿也不管！

朋友常纳闷：老王这样拼命干图个啥？

同事常质疑：纪洪哪有这么足的劲？

编辑常感叹：我们正式记者都没王纪洪写得多。还有人揣摩：他写这么多稿，稿费肯定相当可观。其实不然，我发表的文章多数是无分文稿酬。

著名诗人歌德曾经说过："如果工作是一种乐趣，人生就是天堂。"我常以这句名言自勉。

根据我多年的体会，新闻写作是一项兴趣盎然又庄重严肃的工作。要写出好的新闻，离不开涉猎广泛的知识。我崇尚《礼记·中庸》中"博学之，审问之，慎思之，明辨之，笃行之"的圣贤之道，我信奉"有志者事竟成"之哲理。新闻务必要真实，真实是新闻的生命。新闻写作容不得丝毫虚假和浮夸。从事新闻报道的人员必须具备十分的敬业精神和高度的工作责任心。

我所几十年供职的住房和城乡建设行业，是与人民群众切身利益息息相关的部门。在我的周围，每天，甚至每时每刻都会发生新闻。如何准确地掌握这些线索和素材，就要靠自己的敬业精神和工作责任心。我深知，从线索的捕捉到提炼、到组稿、到送审、到发送，每一个环节都离不开我们的职业操守。对一些新闻事实和数据必须采访、核对清楚，做到准确无误。否则，一旦出现虚假新闻和失实报道，将会给作者本人、所在单位、新闻单位甚至全社会造成不良影响。无论是报道，还是信息，认真二字必不可少。对这两项工作，务必要细之又细、慎之又慎。

在新闻写作中，我格外重视把握火候，找准时机。体现一个"快"字。新闻的时效性很强，今天的新闻实际上就是明天的历史。要讲新闻的时效，就需要自己发扬连续作战的作风，我经常是废寝忘食地写，力求自己讲敬业和讲奉献。我多年来的习惯是，当天的新闻力争当天发出去，经常是自我加压地深夜或凌晨写稿，倘若这件事不及时完成，总有一点寝食不安的感觉。

记得退休前我患病住院，正在打吊针，突然接到《江西日报》创刊60周年的紧急征文约稿，一是时间紧，第二天截稿；二是要求高，计划安排在征文的首篇。我不敢怠慢，立马利用晚间从医院溜回办公室圆满交账。还有一次是我爱人患癌症住院，正在动大手术的那天，又接到《中国建设报》“五一”特稿的约稿任务，我又是无怨无悔地按期完成了发稿任务。

退休前，我奉命参加援建四川彭州、小金信息宣传工作，克服高频率余震、高血压、高原反应强烈等困难，写出了许多有分量的新闻稿。退休后，我平均每年在中央、省部级媒体发表报道全省住房城乡建设事业的文章500多篇，其中头版头条、重大稿件和重要版面占多数，编写厅信息、党的群众路线教育专报200余期，多期信息和专报得到省委、省政府领导批示。

我从学徒，到当业余宣传员、到当兼职宣传员、宣传干事、支部干事、支部书记，后当企业宣传科长、党办主任、工会主席、党委书记、再任厅杂志社、办公室、造价站、业务处室领导直至退休，不论在何时何地，我都没有中断自己的新闻写作。是媒体这块田野助我成长，任我驰骋，这其中有着难以言状、难以割舍的情结。

作为一名基层通讯员，山东省菏泽市成武县大田集镇政府工作人员于得水，在《青年记者》2010年第20期撰文[①]谈了他对基层通讯员的新闻写作技巧的四点建议。

于得水的第一个建议是：要热爱新闻宣传报道这项事业，充分认识新闻宣传报道工作的重要性。

有一句话讲得好，兴趣是最好的老师，有兴趣你就会热爱它。作为基

① 标题《基层通讯员的新闻写作技巧》。于得水在文中介绍自己：“笔者是一名在基层工作了20多年的新闻报道员，相继在国家级、省级、市级的报纸杂志上发表2000多篇新闻稿件。”

层通讯员，从事宣传报道工作是件苦差事，有时为了一篇稿件，经常深夜伏案，殚精竭虑，绞尽脑汁，辛辛苦苦写出的稿件，投出去也可能如石沉大海、杳无音信。

另外，在新闻稿件写作之前对信息需求的判断、对信息价值的评估、对信息资料的逐步积累和深入加工的过程，也要占用大量的时间与精力，这就需要通讯员耐得住寂寞，自觉地、持之以恒地面对各种挑战。唯有如此，方能最终修得正果。因此，基层通讯员只有增强责任感和使命感，从内心深处培养新闻写作的兴趣，热爱新闻宣传报道工作。

于得水的第二个建议是：勤奋学习，多动笔写作。

身处基层，新闻信息来源有限，不可能每天都遇到惊天动地的新闻，若想在报纸杂志上“抛头露面”，不勤奋是很难出成绩的。俗话说，勤能补拙，要努力培养自己的新闻敏感和洞察力，掌握新闻写作的基本方法和技巧。

一方面利用业余时间多读书看报，加强相关业务知识的学习和对资料的理解，从中发现新闻点；另一方面经常走出去，深入一线采访，通过自己的切身感受，捕捉新闻线索。

作为一名基层通讯员，新闻写作除了要做到手勤（勤写）、腿勤（勤深入基层）、嘴勤（勤问）、脑勤（勤思考）的基本功外，还要做到认真研究报刊刊登的新闻稿件，做到稿件对号入座。因为报纸在不同时期，有不同的报道重点；每个版面也都有侧重，都有自己的固定栏目。因此，基层通讯员要养成天天看报的习惯，按报纸的版面、栏目有针对性地精心采写、对号入座，就能大大提高稿件的命中率。文章在报纸杂志上发表了，成就感也就油然而生，我们在激动之余，还要冷静下来及时地把见报稿件和自己的底稿仔细研究对比，从标题到内容，看一看编辑做了哪些改动。通过学、写、改，反复“修炼”，我们的写作水平就会不断提高。

于得水的第三个建议是：善于观察和总结，提高自身素质。

我们每个人都在平凡的工作岗位上工作，身边不会经常发生那么多轰轰烈烈的大事件让我们去报道，我们只有通过平时细心的观察和了解，才能在平凡的小事中找到与众不同之处，并且通过总结使它产生被报道的价值。

另外，要善于抓点。这里的“点”指的是新闻点。每篇新闻报道都应有它值得报道的新闻价值，新闻价值就体现在这个点上。因此，在写新闻稿时不但要真实描述新闻事件的起因、过程和结果，还要不断地挖掘新闻事件背后的意义和目的，并且在稿件中要明确点出，一针见血，这样才能避免写出来稿件流于形式，缺少内涵。要善于充分利用新闻图片。因为新闻图片是会说话的报道，一张交代清楚、视觉冲击力强的新闻图片胜过千言万语的描述，一张好的新闻图片再配几句简短的解说，就是一篇很好的图片新闻，而且图文并茂，很容易得到编辑的青睐和读者的喜爱。要善于把握新闻时效性。也就是说要有及时宣传报道意识，一定要及时报道所发生的新闻事件，否则新闻时效性一过，新闻宣传稿件写出来也没有什么意义了。

于得水的第四个建议是：掌握新闻稿件的写作技巧和方法。

采写高质量的新闻稿件是检验通讯员工作能力及业务水平的重要标准，也是提高上稿率的重要途径之一。

每次下笔之前，我们首先要判断所要写的对象到底是不是新闻，有没有报道的价值，如果不弄清楚这点，就算花费了大量心血和汗水，效果不一定好，稿件投出去估计石沉大海的概率较大。这就要求我们做有心人，超前思维，时时处处以“无事不新”的眼光，留心观察、细心思考，从不同的角度发表不同的观点和看法，提高稿件命中率。

同时，要在新闻稿件的标题上下功夫。对于一篇稿件来说，标题犹如“文眼”，至关重要。因此，看人先看眼，看文先看题。文眼巧不巧，亮不亮，往往决定稿件的命中率。通讯员向报纸投稿，给编辑的第一印象就是标题，因而要仔细推敲，容不得半点马虎。当然，标题怎样才算好，每个人的标准并不完全一样，但是有三点是最基本的：一是要贴切、醒目、生动；二是要短一些，简洁一些；三是要有个性，令人耳目一新，切忌人云亦云。

总之，作为一个基层通讯员要有强烈的责任感和使命感，勤奋学习，多写稿，多投稿，勇于奉献，才能提高自己的新闻写作水平和用稿率，在新闻宣传战线上才能干出一番成绩来。

## 第二节　企业通讯员的报道经历与心得体会

1961 年 3 月出生的邹永华，是江西于都南方万年青水泥有限公司行政部干事、党支部宣传委员，从事企业通讯报道工作以来，已在《工人日报》等媒体发表各类作品 2000 余篇，有的作品在国家、省、市多次获奖，创造了江西省建材行业业余通讯员新闻上稿量的奇迹，成为中国建材行业模范通讯员，被全国多家新闻媒体、出版社聘为特约记者、特约通讯员和撰稿人，2012 年晋升为高级政工师，获江西省职工自学成才奖，60 余次受到了《中国建材报》等媒体和江西省建材集团公司、市、县总工会及公司内部的各种表彰奖励。《江西日报》《中国建材报》(头版头条)、《江西工人报》《赣南日报》等媒体对他从事新闻宣传工作的事迹进行过广泛的宣传。

邹永华认为，企业通讯员是新闻宣传战线的生力军，是推进新闻宣传工作的一支重要力量，企业通讯员有着贴近工作、贴近基层的优势，是做好新闻宣传工作的重要途径。他的体会是："基层业余通讯员写好宣传稿件，不是轻而易举的事情，但只要有强烈的责任感和使命感，勤奋学习，勇于实践，大胆尝试，勇于奉献，勤奋笔耕，不断提高宣传采访写作的技巧，就能写出更多、更好的宣传作品，也能在新闻宣传战线上就能干出一番成绩来，让自己的人生多姿多彩。"

以下是邹永华从事企业新闻宣传工作的经历和感悟——

人，都有自己的爱好和梦想。只有小学文化的我，自参加工作以来，就做起"记者"梦，自学起了新闻写作。为了实现自己的梦想，我凭着坚强的自信、勤奋好学的精神、锲而不舍的执着意志，开始了长达几十年常人难以想象的刻苦自学。

20世纪70年代初，在“学好数理化，不如有个好爸妈”错误观念的影响下，任性的我，在学习上尽管全年级数一数二，却认为自己的父母都是地地道道的农民，学习再好还是当一个农民，初一读了一个学期就辍学在家。

辍学后的我，干过农民、外出采石工、修林工、修路工、挖过小煤窑等工作。改革开放后的1982年，国家统配煤矿实行了首次招工改革试点，我是这次改革的受益者之一，从面朝黄土背朝天的农民成为令人羡慕的国家正式工人。

当我来到工作的这个近千人的国有大矿时，就感受到自己的知识和文化水平太低了。为弥补过去丢失的许多东西，我一头扎进了馆藏丰富的矿图书馆、阅览室，把全部业余时间泡在了这里，如饥似渴地用知识丰富自己，提高自己。我暗下决心，以新闻写作之路来改变自己的人生。

对于大多数像我这样只有小学学历自学的人来说，写作就像是“过雪山草地”。为了学习写作，我购买了许多新闻写作的书籍自学。我拼命地向书本学，自学新闻写作等有关的书籍，从理论上提高自己的新闻写作水平和素养；向各级党报党刊和行业报刊学，每天看书看报学习成了我的“主食餐”。业余时间不是读书就是写作，白天忙于工作，就晚上挤时间写作。几十年来加过多少次班，花了多少个休息日，有多少回等家人熟睡后在桌前熬到深夜，我已经记不清了。为了写好一条稿，赶写一条稿，废寝忘食、通宵达旦是常事。有时为写一篇稿子有些词语不知从何落笔，就是睡在床上也在想，有时等睡到半夜一醒，有些新想法，我马上起床进行写作。在用稿纸写作的20多年来所用过的稿纸，摞起来足足比自己还高。当寄出的稿件“石沉大海”，又感到很悲观失望，也总想搁笔弃耕，但内心又实以难忍，对写作那份真情，那份执着，又让我在这块“田地”上继续耕耘。

有梦想，就享有人生出彩的机会。功夫不负有心人，经过不懈努力，我创作的新闻稿不断在局、矿广播站播出，并且还有新闻作品在报刊上发表。矿领导看中我的写作才能，把我从一名井下掘进工调到了矿党政办公室任秘书。当我的工作如鱼得水之时，写作水平有了较高提升时，为了照顾好家庭，1992 年我从千里之外的煤矿调回了现在的水泥厂从事车间机械维修工作。我坚持写作，陆续在《江西日报》《中国建材报》等媒体发表了一些新闻稿，我从车间机修工的岗位调到了公司工会任秘书……

企业通讯员写稿子，最希望的事情就是稿子能在报刊发表或多发表，企业通讯员如何才能在高手如林的专业记者队伍中，使自己的稿子能够在报刊上占有一席之地呢？总结 20 多年的写作经历，我就企业通讯员如何提高写作水平和上稿率谈七点体会。

**要有吃苦耐劳、敬业奉献的精神**

新闻工作是一项辛苦的工作，它要通过采访获得第一手材料，收集相关资料，寻找新闻价值，挖掘思想亮点，最后用准确、生动、形象的语言表达出来。特别是时间短、要求高的通讯稿件，有时真是让人“心力交瘁”。不少人写过新闻稿，然而能坚持下来的不多，重要原因，就是吃不了苦，所以，作为企业的业余通讯员，要做好企业的宣传工作，就必须树立强烈的责任感和使命感，同时具备吃苦耐劳、敬业奉献的精神。

我热爱通讯员这一职业就如爱我的生命。我身体状况很差，患有肝硬化、慢性胃炎、十二指肠溃疡、结肠息肉、腰椎和颈椎骨质增生等多种疾病。2006 年，又被查出患有鼻咽癌，做了两次化疗、两个疗程的放疗，在住院的 3 个月时间里，带着放化疗带来的呕吐、口干、口腔溃疡、咽喉肿痛、脱发、皮肤灼伤等一系列常人根本无法想象的毒副作用导致的痛苦，没有间断过写作和投稿。在病床上在放化疗完一个疗程回家休养期间，在身体十分虚弱的情况下进行过采访和写作，在《中国建材报》发表了题为《江西于都大力发展新型墙材》的稿件。

2013 年的春节，我是在广东小儿子那过的，春节后的第二天，我的腰椎病犯了，接着又发生肠道疾病。正月初三去广东省惠州市中心人民医院就诊，初八又出现呕吐现象，再次去惠州市中心人民医院，就这样，连续每天往返于家和医院之间，身体极度虚弱。正月初十，躺在床上的我接到《中国建材报》一专版主编的电话，说我发报社的一篇稿件需在当天下班前修改好。接到电话，我便硬撑着半躺在沙发上，将笔记本电脑放在双腿上修改稿件。家人看到我后问我想做什么？我转述了电话内容。家人非常心疼，劝我别因为写作连自己的命都不要了，我根本听不进去，从 11 时左右开始修改，吃完中饭也没有休息，接着修改。一直到下午 4 点多钟稿件完成，并立即发到报社。2013 年 2 月 26 日此篇题为《筑起保障安全生产的铜墙铁壁——江西于都南方万年青水泥有限公司“安康杯”安全生产活动纪实》的长篇通讯在这位主编负责的《中国建设报》专版头条位置见报。这一经历让我再一次深深感受到了使命的力量。使命是每个人都要找寻的答案。生命总有结束的一刻，只有精神的使命才能永恒的存在，生前为使命而活，死后为使命而安。我将永远坚守我的使命，生死都不辱使命。

**要坚定信念、热爱宣传报道工作**

有一句话讲得好：“热爱是最好的老师。”这也是我的切身体会。企业通讯员全部是兼职宣传工作，本职工作就繁重，所有稿件只能利用业余时间来完成，而写稿又是件苦差事，有时为了一篇稿件，经常深夜伏案，绞尽脑汁。辛辛苦苦写出的稿件，也可能投出去如石沉大海。同时，对宣传工作缺乏新闻采写能力、对业务不熟悉、对宣传导向不了解等诸多“缺陷”，常常使通讯员陷入困境，以致丧失信心。加上对信息需求的判断、对信息价值的评估、对信息资料的逐步积累和深入加工的过程，也要占用大量的时间与精力，这就需要通讯员耐得住寂寞，自觉地、持之以恒地面对各种挑战，要付出比常人多几倍的努力和心血。

我对新闻写作的热爱可能有许多人都无法相信，我的业余时间全部用在写作上，从不打扑克，也不会打麻将。有时为了赶稿，真的是通宵达旦。因此，基层通讯员只有增强责任感和使命感，从内心深处培养写作兴趣，坚定做好宣传工作的信念，才能提高写作水平和上稿率。

**要努力学习、勤奋写作**

俗话说“勤能补拙”。新闻业务能力的提升不是一朝一夕的事，需要好学勤练，长期积累。通讯员要提高新闻写作的能力和上稿率，就是要坚持写作，做到天天写。我每年能有一些稿件见报，主要是我真正做到勤学好练。我自费参加了人民日报社新闻培训中心的培训，还经常参加江西日报社、江西工人报社、省建材集团公司等单位组织的新闻培训活动，努力培养自己的新闻敏感性，掌握新闻写作的基本方法和技巧。

一方面，我养成了利用业余时间多读书看报、必看每天的相关新闻网站、必读每期党报和行业报纸的习惯，同时还从理论书籍和主流媒体报道中汲取养分，做好读书笔记，作为自己写作的资料库，加强相关业务知识的学习和对资料的理解，从中发现新闻点；另一方面，我经常走出去，深入一线采访，通过自己的切身感受，捕捉新闻线索。作为一名基层通讯员，写稿一定要具有手勤（勤写）、腿勤（勤深入基层）、嘴勤（勤问）、脑勤（勤思考）的基本功外，还要做到认真研究报刊刊登的新闻稿件，做到稿件对号入座。因为报纸在不同时期，有不同的报道重点；每个版面也都有侧重，都有自己的固定栏目。因此，基层通讯员要养成天天看报的习惯，按报纸的版面、栏目有针对性地精心采写、对号入座，就能大大提高稿件的命中率。

例如，我 1998 年采写的一篇关于厂务公开的新闻稿，此稿不仅发表在《赣南日报》头版头条，而且《江西日报》《中国建材报》也先后刊登。2013 年 12 月，我在《中国建材报》人物专版上发表了 2 篇长篇通讯。2014 年 1~8 月，我在《江西日报》《中国建材报》等省以上媒体发表稿件 70 多篇。

**要善于积累新闻素材**

通讯员要写好一篇新闻稿，就必须养成随得随记的习惯，把看到的一切有可能产生新闻的素材积累起来。新闻素材的积累，一是到生产一线找新闻线索，在生产一线没宣传素材的情况下，我会从会议和文件材料、新闻报道中寻找新闻线索，进行新闻写作。

例如，我于 2008 年 12 月 18 日《中国建材报》上发表的《赣南水泥结构调整的领跑者——记江西国兴集团公司董事长李虞财》长篇通讯，就是从相关资料中找到的素材。对于这篇新闻通讯，从 2003 年以来我就一直想写，但是苦于没有资料，去采访他，我又没这个资格。后来经过多年慢慢地收集资料，我终于完成了此稿，经主人公亲自审稿后，我投给报社，此稿不仅在二版头条发表，还获得了优秀奖。

**要坚持做到“三贴近”**

丰富的实践是通讯员肥沃的土壤。通讯员不能闭门造车，有实践才有文章。实践是新闻写作的源泉，要想写出好新闻必须深入工作、学习、生活的实践，仔细体验、品味、接受工作、学习、生活，用适合的写作方法，按照新闻标准组织素材形成文章。通讯员在实践中必须做到“三贴近”。

一是贴近实际。通讯员在撰写新闻稿件时，要紧紧围绕企业中心工作，积极宣传企业的发展战略、工作思路、方针政策等，让员工认清形势，明确目标，增强信心，紧跟企业发展步伐，在工作中做到爱岗敬业、无私奉献。

二是贴近一线。撰写新闻稿件不是口号的演绎，而是以典型生动的事例，来挖掘员工群众中的好人好事，以此做到“以点带面”。这就需要通讯员深入车间采访，不然是写不好新闻稿件的。

三是贴近生活。通讯员要有不怕吃苦的精神，深入生活，多留意、观察、分析平常事，做践行者，不做旁观人，才能得到人无我有、人有我优、人优我特的创新真切体悟，从而创作出有深度、高质量的稿件，大力传承企业文化之魂。

**注意采用多种“兵器”作战**

通讯员写稿，写得最多的是消息和通讯，但我认为，通讯员除了要能熟悉采写消息、通讯外，还要学会写言论、调查报告，学会拍图片新闻等等。如果能熟悉运用多种“兵器”作战，对于提高上稿率大有好处。本人从事写作以来，在《工人日报》《企业党建》等报刊发表理论文章、调查报告几十篇。

2014年1月5日，中国建材产业转型升级优秀论文表彰暨生态治理材料创新发展论坛在北京开幕。我所著《“国有市营”企业做好思想政治工作的实践与思考》的论文入选中国建材产业转型升级创新发展研究论文书系《中国建材产业转型升级创新发展论文集》并获三等奖，出席论坛接受表彰。在出席这次论坛100多位代表中，我不仅是此次论坛唯一平民味十足的普通工人，而且还是江西省建材行参加论坛的唯一代表。我成功登上全国行业高层论坛再一次证明，企业通讯员只要辛勤劳动，诚实劳动，美好梦想就能变成现实。

**要有感恩之心、互助之意**

俗话说“滴水之恩，当以涌泉相报。”我从1991年开始在报刊发表稿件，但以前和报社编辑没一个有联系的。2008年，我突然接到《中国建材报》一位专版主编的电话，说我一个关于办理特约记者证的信发她那里了，知道我是一名业余通讯员，叫我以后有什么稿子就发给她，并给我发来了与她联系的电子邮箱。后来，我的稿子全部发给她，当她提出需要提供什么稿件时，我想方设法提供。2010 年这个主编调走，她把我的联系方式告诉了接替她的主编。这位主编接任后就立即和我联系，这样就和编辑一直有了沟通联系。有了沟通联系后，他们有时如稿源紧张，会主动向我约稿。也会向我透露新闻报道要点、重点是什么，近期需要一些什么样的稿件等，使我做到心中有数，有针对性地采写稿子。

2014 年元月，因《中国建材报》改版，有一位编辑就向我约稿，我因素材有限，就向万年青各基地的同事约稿，并对同事的稿件进行修改，及时为报社提供了 4 篇稿件，缓解了报社稿源紧张的局面。近年来，为帮助编辑完成报纸发行任务，我还利用万年青公司分布各地的优势，动员领导和同事订阅报纸，加强与政府行业主管部门的沟通联系，坚持自费订阅，使这位编辑经我的报纸订单年年增长，还帮助编辑联系广告业务，从而取得了编辑的充分信任。我发这位编辑的稿件 95% 以上能见报，从而为宣传企业良好形象，提高稿件的见报率起到了积极作用。

在四川省眉山车辆厂担任过通讯员的周进学，曾就“如何当好一个企业的通讯员”谈了他的体会[①]——

企业的通讯员，视野都停留在本单位的小圈子，并大多只是兼职的，由于本职的工作本就很忙，因此很多通讯员都有一个共同的体会是，单位就那么点事，不知道该写什么，也就是找不到题材可写。包括我以前在车间干通讯员时也有这样的体会。到底怎么去发现新闻呢？

我觉得作为通讯员要首先多看。要多看报，特别是多关注有关本行业的相关新闻，在学习别人怎么样写、怎么去抓角度的同时，再对照本单位

① 引自《怎样做好企业的通讯员》，详见 http://www.msxh.com/content/2005-4/18/2005418142913.htm。

的情况进行比较，如果本单位做得更好，当然是新闻，如果有更行之有效的办法，也是新闻，如果反其道而行之收效更好，那就更是新闻了。在初学写新闻时，不少人有一个窍门便是对报上的新闻进行模仿，对于搞新闻的来说，这虽然极不可取，但对于初学者来说，往往很有效。

其次，要经常对本单位的工作进行梳理。由于通讯员往往都得承担很多其他的工作，因此对于很多工作，特别是日常工作有时候会变得麻木起来，因此，最好在一段时间里，对本单位的工作分门别类进行一次梳理，这样往往可以发现很多新闻。

再次，多比。这种比一种是纵向比，就是将本单位工作的现在与过去比有哪些变化，这一比，往往能比出很多新闻。我不知道仁寿供电局的情况是什么样的，但我知道很多地方的基层通讯员，同时也是各种年终总结的撰稿人，这时，面对各种经验和数据，我们便可以对其进行比较，哪些数据变好，为什么会出现这种变化，如此反推反找，一篇新闻其实就完成了。另一种比法是与兄弟单位的横向比，如果某一项工作别人还没有，而我们做好，或者说比别人做得好，这也是新闻。

最后，便是要多留心，新闻的线索从哪里来，从工作实际中来，这没有错，但很多新闻，特别是好新闻，其来源往往在一次不经意的谈话或一个小小的细节中谋发，如果我们稍不留意，可能就白白地放走了。这就是新闻敏感性。新闻敏感性从哪里来，就是要我们经常带着新闻的眼光去发现的捕捉具有新闻性的东西。

以前在车辆厂在干外宣，有一次跟一个朋友闲聊，我问他在忙什么，这位朋友说：现在可不得了，我们这些在一线干活的职工也承担了销售任务，我跑了几个地方了，还一点头绪也没有呢！一听这话我当时也挺惊讶，一线工人咋还跑销售，一问才知道原来他们公司现在推行一种“全员销售”，每个人都承担着销售指标。我一听，这不是一个很好的新闻吗，于是第二天我便给我们报社的一位记者说，他也很激动，连忙去采访。但采访回来的结果却很出人意料，他走访了很多职工，发现这种全员销售下，职工们真正卖出东西的不多，反而用户还不停地挑产品的质量、供货期的毛病。

于是这位记者便写了一篇《眉山车辆厂工业公司推行全员销售》的消息稿，看了这篇稿子后，我便给他提意见说，其实作为推选全员销售这个做法本身，新意并不是太大，而且效果也并不是很好，但作为对职工特别是一线职工通过销售这种体验来一种质量和市场意识的培育，应该说这一做法收到了非常好的效果，于是，他便将标题改为《眉山车辆厂工业公司“体验式教育”刷新职工观念》，把侧重点放在职工观念的转变上，结果这篇稿件一发出，被全国数十家媒体采用。《工人日报》还头条配评议刊发，文章只有800多字，评论却有1000多字，这篇文章还被评为全国铁路好新闻二等奖。

又有一次，工厂当时正在推行三项制度改革，其中一项便是推行全员竞聘上岗，由于涉及职工的切身利益，对职工的触动很大，而工厂有一个车间的职工思想情况却异常平稳，于是我便找到车间主任，要采访一下他的经验，这位车间主任说，没啥没啥，就是工作做到每个职工的人头。正当我感觉这稿子没法写时，我看他的桌上放着一张很破的纸，上面密密麻麻写满了东西，我一问，他说，其实也没啥，就是先把可能会出现思想矛盾的职工记在纸上，然后逐个地做工作，做通一个便用笔轻轻画掉。如此一来，当上面的名字全部画去，改革也在平稳中推进。

## 第三节 学校通讯员的报道经历与心得体会

南昌陆军学院广电站站长李志锋，1999年大学毕业入伍后，一直从事部队新闻宣传工作，先后在中央电视台、中央人民广播电台等媒体发表稿件300余篇，在省、市电视台发表稿件200余篇，多次参加部队重大演训、抗洪抢险、抗冰救灾等军事行动的采访报道，获南京军区新闻宣传奖励十余次，两次荣立三等功。李志锋认为，军校通讯员既要有聚焦一线的洞察力，又要有深度挖掘的大视野。以下是他的报道经历和感悟——

于我而言，15年的部队宣传报道经历印证了许多能在这个行业有所建树的道理，部队新闻宣传工作对比地方有它的一般性，也有它的特殊性。在军事院校里，我们关注更多的应该是军事人才培养、国防教育事业和学院建设发展等，因此我们要更加紧贴国家和军队的政治环境，结合军校发展前进步伐开展报道。

那么如何通过宣传报道让一所院校在全军乃至全国院校中绽放更加夺目的光彩，推广更多的经验，我想作为一名军校通讯员，不仅要具备最基本的宣传报道理论基础，更重要的是实践技巧和思想深度，它直接决定了我们报道出来的新闻是否抓人眼球，是否能引起观众（读者）共鸣，是否能真实客观地反映事实原委。那么一名优秀的军校通讯员要逐渐内化这些素质，我认为必须具备“聚焦一线”的洞察力、敏锐性和“深度挖掘”基层故事、人物的视野和思维。

在具备了这些新闻素养的基础上，想要报道出精彩感人、引人深思的新闻，还需要在报道故事的立意、角度、深度和维度上下足功夫，特别是选取时下舆论宣传热点问题、官兵关注的焦点问题、反映军营生活的真实场景等，报道的切入点选得越精确、越创新，报道的事件越有故事性、人情味，越能引起官兵共鸣和思考。下面，我仅根据我十余年的部队报道经历，谈谈自己的新闻实践感悟。

宣传报道要紧跟当前国家和军队改革发展形势。要善于观察部队发展的内外环境，对中央的方针政策和舆论导向要有极强的敏锐性，第一时间抓住报道的接口部，有的放矢地进行符合当下宣传走势的报道。

2007 年是我军建军 80 周年，对于全军发展而言又是一个意义非凡的里程碑时代，当时中央电视台《新闻联播》栏目计划推出反映人民解放军 80 年发展辉煌成就的系列报道，其中安排一个专题遴选初级、中级和高级三所军事院校报道解放军人才培养成果。得知这个信息后，我主动与编辑沟通，汇报我们南昌陆军学院几十年来初级指挥人才培养的做法和取得的成绩。作为与共和国同龄的军事院校，南昌陆军学院经过历次教学训练改革，培养的学员由原来只懂步兵战技术到现在熟悉陆军各主要兵种分队指挥和训练，人人精通团营属十八般武器，个个身怀多种军事技能，这正是我军人才培养质量不断攀升的缩影之一。我的构想与编辑的思路不谋而合，最终稿件在八一前夕播出，并获得了很好的反响，不仅展现了南昌陆军学院毕业学员的虎气、霸气、智气，更在恰当的时机及时地反映了我军初级指挥人才培养迈向了一个新纪元。可见，军校宣传报道要紧跟当前军队发展趋势才能创作出磅礴大气、热度倍增的稿件。

深入“战场”一线才能捕捉精彩瞬间。当下正处于和平年代，军事任务多以抗震救灾、抗洪抢险等非战争行动为主，那么要在多样化军事任务中突出官兵的英勇无畏和牺牲奉献精神，我想“宅”在办公室里是难以想象“战场”现状，只有深入“战斗”一线，瞄准“战场”前沿，才可能捕捉到好的新闻素材，在“大事件”背后挖掘到“小人物”的故事，见微知著，反映出官兵在非战争军事行动的战斗风貌。

2010年，江西抚州唱凯堤决堤，数十万群众受灾，我院500余名官兵奔赴抗洪抢险一线连续作战十余天，为了宣传报道官兵抗洪的“急先锋”形象，展现军校大学生服务人民的决心，在十多天里，我一直在抗洪最前线，对抗洪实况进行全天候跟踪报道，官兵走到哪儿，我就在哪儿；哪儿都有险情、有温情，哪里就有我扛着摄像机奔跑的身影。天空连续倾盆大雨，坝上全是泥泞，走两步鞋就陷进泥里寸步难行，我依然裹着泥裤腿坚持拿着相机在大堤上“奋战”，晚上还要挤在十几个人一间的小学教室里编辑视频，研究第二天的报道计划。条件异常艰苦，十余天下来，人瘦了一圈，而手中的新闻素材却越来越多。

我在一线四处采访的过程中了解到一对军旅夫妻坚守在抗洪前线的感人故事：丈夫是学院的军务参谋，每天都要坚守在各个急险现场；妻子是94医院的护士，每天都要在抢险后方护理伤员。两人同在抗洪前线，距离不到1公里，却像隔着一条银河迟迟未能见面，每天只能简单地依靠短信联系，家里不到3岁的孩子也只能托付给父母照顾……在拍摄整个故事的过程中，我来回穿梭在这对夫妻各自的“战场”，特别突出他们的人物表情和心理活动，直到他们最终相见时画面定格的感人瞬间，新闻《抗洪夫妻的特殊“约会”》在中央电视台播出后，许多观众被他们的奉献意识和真挚感情所深深打动。

可以说，如果不是每天坚持奋战在抗洪一线寻找最“美”素材，我可能很难发现这样的典型故事，也很难报道出这样的“有血有肉”，体现军人品质的新闻。

政治影响力大、视觉冲击力强的新闻素材深受观众喜爱。对于一份新闻稿件而言，要做到既抓人眼球又能提供正能量，其实是不简单的，因为这不仅代表了你的新闻报道功底深厚，更代表了你的“新闻眼”所寻觅到的素材本身就足够精彩。

在十几年的宣传报道工作中，我经常留意学员对不同新闻报道素材的反馈，通过长时间的观察，我发现越是视觉冲击力强、观赏性丰富的新闻报道，官兵反响越热烈，于军事院校而言，这种集视听震撼、影响深远的新闻素材主要聚焦于学院在不同阶段组织的大型活动中，如军事体育运动会、军事大比武、井冈山现地传统教育、毕业综合演练、海训等，这些活动大多内容丰富、军味浓郁、画面感强、意义深刻，并紧密地与“听党指挥、能打胜仗、作风优良”这一强军目标和南昌陆军学院“紧贴实战、严于部队”育人宗旨结合在一起。

在报道井冈山传统教育时，我特别选取学员重温入党誓词、在古田会议遗址开展主题班会、在革命烈士纪念碑前高声大唱英雄歌曲等大场景，巧妙地利用驻地红色资源，突出庄严肃穆的场景；在报道南昌陆军学院军校开放日时，我将把镜头更多放在“国旗班升国旗”“刺杀操”“抢滩登陆演练”“猎人训练”这些内容上，突出实时对抗、军事交锋还有作风纪律等特点，很好展现了学员能打仗、打胜仗的精神面貌。

这些原本就很精彩的素材也是来源于官兵身边，只是要在层次的构造和画面的采用上下功夫，视觉效果和影响力是宣传报道尤其是电视报道的“生命力”，只有切合观众“口味”又能引起读者思考才能让新闻稿件焕发源活力。

沉入基层瞄准学员的平凡生活找寻“亮点”。作为军校通讯员，其实手中的笔和摄像头应该对准基层学员队，聚焦基层官兵火热的军营生活，挖掘新鲜“猛料”，特别是深入基层倾听基层官兵的“心声”。这样的报道才最能引起基层的关注和思考。

很多同行朋友曾问我，基层学员队的事情都大同小异，怎样才能写出、拍出吸引人的好稿件？我认为，在这个方面，“三贴近”（贴近实际、贴近生活、贴近官兵）具有很强的思想指导作用。《解放军报》中国军校版面中“我们的学员队”“七彩校园”等栏目受到军校学员的喜爱，原因之一是栏目写的是学员身边的新闻，所谓的新闻角度其实来源于“读者”，如果读者感觉到笔者写的就是自己的生活，这样的作品必然能受到追捧。

要贴近学员，就要切实从学员角度出发，想学员之所想，看学员之所看，听学员之所听，面对面、心贴心才能创作出“接地气”的稿件。今年，我让我的报道团队也走了一次“群众路线”，让他们从舒适宽敞的办公室“走出去”，在学员队、训练场、教室、食堂等学员的常驻阵地“蹲点”，直接将采访话筒和摄像机对准学员日常生活和训练生活，一时间学院的宣传媒体上兴起了一阵“学员热”。不是没有故事，关键看你愿不愿意“走出去，沉进去”。作为军校通讯员，想要挖掘精彩微观、发人深省的故事，新闻眼光和思维就不能一直僵化，要大胆“跳出来”，看到别人看不到的点，想别人不会想得事儿，好稿件才有可能成型。

“好的新闻不是写出来的，是‘熬’出来的”，“从事新闻报道工作要能吃苦、敢担当”，“创作稿件要与思维进步同频共振”，“新闻报道决不能闭门造车或者不接地气，必须深入一线眼观六路、耳听八方”，这些道理作为通讯员，我们都听过无数遍，却依然不能完全履行，这也是为什么很多人或许写作功底好、理论基础强却无法创作出反响热烈的优秀稿件的原因。身为通讯员既要有聚焦一线的洞察力，又要有深度挖掘的大视野，最重要的是对于新闻报道的态度，要精业，更要敬业才能赢得社会大众的认可。

江西环境工程职业学院党委宣传部副部长沈林，从一名理工科大学生成长为一名优秀的校园通讯员，以下是他的报道经历与心得体会——

关于如何写新闻，在网络或者书本上有很多讲义，我不想在这里照本宣科，我就结合自己曾经过做学生记者的写作生涯，将这几年来的新闻写作经验和体会写出来与大家一起分享。

2006 年 10 月初，大一的我刚刚接触校园新闻，曾经花了 7 天的时间写一篇新闻稿。在满心欢喜交与辅导老师看的时候，得到的评价却是：“你的散文写得很好，可这并不是新闻稿。”一语惊醒梦中人！这个时候，我才发现，新闻稿不是随随便便就可以写出来的，它不需要华丽的辞藻，不需要生动的语句……除了上课，我课余时间基本上都用来学写新闻稿件。曾几何时，因向同学借电脑写稿子而不是看电影，我被嘲笑为愚蠢，曾几何时，为了新闻，曾经失去的种种……但，黎明前的黑暗依旧显得那么漫长，依然没有一篇能发表出来。我不相信：我把大一都给了新闻，但它却没有给我什么。

2007 年 9 月，我从江西理工大学西校区回到校本部学习，同时也进入了学校团委宣传部和学院的学生会新闻中心。因自己的写作功底相比其他人来说确实不怎么样，交际能力也相对较差，但想得到别人的认可，我就要以最快的速度和最短的时间进入状态。2007 年年底，我决定为了写新闻去买台电脑，当很多人用电脑玩游戏或者聊天的时候，我常常是坐在电脑面前翻看着一条又一条校园新闻。同学不理解：“他买台电脑居然就知道看新闻！”这样的言语，并没有让我放弃当初的选择，反而激起了我对新闻写作的追求。课间闲暇时间，我依旧上网看新闻稿件，琢磨着老师学长们为什么这么写，同样一个素材，为什么他们写的稿子能在校外的媒体发表而我的却不能？这个问题一直困扰了我很久。

那是一段比较灰暗的日子，我觉得自己不如别人，有很多不足之处，同样一件事情，别人能挖掘出新闻价值，我却不能。没有成功不可怕，但看不到成功的希望却令我难以接受，我想起了那句诗“姑苏城外寒山寺，夜半钟声到客船”，报纸那么大的版面上，就是容不下我小小的一篇新闻。但写作还要继续。

为了在第一时间写出最优质的稿件，在一个具体活动前，我要参阅相关的背景资料，了解学校为什么要举办这样的活动；活动进行时，我要去活动现场记录活动开展情况；活动结束后，我还要在别人享受活动后的喜悦或者休息的时候，坐在电脑前敲打键盘赶写稿子。然而，我写的稿子并没有因为我付出的种种努力而得到刊用，我不停地写，不停地投稿，但稿子不停地被拒，甚至邮箱一度被封杀……“难道我真的不行吗？”这样的自问叫我心寒。然而，我依旧没有放弃，因为认准了，于是继续在这条路上坚持着。正视不足，自我激励，无论多难的日子，寒雨入昊，只要怀揣着信念与梦想，心就不会冷。

大二上学期结束后那个寒假，是我新闻写作路上的一个重要转折。因种种原因，我选择了不回家过年，假期里整天琢磨、研究校园新闻该如何写。

一是仿照老师、学长的校园新闻稿，进行“临摹写作”。先读他们的稿子，然后看着标题，在脑海里进行构思，再对比原稿，看是否有出入。待结构相差不大后，进行“同题写作”，再对两篇稿子进行对比。

二是研究同时期其他高校发表了哪些新闻，与本校进行对比。每天起床第一件事情便是开电脑，然后去洗漱。用电脑的第一件事是，打开百度，输入“大学生、校园、寒假”等关键字，搜索校园里近期发生的事情，看别人是怎么把事情发表成“新闻”的。

三是经常与老师、学长、同学等沟通信息，扩大自己的信息量，同时把自己的稿子交给他们看，让他们提出修改意见。

经过一个寒假实质性的磨炼，2008 年开始，我的新闻开始了破冰之旅，也迎来了新闻写作的春天。从此，我对新闻写作更加有激情了，常常因忙于新闻采访、新闻写作而废寝忘食。但这种热情连周围最亲近的朋友也无法理解。周围不理解、质疑更坚定了我要继续走下去的信心，选择了，就要风雨兼程地走下去。取而代之的是一篇篇新闻稿件的登报。渐渐，质疑变成了肯定，不理解变成了赞扬，我的努力也终于得到了大众的认可。

到大三时，我在新闻写作方面已经变得成熟了，也成为江西理工大学学生记者队伍的领头人物。到大三结束时，我在新华社、《中国青年报》《中国教育报》《江西日报》等多家知名媒体发表新闻稿件 400 多篇，人民网、新浪网等网络媒体发布或转载我的新闻稿件数更是多达 5000 多篇。同时，也先后获得了“江西省首届校媒之星”（全省仅 1 名）、“江西理工大学十佳学生记者”、“江西省职业教育宣传先进个人”等数十项荣誉称号，撰写的作品获得了“江西省优秀教育新闻二等奖”等近 10 个奖项。2010 年 7 月，因为在大学期间较为明显的新闻写作业绩，我以一名工科本科毕业生的身份，被江西环境工程职业学院党委宣传部破格录用。

大学期间几年的校园新闻写作，让我收获了很多经验。要想成为一名优秀的学生记者，我认为应做好以下两个方面。

一方面，学生记者要善于发现新闻。

有人说，学校的活动每年都是千篇一律的，心理健康教育，环保节能倡议啊，没啥好写的。其实，学校在不断发展中有很多故事和新闻，在大学生的日常学习、生活中新闻和故事更多。有句话说，“生活中不是缺少美，而是缺少发现，缺少发现美的眼睛”。新闻也一样，我们身边有很多素材，只要认真去挖掘，就会有写不完的新闻。

其实，要写好一篇新闻稿件，选择一个合适的角度去采写，是新闻能否成功发表的重要环节。记得我 2008 年写过一篇稿子，反映的是我校各学院、班级都在搞一些活动，围绕爱情的，如班会、辩论赛等。我了解了一下，发现别的学校内也有类似活动，后来，我换了一个角度叫《江西理工大学设“情感导师”帮助学生树立正确爱情观》，后来发了新华社通稿，《人民日报》《中国青年报》等 20 多家报社、500 多家网站做了转载，社会影响较好。

另一方面，写好校园新闻要勤练基本功。

除了手勤外，还要嘴勤——采访，这包括选择合适的采访对象、合适的采访时间和采访内容等，当然还包括采访时要注意自己的语言和形象了；脑勤——策划新闻，要正确判断一件事情的新闻价值，因为某个学院的新闻对学校来说不一定是新闻，我们学校的大事对校外媒体来说也不一定是新闻，怎样在平常的生活中挖掘出不平常的事，这也需要长期的积累和对新闻保持敏感性，怎么做到人无我有，人有我新。

再者，题目是文章的一半，好新闻一定要有一个好的新闻标题，标题要浓缩事实、凝练概括，一般来说不要超过 16 个字，并至少出现一个动词，最好无形容词。另外，在新闻写作中，要注意逻辑结构，多分段，多用短句，尽量不要主观议论，不用口语和书面化程度极高的词语。最后，写完稿件后，至少要通读、检查 3 遍，以免出现病句、错字等。当然，在投外宣稿的时候，还要注意各媒体的口味，切忌一稿多投；把稿件投给记者或者编辑，效果也是不同的。

成功的花儿，人们只惊羡于她现时的明艳，然而当初她的芽儿，浸透了奋斗的泪泉，洒遍了牺牲的血雨。

一分辛勤一分收获，也就是在这“只管耕耘不问收获”“只看重奋斗的过程不在意事情的结果”的拼搏进取中，我水到渠成地收获了奋斗的硕果，品尝到了成功的喜悦，从事着校园新闻写作。

## 第四节 部队通讯员的报道经历与心得体会

《军事记者》杂志 2009 年第 7 期，刊登了孟荣的《一个士官报道员能有多大作为》，其中介绍了孟荣作为军队通讯员的经历和心得：

我是广西军区后勤部的一名士官报道员。入伍 10 年来，我凭着对新闻工作的挚爱，坚持在新闻路上辛勤耕耘，先后在《人民日报》《解放军报》和中央人民广播电台等中央级媒体发表稿件 500 余篇（幅），在《战士报》《广西日报》等省部级报刊发表稿件 1800 余篇（幅），多次被总部、广州军区表彰为“优秀新闻工作者”、“优秀特约记者”和“优秀通讯员”，荣立二等功 1 次、三等功 6 次。

新闻报道工作的实践使我深深体会到，一个革命军人只要立足本职练就过硬本领，无论在哪个岗位都会有所作为，都可以实现人生价值。

2004 年 1 月，我调入广西军区后勤部担任新闻报道员。能从边防团队调到军区机关工作，是一件很不容易的事。我从心里感激组织的关心和领导的信任，但同时也有压力，怕完成不了报道任务辜负了领导的期望。

记得刚来那会儿，我起早贪黑地采写新闻稿件，但由于不熟悉情况，写的稿件不对路，一连投出去 10 多篇都如泥牛入海，心里很着急。领导看出了我的心事，耐心给我指点，并告诫我：磨刀不误砍柴工，先学会走路再跑步。我冷静下来，把工作思路从注重写稿数量向提高写稿质量转变。于是，我一边写稿，一边自学新闻写作知识，并报考了南京政治学院新闻学本科专业和解放军报社的新闻函授班，坚持边写作边学习，新闻敏感和采写能力逐步增强。不久，全区后勤工作会议召开。其主题是要把规范管理作为后勤工作的一个重要内容抓紧抓好。我意识到后勤部历时两个月调查研究，制定下发的“四个规定”，紧贴从严治军形势，有很高的新闻价值，便及时采写出《广西军区按从严治军要求全面规范后勤管理工作成效明显》一稿。一周后，《战士报》头版头条予以刊登。

做好新闻工作，不仅要精业，还要敬业。有时为了完成好一篇稿件，晚上加班写稿、传稿，甚至通宵达旦工作是常有的事。但看着自己的稿件变成铅字，我觉得再苦再累也是值得的。2004 年 6 月，我从部队上报的经验材料中，了解到了探索远离军队医疗机构人员门（急）诊社会化保障工作的新闻线索。为了将这一项工作报道写得鲜活、大气，我及时向编辑请示汇报，查找了一年来军地为推行后勤保障社会化改革工作下发的近百份文件资料，并深入边防一线采访。经过一个星期的昼夜奋战，《解放军报》在“军事后勤装备”专版头条加编后刊发了我采写的《偏远部队看病不用发愁了》的稿件，《人民日报》也刊发了此稿。

有了一定的成绩后，面对领导的夸奖、战友的羡慕，我心里仍然不踏实。我知道自己虽然能够完成一般工作性的新闻报道，但对经验性报道、图片报道等还是外行，需要学的东西还很多。为此，我将后勤部多年来的经验材料和上级下发的“要讯”装订成册，反复阅读，熟记于心，并注重向老同志学习采写报道技巧，将新闻报道与材料写作反复对比，求同存异，渐渐地悟出了一些门道。多年来，我坚持多问、多写、多发，积极与上级机关搞好联系协调，与机关干部一起写的材料多次被上级转发，材料写作也促进了新闻稿件的写作。

多年的新闻工作实践让我体会到，新闻报道员的价值，不仅要体现在稿件见报上，而且要体现在对社会、对部队、对群众的帮助上。2004 年 8 月，后勤部营房处助理员杨有刚，向龙州县农民两姐妹捐献了一个月的工资。我了解到，那姐妹俩同时考上重点中学，但因家境贫寒，奶奶病重，懂事的姐妹俩决定用抛啤酒瓶盖看正反的方法，决定一人在家种地，一人上学。我立即将积存了两个月近千元稿费送到姐妹手中，并采写出《情系花朵，一个都不能少》的稿件，很快在《战士报》与《南国早报》上发表。

稿件刊登后，受到了各界广泛关注，姐妹俩一星期就收到了各方捐资9000余元，并有好心人长期资助她们上学。从此，我力所能及地关注贫困学生，用稿费助学的行动也从未间断。

2004年2月，《中共中央国务院关于进一步加强和改进未成年人思想道德建设若干意见》颁布。我想到了曾经采访过的老红军郝毅，提出协助他为在校生做长征报告的想法，他欣然同意。我将他参加长征的经历，整理出7份适合不同类型学生的报告。坚持用3年的业余时间，伴随老人去讲课。据南宁市教育局统计，郝毅的长征报告共宣讲了600多课时，受众达20多万人次。因此，我也被部队树立为“荣辱观”学习典型，被广西壮族自治区、南宁市评为“关心下一代工作先进个人”，并获得广西“全国道德模范”提名奖。

编制体制调整改革后，机关人少事多的矛盾非常突出。作为一名士官，打字装订、收发文件、录音照相、采集上报数据等，我都做到了随叫随到，杂活累活争着干。这些看似琐碎的工作，我不厌其烦，不怕其累，因为这些工作让我有了更多的经历，也从中发现了许多有价值的报道线索。

《军事记者》杂志2012年第10期，刊登了谭军的《走到哪里写到哪里》，其中介绍了谭军作为军队通讯员的成长经历：

22年前的那个冬天，喜欢文学写作的我，终于如愿以偿地穿上绿军装，从陕西汉中南郑县入伍，来到新疆喀什南疆军区喀喇昆仑边关。

1991年3月，新兵训练一结束，我就被部队政治机关选中，担任报道员。喜欢舞文弄墨的我，从此在军营拿起笔开始给各类报刊写稿、投稿。每逢周末、节假日，我总是不停地跑机关、下基层，与官兵交谈，与战友交流，寻找新闻素材，收集新闻线索。

为了提高自己的写作水平，我把当时每月仅有40元的津贴费，全部用来购买新闻书籍和杂志。我除了“拼命读、拼命看、拼命记、拼命想、拼命写”以外，还坚持“眼勤、嘴勤、手勤、脑勤、腿勤”。开始我是写稿多、见报少，但并没有灰心，而是对照报社编辑、记者改稿的特点，研究摸索写稿规律。我充分利用训练、学习、工作之余，认真学习和研究各类报纸的指导思想、宣传要点、版面特点，并对如何写好消息和通讯的写作技巧进行全面系统地学习。凌晨、午休、晚饭后，我总是坐在小板凳上，读啊读、写啊写，写过的废稿不计其数。工夫不负有心人，1991 年 11 月 16 日，我终于在兰州军区《人民军队》报发表了第一篇 600 字的稿件——《南疆军区 400 名退伍战士自愿留疆建功立业》。

从这以后，我更加勤奋努力，采写的一批批喀喇昆仑官兵与艰苦为伴、与奋斗为伍的事迹，不时在各类报刊发表，激发着喀喇昆仑军人卫国戍边的热情。在部队领导和上级宣传处长、宣传干事的关怀和指导下，我的写作水平也不断提高，成了南疆军区部队小有名气的“军营记者”。同时，在采访报道工作中，我也明白了如何做人、如何做事、如何增强修养、如何提高自身素质、如何报效祖国和卫国戍边。

1996 年底，我由于新闻报道工作成绩突出被南疆军区破格批准由一名普通士兵转为了专业军士。1999 年 5 月，我又因新闻报道工作成绩突出被兰州军区批准由一名专业军士提拔为军官。2007 年 5 月，我被南疆军区批准晋升为少校军官。

2009 年初春，我调回家乡陕西省军区汉中军分区基层部队，不久又被借调到汉中军分区政治部帮助工作。军分区政治部主任王亚彬是刚从省军区机关调任下来的，他对机关政治工作要求严、标准高。我主要负责宣传、教育和文化工作，当年采写发表新闻稿件 40 余篇，受到了各级领导的好评和肯定。

2010 年 9 月至 2011 年 3 月，我被派往解放军西安政治学院深造学习，眼界变得更加开阔。回部队后，我把中央级媒体作为自己写稿的“主攻”方向，积极收集民兵预备役建设方面的新闻线索，突出对民兵预备役重点工作宣传报道，全年的新闻报道工作取得了优异的成绩，共计刊稿 43 篇，被陕西省军区表彰为新闻报道先进个人。

这么多年以来，我除了给所在部队驻地的《喀什日报》《阿克苏报》《新疆日报》《汉中日报》《陕西日报》投稿以外，还积极给《人民日报》《解放军报》《中国国防报》和《人民军队》报写稿、投稿，共计发表新闻稿件1600余篇。这些年，我3次荣立三等功，连续4年被《人民军队》报聘任为特约记者，多次受到部队表彰嘉奖。2010年6月，我被陕西省军区任命为汉中军分区佛坪县人武部政工科长。

《军事记者》杂志2009年第7期，刊登了王余根、万传波撰写的《“三栖新闻精兵”这样炼成》，其中介绍了文字、摄影、电视“三栖新闻精兵”张军有的经历：

给张军有“三栖新闻精兵”的称呼一点也不为过：文字、摄影、电视，三职一肩挑，样样都拿手。他自2006年担任省军区新闻干事以来，成绩斐然，连续两年被军区政治部评为新闻报道质量奖特等奖，连续3年被《人民前线》报评为新闻报道质量奖一等奖。

2005年底，作为理论干事的张军有走上安徽省军区政治部新闻干事岗位。

干新闻要吃苦，张军有知道。然而，这次让他改行干新闻有些特别，是文字、摄影、电视一肩挑。对此，有人劝他：你好不容易从新闻队伍中跳出来，都快提团职干部了，现在再走“回头路”吃这个苦不值。张军有有自己的感悟：苦是甜的根，奋斗是幸福的根。自己还年轻，吃点苦不算什么。

考验随之而来。2007年夏，淮河流域发生特大洪水。抗洪大堤上，他一天的工作流程通常是这样：上午肩扛摄像机、背着照相机，驱车到各个点上“抓活鱼”；下午回来赶紧写稿发稿；晚上制定第二天行动路线，研究报道计划。20多天的抗洪抢险战斗，他人瘦了一圈，皮肤黑了许多，收获的果实也码了一堆：《南街村子堤保卫战》《水上“110”》等50余篇（条）新闻相继在《解放军报》《人民前线》报和中央电视台等媒体重要位置（时段）刊登播出。

“彻头彻尾的工作狂”，熟悉张军有的人都这么说。2008年抗击冰雪战斗中，他第一时间深入抗雪一线，日夜鏖战，采拍的30多篇（条）新闻稿件先后在省以上新闻媒体刊播。为拍摄六安军分区官兵给大雪围困多日的金寨县梅山镇汪冲村群众送粮的画面，他背负20多公斤重的摄影摄像器材，蹚着没膝深的积雪全程跟拍。拍完新闻后，他自己浑身上下没有一块是干的，要么是雪水，要么是汗水。不久，他采拍的《风雪中，第一眼看到的是解放军》，先后在《人民前线》报、中央电视台《新闻联播》等媒体刊播。

张军有走进新闻队伍就是钻研的结果。1992 年初，还是新战士的张军有担任连队文书。那年他所在连队外出参加施工，他在营留守。虽然每天过得很平常，但不甘心平淡的他，硬是掏出半年省吃俭用余下的津贴费，报名参加了《解放军报》新闻函授学习。

第二年，团政治处选拔报道员，他在全团拟选对象考核中脱颖而出。此后，张军有与新闻结下不解之缘，从报道员起步，直至团、师、军机关的新闻干事，千余篇作品在省以上新闻媒体发表，多件作品在军区乃至全国、全军各类新闻评比中获奖。

为提高新闻写作的理论素养和思维层次，张军有先后参加了南京政治学院新闻专业本科班、安徽大学哲学专业研究生班的学习。他的书柜里，摆满《优秀新闻作品评述》《广播电视采访艺术》《摄影技法》等新闻类书籍。业余时间除了逛逛书店、看看书，他都全身心地投入工作。

张军有钻研新闻几近痴迷。2006 年，他担任省军区新闻干事后，部领导找他谈话，其中有一个指标：省军区在《解放军报》头版头条露面还是 8 年前的事，这个记录不能再延长了。张军有琢磨：这个头条稿怎么写？饭吃不香，觉睡不好。一次走在路上，张军有想到一个好题目，省军区领导迎面走来他都没发现，领导走到他身旁，笑着喊住他：怎么，想到好点子了？张军有这才回过神来，嘿嘿一笑：是的。他把想好的角度和采访的素材给编辑部一讲，得到认可。2006 年 11 月 7 日，《解放军报》头版头条刊登了安徽省《百万民兵预备役人员争做构建和谐社会的积极实践者》的稿件，此稿被评为优质稿。

“人品比作品更重要，做好文首先要做好人。”这是张军有坚守的信条，也是他成功的秘诀。

“甘为他人作嫁衣”是基层新闻报道员对张军有的评价。每次报道骨干让他帮忙给媒体编辑打个招呼，他总是不遗余力，热心推荐。一些基层报道骨干请他修改稿件，他总是字斟句酌，再三推敲，有时甚至不辞辛苦，另起炉灶。

“媒体交任务就是给机会，即使有再大困难也要完成。”这是张军有常讲的话。去年6月14日晚，张军有刚协调完中央电视台《新闻联播》发稿，就接到人民前线报社的电话：“请速采写反映黄山民兵抗洪的稿件，明天传我。”为核实一名基层专武部长抗洪事迹，他5次接转电话，15日凌晨张军有终于与这名专武部长取得联系。一个小时后，一篇《三千民兵连续奋战　紧急排险九十余处》全景式消息发往报社，17日《人民前线》报一版配图片给予突出处理。报社领导说：“对报社有特殊情感的人的稿件就是要突出处理。”

## 第五节　摄影通讯员的报道经历与心得体会

1990年，曹启文在文章《我当摄影通讯员》中[①]回顾了自己当摄影通讯员的经历和体会：

报纸的通讯员，是不在编的新闻工作者。通讯员为报纸写稿或拍照片，都有一个共同的愿望：见报。

怎样才能使自己的稿件见报？这是通讯员们经常议论、研究和费神的问题。我给报纸当通讯员20余载，以前写文稿，近年文稿、图片一手抓，又侧重图片。近三年间，我拍摄的照片被人民日报、经济日报、光明日报等32家全国性报刊采用89幅，新疆日报等省级报刊采用360多幅，从中摸到一点门道。

**要努力提高新闻敏感**

现实生活丰富多彩，有的通讯员在复杂纷纭的事件中能迅速发现新闻并拍到照片，而有的通讯员往往在新闻面前无动于衷，这是观察力不同，

① 刊于《中国记者》1990年第7期。

也就是新闻敏感的强弱不同。

有年秋天，我去塔里木垦区最远的14团采访，途经12团时汽车坏了。等待修车的时候，我背上相机出去转转。出门不远，只见两辆翻斗车载着冒热气的沥青、石子向南驶去。好奇心促使我随车而去，原来那里正在铺柏油路。当时我脑子忽地一闪念：这是条好新闻！于是我立即拍下了这个镜头。不几天，新疆日报以图片新闻的形式将这张照片刊登在一版显著位置。事后12团新闻干事问我："我经常从铺路工地走过，老觉得没啥，你怎么一见就认出是新闻呢？"我说："阿克苏到塔里木这条公路通车快30年了，至今还是坑坑洼洼的土路，大家都叫它'车在路上跳，人在车上跳，心在肚里跳'的三跳路，如今铺上柏油，不是一件很有意义的事吗？"

新闻敏感不是一个人头脑里固有的，它是靠通讯员有意识地通过不懈努力培养而逐步提高的。多年来我渐渐养成一种习惯，不论坐车还是走路，两眼总爱东张西望，一旦发觉有点异样的现象便不由自主地凑上去瞅瞅、听听。1987年5月30日，我随新疆阿克苏市农业师师长到一个团场参加一个会议。那天下午没事，我背上相机准备去转转，刚出门就见师长上车，我问他去哪？他说到地里看看，我也跟着去了。路过一块棉花地，我见到农场职工用一台拖拉机正在追肥，地头还停着一辆拉肥料的小四轮车，场面挺壮观，于是，我赶忙叫停车，抓拍了这个场景。第二天我见招待所门前多了一辆从乌鲁木齐开来的车，经打听，是自治区医药公司的同志乘车前来考察甘草资源的。我想，新疆是亚洲生产甘草的主要产区之一，前几年，塔里木甘草资源遭到破坏，现在要进行人工管护，这事具有新闻价值，应该报道，于是我主动联系，随同采访。下午回来，正想洗去一身汗水，忽见高级兽医师马静芳背着出诊箱出门，我丢下毛巾，立即跟着她到羊群中间采访她。经了解，马静芳是归国华侨，50年代初，她大学毕业后来到塔里木，足迹遍及塔里木河两岸，为新疆养羊业做出了贡献，被评为全国"三八红旗手"。如今她虽年过花甲，还到牧区为羊防病治病，表现了一代知识分子高贵的奉献精神。就在她给羊认真查病的时候，我按下了相机的快门。在这次外出开会的一天半时间里，我抓拍了三个镜头，三张照片分别被刊登在经济日报、光明日报和中国医药报的第一版。

新闻敏感取决于政治敏感。如果你不了解当前党的方针政策，不熟悉你周围的实际情况，你是难以发现新闻的。只有学会用政治的眼光去观察事物，用政治的尺度去衡量新闻事件的新闻价值，才能透过现象窥见其本质，从不起眼的事件中发现新闻加以报道。

**要练就较高的摄影、制作技艺**

摄影通讯员大多没有受过专门业务训练，许多人是“半路出家”。知道自己与专业摄影记者相比在摄影知识和技术技巧上“先天不足”，就得下功夫学习。

一是向书本学习。全国新闻摄影理论年会8本论文集、新闻摄影专著、前几年新华社出版的《新闻摄影》和该刊与《新闻业务》合刊后的《中国记者》等杂志，不仅使我懂得了新闻摄影的基本特征、美学特征、新闻摄影的思想性、社会性和艺术性，还使我从新闻摄影家们的经验介绍中受到启迪。

平时我不但认真琢磨报刊上的新闻照片，还把自己认为好的照片剪下来。几年来，我收集了7大本2000多幅照片，有空便细细翻看。我说不清我的哪幅照片受到了哪篇文章或哪幅照片的影响，但可以这样说：我的每幅照片的产生，都是由这篇、那篇文章或这幅、那幅照片起了大小不同的作用。

二是向行家学习。陪同摄影记者采访，是摄影通讯员学习的好机会。他们不但有丰富的理论和实践经验，而且大都有自己的“绝招”。他们在拍摄非事件性新闻时的取景用光，拍摄人物新闻时的神态抓取，都不尽相同。他们拍摄时我在旁边也拍，或是注意他们怎样拍，等他们的照片发表后，与自己同时拍的照片加以对照，从中寻找自己的不足。每陪摄影记者采访一次，我都能从中学到一些有益的东西。

三是在实践中苦练。“天桥把式”是不能搞好新闻摄影的。“练”，不是拿着相机乱“咔嚓”。在确认一个新闻事件有新闻价值和形象价值之后，条件允许时多找几个角度仔细观察、琢磨，怎样才能较为完美地表现主题。拍摄事件新闻时不允许你从从容容地转来转去，选择画面，得靠你平时练好抓拍本领。有一次，我拍摄一个优秀挡车工给徒弟传授技术的场面，当时车间光线很暗，我将相机开到最大光圈拍摄，结果放大的照片发虚。之后，我使用 200 毫米的镜头加 2 倍增距镜头，又学解放军在枪尖上吊砖头练瞄准的方法，在镜头前吊着酒瓶，一端 10 几分钟，知道胳膊发麻、额头冒汗，还在练。苦是苦了，但一见用 200 毫米镜头、3.5 光圈、1/15 秒快门速度拍下的底片放大 8 寸照片还相当清晰时，感到十分欣慰。

一位图片编辑曾对我说："你的照片我们喜欢用，其原因之一，是照片制作得好。"他的夸奖虽有些过誉，但提出了一个值得注意的问题，即一张新闻照片内容再好，如果色调灰暗，麻麻点点，划痕道道，视觉效果差，编辑是不太喜欢的。制作新闻照片，虽然不允许像艺术照片那样施用多底合成等暗房技法，但练就一手高超的放制技术却是必要的。好底片不等于好照片，放大照片并不比拍摄照片轻松，有时甚至需要付出比拍摄照片多几倍的精力和时间。调子明快，反差适中、层次丰富，没有划痕和花点是对一幅新闻照片的起码要求，必要时应该精细修整。一张新闻照片能不能被报刊采用，除其具有新闻价值外，照片制作的好坏也是重要因素，千万马虎不得。

为了让全国人民了解新疆生产建设兵团，我们兵团宣传部号召兵团新闻工作者"向大报大刊进军"。当时有人问我意见如何？我只是摇头，一个基层通讯员拍的照片上中央大报那不是异想天开吗？新华社那么多摄影记者，各大报都有自己强大的摄影队伍，我们这样的无名小卒，何必去凑热闹？

后来，促使我冲破思想藩篱向前迈出决定性一步的，是听了一个同志的一句话："你一辈子不敢投，就一辈子别想上（指见报）！"我暗自一拍大腿："此话有理！"试想，你投都没投给他（指编辑），他拿什么上？不久，我怀着惴惴不安的心情，将一张报道挡车女工的照片寄给《中国青年报》。稿件投进邮筒以后，我竟然 14 天不敢翻看平日喜欢阅读的《中国青年报》。在第 15 天中午，一个同志拿着中国青年报兴冲冲地找到我："你的照片上了一版！"我呆呆地望着他，两三分钟后才说出话来。接着，《人民日报》《经济日报》《光明日报》《中国妇女报》《工人日报》等一道道"天堑"被我突破了，而且我的三分之二的照片被刊登在一版。仅 1987 年，我拍摄的照片就被全国性报刊采用43幅。3年中，《人民日报》刊用我拍的6幅照片，有5幅刊登在一版，其中8幅放在报眼位置。经济日报刊用我的5幅照片全在一版，其中2幅入选该报的摄影比赛，2幅收入“摄影新作”栏。《人进沙退》这张照片参加中国环境报1989年摄影比赛，并被评为二等奖，这是我以前连想都不敢想的事。

要提高照片在大报的“命中率”，我觉得还需注意8点：

一是有的放矢。你要给哪家报刊投稿，必须吃透这家报刊的性质和用片标准。不了解这一点，见报就投，往往难以奏效。1987年暑假，南京农业大学畜牧系两位中年讲师和一位青年教师来阿克苏市讲学，我分别拍下他们指导学员实习的镜头。我把拍摄的中年讲师那幅照片寄给《光明日报》，青年教师那幅照片寄给《中国青年报》，结果两报都在一版刊登。如果把投寄的这两幅照片倒个位，青年教师那幅照片也许《光明日报》会采用，而中年讲师那幅照片恐怕《中国青年报》就未必采用了，因为报道对象已是中年人啊！

二是突出地方特点。我生活、工作的地方在塔克拉玛干大沙漠北端的塔里木垦区，30年前，这里是莽莽草原，如今是全国最大的长绒棉生产、出口基地，新疆重要的商品粮和水果生产基地；从事开发和建设塔里木的，是三五九旅老战士和他们的后代以及来自全国各地各阶层的人。这些报道内容都有别于其他地方，我力求在画面和文字说明中表现出来。

三是以质取胜。有的通讯员抱着“以多取胜”的心理，认为投的多了编辑就会“照顾情绪”。殊不知，你的稿子多而差，会给编辑造成你不严肃认真的印象甚至产生反感。因此，你拍到照片后，必须首先掂量出你所报道的新闻事件在全国或行业有无普遍意义，即新闻价值的大小。不然，寄得再多也没用。说穿了，“以多取胜”的心理实际上是侥幸取胜的心理，这样做，是注定不会成功的。

**要热爱自己的报道对象**

30年前，我还是个毛头小伙子时，便离开“天府之国”，来到塔里木河边，同老红军、老八路、退役军人和支边青年一起开荒造田、挖渠修路，在亘古荒原上建起一个个现代化国营农场。我爱这片荒芜而富庶的土地，更爱这里的人。因为这些拓荒者们勤劳朴实、心地善良，为了“屯垦戍边”，他们付出了许多，索取的却很少。每当我走进大漠中一座座坟冢或是见到大漠边新出现的一片片绿地，我都会产生无比的感慨之情。我觉得有责任把已经长眠地下的和还在奋力工作的同伴们的业绩介绍给全国人民和世界人民，让世人理解他们、敬重他们，缅怀他们。

我用取景器在五彩缤纷的现实生活中摄取能体现塔里木特色的人和物，把使我感动、令我倾倒的情和景摄入镜头。我拍摄为塔里木的繁荣而呕心沥血的知识分子，我拍摄为塔里木的昌盛而默默劳作的普通工人；我拍摄塔里木人奉献给祖国的粮和棉，我拍摄塔里木人为社会文明付出的情和爱。无论春夏秋冬，不管风霜雨雪，我背着沉重的摄影器材，风风火火地奔忙于农场、工厂、牧点、矿山。我常常感到很累很累，有时力不可支，但一种紧迫感和负债感又使我不敢偷懒：我明白“人到中年”意味着什么。

1988年，中国新闻摄影学会接纳我为会员，有人劝我用不着再“玩命”了，似乎暗示我已“功成名就”。我感激地笑笑：“再过几年吧，等着跑不动了的时候。”

## 第六节　业余评论员的成长经历与心得体会

业余评论员，与新闻媒体自己的“专职评论员”相对，主要是以自由撰稿人的身份撰写评论并向媒体投稿。2012年，《江西晨报》“南昌传奇”版曾整版刊登一篇题为《江西“90后”大学生写时评收入过万》[①]的报道，介绍两位业务评论员的成长经历和心得体会，正文如下：

“每当生活费快不够时总有稿费寄过来，经常能解决燃眉之急。”2012年3月31日，南昌大学“卓越传媒人”实验班的《新闻评论学》课堂迎来了两位特殊的主讲嘉宾，他们不算是业界专家，也不是学界学者，而是

① 作者汪兰辉、韩宋辉。

来自江西财经大学新闻传播系的“90后”在校生周欢和王庆峰，他们都是“媒体特约评论员”，他们通过写评论投稿，均已获得上万元的稿费和奖金。

都说“穷人家的孩子早当家”，作为贫困生，借助所学专业之长，周欢和王庆峰自强自立，利用课余时间频繁创作评论稿件。三四年下来，不仅在全国各大报刊发表了数百篇评论作品，在校园内外逐渐打出了影响力和知名度，还累计创收达上万元，减轻了家庭经济负担、补贴了学费和生活费。

对于未来，他们期待能在新闻评论之路上继续走下去。“当评论员、与新闻评论结缘，是我的梦想，我也希望能帮助更多人圆梦”，得益于评论上的建树前不久刚捧回“南方都市报新闻奖学金”二等奖（奖金6000元）的周欢如是说。

在很多人眼里，“90后”往往被视作“没有理想、缺失信仰、过分自我、好逸恶劳”的代名词。而同为“90后”群体，周欢、王庆峰和其他同学显得有些不同。他们没有像其他人一样在大学虚度时光，而是经常苦盯电脑写评论、苦泡图书馆“充电”。记者问及原因，他们的答案出乎意料的一致：“赚钱补贴生活”。

在南昌大学讲座交流时回顾自己的评论创作经历，现为江西财经大学人文学院新闻传播系2011级硕士研究生的周欢颇有感慨。“我家在农村，当时家里有三个大学生，家境比较贫寒，只能靠自己赚点钱补贴生活费，顺便减轻爸妈的负担。”为此，他曾搞过推销、做过业务代理。

大一下学期，一个偶然的机会让他开启了自己的时评之路。由于热爱新闻专业，他也偶尔在网络论坛上发帖评析时事，不想还被主流媒体转载。此后，他知道了一种叫作“评论员”的职业可以挣稿费，萌生兴趣后便一发而不可收。

而作为江西财大经济新闻专业2009级学生的王庆峰的经历也相似。他的父亲是农民工，母亲务农，“进入大学不久，我就开始在探索一条既能学习又可挣钱的路了”。但是做兼职并不能满足他的需求，“毕竟，很多只是体力活”。后来他遇到了周欢，于是也就跟着写起了评论。

创作评论久了，他的想法也发生了变化，开始只是为了赚取些稿费，后来渐渐地由衷地喜欢上了这个职业。王庆峰说，可以通过写评论表达自己的观点和意见，进而推动社会发展进步。他甚至笑称，因为长期写评论曾经“价值观庸俗”的自己转变成了“理想主义者”。

“万事开头难”，他们的时评之路也并不顺利。由于当是还没有专门学习新闻评论的课程，也没有前人的经验可以借鉴，在评论创作上他们只能摸着石头过河，用他们自己的话来说是“相当挫折”。挫折的不仅有额外生活费的花销，还有稿子被毙的持续打击。

起初一段时间，尽管再三写稿、投稿，竟不曾一次见报，这让周欢泄气不少，甚至一度想放弃。“当时我还没有电脑，只能跑到机房里写，早上不吃饭，就可省下上网的钱”，周欢说，“开始几个月都上不了报纸，就想干脆放弃算了。”不过，就在他投了几十篇稿件之后终于陆续见报了。眼看生活费已经见底，周欢却没想到能领到第一笔不菲的稿费，这给了他继续写下去的勇气。

写时评之初，王庆峰也是一样。“大一时我就跟着尝试写评论，没有电脑就去学校机房上网查阅资料和写稿。那时候生活费比较少，我爸妈又很心酸，我就不忍向他们要钱，于是就半个大一没吃早饭，有时连中饭也不吃，饿了就多喝一些水，或者打最便宜的饭菜吃。”有的时候，为了写评论，甚至还会旷掉一些不是很重要的课。

面对昌大同年级的学生，王庆峰回忆说，那段时间，他的稿子投出去后也大多石沉大海，无论是网站还是报纸上都难觅踪影，直到四个多月过去了，报纸上终于第一次刊登了他的时评作品。“当时，看到报纸上终于出现了自己的名字，兴奋得一晚没睡好。”王庆峰说。

就这样坚持写稿、投稿，几年下来，他们先后在《人民日报》《光明日报》、香港《大公报》、中国台湾《旺报》、美国《侨报》、加拿大《都市报》等几百家海内外中文报刊发表了大量评论作品。他们还开始在校园内外小有名气，并受邀担任了很多媒体的特约评论员和时评专栏作者，在10多家主流网站建立了个人评论文集。

“四年前，我开始尝试写评论，现在已累计发表作品近千篇。回想那段时间，我一有空几乎天天起早贪黑创作评论，当别人在睡觉时，我在电脑前敲字写稿；当别人在玩游戏时，我还在图书馆汲取营养。”周欢说。

如今，对于评论创作，他们已经驾轻就熟。3 月 31 日在昌大交流过程中，针对现场同学提出的对某事进行即兴评论的要求，他们不仅欣然接受“刁难”，而且还对答如流，让提问的同学感到满意。

得益于在评论方面的努力与成就，他们还获得了全国大学生经济新闻作品大赛奖、全国“校媒好新闻奖”“世博会注册大学生记者”“香港传播使者”等 10 多项省级以上奖项和荣誉。

对于将来从事的职业，周欢和王庆峰都说想进入媒体当评论员[①]，即使当不了专职评论员也会坚持写评论，“继续用笔触和文字激浊扬清、彰善瘅恶，为社会的进步做出我们 90 后应有的贡献”。

---

① 周欢硕士毕业后成为《南方日报》记者、评论员，王庆峰本科毕业后被保送进入暨南大学新闻与传播攻读硕士学位。

第九章

# 通讯员投稿指南

写出好稿，是通讯员投稿成功的关键。好稿的标志，就是稿子有较大的新闻价值或宣传价值。

通讯员写稿，要做到“准、新、美、实”。准，是确保表述准确。新，是要写出“新颖之处”，同时要保证时效新鲜；美，图片画面要美。实，内容要实在，不搞形式主义，不宣传形式主义。有推广价值就报道，不把报道当作“政绩”。

当然，即使手中有好稿，也要善于投稿，否则也可能埋没了好稿。

## 第一节　投稿的若干技巧

对通讯员而言，在大众媒体上刊登自己的新闻稿件，既是对自己工作的肯定，也是锻炼提高自己写作能力的重要途径。对于在校的大学生而言，发表新闻作品，对自己就业也有帮助。

如何向大众媒体投稿？如何才能提高的上稿率？这是很多通讯员希望解决的问题。

## 一、主动搜寻投稿方式和征稿信息

一般而言，报纸上会有收稿平台、信箱，或者有编辑电话号码，一些与读者关系密切的版面，栏目，往往会开设 QQ 群，电视台也有投稿热线。不一定要发稿时才联系，平常多交往，肯定有收获。现在是信息时代，联系与投稿，多通过电子手段。特别是新闻稿件与新闻图片，如果交的是纸质稿，编辑记者处理起来也嫌麻烦。

另外，有些报社、电视台会定期举办作者交流会，如果方便，积极参加，是建立联系的一种较好方式。

另外，既可以通过百度等搜索引擎搜索投稿地址或邮箱，也可登录有关媒体的网站或阅读其电子版，找到投稿地址或邮箱。

针对媒体的征稿信息，写稿投稿，成功概率较大。通讯员平时要注意收集中央媒体发布的征稿信息。《人民日报》的读者来信版和党建周刊，就常常刊登话题征稿信息。《光明日报》军事版[①]欢迎基层部队提供新闻照片（要求信息量大、有冲击力、有生活情趣）。

## 二、仔细研究样稿

“知己知彼，百战不殆。”投稿也应如此。了解媒体的用稿倾向、稿件规范，有针对性地写稿或投稿，更容易发稿。

比如，全国性媒体与地方媒体，报道的范围不一样；综合性媒体与专业性媒体，取材不一样。日报与周刊，新闻时效不一样；有些媒体喜欢用民生新闻，有些媒体喜欢用情感新闻，媒体的办报思路与用稿倾向不一样，在投稿之前，你都得一一搞清楚。

建议：在向某媒体投稿之前，最好先通读半个月以上该媒体的相关新闻版面。

另外，在确定向某栏目、专栏投稿时，除了要注意以上问题外，还要揣摩栏目主持人、专栏主持人的文风特点，选稿喜好。投其所好，

---

① 投稿邮箱 jsb@gmw.cn。

上稿概率会大大增加。还要注意的是，主持人常会定期或者不定期地开展一些征稿活动，按其要求，结合身边的新闻素材去投稿，也较容易发稿。

以《中国教育报》为例，其很多专版，如高等教育、职业教育、基础教育等，相关版面都会有意识地设立QQ群，邀请各相关学校的师生加入，编辑常会在群里与各通讯员布置选题，约稿，通讯员也方便同编辑进行沟通。如《中国教育报》高教周刊的QQ群，上百所高校的宣传部长都在群里，高都周刊要策划什么选题，有什么约稿任务，经常在群里交流分享。大家都很方便。

电视台、电台的用稿，有别于报纸杂志的要求。例如，江西省人民广播电台的用稿要求如下：

简讯稿：150字以内。请不要长篇大论，不要使用附件形式发布。

消息稿：250字以内。请不要长篇大论，不要使用附件形式发布。

短评或听众来信：800字以内。请不要长篇大论，不要使用附件形式发布。

录音稿：800字以内。约稿除外。音频格式为MP3，可使用附件形式发布。

图片稿：图片尺寸长或宽不超过800像素，格式为jpg或bmp格式，可使用附件形式发布。

稿件采用优先原则：①时效性强的；②社会性强的；③批评监督类的；④传递正能量的；⑤充分展示江西风土民情、历史文化内涵、民俗的。

一般而言，新闻稿件都要求原创，一经发现有抄袭或使用过期稿件，新闻单位很可能视情况轻重采取警告、暂停发稿件、将作者列入黑名单、通报单位等处罚措施。

《中国青年报》评论版（“青年话题”）逢周二至周五出版，每日下午四点左右截稿，每篇稿件字数保持在1500字以内，文章鼓励风格多样化，能讨论具体问题，言之有物，尤其欢迎有“增量”的文章，同时确保独家投给《中国青年报》，每天采用文章第一时间邮件回复告知。

## 三、和媒体记者建立“提供初稿、联合署名”的合作关系

新闻报道的选题、线索，媒体永远不嫌多。如通讯员能成为媒体的编外通讯员、自由撰稿人，则投稿和发表都会容易很多。现在大众媒体一般都有跑口线的记者，多与他们联系，通过他们了解媒体的近期采访意图，同时也把本单位的一些亮点介绍给他们。专业跑线记者互相常有联系，通过他们互相介绍，你可以认识更多的媒体朋友。

另外要切记的一点是，不要想发稿了，才想起联系媒体记者，平常有事没事多联系。双方可以成为朋友，关系更紧密，沟通更亲切，工作会更顺心。这样有利于对一些新闻素材进行新闻策划。另外有时学校出现争议新闻时，也方便提前沟通，让报出来的新闻更加客观、公正。

通讯员要利用微博、微信等新媒体平台，做好对媒体提供线索、选题的工作。现在很多媒体对新闻线索很感兴趣，为了寻找选题，记者每天浏览各类网站、新媒体寻找新闻选题成为必选动作。为了更好地吸引记者关注，像浙江大学宣传部，就经常把本学校各类觉得有新闻价值的事件在自己的官方微博、微信上发布。慢慢地，记者只需通过浏览其官微，就能掌握该校有意义的新闻。

另外，现在各类媒体往往也开设了官方微博、微信，而且粉丝量都很高。通讯员单位可以将本单位的官微与媒体官微互相关注，或者将个人微博微信与记者微博微信互粉。这种在线的即时通讯，可以第一时间把自己的新闻线索、好选题进行分享，稿件成功率会大大提高。

向中央媒体投新闻稿件，尽可能地通过该媒体驻本地记者站合作发稿。

## 四、有保留地“一稿多投”

新闻稿件不像学术论文，不能一稿多投。一个新闻事件，可以想办法在多家媒体上发表，但投之前一定要根据每家媒体的不同特点，对新闻稿件进行有针对性的修改。修改包括：不同媒体同一新闻事件可能报道的角度不一样；不同媒体能够发表的篇幅也不一样；另外，报纸、电视与网站，报道同一事件，使用的方式也不一样。

值得一提的是，除了传统媒体外，目前一些大的新闻网站也直接接收投稿甚至付给作者稿费了。新闻网站的优势在于采用较快，也容易上稿，对于初学者是个好选择。

## 五、加强投稿前的审核

某学院一位学生宣传员，在报道学院聘请一位院士担任院长时，误把院长写成兼职院长，稿件写好后直接送到外面媒体刊出，引起院士与学校的不满。还有某校通讯员，没有参加本单位赴美的一次文化交流活动，只是听了几位同事的介绍，就洋洋洒洒地写了两千余字的稿件，在某网站上发表，结果其中出现很多夸大其词的内容，引发美国交流单位的反感，造成不良影响。

加强对新闻稿件的审核非常重要。审核包括新闻的真实性，表述的准确性，某些内容发表的时机是否合适，等等。通讯员一定要遵守“对新闻稿件进行审核”的纪律，否则很容易出现好心办坏事的现象。

如果通讯员采写的是本单位重大活动的新闻，原则上送到外面媒体发表之前，要请本单位宣传部门负责人审核一遍，主要是对政治性、报道的时机进行把关。另外，活动、会议的主办方也是信息的审核者，可以请他们对报道的人、事等信息是否准确进行核对。

新闻稿件中，如果使用了大量被采访人的言论，或者报道内容涉及被采访人的利益，报道送出去之前，最好请被采访人过目，参考对方的看稿意见后再送出去。虽然

## 六、掌握投稿的时机

当写好一篇新闻稿件后，迅速地将之投出去并变成铅字，是每一位通讯员最希望的事情。但是，有些活动，事件发生后报道，事件发生前报道，发生时报道，事件发生并产生效果后再进行报道，哪一种效果会更好一些呢？这就涉及对投稿时机的把握。有时，稿件来得早，不如发得巧。

比如每年的重大节日的报道，都是可以提前准备的。如“五四”青年节，“六一”儿童节、世界爱牙日等。以高校为例，也有不少的常规报道时机。

如每年四五月的报道就业典型与做法，六七月报道毕业生就业，暑期报道社会实践活动，八九月报道新生开学、军训与教师节。等等，这些时候，都是相关题材的投稿时机。如果报道时机不相宜，稿件的发表难度会加大。

### 七、建立通畅的沟通渠道

向媒体投稿的作者，尽可能在邮件中注明稿件名称，具体投到哪一版，哪位编辑收。稿件可用纯文本格式和word格式，图片可用jpeg和gif格式。

在稿件的结尾处，一定要加上署名、电话号码、通信地址、邮编、邮箱，有时还要写上身份证号码、银行账号，以便媒体工作人员核实稿件内容、提出修改意见、邮寄稿费和样刊样报并在稿费中扣缴个人所得税。

如果发往电子邮箱，很多工作邮件会有自动回复，如果没有，或者是邮寄投稿，最好向对方打个电话或者手机短信确认一遍。毕竟新闻稿件时效性强，过了时间一般就刊登不了。

### 八、投稿要注意的其他一些细节

◎要勇于投稿，不要因为没把握就不投稿。也不要因为稿件没发就心灰意冷。要回头多想想，为什么这篇稿件没发？原因在哪，下一步如何调整。

◎写出好稿后，尽量配上图片。

◎注意留存样报、样刊、电视节目视频、广播节目音频，以便用于评优评奖或求职。

◎对各类投稿途径进行收集并定期更新。对较熟悉的媒体朋友，逢重要节日，去个电话，发个贺卡，互相问候。

◎多向通讯员同行或者媒体朋友请教，寻找发不出稿的原因，以便提高写稿水平。

## 第二节 如何提高上稿率

上稿，就是稿件在媒体上发表了，是通讯员们常说的行话。

作为经常与通讯员打交道的党报中层干部，《江西日报》群众工作部副主任赵巧曾在一次培训讲座中就“如何提高上稿率”提出如下五条建议：

**建议一：了解媒体，有针对性投稿。**

通讯员根据栏目需要有针对性写稿投稿，更容易上稿。例如，《江西日报》的“凡人善举”“财富故事”等栏目，就比较容易发稿。

通讯员也要了解：不同类型的稿件，可能要投往不同的部门、不同的邮箱。以《江西日报》为例，通讯员的图片稿应该发给摄影部的邮箱，言论稿应该发给评论部的指定邮箱，其他专版的稿件发给不同专版的邮箱。

同时走文字稿路线和图片稿路线，“两条腿走路”更易提高上稿率。消息、通讯、评论，被称为通讯员的多种“兵器”。“多兵器作战”，也容易上稿。

通过研究样报，通讯员可以充分掌握不用版面的用稿倾向（若注明“版名”便于选稿）。例如，《江西日报》B2版的通讯员稿件侧重文化、旅游主题，B4版的通讯员稿件侧重经济、民生主题。如果更厉害一点，了解到负责编辑稿件的当班编辑是谁，就可以直接打电话向其自荐稿件了。

总之，越是了解所投稿的媒体，越是容易上稿。久而久之，一旦摸对路了，通讯员就容易上稿。

**建议二：培养新闻敏感性，迅速准确发现新闻。**

良好的新闻敏感，就像有了“新闻鼻”，能使通讯员敏锐地发现新闻、感觉到新闻价值的存在，提高上稿率。

培养新闻敏感，就要“三勤”（勤问、勤跑、勤思），做生活中的有心人。节假日也要保持一根弦。

培养新闻敏感，首先要有政治敏感性，明白媒体近期的宣传重点是什么——多看看报纸就会知道，党和政府的中心工作是什么——党报的评论员文章往往会透露。也可看其他媒体报道了什么。明白媒体的宣传重点和党政中心工作后，就可以将自己的稿子与宣传重点和中心工作挂起钩来——少用老词，多用新词、新提法（如“发展升级”就是2014年江西省宣传重点）。

**建议三：学会提炼新闻主题“中心思想”——找到金矿之后要炼金。**

通讯员写稿，要避免报道题材的狭窄、陈旧、无特点、无新意，要“不一样”。新闻素材收集好了后，要淘出一个亮点，善于找到一个好的切入点，不求面面俱到。例如，《樟树为干部制定“课程表”》，就有新意（“干部课程表”很少见）。

要找到宣传和新闻的最佳结合点。如果想在稿件让领导露个脸，可以将其写入体现宣传主题、有新闻价值的事例中，如果是两三个故事，最好用一根线串起来（使之不能独立存在），这样删除任何一个故事都不合适，就都保留下来了。

标题非常重要，标题要准确、简洁、出彩，忌平淡，否则收稿编辑都可能不点看你的邮件。例如，《“活雷锋”今年19岁了》《安义农民向空中要宅基地》《峡江县编织“美丽乡村梦”》就是很吸引人的标题（有悬念）。

**建议四：要用事实说话，稿件要有“干货”。**

一些通讯员稿件，通篇都是空话套话，没有事例，缺乏事实，这样是很难上稿的。要想提高上稿率，就要少提空话、套话、旧概念，“干货”要多，“真金白银”要多。

例如，有的稿件中写到“表弟家”，就应该将这个“表弟”的姓名、单位交代清楚。

当然，事实太多也是要改的，稿件要短，少用啰唆话。要想上头版头条，稿件字数要少于1000字。主题提炼得好的短小稿件，更容易上稿。

**建议五：善通联，勤总结。**

那些与媒体编辑沟通比较多的通讯员，上稿率通常比较高，因为他们可以从编辑那里得到不少指导，也可以指导这家媒体的用稿规律（例如，《江西日报》群工部通常在星期一至星期四才有版面用于发稿）。

通讯员投稿之后，若稿件得以发表，要对比原稿和见报稿。

通讯员写稿，要尽量少给编辑带来改稿的麻烦，要写清楚联系方式，便于编辑沟通（提出改稿要求等）。如果稿件足够好，根本不用向编辑打招呼荐稿，编辑会争着抢好稿。

《江西日报》夜班编辑傅晓波，曾为通讯员投稿提高命中率支招四个：一是从自己身处的地区寻找最有价值的新闻；二是“避热趋冷”；三是善于“投栏”（也就是针对栏目投稿）；四是注重写作技巧，包括写作角度的选择、文笔的运用、标题的制作；等等。他提醒广大通讯员：最重要的是要对新闻事实有一个准确的把握，千万不能无中生有、道听途说、夸大其词、捕风捉影，毕竟，真实才是新闻的生命所在。

江西日报社南昌分社副社长殷勇，曾长期从事地方新闻版夜班编辑工作，经常与基层通讯员的稿件打交道，深感基层通讯员写稿不易，上稿更不易，“土记者”难当。然而，面对通讯员来稿，他有“三怕”：一怕通讯员投稿没走正规渠道；二怕通讯员投稿“多管齐下”；三怕通讯员写稿言之无物。他认为，这“三怕”恐怕是影响通讯员上稿率的重要原因。而解决这“三怕”，也正是提高通讯员上稿率，做到投稿有的放矢的关键。

在题为《通讯员投稿别让编辑有“三怕”》的文章中，殷勇谈了自己的经历和看法。

**解决“第一怕”：通讯员投稿要走正规渠道**

自从事夜班编辑工作以来，经常会收到各地通讯员寄来的稿件。同时，还有一些知道夜班编辑工作电话和QQ号码的通讯员，也经常会提出要直接发稿给夜班编辑。然而，对于这种“直达”夜班编辑手中的稿件，按报社采编规定，夜班编辑既无权使用，也无权编辑，最终只能束之高阁，甚为可惜。

造成这一现象，总体来说有两个原因：一是不少通讯员不了解报社内部机构分工和采编流程，认为只要是报纸上有名字的“编辑”都可以直接处理通讯员稿件，殊不知此“编辑”非彼“编辑”。按报社采编规定，本报出版部地方新闻版的责任编辑，只能使用经本报群工部编辑并签发的通讯员来稿，通讯员来稿除投向一些专版、专刊之外，一般新闻稿一律归口该部门处理。二是一些通讯员误认为夜班编辑“权力大”，想敲后门、走捷径，绕过编稿部门直接发稿。其实，这种做法不仅不会对稿件的采纳产生关键影响，而且还往往由于来稿渠道错误，常常耽误稿件的使用，让一些本有新闻价值，可以刊用的稿件就因为在流程上走了弯路而丧失时效性。

编辑建议：通讯员在投稿之前，最好能搞清江西日报的稿件签发流程。在本报，除言论、图片和专版专刊来稿分别由理论评论部、摄影部、专版部等专属部门处理之外，通讯员其他文字新闻稿必须由本报群工部统一编辑并签发至出版部的稿件库，夜班编辑才能选用。因此，通讯员投稿最方便、最快捷的渠道是直接与本报群工部联系，并以最快速度把稿件传递至群工部编辑手中，由其编辑处理。对于一些时效性特别强，并且题材特别重大的突发性稿件，方可在联系夜班编辑之后，传真至本报夜班编辑室或是夜班图文上传平台，由夜班编辑经请示值班社领导后作为特例处理。一般性稿件切勿使用这种渠道，否则肯定会绕大弯子，影响稿件的及时使用。

**解决“第二怕”：通讯员投稿禁忌多管齐下**

笔者在从事夜班编辑的工作中，经常会遇到这样一种稿件撞车的现象。即，一条同样内容的稿件，在通讯员发来稿件的同时，也会收到通讯员与本报记者合作的稿件。这种“撞车稿”是报纸出现重稿差错的一大隐患，经常让夜班编辑防不胜防，深受其扰。

究其原因，有的是少数通讯员为了增加上稿的保险系数，在自己发稿的同时，想双管齐下，于是把相关新闻线索又提供给了本报记者；有的是因为少数通讯员急功近利，在与本报记者合作采写稿件之后，又略加修改，以个人名义发至本报；当然，还有一些通讯员是因为稿件发至报社后较长时间未见报，又想发来一稿“提醒”编辑。不管是出于何种目的，这种发稿方式都违反了报社的采编规定，不仅会受到报社处罚，还可能给编辑留下极不好的印象，令编辑在今后对其稿件的使用慎之又慎，最终是得不偿失，影响自己的上稿率。

编辑建议：杜绝一稿多投，关键是通讯员对自己采写的稿件要有信心。一篇稿件能否采用，不在于是否有本报记者合作，不在于发稿的次数，也不在于有什么报社内部关系，重点在于稿件的新闻性、时效性和真实性如何。一篇好的稿件，即使编辑不熟悉这位采写稿件的通讯员，即使没有本报记者的名字，编辑也会积极采纳。因为，编辑最希望刊用的每一篇稿件，都能给自己编辑的版面增色添彩。

当然，笔者也不否认机遇的存在，有时一篇较好的稿件会因为版面紧张等因素而无法使用，有时一篇一般性的稿件也会因为版面的需要而刊登。要抓住这种机遇，就要求通讯员要培养自己对报纸版面“察言观色”，从而练就时常给编辑送“及时雨”的本领，做到报纸需要什么稿，就能及时发来什么稿，这才是通讯员要着力提升的能力。

**解决“第三怕”：通讯员写稿要言之有物**

各地通讯员们都切实承担着本单位、本部门和本地区宣传报道工作的重任。报道本单位、本部门和本地区的新闻是其分内之事、必担之责，特别是有的地方还给通讯员定下了数量不等的上稿任务，让通讯员深感压力巨大。于是，为了完成上稿任务，笔者在工作中就能经常遇到不少通讯员的来稿，其主题立足于本单位、本部门和本地区的一般性工作，内容空洞、写法老套，甚至既无时效性、也无新闻性。这种稿件与其说是新闻，不如说是单位的工作简报更为准确。经常撰写如此稿件，又要奢求上稿率是不太现实的。特别是当前各级党报不断追求“三贴近”，不断提升可读性的今天，通讯员不着力转变采访和写作思路，跟不上报纸新闻改革和发展的步伐，其采写的稿件就无法获得编辑的青睐，更谈不上宣传本单位、本部门和本地区的工作。

编辑建议：如今，在各级党报不断追求贴近性的大背景下，通讯员要提升上稿率，关键是要找到宣传和新闻的最佳结合点，也就是要求其采写的稿件，既能起到宣传本单位、本部门和本地区的作用，又兼具新闻性，能备受各方面读者的关注。这就要求通讯员要善于在本单位、本部门和本地区的一般性工作中，发现闪光点、寻找结合点，从而把少数人关心的工作变成大多数人关注的新闻。

对此，也有通讯员会说，自己在基层工作，到哪去找能引起大多数人关注的闪光点？其实，基层同样到处是闪光点。比如，本单位某一项创新性的工作，具备全局的影响性，相当的典型性；本部门推出的某一项工作举措，能影响到大多数人的工作和生活；本地区获得的某一项成绩，能总结出可供他们借鉴的成功经验和做法。我想，通讯员只要能不断捕捉到这些类似的闪光点，就不怕提高不了上稿率。

中共宜春市袁州区委宣传部的周德根，在基层从事新闻报道工作已有20多年。关于提高上稿率，他有自己的独到心得——

注意巧按“文眼”。鲁迅先生说过，记人，最好记他的眼睛。因为眼睛是心灵的窗户，最能反映人的风采和魅力。对于稿件来说，标题犹如人的眼睛，至关重要。我们通讯员向报纸投稿，给编辑的第一印象就是标题，标题巧不巧，亮不亮，有没有吸引力，往往决定稿件的命中率。因而，我们一定要对稿件的标题仔细推敲，力求做到简练、新颖、贴切、醒目、精彩、生动。

注意瞄准“准星”。通讯员写稿，也要瞄准“准星”——选准写稿的角度。什么叫角度？古诗云：“横看成岭侧成峰，远近高低各不同”。其意是说，同是一座山，你从不同的方向、高度去看，景致就不一样。具体到写新闻稿件上，面对同一件事，同一条新闻素材，从不同的角度去写稿，写出来的稿子也就完全不同。而角度选得好不好、准不准，又直接影响稿件的命中率。比如，去年2月12日，我下乡采访，看到有几位农民在大棚里采摘草莓，便拿出相机随意拍了几张。拍完之后，乡里陪同我采访的宣传干事便对我大谈特谈当地的特色农业。我想，如果仅仅是站在发展特色农业的角度写稿（图片说明），太一般化了。通过采访，我了解到，画面上的农民原来在浙江一家玩具企业打工，大约半年，由于原打工的企业停产而返乡，回家后便开始搞大棚草莓种植，于是，但我结合当时由于国际金融危机爆发导致不少外出农民工失业返乡这个热点问题，从返乡农民工不等不靠，自主在家门口创业这个角度写稿（图片说明），结果于12日向人民日报投过去，第二天就很快发了出来。

注意“对号入座”。我认为，写稿不看报，等于瞎胡闹。只有认真研究报纸，分析版面，才能有效提高新闻稿件命中率。大家知道，广播与电视，报纸与刊物，同样是新闻媒体，但各自对新闻稿件的要求却不尽相同。就平面媒体来说，中央报刊与地方报刊不一样，党报党刊与专业性报刊、都市类报刊不一样，即便是同一种报纸在不同时期，不同阶段，也有不同的报道重点；每个版面也都有侧重，都有自己的固定栏目。作为一个通讯员，提高稿件质量固然重要，但如果不能对号入座，不能有的放矢，即使有上乘的稿件也难以见诸报端。有位地税局的通讯员，他每年在《中国税务报》等行业报刊发稿50余篇，但在《江西日报》《宜春日报》却难得发稿，他问我："我写的稿子质量还是不错的，怎么在《江西日报》《宜春日报》就发不了？是不是我在党报这一块没有熟人的缘故？"我听后，对他说："因为各个报刊对稿件的取舍不尽相同，何况像《宜春日报》《江西日报》《人民日报》这些党报所发稿子涉及各行各业，不但对稿件要求更高，而且发你税务系统的稿件也有限……"所以，我们通讯员一定要养成天天看报的习惯，仔细研究不同报刊不同版面、不同专栏的特点，有针对性地采写适合版面、栏目所需的稿件。

注意按"节令"穿衣。也就是有人说的所谓唱"四季歌"，尽管很多人反对这种做法，但我认为无论是中央报刊还是地方报刊，也无论是党报党刊还是专业报刊，对节令的敏感性极强，抓住了这一点，也可在一定程度上提高稿件的见报率。比如，现在正是农村春耕备耕的关键时节，不管《人民日报》还是《江西日报》都刊登了大量这方面的稿件，这就说明"四季歌"应该唱、有必要唱，但一定要唱出新意。农村有春耕备耕、防汛、"双抢"、抗旱、秋收、水利冬修、森林防火等"四季歌"……不同的部门、系统也有自己本行业的"四季歌"，还有元旦、春节、国庆以及国际妇女节、国际儿童节、国际消费者权益日、国际环境日等，我们可以根据这些节令，结合本地本单位的工作实际写些相关的稿子。

注意"量体裁衣"。写稿时，不可贪大求全，更不可掺杂水分。新闻语言应该简明扼要，通俗易懂，只要用三言两语的表述的，决不写空话、大话、套话，搞得拉拉杂杂，拖泥带水，既穿蓑衣又戴斗笠。有必要写成大稿、重稿的深度稿件，也决不写成简讯或短波。

注意采用多种"兵器"作战。通讯员写稿，写得最多的是消息和通讯，但我认为，仅仅会写消息和通讯还不能算一个优秀的通讯员。我们除了要能熟悉采写消息、通讯外，还要学会写言论、调查报告，学会拍图片新闻等等。如果能熟悉运用多种"兵器"作战，对于提高上稿率肯定大有好处。

多与编辑记者沟通。一方面要积极邀请报社记者来采访，我们既可以利用他们来采访的机会，学习他们采写新闻的技巧，向他们了解到近期报社的新闻报道要点、重点是什么，近期需要一些什么样的稿件等，做到心中有数，有针对性地采写稿子。另一方面，要主动到报社送稿，与编辑记者面对面多交流、多请教。

整版刊登的专题新闻，篇幅大，图文并茂，冲击力强，宣传效果好，是通讯员稿件中的“重武器”。中共修水县委宣传部的黄一魏，对提升专题类稿件的上稿率，谈了自己的四点心得——

（一）选择合适的主题，是搞好专题新闻策划的灵魂。采写出“人无我有、人有我新、人新我深”的独家新闻，是新闻媒体所需要，策划这样的专题新闻，媒体一般都很欢迎。如何选择主题，一要直面现实抓热点。热点问题大多与国家利益、民族利益和人们的切身利益相关，抓住这样的问题搞策划，符合党报的需求，当然更容易上稿；二要抓住重点搞策划。策划专题，必须开阔思路，独辟蹊径，在更深的层次、更宽广的领域进行探索。捕捉新闻策划的选题；三要站在全局的高度选择主题。

（二）熟悉报刊风格、栏目设置，是搞好专题新闻策划的基础。现在的报刊并不缺少新闻稿件，只是符合他们要求的稿件少，作为通讯员，要经常思考这样的问题：最近国家出台了什么重大政策，报上有哪些栏目，哪类稿子发得多，有哪些适合当地的，等等，不同的报刊、不同的栏目，对稿件的要求自然不同，文化的稿子一般发《光明日报》，经济类的稿子一般发《经济日报》，这是很多通讯员熟知的，发《江西日报》的稿件，也要选准栏目和版面，有的放矢，才能提高命中率。作为基层通讯员，我们必须养成天天看报的习惯，细致研究报纸风格、版面、栏目设置，要有针对性地多读相关版面栏目刊登的新闻，学习别人的写法、选材，熟知报刊什么时期、什么版面、什么栏目需要什么新闻，以便有针对性地做好策划，报送选题。

（三）请进来与专业记者合作，是提高上稿率的捷径。以专职记者的眼光和业务水平，往往更能发现和把握新闻报道的角度，提炼主题的深度，更有利于准确地确定主题、深化主题，提高新闻水准。修水是个文化大县，其厚重的文化底蕴，在全省甚至全国都很有影响力，我们收集了很多资料，但如何打包上稿，是一直困扰我们的难题。为此，我们请了江西日报记者前来采访，4月3日在《江西日报》四版整版刊登摄影专题《幕阜山中的文化记忆》；与《经济日报》记者合作，2月21日在《经济日报》7版整版刊登了《全丰花灯：百姓喜闻乐见民间艺术奇葩》的图文并茂的专题新闻。

（四）深入采访打造精品，是刊发专题新闻的前提。“好马要配好鞍、佳肴要装金盘。”一个好的专题新闻策划，同样离不开精致高雅、别开生面的表现形式。没有好的稿件，是很难上稿的，更别说专题新闻，对此，只有深入采访，对采访对象了解得越详细，掌握的信息越多，就越有可能从中挖掘出有价值的新闻点。在组织专题策划报道时，照片十分重要，图文并茂才能提高视觉冲击力，专题版面才能活跃，对此，照片必须围绕主题。在《经济日报》上整版《全丰花灯》专题之前，笔者与记者商量计划写一个通讯稿件，但我们在收集大量素材的同时，多次深入基层采访，写了一个近万字的稿件，送选20余张照片，提供了大量具有说服力的资料，最后刊发了一个整版专题，实现近年我县在中央三报一次性上稿之最。

## 第三节　投稿邮箱与电话

以下是我们特意为广大通讯员收集的部分媒体投稿邮箱、联系电话，供大家选用。由于版面调整、编辑变动等原因，一些媒体的投稿邮箱、联系电话会发生变更，通讯员最好与媒体工作人员多沟通，单纯的直接投稿刊发的概率更小。

### 一、新闻类投稿邮箱与电话

#### 1. 全国性媒体

■《人民日报》

总邮箱 rmrb@peopledaily.com.cn

读者来信版 rmrbdzlx@126.com 和 rmrbdzlx@sina.com 传真 010–65368495

绿色家园版 rmrbls@yahoo.cn

文教周刊 rmrbjy@163.com

民生周刊 rmrbmszk@sina.cn

国防周刊 rmrbgf@126.com

民主政治周刊 rmrbmzzz@126.com

统一战线版 rmrbtyzx@126.com

理论版“学术信息”栏目 lilunbu@peopledaily.com.cn

“国际副刊”栏目 gjfk@pd.people.com.cn（风貌通讯）

经济周刊 rmrbjjzk@sina.com

科技视野版 rmrbkj@yahoo.com.cn

财经纵横版 rmrbcjzh@163.com

新青年版 rmrbyouth@126.com

■《人民日报海外版》peoplehwb@VIP.163.com

要闻版 dieryw@sina.com

神州速览版 hwbjjb@sina.com

海西周刊 gtbhwb@people.cn

旅游天地版 hwbtravel@126.com

台港澳版 gtbhwb@people.cn

■《光明日报》

要闻版 gmrbjjsh@gmw.cn

教科新闻版 gmrbjk@gmw.cn

文化新闻版 gmrbwhxw@gmw.cn

大视野版 gmrbgc@163.com

军事版 jsb@gmw.cn

人物版 gmrbrw@126.com

教育周刊 wqh1219@gmw.cn

大学生活版 xiaoyuan@gmw.cn

职业教育版 lyc@gmw.cn

同舟版（政协新闻）gmrb@139.com

平安版 pazg@gmrbwhxw@gmw.cn

书林 jmjjb@gmw.cn

经济周刊 jmjjb@gmw.cn

■《经济日报》

今日财经：jjrbjrcj@163.com

环球财经：gjb@ced.com.cn

经济观察：mzjjgc@163.com

企业报道：jjrbqybd@126.com

三农报道：jjrbncxwb@sina.com

民生观察：jjrb_ms@163.com

新视野：xinshiye@foxmail.com

文化产业：qiaosy@ced.com.cn

旅游经济：sheying@ced.com.cn

理论周刊：plb100909@yahoo.com.cn

观察与借鉴：gjb@ced.com.cn

经济与法：jjrb_jjyf@163.com

文化副刊：hedx@sina.com

国防天地：jjrbgftd@163.com

自主创新周刊：chenjh@ced.com.cn

新兴产业：hanji@ced.com.cn

自主品牌：jjrbzzpp@126.com

生态经济：jjrb_earth2012@163.com

调研之页：jjrbdyzy@126.com

■《中国教育报》

新闻线索征集 xinwen@edumail.com.cn

课程周刊 jybjiaoshi@vip.163.com

区域周刊 jybqyjy@sina.com

高教周刊 tang8438@aliyun.com

职教周刊 zjzk@edumail.com.cn

校长周刊 jybxiaozhang@126.com

读书周刊 dushuzhoukan@163.com

家庭教育版 jiatingjiaoyu@edumail.com.cn

■《现代教育报》新闻聚焦 shoudujiaoyu365@126.com

■《中国青年报》

头版 cyd@cyd.net.cn

综合新闻版 zqbzbs@sina.cn

经济版 jingji@cyd.net.cn

聚焦版 fengsheng@cyd.net.cn

教育·科学版 jiaoyu@cyd.net.cn

青春热线版 cydqcrx@163.com

青年调查版 qingdiao@cyd.net.cn

共青视点版 gongqing66@126.com

数字青年版 digitalyouth@126.com

冰点周刊 xinyuzhou@vip.sina.com

冰点·人物版 qqyx@live.cn

冰点·探索版 yangfang@cyd.net.cn

特别报道版 tebiebaodao@sina.com

摄影版 zqbsyb@163.com

法治·社会版 fzsh2000@126.com

■《中国环境报》

综合新闻版 zghjbzkyb@sina.com

美丽乡村版 zghjbmlxc@163.com

地方新闻版 zghjbxw@126.com

深度版 zghjbstb@163.com

摄影版 zghjbsyb@126.com

■《解放军报》

要闻版 jfjbeb@jfjb.com.cn

军旅文化版 jbjlwh@163.com

军网天地版 jwtd81@126.com

部队新闻版 jbzgxw@163.com 或 jsztjfjb@163.com

军民视窗版 jmsc@jfjb.com.cn

人物纪实版 sbmk81@126.com

读者之友版 jfjbdzzy@163.com

体育新闻版 jbtycool@163.com

专题新闻版 jbzgzt@163.com

热点观察版 jfjbrdgc@163.com

国防后备军版 jbgfhbj@163.com

党的建设版 jfjbhc@sina.com

■《人民公安报》zbs@cpd.com.cn　010-83731018

■《人民武警报》rmwjb@163.com　010-68794468

■《人民海军报》投稿平台 http://21.114.113.111

■《火箭兵报》传真电话 0201-335946

■《中国国防报》(民兵预备役、军训新闻) zggfb@jfjb.com.cn

■《人民法院报》fyxw@rmfyb.cn

■《检察日报》

综合新闻 zbs@jcrb.com

廉政周刊 zhangx@jcrb.com

预防版 sym@jcrb.com

阳光版 gaobin@jcrb.com

清风版 xbl@jcrb.com

基层采风版 jccf@jcrb.com

视点版 lhfk8@vip.163.com

■《中国纪检监察报》010-59598031(总编室)jjbzbb@vip.sina.com(群工部)

jjbywb@vip.sina.com(要闻部)jjbxwb@vip.sina.com(新闻部)

jjbzkb@vip.sina.com(专刊部)

■《法制日报》

综合新闻版 zhengfazongzhi@126.com

政法司法版 sifaxw@126.com

政府法治版 jingji813@126.com

案件版 shidianxinwen@126.com

人大立法版 rendaxw@126.com

社区版 fzrbsqb@126.com

■《民主与法制时报》

新闻热线 010–66010671 报料邮箱 mzyfztimes@163.com

法学院 010–66010671；mzyfztimes@163.com

普法周刊 010–57565750；pufazhoukan@126.com

影视周刊 mzyfzsbfilms@126.com

法治中国 010–66010671；mzyfztimes@163.com

平安中国 010–66010671；mzyfztimes@163.com

■《科技日报》

新闻中心电话：010–58884080 传真：010–58884050

综合新闻版 zbs@stdaily.com

教育观察版 linlj@stdaily.com

中国武警版 beijingzq@gmail.com

■《中国工商时报》zongbs@vip.sina.com（010）56317355

■《证券时报》zqsb@stcn.com

■《金融时报》jrsbzbs@sina.com

■《每日经济新闻》nbdnews@nbd.com.cn

■《中国城乡金融报》xinwen@abchina.com

■《中国信息报》yaokc@stats.gov.cn

■《中国商报》zgsbxw@126.com

■《中国消费者报》010–88315434 xinwen@ccn.com.cn

■《中国文物报》（010）84078838–8009 wenwubao@vip.sina.com

■《中国食品报》xinwenbu2004@163.com

■《中国文化报》010-64275044　zgwhb702@163.com

■《中国新闻出版报》zgxwcbb@163.com

■《中国能源报》cenews@163.com

■《中国摄影报》NO2@chinaphotopress.com；NO3@chinaphotopress.com

■《人民摄影》0351-4297341；rmsyb-05@vip.sohu.com

■《中国旅游报》wj@ctnews.cn

■《中国花卉报》xinxinxiangrong16@163.com

■《中国建设报》zhongguozhufang@163.com

■《中国化工报》（010）82032056　zhyw@ccin.com.cn

■《中国妇女报》新农村新女性周刊 villagewomen@163.com

■《中国劳动保障报》ldbzb@labournews.com.cn

■《中国老年报》zglnbxw@163.com

■《中国税务报》010-83124253　shuishouyaowen@163.com

■《中国教师报》新闻或图片投稿 miniliang@vip.sohu.net

教育家周刊 zgjsbjyj@21cn.com

■《中国高新技术产业导报》yawh@chih.org 和 yudy@chih.org

■《书法报》027-86778577，sfbsxw@163.com

■《图书馆报》

图林漫步 linzongzheng@163.com

作家访谈 news_xinwen@163.com

精彩阅读 xue200106@qq.com

阅读时光 linzongzheng@163.com

少儿阅读 anxin429@sina.com

■《文学报》wxb@wxjt.com.cn

关注 / 人物、综合 llj@wxjt.com.cn

人文 lum@wxjt.com.cn

作家生活 hejing@wxjt.com.cn

■《健康报》

综合新闻 xwzx@jkb.com.cn

人文视线 yuyunxi82@sina.com

文化·视窗（010）64622709　miawwd@hotmail.com

人物（010）64621205　jkblyhe@163.com

■《中国经济时报》dsj123@sina.com

■《中国妇女报》010-57983125

■《中国档案报》charne@vip.163.com

**2. 地方媒体**

■《北京日报》"专刊·教育"版邮箱 jiaoyu6789@sohu.com，电话 010-85202287、85202849

■《浙江日报》投稿信箱 zjrb@zjnews.com.cn　网络投稿平台 http://web.8531.net/

■《江西日报》

jxribao@vip.sina.com（文字稿件）

jxrbsyb@vip.sina.com（摄影稿件）

■《湖南日报》4326042@126.com

■《陕西日报》sxrb@vip.sina.com

■《宁夏日报》nxrbzbs@163.com

■《青海日报》qhrbtg@163.com

■《云南日报》ynrb-zbs@yndaily.com

■《贵州日报》GZRBWSTG@VIP.163.COM

■《新华日报》tupian@xhby.net

■《大众日报》总编室传真 0531-86424205　dbzbs@dzwww.com

青岛新闻版 qdxw@dzwww.com

县域版 jzb@dzwww.com

大众摄影 QQ 群号码 256833699

■《齐鲁晚报》0531-96706

■《烟台晚报》0535-96110

■《内蒙古日报》qxxw2004@163.com

■《山西日报》sxrbpublic@sina.com（文）sxrbbjzx@163.com（图）

■《黑龙江日报》yaowen8900@sina.cn（要闻版）jrdjgzs@sina.com（今日点击版）

zhengjiaoxinwen@126.com（政教新闻）jizhebu2004@sina.com（记者部）

■《重庆日报》cqrb@cqrb.cn

■《解放日报》021-63523600　传真 021-67289218

■《吉林日报》群工部 0431-88600539

jlxw1bs@126.com（要闻）　jlrbBS3BS@163.com（三农版）

shm1077@163.com（江城周刊）　jlrb18@126.com（长春新闻）

■《安徽日报》lgbjb@ahrb.com.cn（来稿编辑部）shyb@vip.163.com（摄影美术部）

■《安徽日报·农村版》xdncb@vip.163.com

■《天津日报》022-28201000（群工部）022-28201274（区县新闻部）

022-28201228（经济新闻部）022-28201211（要闻部）

■《每日新报》022-28201828

■《今晚报》022-27509351（群工部）jwbshxw@126.com（社会新闻部）

wh@jwb.com.cn（文化部）jwbjjxwb@sina.com（经济部）

■《乌鲁木齐晚报报》wlmqwb@126.com

■《大连晚报》dlwb@vip.sina.com

■《文汇报》whb@whb.cn

■《新民晚报》要闻版 xmywb@xmwb.com.cn

读者来信 dzlx@xmwb.com.cn

■《武汉晨报》“教育新闻”版电话 027-85771888-3617

■《钱江晚报》“科教新闻”版邮箱 qbkj @ zjnews.com.cn，电话 0571-85311233

■《羊城晚报》“教育”版邮箱 wbjkw@ycwb.com。

■《扬子晚报》“成长周刊”邮箱 czzk@yangtse.com

■《信息日报》xxrb@263.net

■《浙江法制报》投稿信箱 zjfzhb@mail.hz.zj.cn　zjfzb@vip.sina.com

■《浙江教育报》一版　要闻（全省、各高校、各地发生的重要教育

新闻）：zjjyb1@163.com

二版 综合新闻（各高校、各市、各县发生的教育新闻）：jyxxb2@163.com

■《共产党员》杂志 gcdy@8531.cn（适合各类基层党务稿件）

■《党支部工作指导》杂志 dzbgzzd@163.com

■《江西电力报》tougxx@jx.sgcc.com.cn（内网投稿）

■江西人民广播电台 jxbs2@126.com（传真：0791-88324539）

## 二、评论类投稿邮箱与电话

### 1. 中央媒体

■《人民日报》

评论版 rmrbpl@163.com

读者来信版 rmrbdzlx@126.com rmrbdzlx@sina.com

百姓生活版 rmrbsmz@126.com

文艺评论版 wenyipl@163.com

文教周刊 rmrbjy@163.com

“今日谈”栏目 rmrbjrt@163.com（标明“今日谈投稿”）

“人民论坛”栏目 rmrbltan@163.com

“环球走笔”栏目 gjpl@pd.people.com.cn（国际新闻评论）

“国际论坛”栏目 gjpl@pd.people.com.cn（国际新闻评论）

“经济透视”栏目 gjjk@pd.people.com.cn（国际财经评论）

“文苑” wenyuan@peoplemail.com.cn（文化评论）

“读书管见” rmdushu@sina.com

“党员论坛”栏目 jiangjie@peopledaily.com.cn

“党员来信” rmrbdylx@126.com

“民生·民声”栏目 rmrbmszk@sina.com

■《光明日报》“光明时评” gmpinglun@gmail.com

“光明论坛”栏目 pinglunbu@gmw.com.cn

书评 shuping@gmw.cn

理论实践版 gmrbsj@gmw.cn

■《经济日报》关注版 jjrbjrcj@163.com

■《经济参考报》思想·观察 21time@sina.com

■《中国经济时报》时评 mzjjgc@163.com

■《金融时报》jrsbzbs@sina.com

■《新华每日电讯》评论·声音 xhmrdx@163.com

■《工人日报》评论·综合 dyc107@vip.sina.com

■《法制日报》声音版 fzrbplb@163.com

■《中国教育报》评论版 jybpinglun@vip.163.com

“教育论坛”栏目 lil@edumail.com.cn

■《现代教育报》pinglun365@126.com

■《杂文报》zawenbao1@yahoo.com.cn

驿站 zawenbao2@163.com

民生 zawenbao333@163.com

人在江湖 zawenbao4@163.com

五味子 zawenbao4@163.com

生活随笔 zawenbao8@163.com

■《中国青年报》青年话题（评论版）myear@vip.sina.com

■《青年参考》观点 why0525@163.com

■《中国环境报》观点版 hjbsplb@sina.com

■《中国新闻出版报》xwcbbpl@163.com

■《中国旅游报》glr@ctnews.cn

■《中国能源报》tongxiaobo@163.com；jiaoxu1219@163.com

■《中国商报》zgsc2001@vip.sina.com

■《科技日报》教育时评 jyzk@stdaily.com

■《China Daily》opinion@chinadaily.com.cn 或 letters@chinadaily.com.cn

■《人民法院报》评论版 pinglun@rmfyb.cn

■《南方周末》读者来信 nfzmreview@vip.163.com

■《书法报》言论 sfbs1@163.com

■《图书馆报》

每周声音 linzongzheng@163.com

独立书评 anxin429@sina.com

书评园地 dreambyj@126.com

馆员书评 anxin429@sina.com

2. 北京

■《新京报》时事评论部 shepingbj@vip.sina.com 或 shepingbj@vip.163.com

■《法制晚报》时评 fawanpinglun@126.com

3. 天津

■《今晚报》评论部 jwbplb@126.com “今晚谈” jwbjwt@126.com

4. 上海

■东方网东方时评 pinglun@eastday.com

■《解放日报》观点 jfdailyview@sohu.com

■《新民晚报》新民论坛 cxy@wxjt.com.cn

■《文汇报》时评 fanb@wxjt.com.cn

5. 重庆

■《重庆日报》时评版（星期二）LLB@CQRB.CN

■《重庆晚报》时评（星期日）shaojiwa@163.com

■《重庆晨报》声音（星期日）taiyang@cqcb.com

■《重庆时报》时评版 cqsbspb@yahoo.com.cn

■《重庆商报》liudy110@yahoo.com.cn（星期三、四、五）

6. 江西

■《江西日报》“求是坛”“赣鄱时评”栏目 jxrbylgk@163.com

“评与论”版 jxrbpyl@163.com

“学与思”版 yuxia9251@tom.com

■《江南都市报》“江南时评” jndsbpl@163.com 或 jndsbzbs@163.com

■《新法制报》“法报时评” xfzbzbs@163.com

■《南昌晚报》“纵横观点” zzy281185@126.com

■《宜春日报》“明月时评” ycrbplb@163.com

■《赣州晚报》时评版 gzwbshp@126.com

7. 江苏

■《江南时报》观点 / 今日谈（星期一至六）jnsbsmgc@sina.com

■《现代快报》时评（星期一至六）jnsbzy@hotmail.com

■《南京日报》谈今 njrbtj@126.com 或 mysoldier@vip.sohu.net

■《常州晚报》新闻评说（星期四）wbxw2@cznews.net

■《江苏工人报》热点评说 f68f@vip.sina.com

■《扬子晚报》热点评说 xwpl@yangtse.com

■《江苏法制报》时评 rdzk@jslegal.com

■《宿迁日报》时评 pinglun@sina.com，llplb@peoplemail.com.cn

■《常州晚报》新闻评说（星期四）wbxw2@cznews.net，wl_cjy@163.com

8. 山西

■《山西晚报》关注（星期一至六）wtc0495@sina.com

■《三晋都市报》杂文、时评 suixian1981@126.com

9. 山东

■《大众日报》观点版（星期一至五）wxf@mail.dzdaily.com.cn

■《齐鲁晚报》时评版（星期一至五）qiupinglun@sina.com

《今日烟台》版组话题版 yantaihuati@163.com

■《鲁中晨报》新闻评论（星期四至星期日，头天 17 时截稿）hdj5951@sina.com

■《青岛财经日报》财经类时评（星期一至五）wangzhen_78828@sina.com

■《青岛晚报》观点 gww@qingdaonews.com

■《青岛早报》sgl@qingdaonews.com

■《威海晚报》每周观点（星期六）tangtiange@163.com

■《山东联合日报》呐喊 lhrblhj@sina.com

■《山东法制报》fzbflb@sina.com

■《半岛都市报》半岛时评 yaoshaoyi@263.net（下午 17 时前截稿）

10. 广东

■《南方都市报》时评版 shipingban1@vip.sina.com

■《深圳法制报》时评（星期一至五）szfzb@vip.sina.com

■《深圳商报》时评（星期一至五）sbsp@szed.com

■《晶报》讲场（星期一至五）hwli@szszd.com.cn

■《深圳特区报》热点话题（1）ybshen@szszd.com.cn

■《信息时报》新闻评论（星期二至六）rap@xxsb.com

■《新快报》新快评论 xkbpl@163.com

■《羊城晚报》时评（星期三、六）wbsp@ycwb.com

■《珠江晚报》新闻时评版 sxlan@163.com

■《潮州日报》评论版 hqjchaozhou78@163

11. 四川

■《天府早报》时评（星期一至五）enjoy1944@vip.sina.com

■《华西都市报》华西时评 huaxishiping@sina.com（1–5 每天发一篇）

■《成都日报》评论（星期二、四、日）cdrbpl@yahoo.com.cn

■《成都晚报》时评（星期二、四、五、七，上午截稿）cdwbpl001@sina.com

■《四川政协报》评论随感版（星期三）mc11443@126.com

12. 辽宁

■《华商晨报》时评 xiaox221@sina.com

■《辽宁法制报》评说 cwj823@lnfzb.com

■《半岛晨报》（19 时截稿）dlbdcb@sina.com

13. 浙江

■《都市快报》时评 dskbxuxunlei@vip.sina.com 或 tonghuojinsuo@hotmail.com

■《现代金报》时评版（星期一至六）jinbao001@sohu.net

■《钱江晚报》经济评论（星期二、四、五）fangz999@zjnews.com.cn

■《青年时报》时评（星期一至六）qnsbsp@vip.sina.com

■《都市快报》时评 dskbxuxunlei@vip.sina.com 或 tonghuojinsuo@hotmail.com

■《温州日报》求索时评（主编陆剑于）ljy2993@sina.com

■《宁波日报》时评版（主编易其洋）95yqy@vip.35.com

■《温州都市报》百姓观点 wangbei998@hotmail.com

14. 广西

■《南国早报》南国时评（星期一至五）ngzbngsp@163.com

■《当代生活报》生活时评 shenghuoshiping@163.com（晚上 8 点截稿）

■《柳州晚报》时评 Lshanshan.Lz@126.com

15. 河南

■《大河报》时评版 dhbjrgd@vip.sina.com

■《河南法制报》时评 hnfzbs@public2.zz.ha.cn

■《郑州晚报》时评（星期一至六）c-cy@vip.371.net，dfjtchen@sohu.com

■《河南日报》经济点评 qgf@800e.net

■《教育时报》教育时评 sblkj1980@163.com

16. 河北

■《燕赵都市报》时评部（星期一至六）yzhcomments@vip.sina.com

■《保定日报》时评 wswsx00bo@sina.com

■《河北法制报》ztfk@hebfzb.com

17. 吉林

■《城市晚报》时评版（星期一至五）yuzhizhang7848@sina.com，ccliuwu@sohu.com

18. 陕西

■《华商报》华商时评（星期一至五）hssp03@mail.huash.com

■《西安晚报》随笔言论（星期日）special@xawb.com，zbs@xawb.com
今日评说（每日一篇 800 字）zbs@xawb.com

19. 福建

■《海峡导报》时评版（星期一、二、三、五）hxdbpl@sina.com，hxdbpl@163.com

■《海峡都市报》时评版（星期二至六）xiux123@sina.com，xiux123@126.com

■《泉州晚报》观点（星期四）news@qzwb.com

■《厦门日报》时评众议 rbpl@xmrb.com

■《闽南日报》法制纵横 mnrb-zwb@mail.china.com

■《闽西日报》评论 chio@china-window.com

20. 湖北

■《湖北日报》a5s500@sina.com

■《楚天都市报》楚天评论 ctsp6688@126.com

■《武汉晚报》评论版 whshuoba@163.com

■《长江商报》评论版（周日）cjsbpl@126.com

■《孝感晚报》xgwb888@163.com

■荆楚网“东湖评论”donghupinglun@163.com

21. 湖南

■《湖南日报》“三湘时评”hnrbxwplb@163.com

■《三湘都市报》时评版（星期一至五）cswuxh@163.com

■《潇湘晨报》湘江评论（星期一至六）xiangjiangpl@vip.sina.com，xiangjiangpl@163.net

■《东方新报》时评（星期一至五）riwen4495@sina.com，riwen4495@sina.com

22. 安徽

■《新安晚报》xawbtjm@vip.sina.com

■《安徽日报》评论理论部 sh1957@ahrb.com.cn

■《现代农村报》注明“评论”xdncb@163.com

■《合肥晚报》时评 wanghui1315@hotmail.com

■《安庆日报》ywd4230@163.com

23. 海南

■《蛇口消息报》注明“时评”（星期一、三）sknews@21cn.com

■《海南日报》时评（星期五）tqshp@263.sina.net

24. 新疆

■《兵团日报》评论 lyw63119@mail.xj.cninfo.net

25. 甘肃

■《西部商报》只发本地评论 quzhengzhou@tom.com 或 xbsb@xbsb.com.cn

26. 云南

■《都市时报》注明“时评版”weekend@public.km.yn.cn，maohaipeng2001@sina.com

■《春城晚报》周末时评（截稿时间为每周四早上 9 点）ya_li@yeah.net

27. 台湾

■《旺报》tw@wangt-daily.com

■《中国时报》news.ct@chinatimes.com.tw

28. 香港

■《大公报》tkporg@takungpao.com

■《信报》editorial@hkej.com

29. 杂志类投稿信箱

■《半月谈》“校园话题”专栏 xiaoyuan_byt@163.com

■《新民周刊》bdwl3801@yahoo.com.cn

■《中国新闻周刊》reader@chinanews.com.cn

■《瞭望新闻周刊》liaowang@public.fhnet.cn.net

■《南风窗》dzgdnfc@vip.sina.com

读者来信 window@vip.163.com

■《人民论坛》rmlt@peopledaily.com.cn

■《时代潮》kingzjs8@163.com

■《杂文月刊》zw_yk@sina.com

■《当代江西》ddjxma@163.com（传真 0791-86826983）

30. 外国媒体类投稿信箱

■ 英国《泰晤士报》letters@thetimes.co.uk

■ 英国《独立报》letters@independent.co.uk

■ 美国《华盛顿邮报》letters@washpost.com

■ 美国《纽约时报》letters@nytimes.com

■ 美国《今日美国报》editor@usatoday.com

- 美国《芝加哥论坛报》ctc-TtibLetter@tribune.com
- 新加坡《联合早报》zbyanlun@sph.com.sg
- 日本《朝日新闻》中文网 xxrb@asahi.com
- 澳大利亚《悉尼先驱晨报》newsdesk@smh.com.au 和 Letters@smh.com.au
- 澳大利亚《澳洲每日电讯报》letters@dailygraph.com.au
- 澳大利亚《澳大利亚人报》feedback@theaustralian.com.au 和 letters@theaustralian.com.au

# 附录一　新闻日历（特殊纪念日和节日）

## 一月

1月1日　元旦

1月27日　国际大屠杀纪念日

## 二月

2月2日　世界湿地日

2月10日　国际气象节

## 三月

3月1日　国际海豹日

3月3日　全国爱耳日

3月5日　中国青年志愿者服务日

3月8日　国际劳动妇女节

3月12日　植树节

3月15日　国际消费者权益日

3月17日　国际航海日

3月21日　世界森林日、世界儿歌日、世界睡眠日、国际消除种族歧视日

3月22日　世界水日

3月23日　世界气象日

3 月 24 日　世界防治结核病日

## 四月

4 月 2 日　国际儿童图书日
4 月 7 日　世界卫生日
4 月 22 日　世界地球日
4 月 23 日　世界图书与版权日（又称“世界读书日”）
4 月 24 日　中国航天日
4 月 26 日　世界知识产权日

## 五月

5 月 1 日　国际劳动节
5 月 3 日　世界哮喘日
5 月 4 日　五四青年节、五四运动纪念日
5 月 8 日　世界红十字日
5 月 12 日　国际护士节
5 月 15 日　国际家庭日
5 月 17 日　世界电信日
5 月 18 日　国际博物馆日
5 月 20 日　全国母乳喂养宣传日
5 月 22 日　国际生物多样性日
5 月 30 日　全国科技工作者日
5 月 31 日　世界无烟日

## 六月

6 月 1 日　国际儿童节
6 月 5 日　世界环境日
6 月 6 日　全国爱眼日
6 月 17 日　世界防止荒漠化和干旱日

6 月 20 日　世界难民日
6 月 23 日　国际奥林匹克日
6 月 25 日　全国土地日
6 月 26 日　国际禁毒日、联合国宪章日

## 七月

7 月 1 日　中国共产党建党日、香港回归纪念日
7 月 7 日　七七事变纪念日
7 月 11 日　中国航海日

## 八月

8 月 1 日　中国人民解放军建军节
8 月 8 日　全民健身日
8 月 15 日　日本正式宣布无条件投降日
8 月 19 日　中国医师节

## 九月

9 月 3 日　中国抗日战争胜利纪念日
9 月 5 日　中华慈善日
9 月 8 日　世界扫盲日
9 月 10 日　教师节、世界预防自杀日
9 月 16 日　国际臭氧层保护日
9 月 18 日　“九一八”事变纪念日
9 月 20 日　全国爱牙日
9 月 21 日　国际和平日
9 月 27 日　世界旅游日

## 十月

10 月 1 日　国庆节、国际音乐日、国际老年人日
10 月 4 日　世界动物日
10 月 8 日　全国高血压日
10 月 9 日　世界邮政日
10 月 10 日　辛亥革命纪念日、世界精神卫生日
10 月 14 日　世界标准日
10 月 15 日　国际盲人节
10 月 16 日　世界粮食日
10 月 17 日　世界消除贫困日
10 月 24 日　联合国日

## 十一月

11 月 8 日　中国记者节
11 月 9 日　中国消防宣传日
11 月 14 日　联合国糖尿病日
11 月 17 日　国际大学生节

## 十二月

12 月 1 日　世界艾滋病日
12 月 3 日　国际残疾人日
12 月 4 日　中国法制宣传日、国家宪法日
12 月 5 日　国际志愿者日
12 月 7 日　国际民航日
12 月 9 日　“一二・九”运动纪念日、世界足球日
12 月 10 日　世界人权日
12 月 11 日　世界防治哮喘日
12 月 12 日　西安事变纪念日

12 月 13 日　南京大屠杀悼念日

12 月 15 日　世界强化免疫日

12 月 20 日　澳门回归纪念日

12 月 21 日　国际篮球日

# 附录二　主要参考文献与重点推荐书目

## 综合类

1.《如何成为顶级记者：美联社新闻报道手册》，（美）杰里·施瓦茨著，中央编译出版社 2003 年版。

2.《全能记者必备》，（美）凯利·莱特尔、朱利安·哈里斯、斯坦利·约翰逊著，中国人民大学出版社 2010 年版。

3.《新闻报道与写作》，（美）布雷恩·S. 布鲁克斯等著，新华出版社 2007 年版。

4.《当代媒体新闻写作与报道》（第六版），（美）布鲁斯·D. 伊图尔、道格拉斯·A. 安德森著，中国人民大学出版社 2006 年版。

5.《新闻写作与报道训练教程》（第三版），（美）卡罗尔·里奇著，中国人民大学出版社 2004 年版。

6.《新闻报道与写作》（插图第 11 版），（美）麦尔文·门彻著，世界图书出版公司 2014 年版。

7.《新闻采访写作教程》，李希光、孙静惟、王晶著，清华大学出版社 2011 年版。

8.《新闻报道教程：新闻采访写作的方法与技术》，高钢著，高等教育出版社 2010 年 3 月版。

9.《新闻写作教程》，刘明华、徐泓、张征著，中国人民大学出版社 2008 年版。

10.《校园新闻实战手册》，王卫明、倪洪江、蔡招娣、沈林等编著，江西人民出版社 2011 年版。

## 采访类

1.《新闻采访：第一线采访手边书》，（英）萨利·亚当斯、文弗·希克斯著，上海三联书店 2004 年版。

2.《采访技巧》，（美）约翰·布雷迪著，中国新闻出版社 1985 年版。

3.《新闻采访方法论》，艾丰著，人民日报出版社 2010 年版。

4.《美国纽约摄影学院教材》（上、下册），中国摄影出版社 2000 年版。

5.《美国新闻摄影教程》（第 6 版），（美）科布勒著，人民邮电出版社 2009 年版。

## 写作类

1.《〈华尔街日报〉是如何讲故事的》，（美）威廉·E. 布隆代尔著，华夏出版社 2006 年版。

2.《开始写吧》。

3.《传媒写作》，孙春旻编著，西北大学出版社 2002 年版。

## 深度报道类

1.《调查性报道》，（美）威廉·C. 盖恩斯著，中国人民大学出版社 2005 年版。

2.《特稿采写宝典》，余音著，新华出版社 2008 年版。

3.《准记者培训教程：南方周末采编精英演讲录》，蔡军剑、张晋升主编，南方日报出版社 2007 年版。

4.《潜入深海：深度报道 30 年幕后轨迹》，张志安主编，南方日报出版社 2010 版。

5.《记者如何专业：深度报道精英的职业意识与报道策略》，张志安主编，南方日报出版社 2007 年版 .

6.《报道如何深入：关于深度报道的精英访谈及经典案例》，张志安主编，南方日报出版社 2006 年版。

7.《空谈》(东方时空　焦点访谈　实话实说　新闻调查)，中央电视台新闻评论部编，中国广播电视出版社2000年版。

8.《图说焦点访谈》，袁正明、梁建增主编，中国大百科全书出版社1999年版。

9.《聚焦焦点访谈》，袁正明、梁建增主编，中国大百科全书出版社1999年版。

10.《深度报道写作》，杜骏飞著，中国广播电视出版社2000年版。

## 作品范例类

1.《新闻作品评析》，陈信凌主编，王卫明、金妍副主编，北京师范大学出版社2011年版。

2.《人民日报版面备要》，人民日报编辑部编，人民日报出版社1997年版。

3.《新闻与正义：普利策新闻奖获奖作品集：1917~1997》，(美)沃尔特·李普曼等著，海南出版社1998年版。

4.《新闻与正义Ⅲ：14项普利策新闻奖获奖作品全译本》(修订版)，(美)沃尔特·李普曼，(美)詹姆斯·赖斯顿等著，中国人民大学出版社2009年版。

5.《中外新闻作品赏析》，程道才主编，中国广播电视出版社1996年版。

6. 中国新闻奖历届获奖作品集 http://www.xinhuanet.com/zgjx/zgxwj/ljzp.htm

## 传媒人类

1.《口述凤凰》，朱冰、毕蜂主编，作家出版社2006年版。

2.《情话巴黎女人：法国“记者之母”弗朗索瓦兹》，皮埃尔－菲利普·巴卡茨著，中国传媒大学出版社2009年10月版。

3.《后台》系列，南方日报出版社。

## 财经新闻类

1.《财经报道概论》，贺宛男著，复旦大学出版社2009年版。

2.《财经新闻二十一讲》，沈灏主编，中国经济出版社 2012 年版。

3.《创世纪：一张财经报纸和她的世纪梦想》，南方日报出版社 2012 年版。

## 评论类

1.《时评写作十讲》，曹林著，复旦大学出版社 2011 年版。

2.《冲击力：新闻评论写作教程》，（美）康拉德·芬克著，新华出版社 2002 年版。

3.《网站首页：意见领袖是如何炼成的》盛大林著，人民日报出版社 2009 版。

## 逻辑类

1.《简单的逻辑学》，（美），中国人民大学出版社 2008 年版。

2.《法律逻辑学》，雍琦著，法律出版社 2004 年版。

3.《报刊逻辑与语言病例评析 1100 例》，全国报刊逻辑语言应用病例有奖征集活动组委会办公室组编，首都师范大学出版社 2008 年版。

4.《论证是一门学问》，（英）韦斯顿著，新华出版社 2011 版。

5.《不与流行为伍：对中国社会流行谬误的批判》，曹林著，中国发展出版社 2013 年版。

## 学科基础类

1.《常识》，梁文道著，广西师范大学出版社 2009 年版。

2.《历史深处的忧虑》，林达著，三联书店出版社 2006 年版。

## 新媒体类

1.《新媒体文案创作与传播》，叶小鱼、勾俊伟著，人民邮电出版社 2017 年版。

2.《高级新闻采编实务》，王卫明主编，合肥工业大学出版社 2017 年版。

3.《新媒体概论》，严三九著，化学工业出版社 2011 年版。

4.《全媒体新闻采写教程》，张从明主编，北京大学出版社 2010 年版。

5.《文案觉醒：激活新媒体人内容创作的本能》，朱家安著，机械工业出版社 2017 年版。

6.《新媒体编辑》，詹新惠著，中国人民大学出版社 2013 年版。

7.《新榜样——新媒体运营实战指南》，新榜著，电子工业出版社 2016 年版。

8.《赢在新媒体思维：内容、产品、市场及管理的革命》，陈永东著，人民邮电出版社 2016 年版。

9.《新媒体营销运营实战 208 招：微信公众号运营》，谭静著，人民邮电出版社 2017 年版。

10.《新媒体写作平台策划与运营》，哈默编著，人民邮电出版社 2017 年版。

11.《微信运营管理之道》，陈文广著，电子工业出版社 2016 年版。

12.《微信运营手册》（入门版），斯瓦西里、关硕著，电子工业出版社 2015 年版。

13.《微博运营全攻略》，陈静著，电子工业出版社 2017 年版。

14.《新媒体策划运营与舆情应对》，谭云明著，中国经济出版社 2017 年版。

15.《指尖上的政能量——如何运营政务微博与微信》，人民网舆情监测室著，人民日报出版社 2013 年版。

16.《微机四伏——微博与微信营销实战兵法》，晏涛、林大亮著，电子工业出版社 2014 年版。

17.《政务新媒体时代：微博微信实战宝典》，政务直通车团队著，新华出版社 2015 年版。

18.《新闻作品赏析》，王卫明、黄晓军主编，华中科技大学出版社 2017 年版。

# 附录三　新闻作品范例

1. 历届中国新闻奖获奖作品汇集网址 http://www.xinhuanet.com/zgjx/jiang/zgxwj.htm

2. 普利策新闻奖作品汇集网址 http://www.pulitzer.org/prize-winners-by-year/2017

3. 世界新闻摄影大赛作品汇集网址 https：//www.worldpressphoto.org/collection

# 后 记

通讯员的数量之多，绝对超出许多人的想象。只要不是新闻媒体的工作人员，都可以成为新闻通讯员。即使是记者，也可以成为其他媒体的通讯员。党政机关、企事业单位，都有通讯员的存在。

2011 年，为给在校师生采写新闻提供专业指导，我牵头编著出版了《校园新闻实战手册》，在各大网店和线下书店很快售罄，来自全国各地的师生持续向我邮购此书（目前只有我处代售）。但是，《校园新闻实战手册》这本书只适合校园通讯员使用，难以满足其他单位通讯员的特殊需要。所以，有必要为所有的通讯员编写一本新书。

自 2006 年以来，我先后为国家农业部、江西省教育厅、江西省农业厅、东华理工大学、中共南昌市委宣传部、江西省疾病预防控制中心、江西省邮政公司、南昌卷烟厂、南昌大学团委、南昌大学就业指导报社、中石油西气东输公司赣湘管理处、南昌陆军学院、中国人民银行南昌支行、赣西晚报社、中国电信南昌分公司、南昌国资产业经营集团、中共鹰潭市委宣传部、萍乡市国税局、江西省公安厅、江西日报社、江西省建材集团公司、江西省住房和城乡建设厅、广东佛山市禅城区综合管理局、九江银行、四特酒有限责任公司、大江网、江西省人力资源和社会保障厅、《新闻与写作》杂志社、新浪乐居集团、中共赣州市委宣传部、南昌市政公用资产管理有限公司、江西省体育局、江西省商务技师学院等 50 余家单位的新闻宣传培训活动授课。

在各地各单位授课过程中，我深感两三个小时的培训时间不足以使通讯员们迅速掌握采写技巧，于是就有了为通讯员编撰一本实用书籍的想法。巧的是，2014 年 1 月 7 日，人民日报出版社编辑约我写一本通讯员用书。她在电子邮件中说："从网上看到您的博客，了解到您不仅有丰富的采编经验，也有多年的新闻采写教学经验，所以很冒昧地向您约稿。现在通讯员队伍挺庞大的，但很多人没有接受过正规的新闻专业教育，对新闻理论和新闻报道采访写作规范缺乏系统的学习，所以我们想策划一本指导通讯员采访写作的书。"

2014 年，我牵头主编出版了《通讯员新闻采写一本通》，因其实用，读者甚多，有些单位为通讯员团购数十册甚至上百册，此书因此一再加印。

对《通讯员新闻采写一本通》第一版，许多读者不吝好评。以下是部分读者在京东商城网站的留言：

"刚从事这项工作，很有参考价值。"

"挺喜欢的，很适合我，实用！"

"非常有用的一本工具书，对新闻写作非常有帮助，是本值得购买的入门工具书～"

"这本书不错，通俗易懂，有价值，不妨一看。"

"内容很好，适合初学者！"

"内容详尽，非常适合我这种新手，太有帮助了，准备恶补。"

"非常好很实用领导很满意！"

"很好，很厚，内容很实用"

"给单位通讯员买的，还是有一定的实用价值的！"

"书本不错，有例文有解说，指导性强。"

"对企业通讯员很实用。"

"一次买了几十本。"

"书很不错，我是看了又看看了又看。"

由于此书第一版对“新媒体领域的新闻采写”论述不多，所以第二版增加了有关的内容。在修订过程中，本书还增加了新的推荐书目、作品范文、纪念日、节日，调整了附录中的投稿邮箱。

本书是在《校园新闻实战手册》的基础上改写扩充而成的，其中包含了蔡招娣、沈栋琴、胡飞军（《证券时报》记者）、廖舒雯、甘昕鑫（李锦记酱料集团企业事务主任）、王龙志（腾讯网摄影师）、刘尚正、李小露、温雅婷、欧阳苗、程咪、汪彩虹、刘良昌（《江西晨报》记者）、李艳艳、董瑞强（《经济观察报》记者）、李珊、杨雅婷、朱家萱、马晓纯、陈慧玲等研究生、本科生付出的劳动和智慧，是南昌大学研究生课程建设项目“新闻采编研究”阶段性研究成果。

编撰本书，看似简单，实际上却是难度不小。因为：我想给广大的通讯员提供一本超级实用的全新参考书，其中的案例，既要典型，又要新鲜；其中的论述，既要有可操作性，又要有一定的创新性。

在编写此书的过程中，我获得很多人的帮助。初稿完成后，倪洪江帮我编校、修订全书，他曾是中共杭州师范大学党委宣传部副部长、杭州师范大学报副主编，曾做过报社记者、电视台新闻栏目制片人、网络评论员。衡水学院的张蕊老师，参与了“新闻特写的采写”这一节初稿的写作；邵香云负责“风貌通讯的采写”这一节初稿的写作，她是新华社天津分社记者；浙江日报报业集团的记者郦叶，为我校正第七章；江西财经大学本科生刘若兰帮我录入一些评论标题，我的学生李华伟、汪海燕、程俊（宜春广播电视台新闻节目中心副主任）、蔡妤荻为我收集了部分媒体的投稿地址。作为优秀的通讯员，江西省住房保障与城乡建设厅的王纪洪、中国人民解放军陆军步兵学院的李志锋、江西环境工程职业学院党委宣传部副部长沈林，分别接受了我的约稿。南昌大学教师曾绯、李淑欢帮我收集资料。《赣商》杂志执行主编刘德禄、中国江西网编采中心主任张绪鸿、江西日报社记者齐美煜等传媒人，也参与了本书的修订工作。

在编写此书过程中，我们引用了一些媒体的新闻作品和一些专家（如赵巧、殷勇、梁振堂、傅晓波、骆辉、钟兴旺等）的论述，我们尽量标明出处和著作权人，但其中仍有不知来源的文字，欢迎有关单位和人士帮我们指明出处和著作权人。

@新闻教授－王卫明

写于南昌大学前湖校区